U0610570

AN INTRODUCTION TO SOCIAL
INFORMATION SCIENCE

李宗荣 田爱景 著

社会信息学导论

人民出版社

责任编辑:钟金铃
版式设计:陈　岩

图书在版编目(CIP)数据

社会信息学导论/李宗荣　田爱景　著. -北京:人民出版社,2010.1
ISBN 978－7－01－008403－9

Ⅰ.社…　Ⅱ.①李…②田…　Ⅲ.社会学:信息学-研究　Ⅳ.C91　G201

中国版本图书馆 CIP 数据核字(2009)第 191514 号

社会信息学导论

SHEHUI XINXIXUE DAOLUN

李宗荣　田爱景　著

人民出版社 出版发行
(100706　北京朝阳门内大街 166 号)

北京新魏印刷厂印刷　新华书店经销

2010 年 1 月第 1 版　2010 年 1 月北京第 1 次印刷
开本:710 毫米×1000 毫米 1/16　印张:29
字数:470 千字　印数:0,001－3,000 册

ISBN 978－7－01－008403－9　　定价:56.00 元

邮购地址 100706　北京朝阳门内大街 166 号
人民东方图书销售中心　电话 (010)65250042　65289539

目　　录

第二编　国外社会信息问题研究的历史和现状

第三编　社会系统与社会信息

第四编　社会信息科学的三种视角

第五编　社会信息技术与工程

CONTENTS

Part Two　History and Current Situation of Social Informatics abroad

Part Four   Three Perspectives in Social Informatics

引论　社会信息问题的提出

　　本章是全书的引言。我们习惯使用的术语"社会信息科学"（social information science），可以简称为"社会信息学"（social informatics），它是关于社会信息的科学。本章首先通过与自然和自然信息的对比，界说社会与社会信息的概念，介绍卢卡奇的社会存在本体论，分析科学文化与人文文化的断裂。接着，我们介绍了社会信息问题提出的三种思路，即拓展一般信息学、深化社会认识论和实现不同种类学科的汇聚。最后指出，认识社会信息问题的历程可以分为两个阶段：其一是建立在信息论基础上的社会信息论；其二是在统一信息理论研究之后出现的社会信息科学。

一、关于社会存在

（一）自然与社会

1. 自然：狭义的自然与广义的自然

　　中文语境下的"自然"，可以是一个名词，通常作"自然界"解，相当于英文的 Natural World，或 Nature。按照《现代汉语词典》，自然界一般指无机界和有机界，有时也指包括社会在内的整个物质世界。① 按照美国韦伯英语《新世界词

---

① 参见中国社会科学院语言研究所词典编辑室编：《现代汉语词典》（汉英双语），外语教学与研究出版社 2002 年版，第 2547 页。

典》大学版第三版的解释，自然界是"时间和空间中所有事物的总和；整个物理的宇宙（the sum total of all things in time and space；the entire phisical universe）"①。本章所用的术语"自然"，主要是它的名词解。当然，"自然"也可以是一个副词，作"自然地"解，相当于英文中的 Naturally。比如，态度自然、顺其自然等。

《外国哲学大辞典》说，自然（Nature）"广义指自然界和人类社会的活动，狭义指自然界。该词源于拉丁语 natura，是希腊语 phisics 的翻译，这两个词的字根意思是生产、生长、生育，表示事物的变化生长过程。在古希腊，苏格拉底以前的哲学家均注意于要发现一种始基，以解释万物的变化。柏拉图把自然看成由永恒的理念世界所建立的变化的王国；有时也以自然指一个事物的生长，这成为该词以后做本体性解的来源"②。亚里士多德的著作《物理学》就是"论自然"。自然与人为的事物（诸如习俗和人工制品）截然不同。亚里士多德把自然定义为事物变化或稳定的内在起源或本原。这一本原包括：第一，一切形成的物质材料；第二，此物的结构。因此，质料与形式便是自然。这样，前苏格拉底哲学便被称为"自然哲学"，因为它探寻的是构成世界的终极物质材料。

在牛顿力学所代表的关于自然界事物的物理学建立、发展和成熟之后，逐渐地形成了机械论的宇宙观，人成了机器，社会是机器的集合。在自然界面前，社会没有相对独立的地位。它只是自然演化到一定阶段上才出现的现象，而且在由于熵增法则而通向热寂的宇宙中，将来注定不再会有所谓地球孤岛上的人和社会。

但是，同时人们又不能不承认，关于无机物的运动法则不能代替人和社会的法则。于是，人类社会的生存和发展需要关于人和社会现象的知识，人们希望社会知识的体系也能成为科学。而且，随着社会科学的发展，在进化观念的鼓舞下，人们甚至认为，社会比自然处于进化（不只是演化）过程中更高的级别上，社会科学比自然科学更有希望解决社会问题、全球问题。这时候，自然概念又更多地被狭义地理解为自然界了。

---

① V. Neufeldt and D. B. Guralnik, *Webster's New World Dictionary of American English* (Third College Edition), Simon & Schuster, 1989, p. 904.

② 冯契、徐孝通主编：《外国哲学大辞典》，上海辞书出版社 2000 年版，第 303 页。

2. 社会：不同种类、大小和范围的社会

根据《现代汉语词典》，社会："（1）指由一定经济基础和上层建筑构成的整体。也叫社会形态。原始共产主义、奴隶社会、封建社会、资本主义社会、共产主义社会是人类社会的五种基本形态。（2）泛指由于共同物质条件而互相联系起来的人群。"①

美国韦伯英语《新世界词典》大学版第三版关于"社会"（Society）的解释：（1）形成一个单一共同体的人群，特别是构成独特的经济阶层的人群；（2）作为这样的人群一起生活的系统和条件（如农民社会）；（3）有选择地，被认为一个有联系的相互依赖的个人构成的社群里所有的人（维持社会公正的司法界）；（4）同伴或合伙人（寻找其他的伙伴）；（5）一个人的朋友或同事；（6）因为共同的工作、利益而加入的有组织的人群（如医学学会）；（7）A. 因为财富、出身、教育等而被认为或自认为是上流阶级的人群（如，她初进社交界），B. 这种上流人群的品德、标准、行为等；（8）在单一的环境下共同生存的，组成一个同祖的物种的动物或植物的群落。②

从词典定义看，社会可以狭义地单指人类，也可以广义地指动物和植物。社会可以有不同的种类、不同的大小和范围，也可以特指某个具体的对象。

3. 存在：自然存在与社会存在

无论自然和社会的范围如何界定，它们都是宇宙间的存在物，它们都以自己特定的方式存在着，它们都在演变、进化。存在物和物的存在是两个不同的概念。前者是某个东西，后者是这个东西所经历的过程。换言之，存在物的指代是名词，物的存在的表达要用动词。在1927年出版的《存在与时间》这部重要著作中，海德格尔说，过去的自然哲学对"存在"的讨论，本质上是对"存在者"的讨论，并且把两者简单地等同起来了。信息科学以前的自然科学追寻自然哲学的思路，如法炮制。它仅仅从物质的角度出发，运用数学—物理方法，研究对象的结构和状态，以为这是唯一科学的研究，排斥异己的研究视角和方法，宣布异己的学问是非科学，即不科学、伪科学或反科学。这种思维习惯，到了近代便由科

---

①　中国社会科学院语言研究所词典编辑室编：《现代汉语词典》（汉英双语），外语教学与研究出版社2002年版，第1694页。

②　参见 V. Neufeldt and D. B. Guralnik, *Webster's New World Dictionary of American English* (Third College Edition), Simon & Schuster, 1989, p.1273。

学的动力变成了科学进步的阻力。

如果我们以"人"为例进行观察,那么,人作为存在物,可以分别从物理、化学、生物等方面研究他的结构或状态,得到许多有价值的知识。如果我们要考察人存在的过程,当然也可以从物理、化学、生物的视角进行研究,可以像研究机器一样研究人的行为过程。生物物理、生物化学,以至整个生物科学从物质的侧面考察人的存在和过程都是必要的、有益的;但是,又是不够的。因为行为过程中的人不仅受物质因素影响,更受心理、文化因素的制约。行为主义的心理学只把可以观察和测量的人体动作作为研究对象,否认研究人类意识本身及其存在过程的必要性。尽管这种发扬物理学传统的"科学的"心理学研究一时热闹非凡,但是它不久就作为心理学进步的障碍而被踢开了。

从信息科学世界观的视角看,"人"作为存在物,就包括着物质的和信息的两个方面;他的存在过程,也包含着相互联系又相互作用的物质的与信息的两个方面。作为人类认识的宏观过程,由浅入深、由易到难,是正常的;先从物质科学世界观的视角进行观察是正确的、成功的。推广物质科学的世界观和方法论是必要的、有益的。但是,停止在物质科学世界观和方法论上不再前进,甚至排斥和反对信息科学的世界观与方法论,就造成了科学进一步发展的阻力。

俄罗斯自然科学研究院院士、俄罗斯科学院信息化问题研究所首席研究员K. K. 科林教授一针见血地指出:"研究现代文明全球性危机发展过程的许多学者十分清楚,全球性危机其实就是现代文明的世界观危机。所有其他危机现象(政治、经济、社会和社会学性质的危机现象)只是同一个主要原因——世界观危机的合乎规律的结果。人类迫切需要新的世界观和新的社会意识,这种世界观和社会意识应该成为形成新文明的基础。这种新文明应该能够对抗使人类走向自我毁灭的全球破坏过程。毫无疑问,许多学者正努力促其形成的新科学范式应当成为这种世界观的核心。"他把新的世界观叫做"信息科学世界观"和"科学的信息世界观"。①

如果我们承认,计算机和机器人中的信息是非生命信息,而生物 DNA 和人

----

① K. K. 科林:《信息革命和基础信息学》,《国外社会科学》2002 年第 2 期,原载俄罗斯《科技信息杂志》2001 年第 6 期。

类文化是生命信息;如果我们还承认,生物信息是信号信息,而人类信息主要是符号信息。那么,就可以认同:从本质上说,人类精神现象不是物质现象,而是信息现象,是生命信息现象的一个分支。物质与精神的关系问题是物质与信息关系问题集合的一个子集。我们头脑中的能够自主言传和表达的属于符号级别上的显性意识,是大脑的"软件过程";而不由自主的、没有符号化的信号级别上的意识是潜在意识,是大脑的"硬件过程"。如果把短暂的个人生命看成是不朽的DNA生命接力的工具,那么每一个人生也可以被看成是人类文化接力中的一个环节。正如自私的DNA有发生、发展与进化的历史,有它自己内在的规律性,那么人类文化也是一个自在的、自为的存在物。对文化、语言、知识、意识、精神等的追问与思索,都是一种关于信息现象的探讨,是关于"信息世界观"及其方法论研究的一种努力。

在一定的意义上,古希腊文明的双重遗产中就包含有信息世界观的萌芽。①中世纪世界观是神学世界观,以极端扭曲的"信息"否认和遮蔽物质。近代科学革命以后,张扬物质世界观,实现了片面的深刻,走到一种极端的形式,它宣布:世界上除了物质和物质的运动之外,什么也没有了。这是K.K.科林所说"世界观危机"的根本性原因。由于物质科学世界观和方法论的片面性而造成的危机,是一种"科学危机"。

胡塞尔最早揭示的"欧洲科学危机"实际上是物理学世界观的危机。但是在物理学的光芒如日中天的时代,他的声音异常微弱。他的学生海德格尔,不仅继承了老师的思想,而且发展了老师的事业,另辟蹊径,别出心裁地提出存在与存在者的区分问题。就算人也是机器,都可以还原为门捷列夫元素周期表上的分子、原子,甚至基本粒子。从存在物的视角看,机器和人是一样的,但是,机器和人的存在方式不同,人有价值选择,机器却没有。他用"存在"方式的不同,把人和自然区别开来,就为人的心理、人类文化、社会信息的研究提供了合法性证明。

海德格尔别开生面地提出了"存在的意义"问题。他认为,阻挠人们对存在意义问题进行深入研究的最核心的思想障碍是:由于把存在者和存在简单

①　参见R.塔纳斯:《西方思想史》,上海社会科学院出版社2007年版,第一篇"希腊人的世界观"中"双重遗产"小节,第75—79页。

地等同起来，就把适用于探讨存在者问题的传统逻辑与探讨存在问题的始源性的本体论简单地等同起来。所以海德格尔强调："存在者的存在本身不'是'一个存在者。"更进一步，他强调"人"这种特殊的存在者与其他的存在者具有本质性的差异：在所有的存在者中，只有人才询问存在的意义，动物、植物和无机物都不会。人存在的意义必须到人存在的过程中去寻找。在本质上，人在世界中的存在又是与"他人""共在"的，这样就为认识社会性存在开通了道路。

卢卡奇进一步把研究的重点提升到"社会意识"的层次。他认为，存在可以划分为三大类型，即"无机自然"、"有机自然"和"社会"。他指出："我们的考察首先要确定社会存在的本质和特征。然而，仅仅为了能够更明智地论述这样一个问题，就不应该忽视一般的存在问题，确切地说，不应该忽视这三大存在类型（无机自然、有机自然、社会）之间的联系和差别。如果没有把握这种联系及其动力，也就不能阐述真正的社会存在本体论问题，更不用说按照这种存在的性质相应地解决问题了。"①在他看来，人的诞生、成长乃至生命的终结，都与人从属于有机界这一事实相关联，而人的生命的新陈代谢又是离不开无机界的，所以这三大存在类型具有"共存性"，亦即它们是相互联系、相互交错、相互影响的。为了论述的方便，卢卡奇也经常把"无机自然"和"有机自然"合称为"自然存在"，把"社会"称之为"社会存在"。所以，也可以说，他的"存在"概念是由"自然存在"和"社会存在"构成的。然后，他把社会存在本体论建立成为"社会意识本体论"。

（二）卢卡奇的社会存在本体论

1. *卢卡奇与社会存在本体论*

乔治·卢卡奇（Gyorgy Lukacs，1885—1971年），匈牙利著名的哲学家、文学批评家，共产主义运动领导者。他出生在布达佩斯一个有匈牙利—犹太血统的家庭，从小就受到良好的教育。大学学习期间，卢卡奇先后攻读法学、国民经济学、文学艺术和哲学，1906年在科罗茨瓦获法学博士学位，1909年在布达佩斯大学获哲学博士学位。在这期间以及后来，特别在1912—1917年间，他先后几次在德国的柏林、海德堡等地攻读德国古典哲学和现代西方哲学。这一时期的哲

---

① 　转引自陈学明：《西方马克思主义论》，辽宁教育出版社1991年版，第364页。

学研究影响了他一生的理论思索,因为在这期间,他深入领会了存在主义的先驱克尔凯郭尔、陀斯妥也夫斯基思想的真谛,而且广泛地接触了那些活着的著名大师——胡塞尔、李凯尔特、文德尔班、拉斯克、狄尔泰等,特别是直接就教于著名生命哲学家齐美尔和著名社会学家韦伯,并同西方马克思主义的另一重要代表人物布洛赫成为同学和朋友。所有这些都为卢卡奇的创造性理论思维提供了坚实的基础。①

晚年的卢卡奇全力总结自己一生的理论发展,写出两部创造性的巨著:《审美特征》(1963 年)和《社会存在本体论》(1971 年)。60 年代末,他的《社会存在本体论》已经写了一千页。由于身患癌症,他赶紧为《社会存在本体论》写一篇"导论",打算用最浓缩的语言表达自己所要阐述的理论。然而,"导论"没有写完,他就于 1971 年与世长辞了。后来,人们把他的这部手稿整理成三卷著作出版。卢卡奇逝世后,东西方国家都出现了重新研究、评价他的思想的热潮。在1981 年纪念他逝世 10 周年和 1985 年纪念他诞生 100 周年的活动中,匈牙利社会主义工人党和政府对他的实践活动和理论研究进行了高度的评价。他的《社会存在本体论》已经先后用匈牙利文、德文、波兰文、意大利文等文字出版,其中的部分章节也已经译成英文出版。"毫无疑问,卢卡奇是本世纪(指 20 世纪——引者注)最有影响的思想家之一。"②

《社会存在本体论》之所以举世瞩目,主要在于卢卡奇在弥留之际提出了一个崭新的哲学体系——"社会存在本体论"。按照卢卡奇的说法,社会存在本体论是关于"社会存在"的本体论体系。由于他的主要研究对象是社会存在,所以也可以把它理解为一种社会历史理论。它区别于"自然本体论"即"物质本体论"。

卢卡奇强调,"社会存在本体论"虽然以"自然本体论"为基础,但不能被后者所取代。他说:"无论如何,社会存在本体论不能直接从自然概念中推演出来。"卢卡奇认为,自然存在虽然是社会存在的一般前提,但这两大类存在各自服从不同的法则,不能简单地把自然法则搬用到社会存在的领域中。从历史上

---

① 参见陈学明:《西方马克思主义论》,辽宁教育出版社 1991 年版。本节如无特别说明,所引卢卡奇文字,均出自该书。

② 俞吾金、陈学明:《国外马克思主义哲学流派》,复旦大学出版社 1990 年版,第 19 页。

看,启蒙学者和庸俗唯物主义者(如社会达尔文主义者)都把自然法则推广到社会领域中,从而使社会运动的真实法则蔽而不明。正因为如此,完全有必要在"自然本体论"之外另建一个专门以"社会存在"为研究对象的本体论体系。"自然本体论"不能统辖整个自然领域和社会领域。"社会存在本体论"的特性在于,既肯定"自然本体论"这一一般的前提,又强调社会存在是按照自己的特殊法则运动的。

有学者评论说,卢卡奇的"社会存在本体论"关键是对"社会存在"这一概念作了独特的解释。他从马克思那里借取了这一概念,但又赋予它以不同的含义。按照通常的解释,在马克思那里,它主要指社会物质关系,尤其是作为前提发生作用的经济关系。马克思的社会存在概念指的是社会的物质方面的东西,包括人类社会物质生活过程中一切具有客观实在性和社会历史性的物质实体、物质关系、物质活动、物质力量等。它是一个与社会意识相对的现象学概念而不是一个本体概念。可是,在卢卡奇那里,它则成了一个囊括一切社会物质关系和精神关系的概念。

但是,卢卡奇却认为:从根本上说,马克思哲学的基础是社会存在本体论。按照卢卡奇的看法,把意识纳入到社会存在中,并不是他自己的创造,而是马克思的本意。他说:"在社会存在和意识之间进行形而上学的对照,这完全是与马克思的本体论相对立的。在马克思的本体论中,所有的社会存在都不可分离地关系到意识(关系到选择的方案)。"[①]对于这个见解,有人批评他背离了历史唯物主义的基本原理,有人则赞扬他重新发现了马克思哲学的真精神。

我们认为,之所以卢卡奇本人在不同时期的理论立场和观点有区别,与他先后两次在莫斯科的马克思恩格斯研究院的工作有关系,与他见证斯大林主义的盛衰有关系,与马克思哲学和恩格斯哲学的差别也有关系。社会存在本体论是否本来就属于马克思哲学?马克思哲学和恩格斯哲学是否完全同一?两者在一致性同时还存在着重要差别吗?不少学者不了解或者忽视了这种差别,用恩格斯哲学理解和解释了马克思哲学。[②] 在一定的意义上说,马克思哲学的核心是

---

① 转引自俞吾金、陈学明:《国外马克思主义哲学流派》,复旦大学出版社 1990 年版,第 54 页。

② 参见何中华:《论马克思和恩格斯哲学思想的几点区别》,《东岳论丛》2004 年第 3 期;孙荣、王金福:《恩格斯与马克思在理解新旧唯物主义区别时的哲学视差》,《福建论坛》2004 年第 7 期。

社会存在本体论,而晚年恩格斯的哲学,普列汉诺夫、列宁、斯大林所解释和发展的东方马克思主义哲学①,即 1938 年《联共(布)党史简明教程》第四章第二节的"论辩证唯物主义和历史唯物主义",实际上是标准的"自然存在本体论",因为它声称由自然界物质规律的推广而得出社会演变的规律。斯大林去世后,他坚决地批评斯大林主义的错误,主张回到马克思本人提出的所有问题上去,推出了系统地论述马克思社会存在本体论的著作。

2. 卢卡奇论社会存在的特点

归结起来,卢卡奇所说的"社会存在"具有以下特点②:第一,"社会存在"是存在和意识的统一体。如前所述,卢卡奇认为社会的物质生活和精神生活之间具有异质性,而"社会存在"就是社会物质生活的存在物和精神生活的存在物的统一体。他强调要把意识作为社会存在的一个组成部分。他通过对社会存在的基本形式——劳动的考察,发现从本体论意义上看,意识并不是一种附带现象(即所谓"第二性"的东西——引者注)。广而言之,在社会存在的领域中,一切活动都是由人展开的,从而不可避免地蕴含着目的和意识。他说道:"在社会存在和意识之间进行形而上学的对照,这是完全与马克思的本体论相对立的,在马克思的本体论中,所有的社会存在都不可分离地关系到意识(关系到选择的方案)。"

第二,"社会存在"是一个有机的总体。卢卡奇强调,应把"社会存在"理解为总体。他说:"马克思的经济学总是从社会存在的总体出发,并重新返回到它之中。"离开总体的观点,"社会存在"也就无法解释了。他认为,在"社会存在"复合体中,每一要素都具有自己独特的功能,只有从总体上认识了这些要素的特殊功能,才能真正把握其实质。所以,他又说道:"词与概念、言语与概念思想,作为要素都从属于社会存在的复合体,它们的真正的本质,只有在对社会存在作本体论分析的背景中,在了解它们在这一复合体中所起的真正的功能的基础上才能加以把握。"在这里,他仍然坚持了关于总体优先于部分的观点。在此基础上,他又把"社会存在"总体理解为个人和社会的矛盾的统一体,主张在个人和

---

① 田爱景、李宗荣:《辩证唯物主义不是马克思哲学——试论社会信息科学的哲学基础》,《医学信息》2009 年第 7 期。

② 参见俞吾金、陈学明:《国外马克思主义哲学流派》,复旦大学出版社 1990 年版,第 53—56 页。

社会的矛盾关系中来把握整个"社会存在"。

第三,"社会存在"的历史性。卢卡奇告诉我们:"在迄今为止关于本体论的所有的讨论中,任何'社会存在'(不管是整体还是部分)的历史性无疑地都被假定为一个存在的规定。"在他看来,不光要考察社会"存在总体"的各部分之间的结构关系,而且要引入发生学的方法来探讨"社会存在"的形成史和发展史。卢卡奇认为,只有在"社会存在本体论"中,过程性才体现为一个至高无上的原则,体现为客观辩证法和主观辩证法的固有内容。他强调在马克思那里,"社会存在"并不是一个僵死的总体,而是一个动态过程,"对于马克思说来,历史性是'社会存在'本身固有的,像规律一样内在的环节"。

第四,"社会存在"的价值特征。卢尔奇说:"只有在'社会存在'的范围内讲到价值才是可能的。"在"自然存在"还没有经过漫长的过渡产生"社会存在"之前,是无价值可言的。"社会存在"一经形成,价值也就随之而产生,因为全部"社会存在"都蕴含着人的盲目的活动,而活动要有意义,就必须创造价值,这在劳动中表现得最为突出,尤其是在资本主义条件下,劳动的直接目的就是创造交换价值。

3. 社会存在本体论的实质

从理论信息学的观点看,社会本质上是一个由复杂网络构成的信息系统。人与人之间的相互联系和作用,主要不是物质的,而是精神的、信息的。社会信息子系统起着调节、控制和决定的作用。社会进步首先是社会信息的进步,是科学文化、意识形态、风俗习惯的进步,然后才设计和带动社会物质生产的进步。在任何简单的劳动和社会实践中,相应的智力劳动都构成人脑操作系统的系统软件和应用软件的运行,就像控制机器人那样,指挥着人们的肢体行为,生产出物质或精神的产品,创造出社会价值。

一个具有意识,思考着的社会!它的存在性假设是社会信息科学的第一个命题,也是个体认识上升为社会认识的前提。"社会思"是全部社会现象的核心和实质。社会在思考,它才能劳动,才有实践,才构成价值创造的源泉。全部的社会信息科学都是关于"社会思维"的学问。

如果我们再看卢卡奇的理论,就可以把卢卡奇的社会存在本体论的实质主要地看成是"意识本体论",而"劳动本体"、"实践本体论"和"价值本体论"等,不过是意识本体论的功能性和效用性表现。于是,卢卡奇所揭示的作为一个哲

学体系的"社会存在本体论"实质的表述①,可以调整顺序为:

第一,"社会存在本体论"是"意识本体论"。

卢卡奇认为,把人的劳动—实践置于本位,分析到底是把人的意识置于本位。因此,在一定意义上,"社会存在本体论"就是"意识本体论"。

他指出,作为劳动的首要特征的"目的性"实际上指的是一种意识的因素,"设定目的"是在意识的支配下进行的。肯定劳动—实践的作用,就是肯定"设定目的"的作用,而肯定"设定目的"的作用,也就是肯定意识的作用,即肯定意识参与了社会构成的过程,肯定意识是"社会存在"必不可少的创造原则。他强调,本体论观点不能不考虑社会意识,意识不能被视为仅仅是某种第二性的、被动的条件,认为它只是建筑在物质实践领域之上而不参与创造物质领域的实践,意识是存在关系的转播器。如果是这样,那就必须推广这种本体论观点。最现实明显的一点,便是必须考虑到自觉因素的存在,以往的本体论者要么把这种自觉因素排除在研究对象之外,要么作为非理性的"纯粹存在"概念加以偶像化。他不止一次地援引马克思在《资本论》第一卷中说的那句话:"最蹩脚的建筑师从一开始就比最灵巧的蜜蜂高明的地方,是他在用蜂蜡建筑房屋以前,已经在自己的头脑中把它建成了",来证明有意识的目的设定在劳动结构中,从而在"社会存在本体论"结构中的作用。

他认为,对意识的创造作用,马克思只是在阐述人的形成过程时作了详细分析,而实际上意识的创造作用主要表现在社会形成过程中。他指出,对劳动—实践的目的设定,人们往往只看到其指向自然物的一面,可是随着劳动—实践不断发展,目的设定也能从指向物转而指向人,去影响别人的目的设定。卢卡奇这种影响别人的目的设定为目的的"目的设定",为"二次性目的设定",也叫做"社会形成的"目的设定,因为正是通过含有这种目的设定的劳动—实践,对别人的目的设定施加影响,协调人与人的关系,人的社会才在此基础上形成了。所以卢卡奇强调,在社会的形成中,也像对于人的形成一样,意识不是孤立在外或飘浮其上的附随现象,而是从一开始就积极参与其事的创造因素。

卢卡奇为了强调意识在劳动过程,从而在社会形成过程中的作用,把劳动—实践的客观物质基础排挤到极其次要的地位,把人的能动性变成某种绝对的东西。

---

① 本节以下引文参见陈学明:《西方马克思主义论》,辽宁教育出版社 1991 年版,第 371—378 页。

他说:"随着设定目的的行动,在劳动本身中就已产生出'社会存在'。"在他看来,"社会存在"只不过是设定目的的有意识的行动作为自己的"最终要素"产生出来的。

第二,"社会存在本体论"是"劳动本体论"。①

在卢卡奇的"社会存在本体论"中,劳动是一个基本的、核心的概念。他说:"劳动概念是我分析的关键。"在他看来,"社会存在"的几个方面的特征都和人的劳动联系在一起,他有时把他的"社会存在本体论"直接称为"劳动本体论"。

劳动何以构成"社会存在本体论"的重要概念,以至"社会存在本体论"即是"劳动本体论"? 在卢卡奇看来,这主要由于:

(1)从自然存在到社会存在的飞跃是在劳动中实现的。

他说:"绝不能因为这一过程(指从自然状态到社会存在的飞跃——引者注)实际上涉及一个漫长的过程,涉及无数的转变形式,就忽视了这一本体论上的飞跃。"他所说的"本体论上的飞跃"就是通过人的劳动,自然存在变成了社会存在。他认为,根据马克思的观点,无机物存在的一个基本事实是类和个例的不可分割的统一。不管是什么样的无机物,它都是类的一个个例,经过物理和化学的作用,它会发生变化,但只是改变为属于另一个类而已,它依然是类和个例的统一。有机物,就其存在方式而言,是一种由内在力量推动着的综合体,这里出现了生命,它的基本规定是个体的产生和消灭,至于人类社会的存在,在这里当然自然界的规律依旧起作用,但出现了更新的精神因素、意识。当然,使无机物—有机物存在向社会存在过渡的决定因素是人的劳动。

(2)把社会的物质生活的存在和精神生活的存在统一起来的是劳动。

如前所述,卢卡奇认为"社会存在"的两个最基本的方面——"物质生活的存在"和"精神生活的存在"——不但是异质的,而且又是统一的,它们构成了一个有机的总体。他认为,劳动不仅是"自然存在"与"社会存在"之间的物质交换的中介,而且又是社会的"物质生活的存在"和"精神生活的存在"之间的物质关系的中介。在这一意义上,可以把劳动视为全部"社会存在"中最基本的形式。"社会存在"总体体现为现象与本质的统一。他援引了马克思关于"如果外在现象和事物的本质是直接同一的,那一切科学家总是多余的"的论断,认为它"对

---

① 参见陈学明:《西方马克思主义论》,辽宁教育出版社,第371—375页。

'社会存在本体论'来说是极端重要的"。对复杂的"社会存在"的研究绝不能停留在表面现象上,而应当深入到其本质之中。那么应当怎样去解释"社会存在"的本质呢?卢卡奇认为,唯一的途径是把握把"物质生活的存在"与"精神生活的存在"联系在一起的中介——劳动。

(3)劳动是人类维持生存的最基本的活动。

早在《青年黑格尔》(1948年)一书中,卢卡奇就已把劳动作为人类生存的最基本的活动加以考察,在《社会存在本体论》中则更是如此。他提出,要在考察劳动是如何成为维持生存的最基本的活动的基础上建立社会存在本体论结构。正因为劳动是人类维持生存的最基本的活动,所以劳动含有"社会存在"方面新事物的所有规定,劳动成了"社会存在"的原始现象和原型。

第三,"社会存在本体论"是"实践本体论"。

卢卡奇认为,把"社会存在本体论"视为"劳动本体论",即视为"实践本体论",这是作为"社会存在"的最基本的形式的劳动的性质和特点所决定的。

何谓"劳动"?劳动不是游戏,也不是本能反射,劳动是一种目的性活动。在生产劳动过程中,劳动者首先要设定目的,比如说,自觉地想取某种东西来满足自己的需要。当然,随后还要选用能够实现这个目的的包括方法和工具在内的手段。从逻辑上讲,设定目的是从事劳动的先决条件,实际上,至少目的设定是与劳动过程同时出现的。他指出:"通过劳动,一个目的设定在物质存在中被实现了,于是,一种新的客观性产生了。"他又指出,劳动的这种目的性是与因果制约性联系在一起的。目的是人的意识对可能性进行选择的结果,劳动的目的性表明人是自由的,但这种自由并不是任意的,它必须与自然界的因果律协调一致:"一旦马克思把目的认作是对劳动唯一真正有效的范畴,因果性和目的性的具体的和必然的统一也就随之而被认可了。"他认为,从目的性与因果性的统一来探讨劳动问题并进而说明全部"社会存在",这就使我们获得了一条把握新本体论的中心线索。卢卡奇认为,这种作为目的性与因果性的统一的劳动即实践。实践以另一种方式表述了人类有目的地能动地改造和探索世界的活动。他强调,实践在这里不是作为一个认识论的范畴,而是作为一个本体论的范畴。

根据卢卡奇的看法,在黑格尔的学说中,它含着两种不同的本体论:一种是以逻辑为本位的虚假的本体论,另一种是以劳动—实践为本位的真实的本体论。他说道:"黑格尔已经在劳动中发现了目的论的真正的本体论形式,因而解决了旧时代的一个哲学对立,那就是在本体论中先验的目的论和完全占支配地位的因果性之间的对立。"青年黑格尔和青年马克思的一个共同点是他们都深入地研究了英国古典经济学,并把握了劳动—实践的实质及其在人的全部社会生活中的作用。

第四,"社会存在本体论"是"价值本体论"。

卢卡奇认为,作为社会存在的最基本形式的人的劳动还具有价值的特征。这一方面表现在人在劳动实践中,既设定了目的,还要选择手段,而适用于目的的实践的手段,往往被人赋予价值。例如自然界的石头,本来无所谓有价值或无价值,其中能被用作刀斧的,人就认为它是有用的好东西,赋予它价值。这另一方面表现在作为劳动者的人,也有一个适合、不适合于完成劳动目的的问题。作为劳动者的人不像作为自然的人,根本不存在有价值、无价值的问题。劳动实践在改造外部世界的同时,也改造了劳动者自身。卢卡奇因此推论,最初,凡按照自然规律从事劳动的人,往往能达到预期的劳动目的。久而久之,人就锻炼出按自然规律劳动的一些品质,例如细心、认真、毅力等等。有了这些品质,人就有了内在价值,人是自己赋予自身以价值的。

卢卡奇认为,与人的劳动活动联系在一起的价值有一个不断普遍化的过程。最初出现的价值只是能直接实现劳动目的的有用性。实用是价值的基本尺度,不过随着实践的发展,实用不再总是直接的、具体的,于是产生出多种间接的、抽象的价值。例如科学、伦理、艺术的价值就是这样。它们组成了一个比较和谐、相对独立的精神价值体系。这种精神价值体系往往不依赖于个体,而是作为相对独立的精神表现领域的成分,作为相对独立的二次性精神表现存在着。

于是,卢卡奇又强调价值的客观性、价值体的社会实物性,把价值描述为社会历史发展的客观过程的"内在的"伴随现象。从这里出发,他又指出,"价值"同"劳动"、"实践"一样,都是本体论范畴,价值现象显示出来的是"本体论的事实"。

(三)科学文化与人文文化:自然与社会

1. 两种文化的分裂与对立

1959 年,英国学者 C. P. 斯诺明确地提出了"两种文化"(即科学文化与人文文化)的问题。① 学者们通常认为,现代科学是无神论的;它的开端和兴起被追

---

① 参见 C. P. 斯诺:《两种文化》,上海科学出版社 2003 年版。

溯到16和17世纪,追溯到培根、哥白尼、牛顿等。甚至有学者认为,科学与人文的分裂始于"科学革命",在近代科学诞生以前,两者没有相互区分,统一于人类知识和人类精神的统一体之中。两种文化的分野,主要表现为研究对象、研究方法、思考方式、价值取向、资源争夺,以及两类研究者之间的互不理解、互相排斥甚至相互敌视。我们认为:第一,两种文化的分裂与对立由来已久,可以一直追溯到原始社会;第二,两种文化的对立本质上是两种截然不同的"实在"观念(物质的和非物质的实在)的冲突。

英国文化人类学家马林诺夫斯基(1884—1942年)实地考察了新几内亚等还处在石器时代的地区,用第一手资料证明:原始文化可以划分为"神圣"和"世俗"两个方面。其中,神圣的一方面可以进一步划分为宗教和巫术。而世俗的方面表现为农业、渔业、航海、战事等。"当地的土人把两个领域划分得一清二楚:一方面是已知的自然条件和作物生长过程;另一方面则是意想不到的幸运和灾难。他们用知识来对付前者,而用巫术来应付后者。"知识与巫术二者同时存在,分而用之。靠海而居的部落,捕鱼时靠智力和体力,但出海前复杂的巫术仪式用来保平安、求高产。"因此,原始人对于自然和命运,不管是想要利用前者还是躲避后者,总是清楚地认识到这两种势力或力量,即自然的和超自然的,并且总能出于自己的利益而试图利用二者。……他们从来不仅仅依赖巫术,然而,每当他们不得不承认自己的知识和理性技能于事无补时,他们便求助于巫术了。"[1]

一般地说,关于自然的神话是宗教最早的形式。神话传说是人类早期生活的全面记录,以一种浪漫的想象来表达他们的理性探索[2]:世界和人生的起源及归宿、人类自身的存在及其意义,等等。一神或多神,都只是一种信仰的对象。在无神论者看来,上帝耶和华六天创世说完全是胡扯。但在古时候,除了基督教的创世说之外,还有埃及的太阳神"拉"开天辟地说、中国的盘古开天辟地说、巴比伦大神马尔都克之子创世说以及古希腊关于宇宙生成的说法,等等。

在原始人那里,没有科学,没有哲学,于是神话中的各种人格神灵、天体神灵、自然神灵和动植物神灵的众多形象,构成了他们精神认知上的世界全景。由

---

[1] 马林诺夫斯基:《巫术、科学、宗教与神话》,中国民间出版社1986年版,第33—34页。
[2] 参见王晓明:《宗教学基础十五讲》,北京大学出版社2005年版,第16—18页。

于对于物质世界的规律性所知其少,在自然力量面前显得渺小无能,他们只能寄希望于想象中的神灵。神灵是人类最早的精神产品。巫术为氏族消除灾祸,为患者跳舞治病,为无生育的妇女求子,为死去的人们祝福,在其背后起作用的都是神灵的观念。因为生活的需要而生产出的神灵,作为一种普遍性的社会产品而得到广泛的应用。

在原始人那里,"灵"统辖着自然,而"魂"支配着自身。梦,又是一种人类早期难以理解的自然现象。我们的祖先常常为梦——这种荒诞离奇的现象——所困扰。庄周梦蝶的故事在中国脍炙人口。梦是怎么一回事?为什么白日里劳动、嬉戏的情景会在梦中出现?为什么能与死去的亲人在梦里重逢?为什么有的梦让我们喜不自胜,有的梦让我们毛骨悚然?为什么我们愿意重温旧梦、希望梦想成真?做梦时,有什么离开了我们的躯壳,还是有什么进入到自己的身体?如此等等。1872年,英国著名的人类学家和宗教学家泰勒提出一种理论:原始人根据睡眠、出神、疾病、死亡、梦幻等生理和心理现象的观察,推论出与身体不同的灵魂观念,然后把灵魂观念应用于万物,产生了万物有灵论,成为一切宗教的源泉。

所以,在原始人那里便有了关于世界和宇宙的两分法:感官可知的自然物和自然力,以及存在于幻想之中的神灵和魔力。"有些神学家把原始宗教分为两个类别:一类是对自然力和自然物的直接崇拜,另一类是对神灵和鬼魂的崇拜。"①在一定的意义上,希腊文化的起点就是这两类崇拜。柏拉图思想充分地体现了希腊理性主义和希腊神灵崇拜的独特结合。他说,世界上的实在有两类:物质的和非物质的;物质的实在是变动的,非物质的实在是永恒的;各种具体事物的原型的"相"(Form)构成的世界才是哲学家和科学家们应当研究的。德谟克利特思想则是希腊理性主义和希腊自然物崇拜的独特结合。实际上,基督教世界观把神灵崇拜推到了极点,而现代世界观把自然物崇拜推上了顶峰。在科学革命之前,因为没有物理科学而信仰神灵;在工业社会中,没有信息科学而信仰物理学主义。在信息科学范式的指引下,对立的双方将合而为一,分裂将不复存在。

---

① N.斯马特:《世界宗教》,北京大学出版社2004年版,第33—36页。

2. 社会现象与自然现象的本质区别

两种文化的争论,其最基本的前提,就是它们对于社会现象与自然现象及其相互关系的不同理解。这是科学主义和人文主义两大学派之间对立与争论的本体论前提。

科学主义者强调社会现象与自然现象的基本相似性,忽略其间的根本差异性,主张像对待自然现象那样来对待社会现象,由此又被叫做自然主义者(naturalist)。科学主义流派的不同代表尽管对于社会现象的性质和特点的具体看法有所不同,但在强调社会现象的客观性和因果性方面则是共同的。

孔德认为,社会现象比自然现象复杂得多,但同样服从于不变的规律。社会规律比自然规律要复杂,但也可以并只能通过实证的方法来把握。斯宾塞认为社会与生物一样也是一个有机体,社会的分工相似于动物机体各个器官的分工,机体器官的功能是相互配合和协调均衡的,有机体才能正常地生存。社会机体比生命机体复杂得多,其中最大的差别是社会中有个人的存在和作用,有个体与集体和国家等之间的复杂关系,但从根本上说,它们都服从于同样的规律。斯宾塞力图发现和论证社会机体与自然机体之间在机体结构和功能组织等方面的内在相通性,甚至认为像"自然选择、生存竞争"等自然进化规律在社会中也同样存在和发生作用。因此,他主张运用自然科学的有机体方法来研究社会有机体。

迪尔凯姆充分地认识到对社会现象的科学界定对于社会科学研究所具有的意义,因此尤其"强调用社会现象对个人意识的外在性与个人意识可能发生的强制影响,用社会现象的普遍性和客观性,来给社会事实下定义"。正是通过与各种非社会现象和个人行为的比较,迪尔凯姆把社会现象定义为:"所有'活动状态',无论固定与否,只要是由外界的强制力作用于个人而使个人感受的;或者说,一种强制力,普遍存在于团体中,不仅有它独立于个人固有的存在性,而且作用于个人,使个人感受的现象,叫做社会现象"。

从总体上看,科学主义者尽管也承认人类行为比自然现象更复杂,因而探索社会科学规律比探索自然科学规律更困难,但他们否认这种差别是本质性的、根本的。他们认为,社会现象与自然现象尽管在形式上有所不同,但在本质上却都是客观的、因果性的、有规律的,因而是可以观察、实验和概括的。

人文主义者则突出强调人文社会现象与自然现象的根本区别,在他们看来,人文社会现象与自然现象是根本不同的,自然现象具有客观性、确定性、普遍性和可量化性,可以通过观察等手段对其加以客观的、实证的解析与说明,而人文社会现象,尤其是人的思维、情感、意志和行为等不仅有自然物质世界的各种特性,而且具有许多它们所不具有的更加高级和复杂的特性,例如主观性、非确定性、个别性和非量化性等,它们本质上是个意义世界、价值世界,不可能被客观地加以解析和说明,而只能通过理解才能把握。

具体说来,首先,人文社会现象不是一种纯粹客观的物质运动过程,而是人的自觉的活动过程。主观性是社会事实的内在组成部分,人的动机、愿望、信念、希望等作为人的内在要素支配着人的行为,并通过人的活动及其结果而对象化、现实化、社会化,成为现实社会存在的内容。人文社会科学研究以社会现象为对象,就不能不面对社会现象中的主观方面、精神方面,并对其加以说明。对精神世界的把握只有通过精神的沟通而达到,思想的精髓只有通过思想来领悟。相应地,要达到对于人的主观方面的把握,就绝不可能仅仅通过自然科学那样的客观的观察和实证分析,而必须有自己的特殊方法。马克斯·韦伯指出,在社会科学中,我们关心的是心理的和精神的现象,而关于这些现象的移情理解无疑是与一般精确自然科学的方案能够或力图解决的问题明显不同的。

其次,社会现象不是一个纯粹的事实世界,而是一个文化世界,而文化世界的核心是价值和意义,具有强烈的个体性、多元性、习得性、偶然性。人文社会科学以社会现象为对象,就不能不对社会现象的价值和意义作出判断和评价,而且在某种意义上可以说,对于社会现象的价值和意义作出恰当的评价和判断,帮助人们和社会建立起合埋的价值观念和评价体系,引导人们的价值追求,这正是人文社会科学的最为重要的社会功能。如海德格尔把人的生存价值和意义上升到本体能的高度,要求对其从存在论的高度来加以探讨;伽达默尔强调理解就是对于历史的参与和对其现代意义的发掘与创造;利科尔则把文本及其意义看做释义学的基本对象。

其三,社会现象是一个语言的世界,对于思想的表达与交流和对于语言的运用与解读构成了社会生活的重要内容。恩斯特·卡西尔认为,人是创造和运用语言的动物,人不仅生活在一个物理的世界和生物的世界,也生活在一个社会的和语言的世界。语言构成了人文世界的重要内容。利科尔尤其强调作为话语的语言实现在社会生活中的作用和意义,认为它们构成了人文社会世界的重要内容,也是人文科学的最基本对象。相应地,他也特别重视对于话语世界的意义解读和理解。应该说,社会现象还有许多不同于和超越于自然现象的性质和特点,这就为社会科学的存在和发展提供了对象性前提。①

二、社会信息问题的提出

社会信息科学是一个全新的概念。我们之所以把社会信息作为一个概念来加以研究,甚至把社会信息科学作为一个学科来加以构建,实际上是从以下几个方面来提出问题的。② 社会信息科学研究的提出,既有工作的需要,也有学术的需要;既有理论的需要,也有现实社会运用的需要;既有对策的需要,也有技术的需要。我们相信,如果能够由对这些问题的研究逐渐拓展,形成一个领域,由这领域的开拓而构建一个学科,由这一学科的研究而旁及到其他相关学科群,将会具有多方面的理论意义和实践意义。这就是我们提出开展社会信息科学研究的由来和意义。

(一)信息共性问题理论研究的具体化

1. 一般信息学向具体信息学的延展

广义的系统科学从当年的一般的信息论、控制论、系统论出发,经过了耗散结构理论、突变论、超循环论等发展,进入到了新的阶段,成为现代的复杂性科学。以至于有人说,不仅有"老三论",还有"新三论",甚至是"新新三论",等等。在这样一个发展过程中,我们感到,理论信息学尤其是一般信息学,如果不能更好地进入到具体领域具体学科的信息研究,就会缺少现实的生活之根和科学之根。我们注意到,一般的信息科学实际上也正在走向具体的信息科学,比如说医学信息学、传播信息学等等。同理,它也就有可能由一般信息学走向社会信息学。

据 Wellisch 称,1959 年"信息科学"的概念第一次出现在美国宾西法尼亚大学的莫尔电子工程学院。③ 到 1996 年,在维也纳召开的第二次世界信息科学基础大会上,会议还在讨论"建立一门统一信息理论的可能性"。换言之,将近 40

---

① 参见欧阳康:《人文社会科学哲学》,武汉大学出版社 1991 年版,第 37—40 页。
② 参见欧阳康:《社会信息科学的学科定位与研究思路——在华中科技大学社会信息科学研究中心成立暨学术研讨会上的发言》,《华中科技大学学报》(社会科学版)2007 年第 1 期。
③ 参见闫学杉:《人类信息学的基本问题》,《国外社会科学》1997 年第 6 期。

年之后,好像信息科学并没有得出有效的结论,它并没有实践它向人们所做的美好承诺。在过去,关于统一信息理论和一般信息学的研究只是一个大致的目标,各个部门的信息学建立就难有一个坚实的基础。由于理论信息学的建立和发展,人们终于觉得:讨论一个完整的信息科学知识体系的结构就有了前提,发展社会信息学等具体信息学就有了依据。

2. 人文社会科学的观念信息化

当代信息科学技术日新月异地向前发展,无时无处不在影响社会生产与生活的各个方面。人文社会科学学科一方面把计算机网络系统作为辅助信息处理的工具,另一方面直接地使用信息观念描述各个领域中的信息现象。人文社会科学的观念信息化就是学科信息化的过程。

人文社会科学学科信息化的主要任务是:批评只见物质、不见信息的"世界观"的片面性,强调信息时代中比物质价值更重要的信息"价值观",指出只有用纯粹数理方法建立的知识体系才是科学的传统科学观的局限性,确立以信息结构和信息功能为基础的信息"涌现论"的信息科学方法论地位,建立信息科学研究学术共同体的自己独特的"信息科学范式"。

如果每一门人文社会信息科学学科,结合自己的特殊情况,把上述任务基本完成了,那么它的学科信息化任务就完成了一半。继续前进,就是讨论并整理相关学科在经受"信息化"洗礼之后,它自己应有的概念、原理、方法论和知识体系。

(二)社会认识论研究的深化

1. 社会认识论发展的新阶段

欧阳康教授从 1986 年开始研究社会认识论,先后经过了社会认识方法论和人文社会科学哲学等不同的研究阶段,培养了 30 多个博士和硕士。① 近年来,他和在读的博士生、硕士生们一直在认真探讨一个问题——社会认识论研究向何处去。通过反复的思考,大家觉得在深化社会认识论研究的多种可能前景中,也不乏一条非常可行的道路,就是从社会信息的角度来进一步深化我们的认识,加强我们的理论研究,也深化我们的实践应用。

欧阳康说:"从某种意义上可以说,社会认识就是对社会信息的采集、识别、

---

① 参见欧阳康:《社会认识论》,云南人民出版社 2002 年版。

处理和传播的过程,社会认识论研究的任务就是揭示社会信息的复杂性并帮助人们更好地处置社会信息。社会认识论与社会信息学研究的具体对象和侧重点有所不同,但其目标是一致的,二者研究甚至可以说是一个问题的两个不同侧面,它们的研究可以互相补充,相得益彰。"①

2. 社会认识论与社会信息学合流

自 20 世纪 80 年代以来,中国学者关于信息科学、人文学科、社会科学的跨学科、跨单位的研究,一直在进行着。在社会认识论、信息哲学、理论信息学和人类信息学等方面,逐渐地形成一定的研究规模,分别发表了一些研究成果。2006年 4 月,由欧阳康主持召开会议,筹备成立中国第一个跨学科、跨单位的研究团队,华中科技大学社会信息科学研究中心。2006 年 5 月该研究中心被学校批准建立。

2006 年 12 月 12 日,来自北京大学、西安交通大学、重庆大学、华中科技大学、武汉大学、华中师范大学、湖北大学等高校的学者,以及相关专业的部分研究生共 110 多人,参加"华中科技大学社会信息科学研究中心成立暨学术研讨会"的开幕式。

欧阳康教授以《社会信息科学的学科定位与研究思路》为题做了长篇讲话。他讨论了社会信息科学问题的研究视角、社会信息的概念问题、社会信息科学的理论定位、社会信息科学的研究重点、社会信息科学的体系结构和社会信息科学研究中心的运行机制。他最后说,发展社会信息科学是一项极为艰巨的任务,但是十分必要,值得我们为之付出心血和努力。

(三)科学发展中的汇聚与统一

1. 人文社会科学与信息科学的交叉

长期以来搞人文社会科学的学者有一个很大的苦恼就是如何尽快实现研究方式的转变,还有一个很大的苦恼就是如何使我们的研究成果得到广泛的社会传播与社会承认。而这两个方面问题都可以借助现代信息科学与技术并得到解决,并且获得一个极大的发展与传播空间。在这样的意义上,人文社会科学研究有可能真正运用现代科学技术而更大范围地走向社会,走进民族国家,走进人的内在的心灵。社会信息科学有可能成为人文社会科学与现代信息技术结合的

---

① 参见欧阳康:《社会信息科学的学科定位与研究思路——在华中科技大学社会信息科学研究中心成立暨学术研讨会上的发言》,《华中科技大学学报》(社会科学版)2007 年第 1 期。

中介。

2. 人文社会科学内部各个学科的整合

欧阳康指出,人文社会科学应当要不断加强内部整合与创新,对此大家已有共识。但如何整合? 从哪里整合? 怎么整合? 这却需要探讨。通过多年的努力,华中科技大学有了国家所有的 7 个文科学科门类,而且基本上覆盖了这些文科门类下的主要的一级学科。如何在此基础上进一步整合这些人文社会科学学科,是我们近年来一直在思考的问题。我们现在感到,整合可能有多种途径,而信息科学可能是其中一条重要纽带,甚至可以说是一个中轴。通过这条中轴,我们可以看到各学科之间的相似性与相关性,甚至可以看到各学科的巨大差异之间所蕴含的内在统一性。于是我们希望,人文社会科学各学科的整合可以从社会信息科学这里寻找一个中轴、寻找一条基线、寻找一种纽带。

3. 人文社会科学和自然科学的交叉与统一

由于得到华中科技大学校方的关心,得到教育部和其他有关部门的批准,成立了一个文科类最高级别的研究基地,这就是国家级的"科技进步与人文精神"哲学社会科学创新基地。这个基地的任务不仅是要整合人文社会科学内部各学科,也希望能够加强人文社会科学与理工农医的结合。无论是从理论的角度还是实践的角度,科技进步与人文精神本身就是一个非常交叉、高度综合的课题。当前中国高校都在理工科的学生中广泛地实施人文素质和人文精神教育,实际上就是要追求不同知识领域的交叉与互渗。这种互渗如何寻找到一条纽带? 如何实现人文社会科学与工科、医科、理科的交叉,信息无疑也是一条重要的渠道。这里面有社会信息的发送、识别、选择、接受、处置、解读、理解、阐发、传播等一系列问题,它们都是社会信息科学可以也应当专门研究的。因此,通过社会信息科学有可能使我们从新的视角来看不同学科分类之间的内在联系。

三、对社会信息问题认识的两个阶段

(一)信息论时期:从"老三论"到"社会信息论"

1. 社会信息论作为"信息论"的推广

回顾历史,文科学者最初接触信息科学是在 1986 年 5 月,当时中国辩证唯物主义研究会在西安召开了一个重要的会议,叫做"马克思主义哲学与'三论'"。所谓的"三论",指的是信息论、系统论、控制论。当时正好是信息论、控制论、系统论作为"老三论"在兴起的时候。中国辩证唯物主义研究会是中国最有权威的马克思主义哲学研究会之一,一大批优秀学者云集西安参加此次会议。当时可以从学者们对于系统科学与马克思主义哲学关系的大量学术探讨中感受到了一个重要的学术方向,就是马克思主义哲学的发展一定要依托于现代的科学技术,尤其是信息学、系统论和相关技术来展开研究的思路。①

从那以后,国内有的学者提出不仅要用信息论、系统论和控制论看自然,也要用它们所提供的观念来看社会。也有学者甚至明确地提出了社会信息论、社会系统论、社会控制论。但是,同美国发生的信息论热潮迅速冷却一样,在中国的引进、翻译、介绍、讨论的活动持续了十几年之后,未能深入发展,也没有结出带标志性的果实。还有一些学者从哲学的角度学习过普利高津的耗散结构理论等,但当时还只是了解其理论的甚至只是哲理的一些方面。

有的学者在 20 世纪 80 年代亲身经历了从信息论到社会信息论的拓展,体会到关于通信的数学理论在社会现象的研究中局限性,对关于"信息"的概念与方法论已经失去了信心,这在他们的思想深处留下很深的烙印。社会科学家从另一个方面提出了与物理学家相同的命题:不需要信息概念。于是,在"社会信息学"和"社会信息科学"的观念萌动之时,他们不屑一顾,认定不会有什么前途,因为已经有了前车之鉴,换汤不换药的做法不可能有什么造就。所以,他们不仅认为新的观念不能带出一个学科,甚至连相关概念在提法上都有问题。在一定的意义上说,在信息论与信息学之间划界,说明社会信息论和社会信息科学的重要区别,是人文社会科学家接受和参与社会信息学研究的前提条件。

2. 信息论与信息学的本质性区别

在信息论时期,人们考察信息过程时只是使用通信模型,局限于研究其中的信源—信道—信宿,使用物理—数学方法讨论信息的载体(信号与符号),而不是研究载体的内容。望文生义地看,信息论与信息学是差别不大的概念,甚至可以认为它们是一回事。但是,它们的内涵和外延是完全不同的。简要地说,信息论的核心是"通信",而信息学的核心是"计算";通信关注的信息载体的物理转

---

① 参见欧阳康、孙晓文:《马克思主义哲学的发展与现代科学方法论》,《甘肃社会科学》1986年第 3 期。

移,计算关注的信息内容的相互作用。许多研究者把信息论的推广或广义信息学也叫做"信息科学",实际上他们的信息概念、模型和方法没有超出香农理论的范围。

信息科学(或信息学)研究者们认为,香农只是研究了消息载体的度量和传送,没有涉及信息的计算。信息学的模型是图灵与冯诺伊曼的计算模型,其中包含了通信与控制过程,使用逻辑与程序的方法。一般地说,通信和控制过程本身不能产生新的信息,只有计算(或信息处理)过程才能形成知识的创新。沿着香农的思路前进,可以建立广义的信息论,社会信息论就是其中的一个分支。可以把广义信息论看成是信息科学发展的初级阶段或不完备的形态。与信息科学基本原理指导下建立起来的社会信息科学相比,社会信息论的观念和方法不可同日而语。①

(二)信息学时期:从一般信息理论到社会信息科学

1. 社会认识论研究概念和方法的信息化

欧阳康指出,社会信息科学是一个全新的学科。在我们现在拥有巨大信息量的中国学术期刊网上,如果严格地以"社会信息科学"来搜索文章的篇名和主题词,能够找到的不过一两篇。如果严格地以"社会信息科学"作为关键词来搜索,实际上也非常有限,而在这有限的文章中人们实际上还是在非常不同的意义上来使用它的。因此,提出社会信息科学并成立相应的研究中心,表明我们希望进入这个新的研究领域。尽管这个领域从我们各自过去的学科来说,从我们的生活经验来说并不是那么陌生,但是从学术的角度,它是一个全新的领域。

许多人文社会科学研究者对信息科学应该说是缺少专门的研究的。复杂性的问题近年来受到人文社会科学工作者的关注,欧阳康曾经在《哲学研究》发表过一篇题为《复杂性与人文社会科学创新》的文章。② 他注意到,在当代科学方法论由简单性走向复杂性的过程中,复杂性科学实际上引领着当代科学的发展,也引领着当代的文化建设和思想建设。

2005 年 11 月,中国首次信息科学交叉研究研讨会在北京师范大学召开。

---

① 参见曹芝兰、高珊、田爱景:《社会信息科学发展分期与它的学科层次》,《医学信息》2009年第 7 期。

② 参见欧阳康:《复杂性与人文社会科学创新》,《哲学研究》2004 年第 9 期。

闫学杉在会议上介绍了国外关于统一信息科学研究的问题,引起了大家的兴趣和热烈的讨论。李宗荣在会议上介绍了关于理论信息学研究的成果,说明了"信息能"的概念,提出了出版《理论信息学导论》的编写提纲和写作方案,受到学者们的关注。

在张勇传院士的指导下,李宗荣取得系统科学博士学位之后,到哲学系师从欧阳康教授攻读马克思主义哲学博士学位,这给文科学者以很大的影响。他长期进行信息科学的研究,取得了一些成就。文科专家们在与自然科学和工程学科学者的学术交往中,进一步认识到对于当代科学和当代文化与当代哲学的研究还有一个可能的重要契合点,这就是社会信息科学。通过社会信息科学可以使这不同的学科内在地结合起来,但要做到这一点需要我们拓展自己的研究思路。①

有一批较早接受信息论思想的人文学者与时俱进,不断地关注自然科学的新成果,参与研究复杂性科学和关于信息的统一理论,他们的观念由信息论升华到了信息学的层次。然后,他们从信息学共性知识的视角出发,重新观察社会现象,社会信息科学的理念呼之即出。欧阳康教授就是人文社会科学专家中较早摆脱信息论信息观的局限,接受和拓展信息科学信息观的典型代表。

2006 年 4 月国际一般系统论学会在华中科技大学同济医学院开会,当时国内一批研究信息科学基础理论的学者参加了会议。欧阳康等校领导应邀出席了会议,并发表了重要讲话。欧阳康在会上谈了"关于社会信息复杂性的十个问题"。他说,我们自己多年来研究社会认识论,感觉到社会认识论中最困难的对象性前提就是社会对象的复杂性。对于社会的复杂性问题可以从各种角度去研究去分析它,而信息的复杂性是其中非常重要的方面。在会议期间,他还主持召开了关于成立华中科技大学社会信息科学研究中心的筹备会议。

2. 充分发挥理论信息学的世界观和方法论功能

2004 年,理论信息学的概念、原理和方法提出②;2006 年,《理论信息学导论》出版③;2008 年,信息科学世界观提出④。它明确地提出了一般的物质与信

---

① 参见欧阳康:《社会信息科学的学科定位与研究思路——在华中科技大学社会信息科学研究中心成立暨学术研讨会上的发言》,《华中科技大学学报》(社会科学版)2007 年第 1 期。
② 李宗荣:《理论信息学:概念、原理与方法》,《医学信息》2004 年第 12 期至 2005 年第 4 期。
③ 李宗荣、金新政等:《理论信息学导论》,中国教育文化出版社 2006 年版。
④ 参见李宗荣:《论信息科学的世界观》,《医学信息》2008 年第 8—11 期。

息关系模型,即对立统一的"两个世界"理论,揭示了宇宙万物的物质与信息二重性和空间与时间二重性。

(1)宇宙万物的物质与信息二重性

二重性所涉及的双方是对立的,非此即彼;但是它们的区别不是永恒的、绝对的,双方可以通过不断地互相依赖(或相互包含)、互相支持(或相互建构)来实现综合。世界万物的物质和信息"二重性",就是说,世界万物既具有物质特性,又具有信息特性。换言之,它们既是物质的,又是信息的。对它们既可以进行物质与信息的一分为二,又可以进行物质与信息的合二为一。"信息的二重性"就是:信息具有非物质的特征,但它又必须具有物质载体,因而是物质的;信息对于物质载体具有相对的独立性(载体互换、转译中保持不变),但同时对物质载体又有绝对的依赖性。

(2)宇宙万物的空间与时间二重性

第一,空间与时间二重性:事物的静态与动态特性。世界万物都可以从时间和空间两个方面加以考察。一个事物的空间特征就是它的静态的结构特征,即它的存在状态。一个事物的时间特性就是它的变化的特征,即它的动态特性或生存过程。关于事物的存在与生存也就是在这两个方面展开讨论的。每一个事物都是静态特征与动态特征的统一,是"存在"和"生存"的统一,都同时表现出空间和时间特性。

第二,世界万物的存在状态与生存过程。世界万物都具有空间状态与时间过程的二重性,它们都是状态与过程的一分为二与合二为一。按照状态与过程二重性理论,人的生命具有静态的结构与动态的功能两个方面。我们的物质生命的结构和功能是物理与化学的,但是信息生命的结构和功能是信息的、非理化的、非物质的。生物学 DNA 的理化结构已经被测定出来,但是它的信息学解读可能需要长时间的探索。

(3)物质与信息的关系模型:对立统一的"两个世界"

第一,模型的分类:实物模型与抽象模型。所谓模型,简单地说,是指人们为了达到某种特定的目的而对研究对象所做的一种简化的描述。它是人们在研究某个对象(原型)时创造出的原型的替代物。这种描述可以是定量的,也可以是定性的;这种替代物可以是实际的物体,也可以是抽象的形式。通过研究模型来揭示原型(被研究的对象)的特征、形态、本质及发展规律的方法称为模型方法。

科学研究的模型,大致可以分为两个大的类别:物质模型和思想模型,也可以称之为物质模型和信息模型。其中,物质模型主要有天然的和人工的两个类别。

第二,两个世界:物质与信息在状态和过程中的联系与作用。我们称物质与信息关系模型(MRMI,Model of Relation of Matter and Information)为"双二重性模型"(物质与信息的二重性,状态与过程的二重性),简称为"二重模型"。在两个世界划分、分割的基础上,通过揭示两个世界的联系和相互作用机制,就形成了关于两个世界如何对立又统一的完整理论模型。它可以分为两个子系统:物质子系统和信息子系统。物质子系统的构成是物质实体的,它由物质能所驱动。信息子系统的构成是抽象的,但是信息的载体是物质实体的,与物质子系统直接接触;信息子系统由信息能所驱动,信息能是程序体现出来的逻辑的力量,但是信息能的"载能"是物理学的能量,可以与物质子系统的能量相通。

(4)理论信息学对于社会信息科学的世界观和方法论的意义

从人类知识的层次上看,理论信息学是科学(应用信息学)和哲学(信息哲学)之间的桥梁。它以上述物质与信息、状态与过程的双二重性为基础,物质和信息载体相互接触和物质能与信息能的载能相互连接的关系模型,构成了"两个世界"理论的核心观念。就像物理学观念对于物质世界观的科学支持那样,它是支持信息科学世界观的科学依据。这样,理论信息学就必然扮演着世界观和方法论的角色。

理论社会信息学是理论信息学在一般信息概念和原理方面的直接延伸,而信息科学哲学则是信息哲学在社会领域中的具体化。在社会信息科学的具体学科层面上,可以有两个并行的知识系统。其一是传统的人文社会科学的学科经受"学科信息化"洗礼之后的体系,其二是对社会信息现象在宏观(Macro Level)、中观(Meso Level)和微观(Micro Level)三个层次上归纳而形成的知识体系。社会信息科学的技术和工程当然包含着计算机为核心的现代信息技术与工程的应用,但是其主流和中心却是社会信息现象本身固有的技术和工程体系。

第一编 社会信息科学的学科定位

第一章　从信息论到社会信息论

　　本章主要说明,把香农信息论应用于社会现象的研究构成了一个叫做"社会信息论"的分支学科,其中显现出来的物理学范式的缺陷只有通过科学范式的转换来解决。我们首先介绍香农信息论的适用范围和它的局限性。然后,介绍从信息论出发建立广义信息论的成果,指出"全信息"理论缺乏实践价值,而"信息—知识—智能"理论具有逻辑上的矛盾。在讨论物质科学范式的缺陷之后,我们提出信息科学的范式是通信、计算与控制模型,说明由物质科学范式向信息科学范式的转变标志着新的人类文明范式的确立。

一、香农信息论的历史地位及其局限性

(一)香农信息论——通信的数学理论

1. 香农的家庭和他所受到的教育

　　C. E. 香农(Claude Elwood Shannon,1916—2001 年)1916 年 4 月 30 日诞生于美国密西根州的 Petoskey,取了与他父亲完全相同的姓名。他父亲是一个有三千居民的小镇上的法官,母亲是镇里的中学校长。他从小受到父母的良好教育,更受到农场主兼发明家的祖父直接影响。香农的家庭与大发明家爱迪生

（Thoms Alva Edison,1847—1931 年）有远亲关系。①

1936 年香农在密西根大学获得数学与电器工程学士学位,然后进入麻省理工学院读研究生。在攻读学位期间,他师从计算机先驱万尼瓦尔·布什,开始在一台模拟计算机上工作。在布什的指导下,他开始对继电器电路分析产生兴趣。他认为这些电路的设计可以用逻辑来实现,并意识到分析继电器的有效数学工具是布尔代数。当时,他还注意到了电话交换电路与布尔代数之间的类似性,即把布尔代数的"真"与"假"和电路系统中的"开"与"关"对应起来,并用 1 和 0 表示。他证明布尔代数的逻辑运算可以通过继电器电路来实现,明确地给出了实现逻辑加、减、乘、除等运算的电子电路的设计方法,用布尔代数分析并优化开关电路。后来,他进一步证明:可以采用能实现布尔代数运算的继电器或电子元件来制造计算机。于是,这就奠定了计算机数字电路（开关电路）的理论基础。②

香农 1938 年在获得电器工程师硕士学位,1940 年获得数学博士学位。他的硕士论文题目是"继电器与开关电路的符号分析"（A Symbolic Analysis of Relay and Switching Circuits）。哈佛大学的伽登纳（Howard Gardner）教授说,这可能是 20 世纪"最重要、最著名的一篇硕士论文"。他的博士学位论文题为"理论遗传学的代数学"（An Algebra for Theoretical Genetics）。

2. 香农在贝尔实验室的工作

1941 年,香农 25 岁,被贝尔实验室数学部主任 T. L. Fag 看中,以数学研究员的身份进入新泽西州的 AT&T 贝尔电话公司,与当时世界一流的科学家共事,比如现代数字信号处理理论及实践的创始人和先驱 Nyguist 和 Hamming 博士。他在该实验室工作到 1972 年,从 22 岁到 55 岁,整整 31 年。1956 年他当上了麻省理工学院的访问教授,1958 年成为正式教授,1978 年退休,但他一直与贝尔实验室保持着密切的联系。

香农在贝尔实验室的工作中,前辈的研究工作对他产生了重要的启示。《贝尔系统技术杂志》刊登的奈奎斯特的《影响电报速率的一些因素》和哈特莱的《信息的传输》对他的影响尤其巨大。他在信息和通信的领域中执著地研究

---

① 参见刘瑞挺:《香农:信息论及数字通信之父》,《计算机教育》2004 年第 10 期。

② 参见崔光耀:《信息论的丰碑·密码学的鼻祖——写在克劳德·E.香农博士去世两周年之际》,《信息安全与通信保密》2003 年第 2 期。

了8年之久,1948年他终于在《贝尔系统技术杂志》上发表了244页的长篇论著——《通信的数学理论》。一年以后,他又发表了《噪声下的通信》。这两篇论文经典地阐明了通信的基本问题,提出了通信系统的模型,给出了信息量的数学表达式,解决了信道量、信源统计特性、信源编码、信道编码等有关精确地传送通信符号的基本技术问题,成为现代通信论的奠基著作,标志着通信理论的正式创立。

香农关于通信的数学理论已经远远地突破了他本人所研究和意料的范围。人们说,香农建立了关于信息的理论,是信息论之父,并且试图把信息论的数学方法应用到自然和社会现象的许多领域。很长一个时期,在美国和国际学术界,经常召开多种学术会议,交流香农信息论的应用成果。1998年,国际电子工程师学会(IEEE)举行了隆重的大会,以纪念香农的理论发表50周年。贝尔实验室还专门为他塑像,与电话的发明人贝尔的塑像一起耸立在贝尔实验室大厅的入口处,供人们瞻仰。他是美国科学院院士、美国工程院院士、英国皇家学会会员、美国哲学学会会员。他所得到的荣誉奖项包括国家科学奖章、IEEE荣誉奖章、基础科学京都奖等,所接受的荣誉学位不胜枚举。[①]

(二)香农信息论的适用范围

1. 关于通信的数学理论不是信息理论的主体

任何通讯技术的目的都在于把信息从一个地方传送到另外一个地方。通讯技术分为信号通讯和符号通讯两种。最初的电话是靠弱电实现的一种信号通讯技术。符号通信技术和理论的历史开始于电报机的发明。为完成符号的长距离传送,通讯科学家常用的办法是,先把要传送的符号转变成信号调制到一个发送设备上,然后把载有符号的信号发送到目的地;在目的地接收到它们之后,再把这些携带着符号的信号调解还原成符号。目前的通讯科学由电子通讯、光通讯和声通讯三类组成。通讯科学是信息的技术科学,其理论的所有基础部分,都和物理学、电子学和数学紧密相联。从信息观点来看,通讯科学理论过去最引人注目之处,在于香农发明了信息传输的统计理论。

在通信工程的设计者立场上,香农指出:"通信的基本问题是在消息的接受端精确地或近似地复现发送端所挑选的消息。通常消息是有意义的,即是说,它

---

① 参见刘瑞挺:《香农:信息论及数字通信之父》,《计算机教育》2004年第10期。

按某种关系与某些物质或概念的实体联系着。通信的语义方面的问题与工程问题是没有关系的。重要的是,一个实际的消息总是从可能消息的集合中挑选出来的。因此,系统必须设计得对每一种选择都能够工作,而不是只适合工作于某一种选择——因为,各种(用户)的选择是随机的,设计者事先无法知道(用户)什么时候会选择什么消息来发送。"①

在这里,香农说明他提出的通信理论的适用范围:第一,涉及的对象只是信息的符号载体,涉及的过程只是符号信息的编码、传送和解码;第二,所使用的方法是统计的概率论的方法。

香农理论适用的前提条件有两个:其一,在研究的对象和过程中一律不考虑信息的内容(符号序列的语义);其二,必须采用统计意义上的概率理论作为方法论工具。在纯粹的通信领域,这两个条件总是满足的。电话公司根据占用通话线路的时间长短收费,电报公司也只计算发送的符号信息的字数。用户可以随心所欲地讲话、发电报,通信公司也都毫不涉及用户通信的内容。

但是,如果不满足上述两个前提条件,即是说,到了香农理论的适用范围之外,该理论完全派不上用场。第一,如果研究的对象和过程必须涉及信息的内容;第二,如果涉及的信息不具有概率的性质,而是不可重复的"一次性"的。在大自然和人类社会中,尽管几乎任何信息过程都与通信有关,但是绝大多数信息现象都不仅仅是单纯的通信过程,而是必须考虑"非概率信息",考虑信息的含义。所以,香农通信理论能独当一面解决问题的范围是非常有限的。当把通信理论用到其他信息领域的时候,只在信息传输的类比方面,才是有效的。

2. 对于夸大香农理论适用范围的批评

其实,对于信息论成为最时髦学科的出奇的繁荣,香农本人十分担心。他在1956 年就指出,信息论的核心本质是一个数学分支,是一个严谨的演绎体系,它的基本结果都是针对某些非常特殊的问题的,透彻地理解它的数学基础及其在通信方面的应用,是在某些其他领域应用信息论的先决条件。信息论未必切合心理学、经济学以及其他一些社会科学领域。信息论的"名过其实"与"名声在外""孕育着一种危险"。"人们一旦认识到仅仅用几个像信息、熵、冗余度这样一些动人的字眼并不能解决全部问题的时候,就会灰心失望,而那种人为的繁荣

---

① 转引自钟义信:《信息科学原理》,北京邮电大学出版社 2002 年版,第 33—34 页。

就会在一夜之中崩溃。"①到 20 世纪 50 年代后半期，许多盲目生搬硬套信息论的工作都先后遭受了挫折和失败，类似的努力与活动逐渐地冷落下来。随后，许多专家和学者开始了对信息论热潮兴衰的反思和逐步深入的批评。

美国信息物理学家 T. 斯托尼指出："实际上，香农并未宣布已经创立一种信息理论。相反的，香农认为他的贡献在于创立了通讯理论，也就是信息传输的理论"。② 香农著名论文《关于通讯的数学理论》的工具是物理数学方法。C. 彻丽指出，香农借用 R. V. L. 哈特莱的公式计算一串符号中包含的平均消息量，但实际上几乎不能作为一个消息中信息内容的正确度量。③ 香农用"熵"来命名他的公式，一个原因是由于该公式和 L. 玻尔兹曼关于热力学系统中统计熵的公式"很相像"（looked like）。另一个原因是由于冯·诺依曼告诉他，"既然没有人知道什么是熵，那么在争论中你将总是占便宜"④。

有专家说，冯·诺依曼的建议是一个"糟糕的玩笑"（bad joke）。它所造成的后果是：通信工程师和信息理论家成了"受害者"。香农的"把戏"（sleight of hand）受到许多著名作家的抨击。比如：C. Cherry（1978）、S. G. Brush（1983）、J. Wichen（1987）、T. Stonier（1990）、H. P. Yockey（1992），等等。H. P. 约克在仔细研究了相关材料之后总结道："在麦克斯韦—玻尔兹曼—吉布斯的热力学统计熵和香农通信系统的熵之间，没有任何关系。"⑤J. 维钦也指出："尽管香农公式和玻尔兹曼公式在符号上是同构的，但是它们的含义并不具有共同点。"⑥

的确，熵从诞生之日起就带有神秘的色彩。人们在熵理论应用、拓广的研究中，几多收获，几多困惑。⑦ 至今人们仍然不解：一个消息的不确定性和热力学熵有什么内在联系？本来，在各个领域内的信息都十分具体，也好操作。但是，

① 转引自钟义信：《信息科学原理》，北京邮电大学出版社 2002 年版，第 32—40 页。

② T. Stonier, *Information and the Internal Structure of the Universe：An Exploration into Information Physics*, UK：Springer, 1997, p. 13.

③ C. Charry, *On Human Communication*, Cambridge：MIT Press, 1978, p. 51.

④ J. Campball, *Grammatical Man：Information，Entropy，Language，and Life*, New York：Simon & Schuster, 1982, p. 32.

⑤ H. P. Yockey, *Information Theory and Molecular Biology*, UK Cambridge：Cambridge University Press, 1992, p. 76.

⑥ J. Wichen, Entropy and Information：Suggestions for a Common Language, *Philosophy Science*, Simon & Schuster, 1987（54），pp. 176－193.

⑦ 参见夏立容：《信息时代与信息科学》，湖北教育出版社 1998 版，第 144 页。

谁要想一般地理解信息,就不能不被引入热力学领域。在自然科学领域中,不少人尝试过,但不得要领、如坠烟雾之中。人文社会科学领域中的专家自然望而却步,难能涉足。

(三)香农信息论的本体论和方法论局限

1. 符号是信息的载体,并不就是信息本身

一般地说,信息是载体的含义,不是物质,不可以用数量化的方式进行考察。除了通信以外,试图以物理—数学方法解决信息问题,只是一个不可能实现的梦想。信息的存在和运动的方式至少包括信息的感知、识别、获取、表示、检测、存储、变换、传输、交换、创生、控制等过程。其中,几乎仅对物理"传输"媒介才可以不考虑信息的内容和效用,只是研究物理传输介质上的光/电模拟信号或者数字信号,犹如互联网上 ISO/OSI 七层协议中的第一层(物理层)以下的过程。①

信息传输理论只是信息理论的一个部分。把信息理论说成是香农理论,就像把数学说成是代数一样,属于以偏概全。把香农的结论推广到其他种类的信息过程基本上都不可以,把物理数学方法照搬到其他信息过程也行不通。半个世纪以来,用香农方式构造信息科学,没有大的进展,根本原因就是沿用物质科学的还原论模式。由于认识路线的错误,造成"广义信息论"与真正信息科学的概念、原理和方法格格不入。

从根本上说,按照香农认识路线建立信息理论和信息科学之所以成效甚微,是因为其中包含着物理学主义的本体论错误。从表面上看,香农通信理论研究的对象是信息,但是其中的信息是符号化的消息。由于通信工程不考虑符号序列的"意义"(即纯粹信息本身),剩下的就只是符号的电信号表达和传输,这本身是一个纯粹的微电子学的对象和过程。对信号、符号和消息的传输,并不要改变信息本身,没有信息的结构,没有信息的演变与创生,有的只是它们存在的空间位置的变化。所以,数学—物理方法完全适用,从符号到信号,都是可以用肉眼观察,可以用"比特"(bit,binary digit 的缩写)为单位测量,可以还原到物理学微观层次上,可以用数学公式表示。于是,自然科学家异口同声地说:香农关于通信的数学理论是科学,信息论是科学。

在信息科学发展的前期,一个被全球科学家和工程师普遍接受的错误观念

---

① 参见谢希仁:《计算机网络》,电子工业出版社 2003 年版,第 14 页。

是:把香农关于通信的数学理论当成了整个的信息理论。于是,人们共同的思维定势是:要发展信息理论或信息科学,必须从香农的研究成果出发,必须沿着香农的思想路线前进。当有人要讨论真正的关于信息的理论或科学的时候,比如计算机科学与人工智能控制理论等等,香农理论的卫道士就会说,不通过数量化的途径,没有数学公式表达,它们统统不是科学。香农思想路线的本体论、认识论局限,早已成为整个信息科学,特别是理论信息科学发展的束缚力量。就像近代物理学的发展必须突破亚里士多德科学理论的障碍一样,当代信息科学的发展必须冲破香农关于通信的数学理论的羁绊。

在通信理论中,比特只是消息的符号序列编码的二进制单位,比特量只能反映信息传输量的大小。比特不是一个意义单位,与通信双方信息的含义、质量、价值、作用等等,毫无关系。比如,一首诗歌和一个会议通知,都具有 N 个比特的信息量,单纯从量的角度我们甚至不能区别它们。某一首"诗歌"有何特点、美在何处,某一个"通知"告诉我们什么、如何应对,我们不能从信息量中得到任何启示。同样一首诗歌,如果把字、词的顺序弄乱了,任何一个杂志编辑都不会以其信息量没有受到任何影响而将其出版、印刷。所以,一旦把信息现象放到信号传递之外,香农信息的度量单位、度量方法、公式表达、具体数值,变得毫无意义,并随之消亡。

2."比特"度量的是信息载体而不是信息本身

法国当代著名思想家爱德加·莫兰指出:"用比特来测量法碑、民法、帕斯卡的思想、共产主义宣言,这既无内在意义,也起不到任何比较的作用。真正重要的不是信息的数量,而是信息的组织。因此,像人类语言这类特殊组织中所具有的双重组合特性,就完全不在香农计算所考虑的范围之内。比特测量不出组织的等级,负熵的等级,生命的等级,智慧的等级。它所能揭示的仅仅是关于信息之事件/关系/概率的性质,为前人一无所知的一个维度罢了。"[①]

莫兰说,香农信息论不仅是反组织的,而且是反生成的。因为,虽然人们可以假定存在着一个无杂音的理想信道,但是实际上所有用来交流的物理信道都不可能摆脱杂音这个障碍,从大气层——无线电波和声波的载体——开始就是

---

① 爱德加·莫兰:《对香农信息论的批评》,载华中科技大学社会信息科学研究中心主编:《社会信息科学简讯》2008 年第 14 期。

如此。因杂音而产生的信息质量退化问题是通信本身所固有的问题。按照香农理论，自传播源到接收源，信息量只会不断减少。收到的信息量永远比传出的信息量小。在通信中，所传输的信号和符号能够"保真"只是理想状态，是我们追求的目标。它唯一的本事就是通过恰到好处地使用冗余来延迟杂音那不可避免的结果。实际上，掺进"噪音"或遭遇"干扰"，是绝对的，只是程度不同而已。这就是一个绝对的"熵增加"的过程。

香农的信息遵循熵量增加的原则，但是，从总体上看，无论生物信息 DNA 还是社会文化信息 MEME，都在从无到有地生成、从少到多地发展，是一个复杂性增加、熵量减少的过程。一旦生命被认为是一种信息，生命的起源、千万种植物和动物类的创新性演变，就会不断地提出信息的诞生、生长和发展的问题。对于生命理论来说，编码和程序是极佳的拐杖。但是，有了真正的发话者和接受者，才需要编码概念。先有了程序员和编程工作，才有程序的运转。发出制造程序的指令，实现程序的运行和自生产。

通信是关于信息的物理概念，组织和生成是关于信息的生物概念，大脑和创新是关于信息的社会概念。如果没有关于信息的生物概念和社会概念，关于信息的物理概念便是不可思议的。如果我们把物理概念完全孤立出来，我们就肢解了它的事实，因为他们仅仅存在于具有生物特性的物体中，仅在社会动物的交流中发展自己的潜力，而这些社会动物皆具有交换和处理信息的功能。所以，我们必须建立起一个一般的信息学系统，以在信息的比特层面、信息生成层面以及物理/生物/社会之间的衔接层面上统合、改造、超越香农的信息概念和理论。

总而言之，所谓香农"信息论"把承载信息的载体，即信号和符号，作为"信息"本身，加以还原、度量、表达和处理。于是人们便错误地认为：信息可以被感觉、观察和计量，可以用数学公式进行描述。但是，事情正好相反。托姆指出：世界上有属于系统行为的整体性属性；一切信息首先是一个无法层层切分的形式；在将信息简约到 bit 单位时，摧毁并消灭了信息的连续、完形和模拟。[①] 我们知道，信息是载体所具有的抽象意义，它没有空间位置和重量，它不可计量，其过程不能用数学公式描述。

---

① 参见爱德加·莫兰：《对香农信息论的批评》，华中科技大学社会信息科学研究中心办公室主编：《社会信息科学简讯》2008 年第 14 期。

信息论的信息不同于信息学的信息,把信息论的信息观作为整个信息科学的信息观念,是一个在国内外信息科学基础研究中还在流行的错误。要建立关于信息的哲学和科学的体系,上述普遍而广泛存在的在信息本体论上的错误观念是需要"超越"的第一个障碍。错误的世界观必然导致错误的方法论。这是在美国的信息论热潮和中国"老三论"潮流中,"社会信息论"之所以走不远的根本原因。

一部分德高望重的信息问题专家之所以排斥理论信息学的信息定义(物质载体的"含义"),拒绝有不同于物质运动能量的"信息能",其传统的不可动摇的思维定势,也正是在这里。无论如何修正,他们实际上所坚持的基本哲学立场,与1938年《联共(布)党史简明教程》规定的"辩证唯物主义"都是一脉相承的。一旦"斯大林主义的辩证唯物论不是马克思哲学"的命题被广泛接受,香农信息论的本体论和认识论及其所支持的理论体系就将全线崩溃。那时候才可能在信息科学基础理论园地中出现百花盛开的局面。

二、从信息论到社会信息论

(一)从信息论出发建立广义信息论

1. 基于香农信息论建立信息科学的努力

到了20世纪80年代,基于通信工程的香农信息论得到长足发展,已经从狭义信息论发展到一般信息论,进而扩大到广义信息论,研究范围也已延伸到通信技术、人类社会、个人心理中的一切信息问题。从80年代中后期开始,这个方向的研究者开始倡导用"信息科学"的概念。这实质上成了继以计算机为基础的信息科学和以文献学为基础的信息科学问世以来,在通信工程理论基础上发展起来的第三种信息科学,我们把它命名为"通信工程与信息科学"(Telecommunication and Information Sciences)。

中国"通信工程与信息科学"研究的最优秀代表主要集中在北京邮电大学。从20世纪80年代开始,来自电子通信研究领域的学者冯秉铨、周炯槃、蔡长年,以及周炯槃的学生、后来成了中国信息科学研究学术带头人的钟义信等人,连续发表文章大力宣传开展信息科学研究的意义,"通信工程与信息科学"对促进中国的信息科学研究起到了巨大的推动作用。

经过十余年的不懈努力,钟义信1988年完成了他的长篇巨著《信息科学原理》,并于1996、2002和2005年出版了不同的修订版。闫学杉评述道:"这部著作是到目前为止这个信息科学流派中最优秀的著作,也是其他两个流派(指计算机与信息科学流派和图书馆与信息科学流派——引者注)的'信息科学'在《信息理论》上无法与其相比的。之后虽然不断有人质疑其实践价值,但以威佛尔(W. Weaver)的建议为基础,把香农的单一形式信息计量扩展成全信息计量,在这一点上,中西方信息论者研究者中无人能超过他。"①

如闫学杉所介绍:"在国外,和钟义信一样有着基于香农信息论建立信息科学宏愿的,还有美国的莱斯尼考夫(H. L. Resnikoff),他曾就职于美国国家科学基金会信息科学部,1989年完成了一部《对现实的幻想》的信息科学著作,该书论述了一般信息论、熵、信息系统和生命信息系统中不确定性的测量、信号检测和信息处理等。"②这说明,从信息论出发建立广义信息论(又称为信息科学),是一种国际性的学术思潮。国际学术界所谓"统一信息理论"的研究步履维艰,国内同行们也高呼其难,根源正在于此。

2."全信息"理论的基本内容和实践价值

在《信息科学原理》(第三版)中,作者钟义信在第2.1.2节"全信息:定义体系"部分给出了三个信息的定义以及对它们的说明。这里引录如下:

其一,本体论层次的信息定义:"某事物的本体论层次信息,就是该事物运动的状态和状态变化方式的自我表述/自我显示。"

其二,认识论层次信息定义是:"主体关于某事物的认识论层次信息,是指主体所感知或表述的关于该事物的运动状态及其变化形式,包括状态及其变化方式的形式、含义和效用。"

其三,全信息的定义是:"事实上,人们只有在感知了事物运动状态及其变化的形式、理解了它的含义、判明了它的价值,才算真正掌握了这个事物的认识论层次信息,并作出正确的判断与决策。我们把这样同时考虑事物运动状态及其变化方式的外在形式、内在含义和效用价值的认识论层次信息称为'全信

① 闫学杉:《信息科学的历史、现状和未来》,载马蔼乃、姜璐、苗东升、闫学杉:《信息科学交叉研究》,浙江教育出版社2007年版,第4页。
② 闫学杉:《信息科学的历史、现状和未来》,载马蔼乃、姜璐、苗东升、闫学杉:《信息科学交叉研究》,浙江教育出版社2007年版,第4页。

息',而把仅仅计及其中的形式因素的信息部分称为'语法信息',把计及其中的含义因素的信息部分称为'语义信息',把计及其中效用因素的信息部分称为'语用信息'。换言之,认识论层次的信息乃是同时计及语法信息、语义信息和语用信息的全信息。"

钟义信指出:"可以认为,Shannon 信息论或统计通信理论是基于概率型语法信息的信息理论,而本书(即《信息科学原理》——引者注)所定义的信息科学则是基于'全信息'的信息理论。这是现代信息处理科学与传统信息论之间的一个重要区别。……因此,对于信息科学来说,'全信息'是一个十分重要的概念,全信息及其理论是整个信息科学理论大厦的基石。"①换言之,这种对"全信息"理论的强调,也等于说:如果全信息定义本身出了毛病,则整个《信息科学原理》的根基就动摇,大厦就不稳固了。所有的人都不情愿看到:事实上正是如此!

"全信息"定义出了根本性的毛病。如维纳所说:信息就是信息,不是物质,也不是能量。具有运动状态和看得见变化方式的"事物"是物质,是信息的载体,而不是信息。信息只是钟义信所说的"含义",对符号和信号的度量并不就是对"含义"的度量。物质效用是信息的使用价值,是因时间、地点、条件而变动的人为的主观的价值判断,根本不可能有什么统一的度量和计算。所以,钟义信构造的科学大厦,除了数学理论和逻辑推理上的意义(如果有的话),在应用上几乎谈不上多少实践价值。

其实,香农本人并不是不知道符号和信号所表示的消息当中具有"含义",消息肯定具有某种价值,只是作为一个通信工程师的他,不予考虑罢了。电话公司提供通道和时段的服务,并不根据通话内容收费,更不考虑通话价值的大小,这并不是公司老总们根本就不知道用户的通话是有内容、有价值的。如果公安局对通话实行监听,那内容和价值就成为关注的焦点。他们依据通话内容和价值进行判断与决策,而不会去进行物理量的测量,并试图用数学公式加以精确表达,然后通过求解一个方程组,得到一组数值解,最终使得案件告破。

如果说,不同时计及电话用户的通话形式、内容和价值的信息是片面的,因而电话公司的收费不全面,那么可以设计某种"全信息"收费标准,同时计算通

---

①　钟义信:《信息科学原理》,北京邮电大学出版社 2002 年版,第 50—52 页。

话中所用中外文字符的个数、全部符号所包含内容的多少,以及通话内容所具有
的价值的数量。打电话的人可能与公司讨价还价:"我通话一个多小时,只是聊
天混日子,没有任何价值,不应当收费。"公司坚持说:"不仅有价值,而且非常
大。"争执不下,求助于仲裁机构,甚至告到法院。那样,恐怕全体公民都要研究
价值哲学! 虽然一般人很难懂得全信息理论的数学精美,但是他们却容易知道:
全信息理论若付诸实践,则显得荒唐。

　　十分令人迷惑的是,《信息科学原理》甚至公然声称:它"完成了信息科学的
理论建构"。这种"过去完成时态"的评价,既言不副实,更是对信息科学基础理
论研究者的"麻醉"。实际上,该书不仅没有完成它所说的理论建构,而且错误
地把香农认识路线扩大为建立整个信息科学知识体系的途径,在国内造成极大
的负面影响,已经堵塞了人们通往信息科学基础理论的道路。在国外,一个
"熵"概念弄得全球信息理论研究者们晕头转向;在我国,全信息概念让涉足信
息理论的学者如坠云雾之中。其实,弄个清楚明白也并不是很难。限于篇幅,本
书不予详述,有兴趣的读者可以参考有关论文和著作。①

　　(二)广义信息论视野中的社会信息论

　　1."信息—知识—智能"理论

　　在提出"全信息"理论之后,钟义信又提出"知识理论"。他说:"全信息理论
的建立,从信息理论上沟通了信息科学领域的各个分支,为智能科学的研究奠定
了必要的基础。这是一个明显的进步。没有这个进步,智能理论的研究将只能
停留在经验的水平上,难以形成系统的理论。"②

　　他在分析中发现,在典型的情况下,即使人们拥有了全信息,往往还很难解
决智能决策问题。原因很明显:在"信息"与"智能"之间应有一座桥梁,这就是
"知识";必须先把大量具体的表象性的信息提炼成为抽象的能够反映事物运动
本质规律的知识,利用这样的知识和必要的信息,才能有效地研究和解决智能问
题。于是他转向了"知识理论"的研究。

　　他指出:"迄今人类已经积累了大量的科学知识,但是关于知识本身的理论

---

① 李宗荣:《理论信息学:概念、原理与方法》,《医学信息》,2004 年第 12 期;李宗荣、金新政:
《理论信息学导论》,中国教育文化出版社 2006 年版,第 31—33 页。
② 钟义信:《从"信息—知识—智能统一理论"看信息科学》,载马蔼乃、姜璐、苗东升、闫学
杉:《信息科学交叉研究》,浙江教育出版社 2007 年版,第 123—132 页。

却鲜有顾及。那么,什么是知识? 怎样来研究和建立知识的一般理论? 同样基于系统的思维,我们注意到'知识的生长链',因而不能孤立地就知识本身来研究知识,而必须从信息、知识、智能之间相互联系相互作用的过程来研究知识问题。"

按照上述思路,钟义信发现,信息、知识、智能之间确实存在本质的联系与区别:信息表现的是"事物运动的状态和状态变化的方式";知识表现的是"事物运动的状态和状态变化的规律";智能表现的是"利用抽象的知识和具体的信息,生成求解问题的策略,进而解决问题达到目标的能力"。

由此可知:作为"事物运动状态及其变化方式"的信息是具体的、表象的,作为"事物运动状态及其变化规律"的知识是抽象的、本质的。由此也可以体会:抽象的知识只能从具体的信息中提炼出来;信息也只有被抽象为知识才具有更大的价值。信息是原材料,知识是从信息提炼出来的抽象产物。这就是知识与信息之间的关系。

知识只是"事物运动状态及其变化规律"的表述,知识本身并不能解决实际的问题。因此,面对具体的问题及其环境(约束条件),针对预期的目标,必须把知识集合成为求解问题的智能策略;后者被转换为求解问题的智能行为,才能最终有效地解决实际问题。这就是知识与智能之间的关系。

于是,他认为,知识理论应当由三个基本部分构成,即:(1)知识基础理论(研究知识的定义、分类、描述、度量);(2)知识生成理论(研究知识是怎样产生的);(3)知识集合理论(研究知识是怎样被激活为求解问题的智能策略的)。三者的综合,构成了知识的完整理论。

他认为,在理论上铺平了"从信息到知识"和"从知识到智能"的道路,就揭示了智能创建的基本机制,进而找到了统一人工智能三大学派(符号主义、联结主义、行为主义)的理论机制,建构了"智能的统一理论"。

以"信息、知识、智能的转换理论"为核心,由全信息理论、知识理论和统一智能理论构成"知行学"的基本理论体系。钟义信说:"'知行学'就是研究'在给定问题、给定问题的约束条件(即问题的环境)和预期目标的条件下,有目的地获得相关信息、把信息提炼成为知识、在目标牵引下把知识和信息激活成为求解问题的智能策略,并把智能策略转换成为智能行为、满足约束解决问题达到目标'的理论"。他认为:"这是可以与物理学的能量转换定律相媲美的信息定律。"①

就在该论文(《从"信息—知识—智能统一理论"看信息科学》)的第一部分,钟义信说,信息是与物质、能量具有同等地位的基础概念。他赞成维纳的观点:信息不是物质,也不是能量。如果"信息—知识—智能"转换理论成立,那么信息就不是知识,知识也不是信息了。既然知识不是信息,那就只能是物质和能量了。这与"全信息"收费标准一样荒唐。这种基本概念上的逻辑矛盾,理论体系不具有基本的逻辑自洽性要求,显然不可能成为"信息定律",不可以与能量转换定律相媲美。

2005 年 11 月,在北京师范大学召开的"信息科学交叉研究研讨会"上,几位学者当面向钟义信质疑"信息—知识"转换的提法的合理性。在他不能不承认"知识是信息的一个部分"的命题的情况下,"信息—知识"转换理论就变成"数学—几何"、"整体—部分"那样的转换理论。这种转换理论恐怕所有的系统论学者都不会认同。按照钟义信如上的解释,可以看出,他把"信息"理解为信号和符号了,而不是信号和符号的"含义"。如果信息不是载体,而是载体的"含义",那么它本身就是知识:感性知识或(和)理性知识。在这里,显然他并没有贯彻他自己的全信息理论,他用片面的甚至是香农那种错误的信息概念在进行理论思维。使用香农信息论的思路建立广义信息论、信息科学和社会信息理论,是钟义信一以贯之的立场、观点和方法。

结束香农路线对信息科学基础理论研究的误导,是当前国内外学术界的一项艰巨任务,对于社会信息科学的建立和发展具有前提性的意义。否则,继续按照信息论的思路研究"社会信息论",路子只能是越走越窄。这里,我们有必要顺便指出:1952 年,美国芝加哥大学图书馆研究所谢拉(S. H. Shera)和他的老师艾根(M. Egan)一道提出信息和知识两分法、信息可以转变为知识,进而提出"社会认识论"概念,成为社会认识论研究的鼻祖。他们所说的"信息"是物理的、生物的信号和人类符号。中国学者在与"物质"概念相对的意义上使用"信息"概念,并提出"信息—知识两分法"肯定漏洞百出。对此,我们已有专文讨论,限于篇幅,这里不能展开,有兴趣的读者可以查询网站 http://www. si-

① 钟义信:《从"信息—知识—智能统一理论"看信息科学》,载马蔼乃、姜璐、苗东升、闫学杉:《信息科学交叉研究》,浙江教育出版社 2007 年版,第 123—132 页。

si2006. cn 上的《社会信息科学简讯》第 1 期。

2. 如何应对建立信息科学基础理论的困难

通过如上的介绍和评述，我们已经看到，把香农信息论加以推广，即把香农关于通信的数学理论和方法应用到生物、经济、社会等领域，建立那里特殊的信息论，比如"社会信息论"等部门信息科学（或称领域信息学），然后构造整个信息科学大厦，是没有前途的。几百年来，奠基于物理学的数学—物理方法论在学术研究中根深蒂固，正如有的学者所说：心里想着创新，结果稍不留神，就又进入到习惯了的学术轨道上去了。所以，信息科学大厦不能建立在物质科学的基础上，它需要自己的世界观和方法论。这样，建立一般信息理论，或曰理论信息学、统一信息科学，就成了信息科学的一项基本任务。

关于建立信息科学基础理论中的困难，闫学杉指出："由于统一信息科学关注的信息对象分布在不同领域，所以要发现不同领域里信息现象的共同规律是很困难的。""建立统一信息科学理论是项艰巨复杂的工作，它将象征人类对纷繁的信息世界的了解有了进一步的升华。同时它也是高智力的角斗场：对许多要予以抽象的分支需要有深刻的了解，而信息涉及的分支又那样的繁多，它涵盖着从电子学到哲学的自然科学、技术科学、人文科学、社会科学中的许多基本问题。喜欢挑战性工作的人也许会对它产生兴趣，但必然会冒一定风险。因为，在部门信息科学中，现在几乎还没有一门理论已成型或被公认，其中大部分还只是一个雏形或正处于探索之中。在诸多使用信息的不同领域，信息之间的含义相去甚远，甚至永远都是互不相干的。如果统一的信息科学找不到足够的共同信息规律来承载起信息科学基础的话，信息科学很可能蜕化为一个群体研究的指称而不再被看作一门实体的科学。""统一信息科学上的悲观主义，部门信息科学上的乐观主义，这就是我们对信息科学在进入 21 世纪时的总看法。"①

我们觉得，对部门信息学的乐观主义是好事，是应用信息科学发达的心理学基础。对统一信息学的悲观主义没有必要，因为足够的信心可以来自于两个方面。一方面，信息哲学作为一种新的信息主义的时代精神迟早会建立起来，它一旦确立，就会作为一种新的世界观和方法论发挥作用，指导人们重新审视发生在部门信息学和统一信息学中的研究过程，校正错误导向，走到正确的认识路线上

---

① 闫学杉：《关于 21 世纪信息科学发展的一些见解》，《科技导报》1999 年第 8 期。

来。另一方面,通过对时间纵向上信息进化历史链条的搜寻,对时间横向上现实的众多部门信息学的综合,信息科学领域中专家学者必然提出具有时代特色的信息科学的科学范式,推动对旧有的物质科学范式的批判和颠覆,实现科学范式的转型,到那个时候人们理解信息哲学就像面对牛顿描绘的物理世界理解物质哲学一样,顺理成章。这两个方面的努力相辅相成,它们相互依赖,相互支持。在华中科技大学,张勇传院士支持对信息科学基础进行哲学思考,而哲学家欧阳康教授看重哲学命题的科学注解。科学与哲学的合作,同台上演了一出建立和发展理论信息学的好戏,俄罗斯学者 K. K. 科林预言中的"理论信息学"①破土而出,正在不断成长。

本书作为一本社会信息科学的引论,主要从科学的视野讨论包括社会信息学在内的应用信息科学知识体系对理论信息科学的需求。我们认为,纠正香农信息论对建立和发展信息科学的误导,不可就事论事地讨论,应当把数学—物理方法论及其世界观基础放到整个物理科学范式中一并考察,分析它的合理性和适用范围,指出社会信息领域中问题的特殊性,论证建立新的信息科学范式和实现科学范式转型的必要性。这些构成本章下面一节的内容;而理论信息学的概念和原理及其向社会信息领域的延展,在下一章讨论;至于打造新理论的"脚手架",即建立理论信息学本身的研究途径和方法,请有兴趣的读者参见相关论文和著作。②

三、物质科学范式的局限与科学范式的转型

(一)物质科学范式的适用范围及其局限性

1. 只承认物质和物质的运动,否认信息和信息演化

宇宙事物既是物质的,又是信息的。事物的运动总是包括物质运动和信息运动两个方面,区别只在于运动的形式和过程不同。在宇宙进化中,这两个方面相互依存、相互推动。比如,生命信息的载体只能是生物物质,而人类大脑的出

---

① K. K. 科林:《信息革命和基础信息学》,《国外社会科学》2002 年第 2 期,原载俄罗斯《科技信息杂志》2001 年第 6 期。

② 李宗荣:《理论信息学:概念、原理与方法》,《医学信息》2004 年第 12 期;李宗荣、金新政等:《理论信息学导论》,中国教育文化出版社 2006 年版。

现必然会创造出文字符号和科学技术,等等。但是,物质科学的范式主张:除了物质和物质的运动,宇宙间再没有别的了。它只承认物质的存在,只研究物质的运动。它的理论是关于物质和物质运动的理论,它的方法是适合于物质和物质运动特征的方法。物质科学共同体只承认以物质实体为元素的系统(如宇宙星系、人体的生理系统),拒绝承认以信息为元素的系统(如人类心智、社会文化)。早期的物理主义和它的"修订版"(非还原物理主义)主张:不存在人类精神和文化科学自身的特殊运动方式和规律;如果有的话,它们统统可以最后还原为物理运动的方式和物理学规律;精神不过是物质的众多属性中的一种,一旦把大脑的生理结构查清楚了,它的功能(思维活动)自然就明白了。所以,他们坚持:信息现象是物质进化到一定的阶段上才出现的,信息过程是物质过程的高级阶段,其间没有本质的区别。

最早对物理科学范式提出修改意见的是美国物理学家 T. 斯托尼。他出版了三部专著:《信息和宇宙的内部结构:信息物理学探讨》①,《超越信息——自然界的智能史》②和《信息和含义——一种进化论的观点》③。他集中讨论信息、信息科学和信息物理学,做了很深的研究和广泛的概括,试图重构还原论科学的范式,修订物理学的主要概念和基本方法,比建立化学信息学更进一步。当然,由于受到物理学"质能转换"的束缚,他提出将信息转换为物理学的能量,最后转换为质量。④ 在他的潜意识中,信息现象仍然只是物质现象的"副现象",它不可能具有区别于物质的特殊性,更不可能有时比物质现象更为重要。物理学对物质的量化推广到信息科学中,只适用于信息的载体,不适合于信息本身。只有信息科学的范式才能弥补物质科学范式的缺陷,并在两种范式的互补和融通之中为我们提供观察世界的完整模式。

---

① 参见 T. Stonier, *Beyond Information—The Natural History of Intelligence*, Gateshead(UK): Springeer,1997. pp. 19 - 20。

② 参见 T. Stonier, *Information and Meaning—An Evolutionary Perspective*, Gateshead(UK): Springeer,1997,pp. 51 - 72。

③ 参见 T. Stonier, *Information and the Internal Structure of the Universe:An Exploration into Information Physics*,UK:Springer,1997,p. 13。

④ 参见 T. Stonier, *Information and Meaning—An Evolutionary Perspective*, Gateshead(UK): Springeer,1997,pp. 51 - 72。

2. 物理学羡慕症和数量化情结

几百年来，以物理学为基础的物质科学逐渐趋于成熟，对人类社会的发展功勋卓著，因此备受尊敬和推崇。物理数学方法成为科学研究的标准方法，物理科学的范式成为科学与非科学的判别准则。许多心理学家、人文社会学家纷纷模仿，要在各自的领域中，以实验为基础，以数理方法为工具，建立起一种可以重复、可以预见、以数量化方式表达的学科，即所谓真正的科学学科，就像物理学已经做到的那样。有了这种坚强的"信念"，如果一时未做好、未做到，那是因为功夫还没有到家，而数理方法本身是放之四海而皆准的。这种席卷整个科学界的学科实验化、数量化追求的正面效应，表现在对相关学科信息运动的载体特征有较深入的认识。但是，负面效应是主要的，表现在试图把信息过程归纳为物质过程去认识。这样，在物理学中适用的观念和方法，完全照搬到非物理学学科，特别是信息类学科之后，造成对学科发展方向的误导，形成对该学科正确发展轨道的偏离。我们所说的科学，是描述研究对象的特征与规律的知识体系。当代信息产业已经成为社会经济的支柱，在它的背后必然有关于信息现象的特征和规律的认识作为基础。我们为什么不能称这种知识为科学呢？这显然是发达的物质科学对于发展中的信息科学的一种"遮蔽"。信息社会需要自己的科学，关于信息的哲学观念是一种新的时代精神。让信息类学科群从物理主义的误导和遮蔽下解脱出来，是当代科学发展的必然趋势。当务之急则是：在非物理学学科中根治"物理学羡慕症"。

"物理学羡慕症"（Physical Envy）是科学界的一种综合症。有这种症状的科学家虽然身处别的领域，但总希望本学科拥有物理学那样明晰的数学模型。据说，如果不使其工作数学化，就得不到研究经费的支持，相关论文也难于发表。所以，哪怕他们的研究并不难，他们也希望别人认为自己的工作深奥难懂。[①] 从科学学的观点看，这是物理科学高度发达、成为"主导学科"之后的一种负面效应。从认识论根源上分析，它是人们思维习惯上的惰性。这种惰性本身是符合经济学原理的。如果某种工具或思想方法好用，人们总是信手拈来，乐此不疲。等到已有的方法不能管用了，遇到大麻烦了，不得已才去花工夫改进旧方法，或

---

① 参见 J. 布罗克曼：《第三种文化——洞察世界的新途径》，海南出版社 2003 年版，第 115—116 页。

者尝试新方法。计算机软件工程发展的初期,就曾照搬成功的硬件工程方法,提出一种软件开发的所谓"结构化程序设计方法",并立即得到广泛的认同。30多年后,人们发现它不行,问题太多,于是把该方法称之为"传统方法",另外探索新的方法,即所谓的"面向对象方法"。追溯历史,所谓的"新方法",几乎同传统方法的历史一样悠久。只不过它生不逢时,遭到遗弃,入到"另册",坐了几十年的冷板凳而已。作为一种理性创造的信息生产,与物质产品的生产完全不同,所以,沿用物质生产过程的模式,注定要失败。探讨信息产品本身的特殊性及其生产规律,是软件理论和信息理论研究的任务。当然,我们要在信息类学科中根治"物理学羡慕症",并不妨碍我们对物理学的尊敬。还原论的思想方法永远有用武之地。分子生物学就是把生命活动还原到分子的层次上研究。作为系统整体的特性在还原为它的元素之后,便不存在了。所以,在还原的基础上还需要综合。系统生物学就是这样的学科。在人文社会科学的研究中化解"数量化情结",并不等于废止数学方法的应用。数学化并不等于精确化。概率论、数理逻辑、形式化方法等等,都是有用的。而且,数学本身还在发展,信息论数学的发展是信息科学进步的重要表现。

有道是,矫枉必须过正,不过正不能矫枉。我们认为,在社会上、学术界正流行一种"信息学羡慕症"和"程序化情结",对于科学的发展和整个人类文明进步是有益的,值得鼓励和进一步提倡,以便推动科学范式和思维方式的彻底转变。①

(二)信息科学主张的科学范式

1. 通信、计算与控制模型

范式(Paradigm)一词来自拉丁文,原意指语法上词尾变化的规则,库恩借用它表示"范例"、"模型"、"模式"。具体地说,"范式"一词是指科学家集团认识中的三种根本成分:一是集团所采用的符号概括;二是为集团提供类比和给人们以启发的模型;三是作为具体的题解的范例。对于科学共同体的成员来说,范式既是他们在心理上所共有的信念,又是他们在理论和方法上所共有的模型或框架。那么,信息科学的范式是什么呢?

1948年,香农发表《通信的数学理论》,标志着通信模型和通信信息论的诞

---

① 参见李宗荣:《理论信息学:概念、原理与方法》,《医学信息》2004年第12期。

生。同年,维纳出版《控制论》,提出了信息控制模型,系统地阐述了控制理论。所谓计算模型是刻画计算这一概念的一种抽象的形式系统。由于观察计算的角度不同,便产生了各种不同的计算模型。在 20 世纪 30 年代,关于计算模型的研究就取得了突破性进展。哥德尔、丘奇、图灵、波斯特等人提出了一批计算模型,如递归函数、λ 演算等,其中图灵机从计算的一般化过程来研究计算,更接近普通人计算的思想方法。而且图灵机构造简洁,在运行原理中隐含了存储程序的原始思想。1946 年冯·诺依曼等人针对第一台电子数字计算机 ENIAC 提出研究报告《电子计算机装置逻辑结构初探》,确定了现代存储程序式电子数字计算机的基本结构和工作原理。在 1949—1952 年间,英国和美国造出了四台基于冯·诺依曼体系结构的计算机。此后,具有存储器、运算器、控制器、输入设备和输出设备五种逻辑结构,采用二进制、存储程序、顺序处理、按地址访问存储器、软件与硬件完全分离运行方式的"冯·诺依曼计算机",不断地推陈出新,一代又一代地"进化"。半个多世纪以来,不少人试图从根本上突破所谓的冯·诺依曼结构,日本第五代计算机计划甚至把设计新的计算机结构作为一个重要目标。但是,至今冯·诺依曼模型仍然是信息科学共同体的不可动摇的基本信念。如果说图灵机是较好的理论计算模型,那么冯·诺依曼计算机则是目前唯一的实用计算模型。

信息通信最早成为一种现代实用信息技术,人们的工作和生活一刻也不能离开它。在信息科学三个模型中,香农通信模型是非专业人员了解最多、把握最好的。而且,由于香农信息论具有严格的数学描述,符合物理科学范式的标准,学者们当然地认为它是科学。对香农理论的推崇甚至走到极端,不少人认为它以外的信息科学理论谈不上是科学,还有的学者把通信模型看成是唯一的信息模型,认为讲信息必在通信中,宇宙进化出现生命才有信源与信宿,所以断然否认在生命之前有信息存在。维纳关于信息控制的模型在工程控制中拥有绝对的威信,并构成自动控制理论的经典内容。维纳说,在动物和机器当中通信和控制的原理是相通的。控制理论被用来解释生物界和人类社会中的许多现象。没有控制论作基础的社会信息学是瘸腿的,走不出很远的。

在通信和控制过程广泛使用计算机之前,其中的信息只是信号而不是符号,人们可以用物理学的术语和数学的方法描述通信和控制过程。通信模型解决信息载体的空间位置移动的问题。在通信过程中只会增加噪音而不会增加新的信息。控制模型在本质上是利用低能量(比如弱电)的信息过程调节高能量的物质过程(比如强电驱动的物体运动),也可以看成信息过程向物质过程的转化。严格地说,控制过程也不产生新信息。冯·诺依曼计算模型内部结构中包含了通信和控制模型,在控制器和存储器的配合下的运算器可以产生新的信息。它把人工信息过程推到了符号和数字化的层次,把机器智能由信号水平提高到符号水平。计算模型使机器具有了智能。而机器智能可以使一切使用机器的过程实现智能化。把计算机用于通信和控制,所产生的计算机网络和智能控制,使得通信和控制过程智能化。冯·诺依曼计算模型是信息科学范式的主体与核心,对自然界的各种信息现象具有广泛的适用性。信息科学范式正在取代物质科学范式,将在下一章中讨论。

2. 计算在宇宙中的普遍意义

由冯·诺依曼提出的计算机逻辑模型是对人脑功能和结构的逻辑提炼与升华。直到1957年冯·诺依曼逝世之前,他仍然在用最新的神经生理学成果研究人脑与计算机的一致性问题。人脑是自然界信息进化的最高成果,其中包含着每一个较低层次上的基本特征,甚至无机物的反应特性。正因为如此,冯·诺依曼计算模型才对自然界的信息现象具有普遍的适用性。信息科学范式可以渗透到物质科学范式起作用的每一个学科,道理也在这里。

在无生命世界中,信息现象表现为某一物体受到另一物体的作用时,所作出的"印记"式的反应。无机物的反应特性是整个信息进化过程的起点,随后是化学反应中的信息过程。由非生命信息过程向生命信息过程的进化,是"宇宙智能谱"中的一个关节点。通常,可以把生命活动分为四个层次加以研究,它们是生物大分子、细胞、动植物个体和人类社会,其中每个层次都能独立存在并具有新陈代谢和遗传特性。在基因层次上,信息功能是在化学定律的约束下实现的。化学元素、分子及离子键之间的亲合与排斥作用成为实现信息功能的直接动力。因为有生命,需要复制以实现遗传,它便靠自身具有的在分子层次上的记忆与识别,实现选择和相互作用。

在细胞层次上,单个细胞作为一个处理单元,实现对输入的处理和输出。输入信息可以是物理信息、分子信息、激素以及神经信号,细胞的信息处理完全是在细胞核的统一指挥下进行的。经过一次信息处理后细胞调整自身,保留了处理的结果,并形成"记忆",作为下一次处理的基础和依据。细胞是最简单的具有生物活力的计算机。在多细胞生物个体(比如人)的层次上,它们显而易见地是高级的生物计算机或信息生成器。

在人类社会层次上,它作为整体在不断地思维着:由网上电脑支持的社会成员是它的"神经细胞";社会要应对环境的压力,接受信息输入;其存储器是每个人的大脑和图书馆、社会性数据库与知识库;其处理器是研究单位及个人;控制功能则由政府、组织完成。有的学者称之为"全球脑"、"智力圈"。在信息进化过程中,信息处理(或计算)的逻辑一致性是冯·诺依曼计算模型具有普适性的内在依据。

(三)由物质科学范式向信息科学范式的转变

1. 新的科学理论模型与人类文明范式的确立

香农关于通信的模型、维纳关于控制的模型,以及图灵和冯·诺依曼关于"计算"的模型分别代表了三类信息现象(传输、利用和生成)的基本过程。在通信工程、自动控制和计算领域内,信息科学共同体共同持有的基本观点、基本理论和基本方法由这三个模型给出了简明的概括。它们构成信息科学的"范式"。基于这种范式,信息科学工作者在认识上具有了共同的信念,在方法上具有了共同的模型和解决问题的框架。自20世纪40年代以来,尽管人们提出对香农和维纳模型的修改和补充,甚至不断有人提议非冯·诺依曼计算模型,但是信息科学家集团关于三个模型的共同信念从来没有动摇。从根本上说,正是信息科学范式,作为最一般、最普遍的理论和方法,以信息科学专家和工程师为传播和创新的载体,构筑了信息经济,拓展了信息消费,迎来了信息文明的新时代。

在信息时代中,整个科学知识体系如同经济、生活、社会一样,也面临一个全面信息化的过程。当信息科学原理和方法被用来解决传统科学技术中的问题时,就是信息科学范式进行渗透、贯穿、扩展的过程,也是改造和重构传统学科的概念、方法和知识体系的过程。在传统学科信息化的过程中,信息科学的范式逐步取代了物质科学的范式。实现物质科学范式向信息科学范式转变的内在依据,是通信、控制和计算三类信息过程模型对于宇宙间一切信息现象的普适性。①

自1687年牛顿发表《自然哲学的数学原理》以来,力学的、机械的物理学模型与人类物质文明范式统治了科学界和整个社会三百多年。20世纪50年代,

---

① 参见田爱景:《论信息社会特有的思想观念和思维方式》,《医学信息与计算机应用》1999年第9期。

香农、维纳和冯·诺依曼提出的信息科学理论模型,已经逐渐成为人类信息文明范式的理论基础。这种新的科学理论模型与人类文明范式的确立,在理论和实践上的重大意义,可能怎么评价都不过分。正如设计第一台电子数字计算机的几位工程师很难预言他们的工作将会给科学发展与人类进步造成的后果,信息科学理论的肇始者们也未必能恰当地说出他们的开创性工作所具有的、可能比牛顿理论更加伟大的作用。

俄罗斯自然科学院院士、俄罗斯科学院信息化问题研究所首席研究员 K. K. 科林教授说:"今天的学术界对于研究信息的基本属性和信息相互作用原理的必要性已经有了一定的认识。信息相互作用的原理是生物界和非生物界、人类社会以及我们称之为意识的奇特现象进化的最重要原理的基础。在众多科学知识领域进行研究的国内外学者近年来出版的研究著作表明,在未来几十年内,可以期待具有普遍科学意义的新的重大成果出现,而这些成果很可能允许形成新的完整的世界科学图景、新的科学世界观以及科学研究的新方法。"

他还说:"现在已经显现出信息的一般理论的轮廓:信息的一般理论是关于信息的一般属性和信息过程的最重要规律的新基础科学。"他把"研究信息最一般属性和信息相互作用过程在自然界和社会中的规律的科学"称之为"理论信息学",认为"信息学的哲学原理和信息的一般理论是理论信息学的基本组成部分"。① K. K. 科林教授在 2001 年 6 月所说的,正是中国信息科学界的理论工作者们在世纪之交所做的。我们已经不失时机地推出了关于社会认识论、理论信息学和信息世界观的论文和专著。2008 年 10 月,华中科技大学社会信息科学研究中心的代表欧阳康教授在全俄科学研讨会上发言,并把相关研究著作送给 K. K. 科林教授时,他们表示了热烈的欢迎和极高的称赞。

2. 世界观、科学观和方法论的信息学转向

在一定意义上,图灵和冯·诺伊曼的计算模型是由工业生产向信息生产,由工业社会向信息社会,由物质科学向信息科学,由物质世界观向信息世界观转型的"理论杠杆"。这一场翻天覆地的大革命来源于人类对人脑的逻辑原理的探索。在本质上,图灵模型是比冯·诺伊曼模型更高程度的抽象,所以具有更大程

① K. K. 科林:《信息革命和基础信息学》,《国外社会科学》2002 年第 2 期,原载俄罗斯《科技信息杂志》2001 年第 6 期。

度上的适用性。双带图灵机工作原理与 DNA 的双链打开后的复制机理完全相同,并不是一种偶然与巧合,其中有它们本来的逻辑一致性。

1966 年,美国计算机协会 ACM 在纪念电子计算机诞生 20 周年时,决定设立计算机世界的第一个奖项,以表彰在计算机科学与技术领域作出贡献的人物。由于图灵对计算机科学的杰出贡献,很自然地将其命名为"图灵奖",以纪念这位计算机科学理论的奠基人。图灵奖被称为"计算机界的诺贝尔奖"。到目前为止,已有几十位学者获得了图灵奖,这些获奖者所做的工作极大地影响了计算机科学与技术的发展方向。

信息科学的方法论首先被计算机科学与技术界广泛接受,成为科学研究、软件生产、教育学生的最基本的思维模式。然后,这个模式扩充到通信与控制领域,实现了程序化通信和智能型控制。随着工具信息学的不断发展和成熟,它对社会生产与生活的渗透越来越深入与广泛。在产生一大批领域信息学的同时,各个领域中的信息现象的本质和规律被逐步揭示出来,使得传统的自然科学学科和工程学科实现了"信息化"。现在我们看到的自动化学科、机械工程学科、地理学科等等,没有哪一门学科能够离开计算机、通信与控制系统的武装,离开信息、智能与程序思想的观念的武装。现在,人文社会科学的学科信息化正在启动和进行之中。

哲学作为建立在具体科学提供的知识背景的基础上的"智慧之学",它并不是要去发现科学家所不能达到的一种新的事实,而只是理解科学家实验观察和理性分析得来的知识的意义和蕴涵。[1] 信息科学和技术知识体系为哲学家们进行概括和总结提供了新的素材,为他们的"反思"和提炼供应了新的数据。于是,关于信息的哲学认识形成了一种信息科学所不具有的独特力量,反过来又对科学、技术和人们的信息生产与生活施加影响,形成对信息时代中人们行为的引导和规范。比如,有哲学家称,过去我们说"世界统一于物质"没有错,但是它需要"世界统一于信息"来加以补充。[2] 还比如,"宇宙的本质是计算"这个哲学命题对于科学家们从事跨学科的研究以发现信息进化的逻辑链条,有着世界观、方法论的指导意义[3],等等。

---

[1] 参见李宗荣:《论信息科学的世界观》,《医学信息》2008 年第 8 期。
[2] 参见李宗荣:《理论信息学:概念、原理与方法》,《医学信息》2005 年第 12 期。
[3] 参见李建会:《走向计算主义》,中国书籍出版社 2004 年版,第 1 页。

第二章　从理论信息学到社会信息学

　　世纪之交,中国一批信息学研究者在国际学术界"统一信息理论"研究的影响下,执著地探求信息科学的基础理论,在综合应用信息学成果的过程中,发展出理论信息学,提出一套概念、原理与方法。由于理论信息学的建立,关于信息科学的整体结构基本形成,其中与自然信息科学平行地存在着一个社会信息科学。天然具有的"一般信息学"品格的理论信息学,自觉地担负起为人文社会信息现象研究提供世界观、方法论的任务,积极地倡导、参与和推进关于社会信息科学的研究与普及。

一、理论信息学的概念与原理

(一)理论信息学的基本概念

1. 理论信息学的信息定义

(1)信息概念的定义矩阵

　　到目前为止,在科学文献中围绕信息定义所出现的流行说法已在百种以上。把信息概念作为一个科学、技术和工程的术语加以研究,从 1928 年哈特莱开始,已有 80 年左右的历史了。虽然学者们没有就信息定义问题达成一致,但是在各个领域的信息学书籍、大学课堂和实用开发中,众多的信息学定义都在发挥着各自的作用。没有统一的公认的信息定义,在事实上并没有妨碍工具信息学和领域信息学的建立和完善。当然,为了把信息科学理论推向成熟,我们需要对信息的定义有一个比较公认的说法。

"物质"是全部物质科学体系的第一个基础概念,只能用它去定义其他的概念,不可能再用其他的概念给它下定义。就像严格形式化的几何学中的点、线、面是不可定义的,集合论中的集合、元素、关系是不可形式化定义的一样,信息学中的信息、信息能等基本概念也是不可能给出科学的严格定义的。当然,为了讨论问题的方便,避免歧义性,我们可以给出一个类似于西方科学研究中的"工作定义"(Working Definition)。

信息概念的抽象具有领域的特性,即是说不同的领域有不同的抽象,各个领域都可以而且必须有自己特定的信息定义或描述。比如,生物信息是活的信息,而计算机信息是人工的模拟的、没有生命的信息,它们各自的研究有特定的对象、内容和方法,其间不可以随意相互替代。当然,我们说各个具体的信息学领域中需要它自己的管用的信息概念,并不是为着反对跨领域地讨论信息概念,并不是认为绝无给出信息统一定义的必要性和可能性。

信息概念的抽象具有层次特性,即是说在不同的层次上有不同的抽象,信息科学和信息哲学就是两大不同的层次。在科学的层次中又可以有工具信息学、领域信息学、理论信息学各自的抽象;在哲学的层次中又可以分为本体论、认识论、价值论不同视野中的抽象。

根据信息抽象的领域特性和层次特性,我们设计出一个关于"信息定义"的二维表格,如表1所示。在信息实践的领域方面,列出了几个常用的有代表性的学习和工作领域,它们是通信信息、计算机信息、控制信息、图书馆信息、生物信息、医学信息、化学信息等。在理论研究与抽象的层次方面,列出了科学与哲学两个大的层次。其中,科学分为工具信息层、领域信息层和理论信息层。在每一个领域信息处理问题中,仅仅依靠工具信息学的知识是不够的,必须有特定领域信息处理的知识,所以,在领域信息学中工程项目必须是两个方面专家的密切配合。例如,医学信息系统的开发就需要计算机专家和医药卫生专家的合作。哲学的大层次分为本体论、认识论和价值论三个层次。

无论读者学习和工作在那一个领域(或者跨越几个领域的结合部),无论想要理论升华和抽象到哪一个层次,都可以在该表或它的扩充、延伸部分,为自己找到一个明确的定位点。①

表1 信息定义的层次与领域交叉定位表

抽象层次	信息实践领域理论	通信	计算	控制	图书馆	生物	医学	化学	……
科学3	理论信息学	√	√	√	√	√	√	√	√
科学2	领域信息学				√	√	√	√	√
科学1	工具信息学	√	√	√					
哲学3	哲学价值论								
哲学2	哲学认识论								
哲学1	哲学本体论								

在表1中,用符号"√"表示:①信息定义的工具信息学的层次可以是在通信、控制与计算领域中;②信息定义的领域信息学层次可以发生在图书馆、生物、医学、化学、社会学等领域中;③信息定义的理论信息学层次必然发生在工具信息学和领域信息学中;④而在任何一个信息领域中都可以进行哲学上的抽象,包含本体论、认识论、价值论范围的研究。可以对若干个信息部门或领域进行跨学科的信息问题研究。比如,人工智能的研究就跨越了通信、控制、计算、生物、脑科学、社会学等。生命信息的研究可以跨越生物、社会、脑科学、心理学等。限于篇幅,在表中只列出了若干有代表性的信息领域。

(2)理论信息学的信息定义

在每一门工具信息学、领域信息学中都有关于信息的定义。它们都有自己的理由和一定的适用范围。理论信息学的信息定义,按照表1所示,它不是一个哲学定义,而是一个科学定义。它所定义的信息概念不能仅仅只是适合工具信息学或领域信息学,而是必须在全部应用信息学学科中是通用的。

在理论信息学中,为了能正确地运用"信息"概念进行判断和推理,必须明确它的内涵和外延。为此,可以分别使用定义和划分两种逻辑方法。定义是揭示概念的内涵,即事物的特有属性的逻辑方法。划分又叫分类,还可以叫做外延定义。一般地说,最好的明确信息概念的方法,是以内涵定义为主,以外延定义

---

① 参见李宗荣:《理论信息学:概念、原理与方法》,《医学信息》2004 年第 12 期。

为辅。①

给"信息"下内涵定义,就是要揭示信息的特有属性(固有属性或本质属性)。根据对以往信息定义的分析和评述可知,信息定义所要表达的就是两个意思,换言之,信息概念所要揭示的关于信息的本质特征有两个:

第一,信息在形式上是物质的,是具体的,不能离开物质载体而存在;

第二,信息在本质上是非物质的,是抽象的,是载体的含义,而不是载体本身。

在发达的物质科学的基础上,考察信息必须以物质概念为基础,充分利用物质科学的概念、工具和方法;但同时又必须揭示信息的非物质的、抽象的本质属性。在一定的意义上,信息科学所关注的正是信息的非物质属性。为此,它必须暂时地撇开信息运动的物质特性,专注于它的信息特性,揭示信息现象的规律性。

严格地说,把维纳对信息的论述放在一起分析,则他揭示了这两个方面的特性。他认为,信息是人们"同外部世界进行交换的内容的名称"。交换的东西的"形式"的名称是物质,而交换的东西的"内容"的名称就是信息。内容不是形式,信息不是物质。

在形式逻辑学中要求:除非必要,定义项中不应包括负概念。维纳说,信息不是物质,也不是能量。他的话是对的,但不能看做信息的定义,因为他在这句话中并没有说明信息是什么。所以,在信息学研究者中,尽管几乎一致地认为,信息具有非物质特性,但是却不能接受维纳所给出的否定形式的信息定义。

在此,我们引用一个关于信息概念的工作定义:信息是信号和符号的含义(Information is the meaning of signal and symbol)②。

上述的定义不是哲学的,其中不需要表述"存在"的术语,不需要表述"主体"、"认识"、"中介"与"客体"的术语,也不需要表述"效用"或"价值"的术语。

它是一个科学的定义,但不是在某个工具信息学和领域信息学的层次上,所以在定义中使用的术语必须是在科学知识体系中最基本、最基础、最常见的概念,以作为不加定义的基本概念而使用。这个工作定义仅仅使用了三个基本概

① 参见金岳霖:《形式逻辑》,人民出版社2002年版,第41—44页。
② 参见李宗荣:《理论信息学:概念、原理与方法》,《医学信息》2004年第12期。

念:"信号"、"符号"、"含义"。按照《现代汉语词典》或美国、英国、加拿大等英语国家的权威词典的释义,或者相关科学学科教材中的解释,这三个概念大致是相同的。

2. 信息存在与演化的二重性

(1)信息对于物质载体的绝对依赖性以及对于特定载体的相对独立性

与物质的范畴一样,信息是我们用来认识宇宙现象的最普遍的概念。它们都表示最大的类,都不能通过属加种差下定义,只能用最大类的特有属性或本质属性作为定义项来下定义。考察信息的特性,可以采取多种不同的视角,因而能够认识信息特征在不同层次上的不同方面,比如信息的普遍性、相对性、转移性、变换性、复制性、共享性,等等。但是,我们应当首先从最高的层次上,或者说在最大的范围内研究信息的特性。换言之,信息的最为普遍的本质属性,应当在信息与物质的关系中寻找。关于物质的科学和哲学,都已经十分发达,可以作为信息的科学和哲学发展的基础和借鉴。如果我们找到了信息与物质的联系与区别,就可以在信息与物质的对比中发现信息的特有属性。

半个多世纪以来,在科学界和哲学界已经逐步形成一个共识:信息不是物质,但又离不开物质。一般地说,任何信息对象都可以研究它的两个方面:信息的物质载体(Informational Carrier)和纯粹的信息内容(Pure Information)。在所有信息现象中,都有两个特性同时存在着:信息对于物质载体的绝对依赖性以及对于特定载体的相对独立性。我们把这两种不可分割的特性(绝对依赖性和相对独立性)合并,统称为"信息的二重性"(Duality of Information)。①

基于信息存在的二重性,生命和非生命信息的其他种种特性,都可以得到解释。因为"绝对依赖性",信息与物质同在,受物质法则的制约或影响,与物质共同进化。离开载体而单独存在的信息是没有的。信息总是以某种实在的方式存在着,所以可以被感知、被理解。它的存在具有普遍性和无限性。因为"相对独立性",信息可以拷贝、共享,可以不受载体生命周期的限制而长存,可以进化出"不死"的基因和爆炸式增长的文化。计算机系统中软件的进化可以相对地独立于它的硬件配置。有了信息存在的二重性,信息运动二重性就容易理解。信

① 参见李宗荣、周建中、张勇传:《关于生命信息学研究的进展——以不违背热力学第二定律的方式理解生命》,《自然辩证法研究》2004 年第 3 期。

息运动可以具有与物质运动不同的动力和规律。在生命科学领域,它表现为基因以及文化的遗传和进化的二重性。

(2)信息的抽象特性、非物质特性、非空间特性

信息二重性的一个等价的表达是:信息既具有物质特性,又具有非物质特性即抽象特性。信息对于物质载体有绝对依赖性,所以没有脱离物质载体而存在的信息,它必然是物质的,具有物质的特性;同时,它对于特定载体具有相对独立性,所以物质仅仅是它存在的依托,信息可以变换这种依托。从根本上说,信息是非物质的,具有非物质特性。信息的物质特性只是它的形式和现象,而非物质特性才是它的内容和本质。正是从信息的这个本质特征出发,才说信息不是物质,也不是能量。

那么,信息非物质特性的主要表现是什么呢? 笛卡尔把世界分为广延实体(物质)和思维实体(心或精神),他认为对精神现象不能基于物理特性作机械的解释。物质(material being)的根本特性就是它的广延性或空间特性(spatial)。据此,它才可以被观察,才可以用物理学理论加以说明。与此相反,信息不能被直接观察、不能用物理学法则加以说明的根本原因,在于它的抽象特性、非物质特性、非空间特性。所以,它才可以被"思维"、被复制、被改写(进化),才可以在物质载体的短暂生命的接力(遗传)中求得永生。所以说,信息作为抽象的事物(abstract being),它是非物质的事物(immaterial being),具有非空间特性(non-spatial chrecteristic)。

当信息的载体由无机信号经过生物信号进化到人类符号之后,信息的抽象特性表现得最为明显。作为物质存在的一个小方凳,它有体积,有重量;所以,它可以被公众参观;它的运动符合机械学、物理学的法则。但是,在大人和小孩的头脑中关于这个方凳的"印象"(或概念),就不能说有多大的体积,有多重;也不能被其他人直接观察;其运动规律符合认识论的法则。印象的深浅与好坏完全取决于个人目的和意愿。关于那个小方凳的"印象"一旦形成,其传播与演变过程就可以与那个实在的凳子没有关系。即使在小方凳被毁坏以后,人们依然可能在梦中见到它,在谈话中提起它。同样,某位科学家的理论一经产生和记录,便可以独立于他的大脑而存在和发展。至于人类所创造的文化和科学技术知识体系的抽象特性,就更是显而易见的了。

信息的二重性是它的基本特性。而信息的抽象特性主要表现在它的非空间

特性。信息的二重性和抽象特性既是信息科学的基本观点,又是它的基本方法。在科学研究中,我们可以承认但是又暂时地撇开事物的物质特性,专注于它的信息特性和信息过程的规律;在信息和数字化工程中,我们以信息过程为主导,通过硬件和软件两个子系统的配合,实现设计目标。

(3)信息运动动力和规律的二重性

信息存在的二重性决定着信息运动的二重性。信息运动必然由相互关联的两种运动方式组成:其一是物质载体的运动,其二是纯粹的信息运动。它们分别由不同的能量所推动,服从不同的运动规律,于是便有信息运动动力的二重性和信息运动规律的二重性。从根本上说,信息运动的动力不是物质的力(四种基本的物理力),而是信息的力(各种"信息处理引擎"的力),也就是广义的"智力"。当然,无论天然智力还是人工智力,都需要物理学能量作为载荷。

我们应当从两个方面考察信息运动的规律。一方面是纯粹信息运动的规律,另一方面是信息载体运动的规律。珠算是个简明的例子。算盘是用来计算的硬件设备,算珠及其相对位置是数值的载体,算珠运动的过程表示数值计算的过程。珠算口诀是实施计算的软件,在实际上控制着运算过程,推动运算一步一步地进行。在口诀的指导下,算珠的运动由手指的力量予以实现。比如,要计算 $7+8$,因为 $7+3=10$,所以要把 8 分成 3 和 5,其中 3 与 7 合并为 10,余下 5,得到结果 $7+8=15$。这是计算过程的实质。这里,信息过程依赖于物质过程,但又有相对地独立性。所以,进行 $7+8=15$ 的计算又可以用笔算,还可以用心算。对于复杂的数值计算则可以用手摇计算器、电子计算器,甚至电子数字计算机进行计算。

所以,在信息过程中,算法和程序,才是计算的实质。至于选用何种物质载体,利用何种物理能量,不是最重要的因素。信息运动的规律不是物理学的规律,而是信息学的规律。

随着科学技术的发展,信息获取、存储、变换、传输、加工、利用的物质设备越来越好,效率越来越高。关于信息载体和载体运动的规律是物质科学、特别是微电子学研究的对象。在各个信息处理领域,信息运动的规律是相应学科研究的对象。比如,信息传输的规律是通讯学科的任务,信息控制过程是控制理论研究的对象,而数值计算、数据处理、知识推理是计算机科学的任务。

3. 宇宙构成的第四个要素——信息能

(1)什么是信息能

在理论信息学的层次上看,信息能是信息运动的动力和新信息创生的能力。信息能的英文表达是 information energy 或 info-energy。

在 1999 年 10 月号的美国杂志《美国汽油》(*American Gas*)上,登出 K. Cuccinell 的论文《你能保守秘密吗》(Can you keep a secret?)。① 在 1999 年 11 月,K. Cuccinell 又在《公共事业双周刊》(*Public Utilities Fortnightly*)上发表题为《客户的隐私是网络时代中的必然问题》(Consumer privacy? It's a cyber cinch)的文章。② 在上述两篇文章中,K. Cuccinell 十分明确地使用了两个能量的概念:其一,是传统意义上的物理学的能量、能源(energy);其二,是客户数据、客户信息、信息能(information energy),甚至包括客户的经济状况和生活嗜好等等。作者一再说明一个"理论",关于客户的信息掌握越多,或者说信息能越强,那么卖方所提供的产品、价格和服务就越好。显然,这里不是物理能,而是信息能在推动着能源提供商—公共事业公司—客户之间的互动的过程。

在 2002 年 7 月 31 日至 8 月 2 日在中国北京召开的第四届中日韩医学信息大会上,李宗荣、田爱景等共同发表了题为《信息能:构成宇宙的第四要素》(Information Energy:the Fourth Component Element in the Universe)的论文,介绍了上述研究成果,主张把智力的重要性提到前所未有的高度,并把开发和利用智力资源作为一切生命体或包含生命现象的复杂系统追求生存与发展的首要策略。该英文论文被会议程序委员会授予优秀论文奖,收录进论文集《CJKMI' 2002》。该论文的中文版发表在《中国医药卫生信息》2002 年创刊号第 401—404 页。③

2003 年 7 月,《湖南师范大学社会科学学报》刊登了中南大学商学院博士生陈建国副教授的文章《信息的新财富观与组织学习的信息能循环机理》。他的研究结论是:"财富价值的本原是能量,信息能是社会系统财富增值链的终点;社会系统的可持续发展必须以积累和运用信息能为最高目标;信息选择依靠社会系统的多重信息能催化循环机理实现社会的组织学习,积累可持续发展所必

---

① K. Cuccinelli,Can you keep a secret? USA:*American Gas*,1999(10):pp. 17－19.

② K. Cuccinelli, Consummer privacy? It's a cyber cinch, USA:*Public Utilities Fortnightly*, 1999(21):pp. 22－24.

③ 参见李宗荣、田爱景等:《信息能:构成宇宙的第四要素》,《中国医药卫生信息》2002 年第 1 期。

需的信息能只有通过社会的组织学习方式才能实现。"①陈建国认为,"信息能是社会系统能量结构的重要组成部分,是人类社会在生产过程中不断培育、积累的具有最高能级的智慧能"。"以信息为核心的信息能包括了主体学习周期的所有环节,如信息、知识、技能以及获取和应用信息的能力。""人类的生产过程是一个以物质为载体的能量物质产出和以知识为代表的信息能产出共生的过程。"

2004 年 10 月,李宗荣在华中科技大学系统科学研究所答辩通过了题为《理论信息学:概念、原理与方法》的博士学位论文。其中,用两章(6. 宇宙要素四元论:物质,物质能;信息,信息能。7. 信息能与物质能的统一与进化)的篇幅比较系统地论述了信息能的概念,信息能与物质能的关系,它们的相互转化与共同进化等。该论文全文在 2004 年第 12 期至 2005 年第 5 期《医学信息》上分六期连载。②

从以上中美学者的论述可以看出,在物质能之外确实存在一个关于信息能的概念,其内涵和外延大致相同,而在中英文学术交流中使用着。

(2)物理学能量不是信息运动的真正动力

自维纳提出信息不是物质和能量以来,信息作为构成宇宙的第三要素的观点逐渐地被学术界和全社会广泛接受。开发和利用信息资源已经成为人们的日常工作任务。有的学者对宇宙构成要素"三元论"进行解说:世间万物皆由物质构成其形体,能量提供运动的动力,信息实现对运动的控制。这其中隐含着一个假设:物理学的能量不仅推动物质的运动,而且推动信息的运动。但是,推动信息过程的能量果真是物理能吗?

从表面上看,好像是的。如果切断计算机的电源,它就什么也做不了。但是,仅仅给计算机供电,它就能完成信息处理任务了吗? 信息和推动信息运动的能量显然不能混为一谈。比如计算机中的数据是信息载体,推动数据运动的是程序,是数据搜索与处理的"引擎"。程序是某种算法的实现步骤,而算法是人类思维能力的形式化与外化。离开了程序,只给计算机通电,它什么也不能做,

---

① 陈建国:《信息的新财富观与组织学习的信息能循环机理》,《湖南师范大学社会科学学报》2003 年第 7 期。

② 参见李宗荣:《理论信息学:概念、原理与方法》,《医学信息》2004 年第 12 期—2005 年第 5 期。

数据只能处于静止的存储状态。显然,要将给定的 100 个数据由大到小排出顺序来,必须编写一个排序的程序才能完成任务。正因为如此,计算机软件工程师把他们的产品叫做数据处理"引擎"。计算机中的数据之所以能"运动"起来,完全是软件作为引擎在起作用。物理能量只是保证信息引擎工作的基本条件。

这样,理论信息科学就需要一个新的基本概念:"信息能"(Informational Energy, or Infoenergy for short)。它刻画信息处理(或者计算)的能力。"能量"(Energy)总概念应当包含物质能(Material Energy, or Matenergy for short)与信息能两个大的类别。对于人类来说,信息就是知识(Knowledge),包括感性知识和理性知识;信息能就是智能(Intelligence),主要是符号处理的能力。机器的信息处理能力是人工智能。正如物质不是能量,知识并不等于智能,尽管它们之间有着联系。一个人满腹经纶,却可能不会应用,智能很低,无所作为。一般地说,信息并不等于信息能。信息能是构成宇宙的第四要素。物质和能量是整个物质科学的中心概念,信息和信息能(即知识和智能)是整个信息科学的中心概念。"宇宙构成要素四元论"是人们的生活常识所能理解和接受的。

(3)从宇宙构成要素的一元论到四元论

人类对整个自然和自身的认识过程,可以看成逐步发现宇宙构成要素和掌握新要素的发展着的过程。换言之,一部科学发展史就是用科学的方法和手段逐步深入地研究物质、能量、信息和智能的过程。尽管对这些要素的研究不可能孤立地、独立地进行,但是我们仍然可以大致地把科学进程分为四个时期。如果我们把古代科学看成是科学的萌芽期或科学史前期的话,那么物质科学时期从 16 世纪中叶开始,以哥白尼的《天体运行论》(1543 年)为标志;能量科学时期从 19 世纪中叶开始,以赫尔姆霍兹建立能量守恒体系(1847 年)为标志;信息科学时期从 20 世纪中叶开始,以香农、冯·诺伊曼和维纳的开创性著作为标志(1947年);智能科学时代从 20 世纪末开始,以信息能概念和宇宙构成要素四元论的提出为标志(1999 年)。

关于宇宙构成要素一、二、三元论的形成都是人类科学世界观、方法论的重大进步。物质、能量、信息三元论认为,在运动着的物质和物质的运动之外,还有别的存在。它在传统的唯物主义概念体系上撕开了一个大口子。世界是物质的,同时世界又是信息的。宇宙万物的物质特性和信息特性相互依赖,相得益彰。甚至在我们人类生活的环境中,信息系统的作用常常远远地大于物质系统。

物质决定精神和精神决定物质,就像"鸡生蛋和蛋生鸡"一样相互缠绕,难于作出非此即彼的选择。所以,对于个人、群体、民族和国家,开发信息资源的确是比开发物质和能量资源更为重要。

　　但是,关于宇宙构成要素的认识到三元论就够了吗?我们认为,三元论中有一种"对称性的破缺"。物质是具体的、物理的,而信息是抽象的、逻辑的;物质本身具有的能力就是它的运动,那么信息本身也应当具有运动的能力才对;前者是具体的力量,后者是抽象的力量。在人类社会的层次上,信息的主要形式就是知识,感性知识和理性知识。知识就是知识,它不是智能;知识的多少和智能的高低并不是一回事。这个命题不会有人反对。那么,推而广之,一般地说,信息和信息能不是一回事。在计算机中,待处理的数据和处理数据的程序,怎么是一回事呢?在信息产品世界,终于实现程序和数据的分离,它们各自单独计价销售。还有,如果在物理学中有物质的质量和能量之间的相互转换的话,那么,信息也应当和信息能互相转换,正如我们常常看到人们的知识和智能之间相互转换一样。这样一来,由三元论向四元论提升,好像是很自然的一件事情。

　　一般地说,宇宙间的任何事物都有表征它自己的能力。这种表达可以理解为一种信息。但这种信息是天然的,如果没有信息处理系统对它加以认识和解读,它就是死的。只有被信息系统感知后,自然信息才能被"激活"、"活化",才开始运动。这就是说,信息能不是信息。如上文所述,信息能显然也不是物质和物质能。所以,信息能(或智能、泛智能)是物质、物理能和信息所不能包含的构成宇宙的第四要素。关于宇宙构成要素四元论的表述,可以有几种不同的方式。一种是从学术意义的严密性考虑,把能量概念一分为二,有物质能和信息能,那么所谓的"四元"就是:物质、物质能;信息、信息能。这样,就增加了两个新的术语,显得麻烦。如果我们沿用物理学中"能量"的概念表示"物质能",用"智能"的概念在泛化的意义上表示"信息能",那么,我们可以说,构成宇宙的四个基本要素是:物质、能量、信息、智能。①

　　而且,如同质能转换,也有知识和智能的转换,可以用公式 $P = I C^2$ 表达,其中 P 为智能,I 为知识量,C 为知识创新系数。信息处理本身包含着信息生产,也包含着信息处理能力的生产。正是信息生产能力的快速增长造成信息的爆炸

---

① 　参见李宗荣、田爱景等:《信息能:构成宇宙的第四要素》,《中国医药卫生信息》2002 年第 1 期。

式增长。① 如果说,物理学终归还是关于能量的科学,那么信息学终将是关于智能的科学! 宇宙进化的表现是物质结构和信息的进化,在本质上是推动物质运动的"物理能"和对信息进行处理的"信息能"的进化。

(二)理论信息学的基本原理

1. 理论信息学第一原理:信息不守恒

(1)关于信息守恒的观点

在信息学术界,有的学者主张,信息同物质和能量一样,是守恒的。比如,在《广义信息论》一书中,在揭示"Shannon 信息理论的局限性"之后,把关于广义信息的数学理论说成是统一的信息科学,称广义信息论是对香农信息论进行"自然推广"。② 在"后记"中说,"Shannon 信息论的改造到此基本完成"在"引论"中,引用题为《论信息守恒》的论文,说信息守恒已经在论文中用数学方法证明了。③ 2005 年 11 月 5—7 日在北京召开的"信息科学交叉研究学术研讨会"会上,该书的作者表示并不再坚持"信息守恒"的观点了。

此外,《信息时代与信息科学》的作者在归纳信息的基本特性时指出:"信息守恒是客观事物(信源本体)固有的特性。"④此言不能成立,举一个反例就够了。人是客观事物,也是信源本体,人所拥有的信息、所能发送出去的信息显然是不守恒的,除非他是一个故步自封、永不学习的人。但作为一个一般的命题,说信息守恒,无论从个体还是从群体的角度看,都是不对的。

(2)物质常变与信息消失的倾向

热力学第一定律(First Law of Thermodynamics)说,宇宙间的物质和能量是守恒的。但是,信息学第一定律(First Law of Informatics)说,信息和信息处理能力是不守恒的。这在自然、社会常识的范围内是很容易理解的。自然界里的生物靠 DNA 编码的程序决定物种个体的生命周期,甚至包括生老病死的基本过程。DNA 信息从无到有,信息的增长倍数为 $M/0 = \infty$,其中 M 为某个自然数。而且,DNA 呈增长趋势。在动物界,灭绝物种的 DNA 就消失了,仅有的在化石中留下记录。人类创立文字和符号,建立文化科学知识体系,这里有 $N/0 = \infty$,

---

① 参见李宗荣:《理论信息学:概念、原理与方法》,《医学信息》2005 年第 1 期。
② 参见鲁晨光:《广义信息论》,中国科学技术大学出版社 1993 版,第 194—197 页。
③ 参见鲁晨光:《论信息守恒》,《科学技术与辩证法》1989 年第 3 期。
④ 夏立容:《信息时代与信息科学》,湖北教育出版社 1998 年版,第 126 页。

其中 N 为某个自然数。文化科学知识在加速增长着。灭绝的人种,逝去的历史,也可能造成信息的消失,由考古工作者们去发掘。信息不守恒包含两种可能的倾向:一是消失,二是永存。

如苗东升所说,信息不守恒是一种"奇异特性",给人以"神秘性"感觉。由于物质不灭、能量守恒,凡是涉及物质、能量的系统属性都是可以累加的,即具有加和性,整体等于各个组成部分之和。① 所谓整体大于部分之和,即系统的涌现特性,绝不可能使由部分到整体的构成中物质和能量有所增减。系统整体特性的涌现必然与信息和系统的信息处理能力有关系,因为只有信息和信息能不守恒,是可以增长的。从信息和信息能的角度刻画整体与部分关系的特征,都是非加和性的,不可以用还原论方法有效处理的。这正是复杂性增长的根源。我们说世界由简单到复杂的不断演化,复杂性的增加并不意味着物质和物理能的增减,而是系统的结构和功能的复杂性增加,归根到底是信息和信息能的变化和增减。

(3)信息复制与信息长存的倾向

物质常变,但是变化后的物质存在总有一定的结构形式。从根本上说,信息的存在方式正是事物的结构形态。所以,信息是永远不会消灭的。无论是无机信息、生物信息、文化信息,都是如此。但是,如果随着物质的变化,信息不断地改变,那么就没有任何信息可以保留下来。在常识范围内,我们知道生物 DNA 和人类文化是可以保留、保存的,其中的原因在于它们可以复制。显然,只要借以存储信息的这种物质的结构能够复制,信息就得到保存和延续了。

物质结构的复制在自然界是一种普遍现象。比如,盐和糖的结晶就是延续结构的例子。生物 DNA 具有自动拷贝的能力。人类文化通过教育和传播在一代代人之间复制。由于因特网的建立和发展,人类文化的传播与复制能力不断加强,也为新的文化科学知识的增长打下了基础。

(4)信息创生与信息增长的倾向

自从宇宙演化由物质演化提升到化学演化的水平之后,物质的结构信息就产生了质的飞跃。特别是在出现有机分子、生物大分子之后,物质的微观结构越

---

① 参见苗东升:《系统科学是关于整体涌现性的科学》,载许国志、顾基发、车宏安:《系统科学与工程研究》,上海科技教育出版社 2001 版,第 167—182 页。

来越复杂。可以自我复制的 DNA 与 RNA 的出现,表明生物信息的创生进入到新的阶段。随着细胞的出现,多细胞生物的产生,动物和高等动物、人类的诞生,生命信息的增长呈现指数增长的方式。

在人类发明了语言、文字之后,人类的科学文化知识有了在人脑之外的"存储器"。由于印刷术、计算机、因特网的发明,人类以一个整体来进行思维,信息的创造达到了前所未有的高速度。由此可以看出,信息的创生和增长是一种客观规律,不以人们的意志为转移的。

2. 理论信息学第二原理:信息能与时俱增

(1)演化物理学层次上的自组织现象

普里高津所创立的"耗散结构理论"对自组织理论体系作出了突出贡献,它详细、准确和深刻地揭示了自组织现象形成的环境与产生的条件。按照耗散结构论,开放是自组织现象发生的必要条件之一。所谓耗散结构就是一种远离平衡的开放系统(力学的、物理学的、化学的、生物的乃至社会的、经济的、文化的系统),在与外界不断交换物质和能量的过程中从原来混乱无序的状态转变为一种时空上或功能上有序的新结构。为什么开放与孤立对于系统的自组织具有完全不同的意义呢? 主要原因在于系统与外界之间有着熵交换以及熵流的方向。

哈肯在讨论自组织问题时,引入了信息的概念,出版了《信息与自组织——复杂系统的宏观方法》,十分可贵。但是,他同样地局限于物理—数学方法,他的《高等协同学》一书对于没有相当数学背景的人完全没有可读性。序参量的概念使得他的理论基本上局限于物理学之内,是"硬"的,而在其他领域,如他所称,是"软"的。①

艾根等人通过多年的研究认为:化学进化与生物进化之间必然有一个分子自组织阶段。这个阶段完成了从非生命物质向生命物质转化的质的飞跃,这种质的飞跃过程就是超循环组织形成的过程。它导致了唯一的一种带有普遍适用的三联体密码和唯一的手性分子(L 型氨基酸)的普遍利用。

循环是指多种事物或要素互为因果形成的一个封闭圈,即因与果的相互作用。循环是自然界中普遍存在的现象,如碳循环、氮循环、生命循环等等。根据

---

① 参见哈肯:《信息与自组织——复杂系统的宏观方法》,四川教育出版社 1988 版,第 66—70 页。

其反应特点的不同,循环反应又可分为反应循环、催化循环、超循环三个反应
等级。

反应循环作为一个整体相当于一个催化剂,它可以使一些不易发生的反应
变得容易进行;催化循环是信息与功能结合的循环,它保证了信息在逐代传递中
的相对不变;超循环是凭借功能耦合形成的循环的循环,它通过了竞争、选择、协
同等方式,完成了非生命向生命的转化。当反应条件固定不变时,三者的反应速
度在反应开始后也各不相同。① 反应循环的产物随时间呈线性增长,催化循环
的产物随时间呈指数增长,超循环的产物随时间呈双曲线增长。

(2)基因的复制和生物信息的增生

构成我们身体的每一个细胞都携带着巨大数量的信息,它决定我们的身高、
相貌等从父母那里得来的遗传性状。这就是遗传信息,由 DNA 分子所载荷。
DNA 分子的物理尺寸与它编码生物遗传信息的功能是相适应的。编码人的全
部遗传信息的 DNA 分子包含约 30 亿个碱基对,总长度为 99cm。遗传信息在
DNA 分子上按一定的区段组织起来,每一个区段指导细胞合成一种特定的蛋白
质分子,被称为一个基因。基因在分子水平上是由脱氧核糖核苷酸形成的线状
分子。如果用字母代表碱基,基因实际上是一种由 A、T、G、C 四个字母排列成的
字符串,是一部生命"字典"。蛋白质的氨基酸序列就是由这些字符串规定的。

动物界的演化是由单细胞动物进化到多细胞动物。其中,无脊椎动物占动
物界的绝大多数。腔肠动物是只有两个胚层的原始多细胞动物,如水螅已分化
出感觉细胞和效应细胞,在两者之间出现了神经节细胞。神经节细胞通过其丝
状突起彼此联合成神经网。腔肠动物这种原始的神经系统的出现,使动物对环
境的适应性反应有了发展。环节动物以蚯蚓为代表,外形上已有明显的头部,身
体分节,每一节有一对神经节,头部的一对神经节特别大,叫咽上神经节,是脑的
最初形式。

脊椎动物身体中轴具有由多个脊椎骨连接而成的脊椎,并有坚硬的头骨。
神经系统在脊椎动物身上不再是次要的东西,而是整个机体的主导者,整个身体
都受神经系统控制而活动,因此便有了发展到自我意识的可能性。由于动物生

---

　　① 参见吴延培:《新自然史——自组织理论与自然系统的深化》,化学工业出版社 1993 版,第
77 页。

存环境的变迁和感觉分析功能的发展,脑的进化表现为大脑皮层的发展。大脑皮层是覆于大脑半球表面的、主要由神经细胞的胞体所构成的灰质层。新皮层的出现,赋予大脑新的功能。从此大脑不只是嗅觉的中枢,还具有初步的分析信息、发布信息的功能。旧皮层管理内脏的活动,新皮层的作用主要是适应环境。通常所说的大脑皮层意指新皮层。由于新皮层细胞数量急剧增加,表面积强烈扩张,将进化早期出现的旧皮层挤到大脑半球的内部,新皮层在大脑半球表面出现沟裂纵横、此起彼伏。在高等哺乳动物灵长类中,特别是到了人类,脑部的发展几乎是爆炸性的,达到登峰造极的地步,几乎压盖了脑的其他部位。

总观神经系统的演化历程,充分显示出神经系统所经历的进化过程:从无到有、从简单到复杂、从分散到集中,再到向头部集中,皮层形成,直至功能皮层化。① 其中,信息处理功能上的需要是进化的动力,结构上的演变是对"信息价值判断"的适应。

(3)社会思维能力的增长

人类信息可以分为信号与符号两个层次。信号是生物共有的,符号是人类特有的。生物信号又可以分为两个级别:单细胞信号和多细胞信号。单细胞生物和级别更低的生命形式,主要靠 DNA 程序在生物物理和生物化学过程的基础上进行信息调控。多细胞生物直到符号产生之前的人类,由于细胞之间的分工,整个生物肌体的运动不直接由 DNA 控制,而是由细胞之间的信息网络所支配。这个信息网络进化的高级阶段便是神经系统和大脑。

人脑是信号脑和符号脑的结合。信号脑是在单个神经细胞 DNA 控制基础上的神经细胞网络构成的控制系统。所以,人脑中的信息过程可以分为四个层次:物理化学层次,DNA 层次,神经网络层次(信号脑)和语言符号层次(符号脑)。从总体上看,符号脑在信号脑的基础上工作,但是信号脑仍然有它自己独立的功能。这种独立性就像控制骨骼肌的运动神经和控制内脏器官的自主神经具有明确的分工。在一定意义上可以说,符号处理是一个逻辑过程,可以由机器代劳,但信号处理可以是非逻辑、非线性、情绪化的过程。信号脑与符号脑的联合与独立,使逻辑思维与非逻辑思维既有联系又有区别,因而具有不同的结构和功能。从本质上看,计算机所替代的是符号脑的机械、逻辑思维功能,并没有替

---

① 参见萧静宁:《脑科学概要》,武汉大学出版社 1986 版,第 19—24 页。

代信号脑的创造性功能。

在符号产生之前,也许有不少天才人物出现,但是他们的精神产品没有记录,不能流传下来。人类靠信号脑发明了文字以后,逐渐形成符号脑,社会就不仅生产物质产品,它也进行符号信息的生产、存储、传播和加工处理。个人的能力和寿命都是有限的,他只能是在局部范围内、在较短时间中起作用的符号发生器和符号传播站。符号作为这个处理机的编码系统的基本字符,是系统存在的先决条件。人类思维活动符号化的意义,在于实现个体思维到社会整体思维的转变,使思维活动的社会化成为可能。

社会文化是一种超生物现象,是人类特有的能力(即使用符号的能力)所促成的各种事件的总和。这些事件是观念、信仰、语言、工具、器皿、风俗、情感和制度,它们构成各民族的文明。从上一代传到下一代,从一个部落输入到另一个部落,文化的各个要素根据自身的规律而发生交互作用。于是,文化构成一个超生物或超机体的事件类型,一种自成体系的过程。

超机体的文化层次上的现象当然可以还原到生物的层次上加以处理,甚至可以降低到无机物的层次上进行讨论。因为文化是人类的文化,家庭、宗族、社会、法律、制度都是以人为中心展开的文化,而人类不过是一个生物物种。同时,构成生物的有机大分子、细胞、骨头、肌肉、器官、身体的是氧、碳、氢、氮等非生命的物质,以及它们的原子、分子、离子等。但是,这些事实和还原论的研究方法并不能破坏各个层次的自身完整性,甚至也不缩小各层次之间的区别。① 每一个事件的种类、每一个系统、每一个层次,都必须在它自己的层次上才能得到透彻的说明和理解。

文化现象构成了独立而特殊的研究领域,文化只能当做文化来解释。文化基因(MEME)是文化遗传的单位,文化超出了心理学的解释范围。所以,文化是超生理、超心理的现象。人类行为同时受到生理、心理、社会文化三重因素的影响。物理学在处理自由落体运动时,可以不计空气的阻力,仿佛空气的阻力并不存在。同样,文化学证明了,可以把文化从人类机体那里分离出来单独处理,好像文化是独立于人类之外的,似乎它也有自己的生命,有自己进化的过程和规律。这正是文化学所要研究的内容。

---

① 参见 L. 怀特:《文化科学——人和文明的研究》,浙江人民出版社 1988 版,第 376—393 页。

3. 理论信息学第三原理:信息增长没有上限

(1)人类文化科学知识的爆炸式增长

人类文化可以分为物质文化和非物质文化两类。我们称非物质文化为符号文化,即以符号为载体的文化。符号文化的主体是关于自然、人文和社会的知识系统。这里主要以自然科学知识为例讨论文化的增长问题。关于科学知识的增长问题,恩格斯在1844年曾提出科学按几何级数增长的问题。他说,科学的"进步和人口的增长一样,是永无止境的"。"科学的发展速度至少也是和人口增长的速度一样的;人口的增长同前一代的人数成比例,因此在最普通的情况下,科学也是按几何级数发展的。"①

人类认识发展的实际情况也正是这样。亚里士多德的重力学说存在了大约2000年;牛顿力学统治了物理学达200年之久;道尔顿—阿伏伽德罗的原子分子学说(即认为原子是不可分的)在100年间是关于物质结构的占统治地位的观点;卢瑟福和波尔原子结构学说的鼎盛期,没有超过10年。人类认识进化的速度,突出表现在认识成果的增长上。人类知识总量的增长,如以1750年人类知识总量为2倍,那么1900年就增至4倍,1950年增至8倍,1960年增至16倍。即人类知识总量由2倍增至4倍需要150年,由4倍增至8倍需要50年,而由8倍增至16倍只需要10年。最近30年以来的发明和发现,比过去几千年的总和还要多。

据联合国教科文组织"世界科学技术情报系统"的统计,发现科学知识每年的增长率20世纪50年代为9.5%,60年代为10.6%,70年代为12.5%,现在的增长率则更高。科技文献数量每7年到10年翻一番,尖端科学技术,如微电子技术文献数量,每两三年就翻一番。美国美以美教会大学的图书馆员弗里蒙特·赖德,通过计算美国主要大学图书馆的藏书量,发现其每隔16年增长1倍。他以美国耶鲁大学为例指出,耶鲁大学图书馆在18世纪初期,大约拥有一万册图书。由此开始,该图书馆以每16年增加1倍的速度发展,到1938年,它的图书应增加到大约260万册。但实际上,到了1938年,它已经拥有274万册,接近了"标准"的增长率。弗里蒙特·赖德还估计,到2040年,耶鲁大学图书馆将大约有2亿册图书。

① 参见李勇:《社会认识进化论》,武汉大学出版社2000版,第278页。

20 世纪以来,技术的进化带来知识的急剧增长。美国科学家普赖斯采用定量方法,把科学知识的增长事态描绘为指数增长曲线。这种知识量的激增,是和知识的更新周期缩短相联系的。这主要表现在知识老化的加快上。据统计,20 世纪初,新技术、新产品老化周期为 40 年,50 年代约 15 年,70 年代 8—9 年,80 年代则更短。据日本电器学会对三菱、松下、日立等几家公司的技术人员调查表明,20 世纪 70 年代知识废旧的速度比 40 年代快 3 倍。美国 1976 年大学毕业生在学校里学到的知识到 1980 年就有 50% 陈旧了。①

热力学第三定律(Third Law of Thermodynamics)说,绝对零度不能达到,即不能达到温度的下限;信息学第三定律(Third Law of Informatics)说,任何信息量都可以达到,即没有一个确定的信息量的上限。换言之,信息学现象的规律表现出相反的趋势,物理世界的复杂性、生物 DNA 和人类文化基因 MEME 的进化没有极限,即不存在上限。甚至可以说,任意有限的人类知识总量都可以达到。

(2)没有自然的和人为的力量能阻止信息增长

纵观人类文明发展的历史,可以看出:信息的积累大致呈指数函数的方式在增长。有专家说,增长的方式几乎是双曲函数。现在,人类通过基因工程已经可以改变自然的基因进化过程,人类活动的范围已经扩展到月球、火星。可以预计,设计新的生命形式,走出太阳系,移民到其他星球,只是时间早晚的问题。

是否在实现人类的远大目标之前,可能有飞来的横祸摧毁地球?是否在太阳失去光辉之前,人类还没有找到新的居住地?是否在现在所处的宇宙无限膨胀到“冷寂”或在以后的某个时刻开始收缩又回到大爆炸的起点,人类最终难逃厄运?依据天体物理学和宇宙学家最新的研究成果,整个宇宙是在进化,而不是在退化。尽管这些认识在目前还不是完全确切的“实证”结论,但是可以勾画出一个大致的宇宙进化的图景。

人类科学文化知识的增长是没有上限的,首先是因为不存在一种自然的力量来约束这种增长。当地球还是一个比较理想的住所的时候,我们可以预测、预防它与其他星球的碰撞。在发达国家,设立有专门的科学研究基金,支持对地球运行轨道上可能出现的有害飞行物进行研究。当太阳不能发出光芒给地球供暖之前,人类就通过向外星球移民,逐渐地把地球上的人口“疏散”到比地球更适

① 参见李勇:《社会认识进化论》,武汉大学出版社 2000 版,第 278—281 页。

合人类生存和发展规律的地方。既然有许多个宇宙存在,我们只是居住在其中的一个。那么,将来的科学与技术可以支持人类,不仅到月球上居住,到火星上去居住,甚至到其他宇宙空间去生存和发展。

就人类文化科学知识而论,没有任何人为的力量能够阻止文化的进步与科学技术知识的增长。这个结论已经被科学技术发展的历史反复地证明了。在宗教神学的统治下,有过残酷迫害科学家(比如布鲁诺)的事件发生,但是它并没有能够吓倒追求真理的人们。科学家们冲破重重困难,照样前进。

在科学主义已经成为社会思潮主流的情况下,更是不会出现人为因素阻止科学进步的情况。尽管在有些时候,由于科学上习惯势力的影响,由于人们的不理解,因而拒绝接受一些创新的研究成果(比如遗传学),致使一些科学学说在较长的时期内不被科学界的主流所承认,但是由于科学理论的顽强生命力,它必然茁壮成长起来,旧的学说迟早要被新的学说取而代之。这也是被现代科学和当代科学的发展所一再证明了的。苏联由于意识形态的原因而批判遗传学、控制论、博弈论,使不少正直的科学家致死、致伤,但是这种"人祸"迟早会得到清算,科学技术发展的脚步仍然大步地继续前进。

当然,如殷正坤所说,"科学的发现完成于假说的证明",而"表现为严格全称陈述的科学定律和理论在逻辑上不可能得到最后证实,在这个意义上它们也都是假说"。"一旦一个科学家把某种想法发展为一种似然的假说,而后的发展就是按假说—演绎法进行了。从似然的假说中推演出某些推断(预见或说明),然后与观察和实验结果(检验陈述)加以比较。"这种比较可以有三种结局:第一,推断与观察或实验结果完全矛盾,于是假说被证伪而遭抛弃;第二,假说经受住了检验,得到了证据的验证或支持,然后转变为公认的定律或理论;第三,某些推断与观察、实验结果相符,另一些则与之矛盾,于是修改、修正、完善、精炼这个假说。"这表明发现与证明是不可能分开的。"①我们以为,虽然我们论述了信息学的三个基本定律,但它们仍然是一种假说,其合理性靠检验,靠没有可以将其证伪的反例。所以,我们对信息学三定律的论说只是相关讨论的一个开头。

---

①　殷正坤、邱仁宗:《科学哲学引论》,华中理工大学出版社 1996 版,第 191 页。

二、理论信息学的世界观功能

（一）世界观与"科学世界观"

1. 什么是世界观

在中文、英文、法文、德文以及俄文中，"世界观"都是由"世界"和"观点"、"观察"等两部分组合起来的名词，其直接的、字面的意义都是对世界的观点、观察、直观、注视等。商务印书馆 2002 年版《现代汉语词典》说，世界观是"人们对世界的总的根本的看法。由于人们的社会地位不同，观察问题的角度不同，形成不同的世界观。也叫宇宙观"。2000 年英文版《韦伯新世界词典》说："世界观是关于世界和人类生活的全面的（特别是个人的）观点。"（Worldview: a comprehensive, esp. personal, philosophy of the world and of human life）

通常，人们认为，世界观问题是哲学研究的对象。宗教学中的世界观只是一种信仰，没有逻辑的思辨性，更谈不上科学性。自然科学是人们用观察、实验、量化等方法研究世界，好像它应当有自己的世界观，实际上也确有"科学世界观"的说法。但是，科学乃"分科之学"，不同的科学学科，以不同的视角、从不同的侧面、在不同的层次上研究世界，所形成的关于世界的知识都是局部的、层次性的，并没有系统的关于整个世界的观点和"对世界的总的、根本的看法"。换言之，作为某种观念体系的"世界观"，并不在自然科学知识体系的范围之内。

2. 什么是科学世界观

据曹润生、张澍军考察，在哲学领域中，有三种"科学世界观"概念：其一，为各门科学奠基的科学世界观；其二，以各门科学为基础的科学世界观；其三，在真理的追求上以科学为楷模的科学世界观。他们分别称之为：科学世界观Ⅰ、科学世界观Ⅱ和科学世界观Ⅲ。①

对于现代人来说，哲学与科学的区别是自明的，但是从亚里士多德时代到15 世纪末，哲学是包罗万象的知识总汇。由于众多的科学学科相继出现并获得独立的地位，到 17 世纪前后，包罗万象的哲学完全解体，哲学需要重新审视和规定自己的研究对象，"世界观"的概念就是应这种需要而产生的，并且它是以规

---

① 参见曹润生、张澍军：《论三种"科学世界观"概念》，《哲学研究》2005 年第 10 期。

定哲学的性质、规定哲学和具体科学的区别为己任的。研究世界观,主要的是研究哲学形式的世界观。德意志民主共和国哲学家克劳斯和布尔所编的《哲学词典》说,大约1880年前后,德国哲学家罗曼蒂克首先使用了"世界观"一词。罗曼蒂克所说的"世界观"是指在主观上、在思想上认识世界,以和单纯考察客体的"综合世界图景"相区别。德国的另一位宗教哲学家修拉埃尔马赫尔则把"世界观"理解为"对世界的直观",而对世界的直观则是宗教的本质,因而他把世界观看做就是宗教。这里应该注意,"观察"和"描述"不同。描述以客体为对象,是对客体的复制。观察则是从主体出发,反映主体的状态,具有一定的主观性。罗曼蒂克等人最初就是从主观观察世界的意义上使用"世界观"概念的。据海德格尔说,甚至到19世纪初,德国哲学家谢林仍然把"科学世界观"等同于哲学世界观,因为"科学在德国唯心论的时代首要的和真正的含义是哲学"。这样的"科学世界观"概念让现代人看起来多少有些陌生,但是在哲学用"世界观"概念进行自我理解以来,它是第一种影响广泛的"科学世界观"概念,世界观是为科学奠基的。

科学世界观 II 认为,科学依赖于一定的世界观前提,但是并不依赖于世界观的科学构成。换言之,所谓奠基,只是奠定哲学之基,而不是科学之基。建立作为世界观的科学是不可能的,很难有真正的"科学世界观 I"。与之形成对照,科学世界观 II 反过来,以各门科学为基础来建立,用石里克的话来说就是:哲学家只有从自然科学的世界图景出发才能达到他的世界观。所以,海德格尔把"科学世界观 II"界定为"对自然和历史中事物联系的那种基于科学研究结果的理解"。这就是说,科学世界观应当是把科学的世界图景哲学化(即本体化)的结果,是利用各门科学的知识成果、特别是现代自然科学的成果而形成的对世界的总体认识,甚至可以说,现代自然科学的世界图景总是以非常强的优势决定着科学世界观的性质和面貌。所以,人们在使用科学世界观 II 概念时,总是指以现代自然科学为基础的世界观,或者干脆就说成是现代自然科学的世界观。这种意义上的世界观,实质上是科学在人类文化中的强势地位在哲学上的反映。严格地讲,我们所说的信息科学世界观,在本质上主要是指这种意义上的"科学世界观"。

科学世界观 II 并不表现为一个特殊的哲学学派,而是若干哲学学派的共同倾向和志趣。它至少具有三个明显的特征:第一,奉行经验主义和实证主义的传统,力求从哲学里清除一切形而上学和先验论的影响;第二,它展示出一个祛魅的世界,即从世界中清除掉所有把自然看做是充满了生命和精灵力量的影响;第三,在思维方式上将主体与客体区分开来,力求获得对世界的客观本质的把握。显然,科学世界观 II 排斥自然科学之外的人文的世界经验。实际上,我们的世界不仅仅只是一个无机物的死寂的世界,而是一个充满活力与生机的欣欣向荣的世界,人类文化和科学知识本身在不断地改变着世界的本来的模样,所以科学世界观 II 只能是不完整的,即一种"科学主义的世界观"(也就是我们时常讲到的"现代的世界观"),人本主义者揭竿而起、强烈抗议,确有他们充分的理由。

第三种"科学世界观"概念最为流行,也是人们最熟悉的概念,它和"正确世界观"完全是同义语。以这个概念称呼某种世界观,其实就是意指这种世界观的正确性和真理性。如果我们将"科学"当做"正确性"和"真理性"的同义语,就容易理解"唯一科学的世界观"的说法,它等于"唯一正确的世界观"。科学之所以赢得真理性的名声,人们对科学知识真理性的毫无保留的信任和接受,并不意味着人们对科学的本性,对科学认知的目标、原则和方法就有了透彻的了解,而主要在于科学的技术应用所产生的积极社会效应。哲学的目标是追求真理,哲学家们希望以可靠的方法把哲学建构成为一门具有科学性(即正确性)的学说。在这个意义上,所谓科学世界观 III,无疑就是在真理追求上以自然科学为楷模的世界观。

我们这里讨论当代信息科学的世界观,可以同时具有上述三种"科学世界观"的意义:它为信息科学奠基,也以信息科学为基础,还以信息科学为楷模。

（二）心理学中的世界观

1. 个性与世界观

除了哲学以外,另一个明确地讨论世界观问题的学科是心理学。许多心理学教科书都有关于"个性和个性倾向性"的章节,其中必然地要讨论"世界观"问题。① 个性是指一个人的整个心理面貌,即具有一定倾向性的各种心理特征的总和。个性的心理结构包括个性倾向性和个性心理特征两个部分。个性倾向性是人进行活动的基本动力,主要包括需要、动机、兴趣、理想、信念和世界观。其中,需要是个性倾向性乃至整个个性积极性的源泉。世界观居于最高层次,它制

---

① 参见叶奕乾、何存道、梁宁建:《普通心理学》,华东师范大学出版社 2007 年版。

约着一个人的思想倾向和整个心理面貌,是人们言论和行动的总动力和总动机。个性心理特征是指一个人身上经常地、稳定地表现出来的心理上的特点。

通常,著作家把信念和世界观放在一起讲解,而且要首先讲到信念,因为世界观是信念的体系。信念是坚信某种观点的正确性,并支配自己行动的个性倾向。信念可以通过三种方式形成:第一,直接经验,比如自信心来自于自己成功的经验,相信糖是甜的来自个人对糖的品味等;第二,间接经验,比如相信所观看和阅读的材料的可靠性,从书本、报刊、电视、他人的传说等第二手材料获得经验;第三,推论,以直接经验和间接经验为基础可以作出的种种推论。

信念表现为个人确信某种理论、观点或某种事业的正确性和正义性,对它抱有确信无疑的态度,并且力求加以实现。信念不单纯是认识,而且富有深刻的情绪体验。苏联心理学家 B. A. 克鲁捷茨基指出:"行为的动机是信念,信念与理想有密切的联系。信念是关于自然界和社会的某些原理、见解、意见、知识,人们不怀疑它的真理性,认为它们有无可争辩的确凿性,力图在生活中以它们为指针。信念的情绪方面同人们的深刻感受联系着。信念不只是容易明白的、可理解的,而且还是深刻地感受到的、体验到的。"①信念的意志、愿望方面就是人的目标和理想。理想是个人对未来可能实现的奋斗目标的向往和追求,它可以是道德理想、职业理想、生活理想等。

信念具有稳定性。信念确立后就有很大的稳定性,比较难以改变。一个人确立了某种信念,只有通过反复实践证实并确认它是错误的时候,才有可能加以改变。

信念使人的个性稳定而明确,并且具有主动性和积极性。信念是人类具有极大力量的行为动机。历史上无数先知和英雄人物,出于对事业的坚定信念,为他人和社会建立了可歌可泣的业绩。夏明翰烈士在就义前的那首著名诗篇,就表现出信念的无比坚定性。古希腊哲学家苏格拉底,由于对当时的雅典人十分敏感而避讳的问题,尤其是对习俗、宗教和政治行为的追问,在雅典与斯巴达战争期间受到指控和审判。他本来可以选择自动流放,但却出庭自我辩护,因为他确信自己是清白的,确信他对雅典人的教导是有价值的,不仅不该定罪,反而应该奖赏他。被判处死刑后,朋友们劝他越狱逃跑,他坚决不从,因为他相信逃跑

---

① B. A. 克鲁捷茨基:《心理学》,人民教育出版社 1984 年版,第 71—72 页。

就是违抗、伤害雅典人以及他们的法律和程序。

2. 世界观的构成

世界观是信念的体系,即一个人对整个世界的根本看法。B. A. 克鲁捷茨基指出:如果信念形成为某种系统,它们就变成了人的世界观。每一个人都有自己的世界观。个人的世界观是个人意识的组成部分,它是心理学研究的一个主要对象。心理学研究个人世界观在各种心理活动中的作用及其形成过程和规律。有的学者认为,世界观包括四种成分:认知因素、观点因素、信念因素和理想因素。一般地说,认知、观点、信念和理想的相互作用形成世界观,世界观反过来又可以影响个人的认知、观点、信念和理想的形成。

认知是世界观形成的基础和前提。人们关于自然、社会的知识都是通过认知活动获得的。只有当一个人掌握了丰富的、系统的科学知识,他才可能形成系统的、科学的世界观。在认知的基础上,逐渐形成一些观点,它表现为个人对最重要的自然现象、社会生活、人类认识的本质的一定的看法、判断和评价,表明一定的态度,必要时还为捍卫自己的观点而进行斗争。人们根据自己的认知和一定的观点,确定自己的奋斗目标,形成一定的理想,并且以巨大的热情为实现这一理想目标而努力。信念在世界观的结构中处于较高的层次。信念就是坚信自己的认识和观点的正确性,并且以巨大的热情维护它的一种心理倾向。信念是观点的进一步"升华",信念组成的一定的体系就是世界观。

世界观处于个性倾向的最高层次,它是个人行为的最高调节器,制约着个人的整个心理面貌。世界观对人的心理活动所起到的作用主要表现在:第一,决定个性发展的趋向和稳定性;第二,影响认识的正确性与深度;第三,制约情绪的性质与变化;第四,调节人的行为习惯。许多心理学教材在讨论世界观的同时,还研究人生观和价值观,认为他们是相互关联、共同作用的。限于篇幅,这里不予介绍,有兴趣的读者可以查阅相关著作。

(三)信息科学的世界观

1. 物质世界观与信息世界观

本书所讲到的"科学世界观"和本章第一小节论述的"科学世界观 II"中的"科学主义的世界观"是一回事。在实质上,它们是以物理学为主导的物质科学学科群共同刻画的世界图景的本体化。它的经典表述是:在世界上,除了物质和物质的运动,什么都没有了。物理学、化学、生物学等,是对物质世界中不同种类物质对象的静态结构和运动规律的研究。靠着物理学、化学、生物学技术和工程的力量,极大地改善了人类生存和发展的物质环境。现代自然科学是以物质为中心的科学,现代科学世界观也是以物质为中心概念进行叙述的。在本质上,它就是关于物质世界的世界观,为了叙述上的简捷和方便,我们称之为"物质世界观"。

物理学原理(比如力学的惯性定律和热力学第二定律等)预示了一个机械的、趋于热寂与死亡的世界的图景,这与欣欣向荣的生物界和蓬勃发展的人类社会图景形成鲜明的对照。从19世纪中叶到末叶,德国的科学就表现出较大的优势,并且明显地居于世界第一位。德国哲学家尼采,深受叔本华和达尔文的影响而又启发了弗洛伊德和荣格,他一方面凭据物质科学的强势,宣布"上帝死了";另一方面宣布生命与心灵的力量在于"权力意志"(或强力意志,Will to Power)。他把叔本华的"生命意志"变成权力意志,主张权力意志就是强者的权力,就是生命力。在他的眼里,世界处于万类竞长、生生不息的状态,这就证明了能动的生命意志的普遍存在和支配作用。他提出重估一切价值,认为任何价值都是关于生命的价值,生命的最高价值只是权力意志。尼采的"价值重估"同时也是价值重建,他呼唤"超人"的出现,超人将代表发展的最高水平,即身体、智力和情感力量表达的最高水平。作为后现代主义思潮的主要先知,尼采的思想火焰在许多方向上闪动,而且在所有被人们视为不可能的地方引燃了导火索。

图灵从一个人按照其"意志"编制计划、执行计算的过程中,抽象出以语言为基础的"符号操作"本质,设计出计算的理论模型,即抽象的计算机器,人称"图灵机"。冯·诺伊曼提出了实用的计算模型。他们的计算模型成为信息技术发展的基础和动力。计算机技术与通信技术的结合促成了现代的全球网络,计算机技术与控制技术的结合催生了人工智能和机器人。信息技术、信息工程和信息产品的经济效益和社会效益,使人们接受和信任了信息科学的思维方式。从此,引出了新的观点:世界不仅是物质的,也是信息的;引出了新的原则:不仅物理—数学方法有用,逻辑—程序的方法也管用;还引出了新的科学的范式:不仅量化的物质学科是科学,程序化的信息学科也是科学。所以,图灵和冯·诺伊曼计算模型从根本上推动着新的信息科学世界观的诞生。作为整个信息科学的世界图景的哲学化,它正在改写哲学的本体论、认识论和价值论。我们简称信息科学世界观为"信息世界观"。①

2. 信息世界观的特征

同物质世界观相比,信息世界观有三个显著不同的特征。其一,它要求重新考虑哲学本体论的问题,承认信息与物质一样是实在的,物质与信息具有相互依赖又相对独立的特性。其二,它要求承认世界上充满了生命和智慧的力量(即信息的能量),其作用优于盲目的物理学力量。其三,它要求把主体作为客体的一部分加以考虑。个人和社会都更加难得认识自己;而把握自己是存在与发展的基础,是控制和利用环境的前提条件。

同物质世界观相比②,信息世界观具有八个主要的原则。

第一,物质的宇宙受自然法则和机械规律的支配,其运动方式是盲目的、惰性的,通过物理和数学的术语就能够描述自然的秩序;只有物质对象才是本体论的实在,基本的实在或唯一的实在,非物质的、超越自然的对象因为得不到物质科学的支持而不断缩小,甚至消失。信息的宇宙以物质对象为"载体",以物理学能量为"载能",具有自己特殊的演变和进化法则,其运动方式是目的性的、设计性的,主要通过逻辑和程序的术语来描述;对于处在进化高端的动物和人类,信息是比物质更重要的实在,代表着希望和未来。

第二,物质世界观强调物质与精神、存在与意识、行动与思想、事件与意志、客观与主观的二元对立,并且把人类行动的"现实世界"看成是第一位的、决定性的,物质世界是人类活动关注的中心,思想仅仅是它的反映和副产品。信息世界观认为,我们同时生活在两个世界中:一个是行动和事件的世界,是战争与政治、商业与工业的世界;另一个是精神、书本、观念和艺术的世界。这两者既是分立的,又是纠缠在一起的。思想是历史的决定因素。人们头脑中的思想或意向是看不见的力量,时时支配着人们。由思想所创造的世界观念经常象扳道工一样,决定着利益火车头所推动的行动轨道。全部人类历史从根本上说是思想的历史,是思想的集合。人类活动所关注的中心是信息世界,是知识的创造与生产。

第三,自然科学把自己视为唯一的、理智的权威,人类文明的世界观的定义

---

① 参见李宗荣:《论信息科学的世界观》,《医学信息》2008 年第 8 期。

② 参见 R. 塔纳斯:《西方思想史》,上海社会科学院出版社 2007 年版。

者、审判者和护卫者。人类理性和经验观察是认识世界的主要工具。信仰的和思辨的领域被视为个人的、主观的、情感的,是迷信的、落后的、无价值的。自然科学之外,只有软科学、不科学和反科学。信息科学承认自然科学对于物质世界的真理性,利用物质运动的规律和法则,建立起关于非物质实在的理论大厦,就像计算机科技得益于微电子学原理那样;但是信息科学挑战物质科学作为唯一科学的传统地位,不卑不亢地坐上科学"老大"的交椅,重新定义科学的世界观、方法论和价值法则,当仁不让地引领科学发展的新潮流。

第四,自然科学认为,它根据自然的物质构成形式从经验上推导出来宇宙的内在秩序,形成对自然的固有规律的客观认识,它以赋予的理性的能力控制自然中的非人格的力量和物质对象,成为人类与世界关系的范式。信息科学认为,自然科学对自然力和物质世界的控制与利用,在创造和满足物质性价值追求方面卓有成效,但是在精神性价值创造方面收效甚微。人类如果不能认识精神领域、信息世界的固有规律,不能够控制人格的力量和心理对象,那么人类对自然的掠夺和毁灭,对自己同胞的压迫和剥削,其严酷和残忍的程度,将随着人类工具的"进步"而不断升级:拳脚棍棒→刀枪剑戟→火枪火炮→飞机坦克→导弹→原子弹。

第五,自然科学崇尚物理学的认知方式,只要凭借人类的理性和经验的能力就可以认识宇宙的秩序,而关于人类本性的方面——感情的、审美的、伦理的、意志的、相关的、想象的、顿悟的——对于世界的客观认识,都被看做是风马牛不相及的或者是歪曲的。信息科学认为,在温饱问题基本解决之后,人类的精神解放成为更高的价值追求。自然的世界是盲目的、机械的,其存在和运动的确不随我们的主观意愿而改变,可以用中立的主观去认识客观。但是,对于人类精神世界,主观也是客观的一个组成部分。为着"观察"肉眼看不见的心灵的对象,寻找社会行为背后隐藏的起着定向作用的观念系统,研究者必须进行角色转换,设身处地对研究对象进行"移情式"的体验、感悟和理解。

第六,自然科学说,天体由地球上发现的相同的物质所构成,而且由地球上发现的相同的自然力和机械力的作用而运动,它们确确实实是物质实体,服从机械原理,与人类的存在本身没有什么特别的关系。信息科学说,在本体论的意义上,物质科学与信息科学所面对的研究"世界"有很大的差异。从通讯理论、计算机科学开始,所研究的就不是一个"预先存在的"(pre-exist)客体世界,而是一个先前并不存在的世界,一个由人们的积极行为所构造或创造的世界。人们在研究中创造,在创造中研究。在物质载体的级别上,因特网服从微电子学的规律,但是在功能的级别上,它直接地适应人类的生产与生活的需要。人们创造了因特网,继而研究它、改进它、完善它。

第七,自然科学认为,人类的本质与起源,同大自然的变迁一样,完全是由于自然的原因,并且从经验上观察就可以看出变化的过程。牛顿学说确立了宇宙的空间方面的新的结构和范围。现代宇宙除了物质实体及其变化,什么也没有了。信息科学认为,人的生物学本质是相同的,与动物相差无几,但是人们具有不同的社会学本质。我们不能用描述人造物那样的方式解释人的本性。刀的本质(结构和用途等)先于它的存在。但是对人而言,"存在先于本质"(萨特)。决定人的本质的存在是一个自由选择的过程。"人的选择造就了他自己"。

第八,现代自然科学世界观肯定人的自主、人的天赋权力以及生存的自由意志和个人的自我表现,认为知识的效用是更好地让自然服从人类的意志,笃信人类凭借其天赋的理性和自然科学的成就,将逐渐实现一个以和平、理性思考、物质丰富以及人类驾驭自然为标志的现世理想的时代,奉行人类的自我发展、理性与自然科学最终战胜人类的无知、痛苦和社会罪恶的乐观主义。当代信息科学世界观说,上述天真的唯(自然)科学主义的倾向已经被后现代主义认定是"旧的假设仍然在兴风作浪,以提供人类思想和活动的越来越行不通的、危险的蓝图"。随着新的信息文明和新的信息世界观的出现,将实现一个划时代的转变,产生推动信息社会进步的激动人心的发展轨迹。[①]

如湖北大学哲学系乐传新教授所说,物质世界观可以简要地概括为:世界是物质的,物质是运动的,物质运动是有规律的,物质规律可以被认识,这种认识是有价值的。相应地,我们可以把信息世界观概括为:世界同时又是信息的,信息是变化与增长的,信息的演变具有规律性,信息规律可以被认识,认识信息规律更有价值。如果我们以物质—信息的"双二重性理论模型"为基础观察,就可以看到:信息世界观不像物质世界观那样霸道与排他;信息世界观与物质世界观是互补的,信息科学的世界经验与物质科学的世界经验各得其所;把两种世界观的特征合并,就可以得出整个宇宙的特征。于是,科学主义与人本主义的对立消失

---

① 参见李宗荣:《论信息科学的世界观》,《医学信息》2008 年第 8 期。

了,科学文化与人文文化实现了连通。①

三、人文社会科学的学科信息化

（一）信息时代学科信息化的目标与途径

1. 学科信息化的目标和任务

信息时代学科信息化是整个社会信息化（主要是计算机化）的一个方面。它的目标主要是:(1)明确信息时代中新的价值观——精神和信息产品的价值比物质产品的价值更高;(2)确立信息时代中新的世界观——世界是物质的,又是信息的,宇宙万物皆具有物质和信息二重特性;(3)建立信息时代新的科学观——关于信息对象的知识体系构成物质科学之后的新科学;(4)发展信息时代新的方法论——算法—程序方法。②

一个具体学科的信息化任务可以分为两个方面:(1)工具信息化;(2)观念信息化。工具信息化是把通信、计算和控制工具应用到具体学科的信息处理过程。观念信息化是把信息学的观念、原理和方法应用于发展和构造学科的知识体系。观念信息化是学科信息化的主要途径。物理、化学、生物三门基础的自然科学正在经历观念信息化的过程,其初步成果是建立和发展信息物理学、信息化学、信息生物学的努力。

一般地说,××学科信息化的成果可以有两个:××学＋信息学＝"信息××学"＋"××信息学"。③ 比如,医学学科本身具有物质和信息两个特征,可以建立信息医学和医学信息学。

过去,我们曾经把人文社会科学信息化看成是"自然科学信息化"经验的一种推广和应用,以为人文社会科学学科照葫芦画瓢就可以了。但是,后来发现,上述学科信息化公式在人文社会信息科学学科信息化中并不具有普遍意义。自然科学信息化只是序幕,人文社会科学学科信息化才是新的时代精神树立起来的攻坚战。高潮和精彩的内容还在后头。

---

① 参见李宗荣:《论信息科学的世界观》,《医学信息》2008 年第 8—11 期。
② 本节内容参见李宗荣:《从近代科学的成长看信息时代的"学科信息化"》,华中科技大学社会信息科学研究中心主编《社会信息科学简讯》2007 年第 1 期。
③ 参见苗东升:《申论四论之一的信息科学》,《北京大学学报》2000 年第 4 期。

简而言之,人文社会科学学科信息化的头等任务是:批评只见物质不见信息的"世界观"的片面性,强调信息时代中比物质价值更重要的信息"价值观",指出只有用纯粹数理方法建立的知识体系才是科学的传统科学观的局限性,确立以信息结构和信息功能为基础的信息"涌现论"的信息科学方法论地位,建立信息科学研究学术共同体的自己独特的"信息科学范式"。如果每一门人文社会信息科学学科,结合自己的特殊情况,把这个任务基本完成了,那么它的学科信息化任务就完成了一半。继续前进,就是讨论并整理相关学科在经受"信息化"洗礼之后,它自己应有的概念、原理、方法论和知识体系。

2. 学科信息化的途径

由于各个人文社会科学学科的对象不同,受物理学方法论影响的程度不同,发展过程中的境遇不同,它们各自信息化的方式和内容肯定存在着较大的差异。对于某一个学科的信息化,必须对具体问题进行具体分析、个别解决。下面,试着以历史学的信息化为例进行讨论。

历史学是人类社会过程的记录和整理。人类社会活动包含看得见的人类行为和事件,也包含看不见的思想和理论。历史学应当是事件史和思想史的描述。两者有各自的"内在结构、历史和传统"。事件的背后是思想。"思想是历史的决定因素"。与其他动物相比,人类思想史是更高的成就。"历史最好理解为思想的集合。"①人类的生物学特征与动物没有本质区别。动物也有恩爱情仇史,只是没有文字记录,估计有他们的"口头传说"。动物也有利益冲突、王权更迭史,不过没有使用炸弹,不能利用议会。人类是符号动物,拥有文化科学的积累,才成万物之灵。可惜,在我们的历史教科书中能够写出仅仅属于人类自身的"历史"的情况并不多见。

(二)人文社会科学学科信息化与自然科学学科信息化的联系与区别

1. 理论信息学:自然科学与社会科学学科信息化的桥梁

自然科学主要是关于物质对象(事物的物质属性)的科学。一般地说,自然科学的学科在实现"工具信息化"的时候,与使用其他电子产品并没有区别。只是它们在实现"观念信息化"的时候,才有必要在充分讨论物质属性的基础上,挖掘出信息属性。而且,讨论信息属性也可以不用"信息"语言。比如"遗传物

---

① R. N. 斯特龙伯格:《西方现代思想史》,中央编译出版社 2005 年版,第1—6页。

质"与"遗传信息"指的是同一个生物学对象,两者长期共存,并无矛盾。于是,自然科学的学科信息化可以用"打补丁"的方式,在不颠覆整个旧有的"科学观"、"宇宙观"、"科学方法论"、"科学范式"的语境下展开。

但是,在对自然科学信息化的经验进行总结,对已有的工具信息学和领域信息学进行理论归纳时,世界观和方法论的矛盾终于出现了,而且表现出激烈的冲突和顽强的斗争。李宗荣在 1991 年出版《医药信息学》的时候,就深感基本理论的缺乏。当时,在讲"医学信息"之前,很难说清楚什么是一般的"信息"。在讲医学信息方法之前,说不出什么是一般的信息学方法。而且,所谓的"医学信息学"如果没有自己独特的概念、原理与方法,那它与"计算机医学应用"之间便没有本质性的区别,并不具有作为独立学科的资格。后来李宗荣进入到了生命信息学,发现基础理论仍然不明确。于是,产生了研究信息科学的科学基础和哲学基础的冲动。

2001 年,李宗荣在湖北大学同余克庆、田爱景、吕顺营、张凌、蔡建宏等学者一起,把研究的精力投向信息科学的基础理论,编印《信息科学研究》。一般信息学是整个信息科学的理论基础,它讨论"特殊信息学"的"共性"。2003 年,李宗荣把它叫做"理论信息学"。刚好他到张勇传院士门下攻读博士学位,就把理论信息学当成主题加以研究。在张院士的鼓励下,李宗荣坚持用哲学的方式寻求对科学问题的理解。2004 年,欧阳康教授作为理论信息学研究论文的评审人之一,又是该论文的答辩委员会主任,给予了明确的引导和支持。后来,在张院士的鼓励下,李宗荣等于 2006 年在博士学位论文的基础上出版了教材《理论信息学导论》。

应当说,理论信息学的诞生,在旧的世界观、价值观、科学观、方法论上打开了一个很大的缺口。在中世纪近代科学建立的背景下,回顾我们的研究经历,很容易看出其中的相似性。再来讨论人文社会科学学科的信息化问题,就觉得清楚多了。正如欧阳康所说:理论信息学需要向着具体信息学延展。在总结自然科学学科信息化经验的基础上,理论信息学向着社会信息科学延展,它就自然成为了联系两者的桥梁。

2. 人文社会科学学科信息化的特殊性

社会科学主要是关于人类文化信息的科学。最初,它们以自然科学为基础、为榜样建立起来,对于社会现象物质载体的讨论只是涉及社会信息的形式,较少触及它的内容和自身的规律性。所以,信息时代以前的人文社会科学,虽然在形式上有着学科的独立性和各自的发展史,但是对于传统的世界观、科学观、方法论有着较大的依赖性。人文社会科学的学科信息化任务,首先是要扫除物质科学的思想和表达传统,彻底地转变学术语境。

在人类生产与生活的某个领域中,有实践知识而无理论系统,有知识系统而不具有科学性的例子并不算少。中国建筑工程技术的历史和水准堪称一绝,但却没有系统的建筑知识体系;"社会物理学"和"行为主义心理学"具有悠久和丰富的知识系统,分别致力于研究社会和个人的物质特性,其实都不得要领;当代人文社会科学硕果累累,但是并没有真正抓住"社会信息"的基线和纽带。人文社会科学的"信息化"标志着一种学术上的"觉醒";它产生了学术自我意识,开始了学术自觉性,准备了信息理论思维。与自然科学学科信息化的前提条件相比,它在世界观、价值观、科学观和方法论上具有明确的要求。这里简述如下。

英国政治家 J. 莫利说,人类社会的基本争论少之又少,而且出人意料地一成不变;用语可能变化,但基本理念始终如一。信息时代的世界观、价值观被柏拉图在 2500 年前说得一针见血:实在可以被分成两种截然不同的事物:一个是物质的实在,以变化和演进为特征;另一个是被称之为形式或思想的实在,以永恒和持存为特征。持存是非物质的,并且比物质具有更高的价值。[Reality could be divided into two radically different sorts of things. There is the reality of matter characterized by change (becoming) and the reality of what we called the Forms or Ideas charactered by permanence (being). Being is immaterial and of greater value than the material.]①柏拉图的肉体早已灰飞烟灭,但是他的著作在几千年的拷贝中永存,甚至整个西方哲学都可以看成是对柏拉图哲学的注解。我们信息时代的公民自然容易理解:计算机硬件和软件的价格形成对照。人们靠体力只能进入劳务市场,靠文凭才能进入人才市场。

17 世纪的培根以通俗的语言尖锐批判中世纪科学观,传播近代科学的价值观(物质实用)和方法论(实验归纳),对近代科学的兴起功不可没。但是,他的科学观有简单化和片面化的倾向:他把精神价值排除在科学实用性之外,把知识

---

① Gary E. Kessler, *Voice of Wisdom—A Multicultural Philosophy Reader*, Second Edition, Wadsworth Publishing Company, 1995.

的力量仅仅当做施加于自然的物质力量。当自然科学成熟壮大之后,这种哲学态度和解释后来发展成为唯科学主义的立场。培根是始作俑者。培根的科学观就是物理主义的科学观,即认为:只有用物理学方法,对事物的物质属性的研究,满足人们的物质利益追求的知识体系才是科学。在我们致力于发展以"社会信息"为对象的人文社会科学的时候,批评培根科学观的片面性是确立信息科学合法性的必要前提。

所谓"物理—数学方法",指用观察、实验的方法考察物体的运动,通过对物体数量化,用数学公式描述物体运动过程。物体的质量决定着一种盲目的力在推动物体运动。物体的运动必有空间位置。由解析几何得知,事物运动的空间轨迹必有数量化的表达方式。数理方法对于物质对象和信息的载体,是有效的。但是,对信息本身而言数理方法基本上无能为力。我的笔记本电脑在我头脑中的印象,在数码相机中的存储,如何进行观察,它们长宽几何,重量多少,何种颜色,什么气味? 恩爱情仇的故事如何公式化表达? 在太阳、月亮的轨道公式中给定一个时间 T,就可以确定它们准确的相对位置。但哪个数学家能够给出一个放之四海而皆准的公式,如果令 $T = 1$ 年,依据公式可以算出:明年的此时此刻我在何国何地,如何高就? 所以,硬要把数理方法用于人文社会信息现象的研究,完全是一种新时代的披着科学外衣的愚昧。这是人类史上势力最强、影响最深、危害最大的"伪科学"——"把物质科学伪装成全部的科学"!

有的学者坚决否认"信息不可量化,能够量化的只是信息载体"的观点。他们问:每年的升学考试,如果不是对语数外知识的量化,大学招生如何进行? 我们要问:把某一门学科的知识中的要点找出来,对他们加权,构成 100 分或 150分的试卷,这就是知识系统的量化吗? 物理学中关于长度、重量、颜色、硬度等等物质特征有全球一致的客观标准,那是不以人的主观意志为转移的。我们的政治、法律、艺术、历史、哲学等学科的知识体系本身就因为政治信仰、意识形态、风俗习惯而大相径庭,有的甚至截然不同,何以建立全球统一的标准? 即使建立了,它也是以人们的主观意志为转移的,随着时代而不断进步。如果比较当年考状元的题目和如今的升学试卷,该有何感想?

没有一位数学家可以用一个简捷的公式描述 Windows 的运行方式,但是软件工程师可以用算法—程序的方式来思想和表达。在本质上,计算机运行程序和政治、经济、军事、文化等各界精英人物设计的行动方案(社会活动程序)是一回事,只是它们的应用范围不同,没有"铁面无私"的计算机程序的那种可重复性。信息学的方法论价值,它的合理性和有效性,都通过信息技术、信息工程和信息产品加以实现了,被社会认可了。信息方法、算法—程序方法论成为在校学生的主干课程,成为继续教育的必修课程,已经是家喻户晓、耳熟能详的了。随着社会的信息化,信息观念和信息学方法日益深入人心,传统的物理—数学方法只是算法—程序方法的特例。学科的"物理—数学化"的过程已接近极限,而学科"算法—程序化"过程则方兴未艾。它是人文社会科学学科信息化的主要方法。

（三）人文社会科学学科信息化的价值和意义

1. 按照世界观对历史分期

依据时代精神的交替,我们可以把人类历史分为四个大的时期:第一,史前期和古典的时代(公元前 400 多万年—5000 年前开始文字记载—公元 500 年);第二,中世纪时代(500—1500 年);第三,工业时代(1500—1950 年);第四,信息时代(1950 年—现在)。

古希腊文明实际上是人类生存初期的平等与和平时期的延伸。在人类生存的初期,人间是一个乐园,人们可以自由自在、无忧无虑地生活。有史实证明:就经济关系和社会关系而言,文明时代到来之前的部落成员在获得生活所必需的自然资源方面有充分自由和平等的权利。在古希腊时期的学术自由可能是以后的文明时代难以比拟的。当时,人们崇拜的是"自然",包括物体崇拜和神灵崇拜,人们试图读懂自然这部大书,自由地发表意见。在古代中国,则相应地有春秋时期的百家争鸣。

但是,进入中世纪之后,上帝和神灵独占了人类信仰。文艺复兴之后,人们发现自己可以认识自然,改造自然,人在为自然立法。物体运动的观察、实验和量化、公式表达,才是知识的源泉,物质规律性就是一切。20 世纪 50 年代之后,信息技术和产品逐渐占领市场、占领课堂,社会和人们头脑中的信息过程成为关注和兴奋的中心。

《全球通史》的作者斯塔夫里阿诺斯说:"人类历史一直在加速发展。地质年代以 10 亿年为单位计算,人类史前时代以千年计,而自从进入文明社会后,纪年单位就开始不断缩小,逐渐变成以百年甚至十年计。"①如果说人类社会在漫

---

① 斯塔夫里阿诺斯:《全球通史》,北京大学出版社 2006 年版,第 2 页。

长的"自然化"之后出现了"神灵化",随后是"物质化","信息化",那么只有 50 多年历史的信息时代则敢与 400 多年工业时代、1000 多年的中世纪、5000 多年的古典文明相比拟。在这样大的历史尺度上,我们可以说:人文社会科学的路程只走了一小步,它从信息观念的渗透才真正开始自己的历史,才在自然科学面前表示出自己应有的特色。

2. 人文社会科学学科信息化的意义

人文社会科学的学科信息化的基本任务是:在自然科学学科信息化的基础上,以理论信息学所提供的世界观、科学观和信息哲学所提供的价值观、方法论为基础,完全地实现整个科学学科信息化的总目标。这对于社会转型、科学范式转型,世界观、方法论的转变具有特别重要的价值。

华中科技大学社会信息科学研究中心所倡导的人文社会科学学科信息化,实际上是个"一揽子"方案。它不主张像自然科学学科信息化那样,"各自为战",自行其是;而是主张整个文科以"社会信息"为中轴、基线和纽带,协调与配合起来完成学科信息化任务。这样,整合人文社会科学学科的任务也随之完成。接着,人文社会科学与自然科学的交叉与渗透,文科与理科、工科、医科的结合与融通的远景规划就可能实现。物理学兴盛以后所追寻的建立"统一科学"的目标就有了一个新的途径。我们甚至认为,以"社会信息"为主轴,甚至可以建立透视科学、哲学和神学的全景式的知识体系。如果是这样,就将在人类思想史、科学史、哲学史上写出更加辉煌的新篇章。

第三章　从社会认识论到社会信息科学

　　"社会认识论"概念于20世纪50年代提出,到80年代末随着相关的研究不断深入,它不仅成为相对独立的学科和研究领域,而且成为博士生和硕士生的培养方向。社会认识论为认识论和知识论研究开辟了全新的视域和思路,深入到与人类生存和发展密切相关的社会信息,凸显出对于社会信息的特别关注与深度认识。在某种意义上说,社会认识就是对社会信息的采集、识别、处理和传播的过程,社会认识论研究的任务就是解释社会信息的复杂性并帮助人们更好地处置社会信息。社会认识论与社会信息科学的具体对象和侧重点有所不同,但其研究目标一致,是同一问题的两个侧面,终于在华中科技大学实现合流。

一、社会认识论的缘起与概念界说

(一)社会认识论的理论缘起

1. 传统认识论者排斥社会认识论

在传统认识论者看来,并没有社会认识论(social epistemology)这一门学科分支。究其原因,大致有三。第一,就认知主体而言,存在着"个体的认识"与"社会的认识"之分。传统认识论认为,知识是自治的,只有个体或者自我才可能获得可靠的知识。从理论信息学的立场和宇宙智能谱的观点看,不仅个人有思维,任何生命体都有"思维",一切负责传承 DNA 和文化的生物群体,都能够思维。其间的区别只在于信息处理过程(IPO)的内容、语言、结构和功能范围的不同,但这些有区别的思维构成一个完整的进化着的链条。①

无论是笛卡尔、康德还是胡塞尔,都认为把握知识的主体只能是单个的自我,区别仅在于获取知识方式的差异。甚至可以说,整个近代认识论传统都是一种"个体的认识论"。社会没有"大脑",社会本身不能思维,社会并不能实现自我把握与自我认识。如果一定要说"社会思维",那是人类文化学、社会信息学的立场,超出了哲学认识论的研究范围。我们认为,实际上,如笛卡尔说"我思故我在",现在要说"社会思故社会在"。②"个体脑"是由一个又一个不能在个体层次上思维的神经构成的网络,"社会脑"是由一个又一个不能在社会层次上思维的"个体脑"构成的网络。从"输入—处理—输出"(IPO)模型看,神经细胞、个体脑、社会脑的工作原理没有区别。"我思故我在"的命题与工业时代的科学观相适应,"社会思故社会在"的命题与信息时代的科学观相一致。

第二,就认知对象而言,认识论的目标是把握具有普遍性、一般性和恒定性的理念或概念,而认识论一旦担当起以社会为认知对象的任务,必然要奠基于经验研究层面,必然要引入兴趣旨向、价值判断、利益冲突等因素,由此而可能导致社会认识论概念本身存在普遍性与经验性的矛盾。据此,有的学者甚至认为:根本不存在所谓的社会认识论;如果有,那也是知识社会学所担当的任务。

第三,就哲学发展的历史走向而言,先后经历了从本体论、认识论向存在论的转向。认识论在近代哲学中达致巅峰而最终导致了哲学的"语言学转向"、"生存论转向"等,认识论研究陷入困境而未获得进一步的拓展与深化。

2. 社会认识论是认识论当代形态之一

在我们看来,认识论的困境本身就包含着走出困境的可能道路。社会认识论的建立和发展,实质上是对传统认识论的继承、批判与反思,是认识论研究最

---

① 本章第1—2节内容参见潘斌:《当代西方社会认识论研究的拓展与深化》,《华中科技大学学报》(社会科学版)2008 年第 1 期;潘斌:《当代社会认识论述评》,华中科技大学"社会认识论研究论坛"2005 年第 1 期。引用中有增删、调整和补充。

② 李宗荣、田爱景:《从"我思故我在"到"社会思故社会在"——兼谈社会认识论与社会信息科学的逻辑出发点》,《医学信息》2009 年第 7 期。

为重要的当代形态之一。这大致有如下三个理由。

首先，从学科背景而言，社会认识论的出现是人类社会知识进步的后果，是合理认识和科学管理社会知识生产过程的必然要求。而知识生产是社会进步的前提和基础，这是当代信息社会中知识经济研究的早期形态。1952 年，图书馆学家玛格丽特·伊根和杰西·谢拉最早提出"社会认识论"（social epistemology）这个概念。① 在伊根和谢拉看来，人类社会的进步不仅仅表现为物质产品的丰富，更重要的是在精神产品、文化产品的繁荣。谢拉是伊根的学生，他继承和发展了老师的作为图书馆和信息科学的社会认识论思想。

长期以来，人们就物质产品的生产、使用、分配以及如何提高生产效率等问题进行了详细而深入的研究，但缺乏对智力产品的生产、分配和使用的科学认知。而他们通过研究发现，信息科学特别是图书馆是知识的保存和传递的中心地带，是社会知识的"集散地"，为了使图书馆和其他的信息服务机构更为有效地开展和实现科学的、合理的知识保存与传递的任务，有必要建立一门新的学科，他们将这门新学科命名为"社会认识论"。对于知识的保存和传递而言，社会认识论提供了如何科学合理地进行社会认知的智力支撑。在这种意义上，社会认识论就是早期形态的"社会信息学"，是信息科学的重要组成部分。西方国家中的"图书馆与信息科学"流派或研究传统，是它的别名。

其次，从认识论发展的内在趋向来看，个体认识论向社会认识论的转向是突破传统认识论困境的可能道路。生物基因的传承和进化是物种和生物圈的行为，是生物个体行为总和的整体效能。个体只能影响到 DNA 接力赛中一个环节，它/他可能成功，也可能失败。愚昧无知的人类部落比动物群落并没有多少高超之处。人类之所以优于动物，主要不是靠我们种群的基因，而是靠社会性文化知识。人类文明进化的前提是知识的记录和传播。初生的婴儿要成长为一个社会人，主要靠文化的灌输和适应。正如有专家所说，社会文化是个大染缸，染缸是什么颜色，染出来的就是什么颜色。在中世纪出生的人不可能有近代物理学的世界观，只有掌握信息时代世界观的人们才能发现物质科学世界观的片面性。每个个体，无论他是个庸才还是一个伟人，都只能负责人类文化接力赛中一

---

① Don Fallis, Introduction: Social Epistemology and Information Science, *Social Epistemology*, 2002 (1), p. 1.

棒的传递任务。在这个意义上,从根本上说,是人类社会在思维、在认识,人类个体只是社会神经系统中的一个神经细胞。如果不同意这个命题,就等于说:人并不能思维、不能认识,只是我们的每一个细胞在思维、在认识。

从信息处理系统的观点看,细胞、生物个体、人类社会都在各自的层次上思维和认识。由个体为主体的认识(我思)向社会为主体的认识(社会思)的转变,是认识论的深化。社会思,思什么?思社会,思自己,思自然。社会认识论是认识论的核心和主体。社会认识论的本质是"社会在认识"的理论,是关于"社会思"的结构和功能的概念、原理与方法的集合。至于"思社会"之所得,只是该理论系统运行的产品之一。我们首先需要的是关于"社会思"的工作母机的知识。在这个意义上,我们需要重新梳理社会认识论的历史,看看它在"社会思"的方向上到底已经走了多远。

传统认识论局限于个人的内心世界,认为认识的任务在于个体应该如何(观念地)形成特定的信念,它由于过分强调抽象的理念而往往不能给我们在具体的社会场景中提供有效的导向。事实上,认识不仅仅包括个体的认识,更重要的是社会的认识,要把个体认识放到社会认识的"大染缸"中去考察。认识不仅仅需要内在的沉思,更需要借助于社会知识库和一定的社会媒介。正如戈德曼所指出的:"由于社会认识论与媒介相关联。它并不拒斥任何知识;这即是说,社会认识论并不局限于专家的认识论之中,而是包括了关于全部文化的信念在内。"①传统认识论中,知识具有四个来源,分别是知觉、推理、记忆以及证词(testimony),其中前三者都是个人所亲身经历或拥有的资源,而证词则是他人意见,被认为是不可靠的。绝大多数经典认识论学家都认为作为他人意见的证词不能作为知识的可靠来源。但是现代知识发展的实际情形是,"个体借助于他者所提供的信息而形成信念"②,而由他人意见所形成的信念完全不同于孤独个体所形成的个体化认识,它是个体间的、社会化的认识,对信念进行真理性的辩护则就成了当代认识论的主要任务之一。由此,认识论必然要转向对于社会化知识的考察。

---

① Alvin I. Goldman, Foundations of Social Epistemics, *Synthese*, (73), 1987, p. 114.

② Philip Kitcher, Contrasting Conceptions of Social Epistemology, In F. F. Schmitt(ed.), *Socializing Epistemology: The Social Dimensions of Knowledge*, Boston: Rowman and Littlefield Publishers, Inc, 1994, p. 14.

最后,从知识发展的逻辑走向上说,知识与权力经历了一个从原初统一、分化隔离,再到相互关联的过程。早在柏拉图的《政治家篇》中就将知识与正义作为进行政治统治的首要原则。柏拉图认为理想的国家是知识与政治的内在结合,而哲学王则是知识与政治结合的完美典范。因此,在柏拉图那里,知识并不单纯只是孤独个体的认知,还具有相关的价值取向,具有特定的社会规范功能。在一定意义上而言,柏拉图的知识概念具有强烈的社会维度。但是,"此后二千多年来,知识与权力分离的倾向日益增强,以至今日形成了两类相对独立的学科,一是认识论和科学哲学,一是伦理学和政治理论。前者专门研究知识,后者专门研究权力。实证主义作为一种哲学运动在近代的兴起,可以看作这种分离的一个例证。在奥古斯特·孔德和琼·斯图尔特·米尔这两位最早的实证主义者看来,确有必要开展对知识的社会生产目的的专门研究。后来,卡尔纳普等逻辑实证主义者重申为知识研究奠定中性的政治基础。结果,今天的社会认识论者不得不反复向他们的学术界同仁证明关于知识和权力的进程是彼此紧密地联系在一起的"①。知识与权力的相互关联,使得在一定程度上知识的政治维度和伦理维度优先于认知维度。特别是在知识经济时代,知识作为一种稀缺资源,关于知识的生产与分配就必然关涉到权力的分配。社会认识论的任务就是研究如何实现知识生产的合理组织与对权威进行再分配。这是从社会认识论走向社会信息科学的内在逻辑。

(二)社会认识论的概念界说

1. 认识论与社会认识论

厘清社会认识论概念,首先需要从词源学方面加以考察。现在通行的"认识论"一词在英语中的对应词是"epistemology",它是由苏格兰哲学家大卫·费里尔于19世纪70年代创造出来的。根据词源学的考证,"epistemology"起源于希腊语"epistem"和"logos"(理性)。其中,希腊语"episteme"指不同于意见和科学的知识,后缀"ology"一般指探讨、研究的意思。同时需要注意的是,在西方语言体系中并没有一个专门表达知识论的词汇,而"epistemic"同时指"认识的、知识的"。按照《大英百科全书》的解释,"epistemology"指关于知识(knowledge)的起源、本质和限度的研究。所以,有的学者在认识论和知识论之间划了等号。

---

① 欧阳康、斯蒂夫·富勒:《关于社会认识论的对话》(上),《哲学动态》1992年第4期。

其次,准确把握社会认识论的概念,还要合理地理解认识论和知识论之间的区分。认识论主要是对认知行为的形成过程、内在机制、主要功能等方面进行发生学考察;而知识论则主要研究知识产品的本质、属性以及为其真理性进行辩护。有的学者甚至认为,认识论已经陷入困境,应该被知识论所取代,"episte-mology"应该翻译为"知识论"。这实质上是放大了认识论与知识论的差异。现代认识论从个体化的认识论向社会化的认识论(甚至社会之思)转向,以及知识论研究范围的扩展,在一定程度上消解了认识论和知识论的这种严格界限。因此,完全有理由在通约的意义上将认识论"epistemology"看做为关于知识的理论(the theory of knowledge)。

相对而言,社会认识论(social epistemology)这个词则只是在20世纪50年代才由玛格丽特·伊根和杰西·谢拉提出来的。真正集中而系统地开展社会认识论研究,则是在20世纪80年代以来。在西方主要是以斯蒂夫·富勒(1988)、戈德曼(1999)、施米特(1994)等为代表。中国的社会认识论研究大约与西方同时起步,以欧阳康教授的《社会认识论导论》(1990)和景天魁教授的《社会认识的结构和悖论》(1993)为代表,随后大批学者纷纷投入到社会认识论的研究和探讨中。其中,就社会认识论概念本身还存在着不同的界说。

作为最早提出社会认识论这一概念的学者,玛格丽特·伊根和杰西·谢拉站在如何科学合理地实现知识保存和传递的立场出发,认为需要从社会整体上为知识产品寻求认识论奠基,而这就是社会认识论的任务。他们将社会认识论定义为:"一种关于过程的研究,在此研究之中,社会在整体上从物理的、心灵的和知识的方面与总体环境达成相关联的理解或者一致。"①《诺顿现代思想辞典》就"social epistemology"的词条给出了简明扼要的界定:"社会认识论是有着广泛跨学科来源的一种思想运动,它试图重建认识论问题,一旦知识被看做内在社会性的,它通常被看成是哲学的科学政策或科学研究的规范派别。"②从社会认识论的研究对象而言,随着社会认识论研究领域的开拓与扩展,已经从传统的关注于知识的社会生产问题延伸到公共背景下的文化传递、管理决策、信息科

① M. E. Egan and J. H. Shera, Foundations of a theory of bibliography, *Library Quarterly* (44), 1952, p. 132.

② 转引自吴畏:《社会知识论还是社会认识论》,《自然辩证法研究》2004年第11期。

学、实验室研究等问题。

2. 社会认识论的实证研究与规范研究

西方社会认识论研究大致分为实证性研究和规范性研究两大流派。其中，实证性的社会认识论也可称为"分析的社会认识论"，主要以戈德曼、施米特为代表（戈德曼为施米特的老师）。戈德曼认为，社会认识论包含有求真维度和社会建构的维度。他将研究重点放在为知识的真理性辩护上，因而求真性（Veritistic）是其认识论思想中最为重要的概念之一。他说："求真认识论关注于知识的生产，在求真认识论中知识被理解为弱意义上的真信念。更确切地说，它既关注知识也关注作为其对立面的错误（虚假的信念）和无知（真信念的缺乏）。求真认识论的主要问题是：与错误和无知相比，哪种认识活动对知识具有相对而言的积极影响？"①施米特继承了戈德曼的对于知识的确证性分析，认为社会认识论的这一概念得以成立的前提条件是知识的来源不仅包括个体知识，更重要的是社会化的知识。而从社会的维度为知识的确证性进行辩护是社会认识论的首要任务。因此，他认为："社会认识论是对于与知识相关联的社会关系、角色、兴趣和机构等的规范性研究。"②同时，他认为知识社会学是对特定的社会状况或知识形成和传递原因的经验性研究。

规范性社会认识论的代表人物是斯蒂夫·富勒，他认为社会认识的基本问题是："假定在通常状况下，许多人追求知识，尽管不同人之间程度不一，但每个人都具备一定的知识内容与大致基本相同的认知能力，那么如何组织关于知识的生产呢？"③因此，社会认识论关注的中心问题不是我们在观念上如何生产知识，而是我们在实际中"应该"如何组织知识的生产，注重于知识生产过程的组织，以及如何建立智力劳动的区分以达到特定的目标。这不是单纯地注重经验性描述的知识社会学家所能完成的；相反，需要超越经验层面进行规范性阐释。也正是这种说明性的或者规范性的因素，使得社会认识论成为一门显著的认识论或者说哲学。因此，富勒将社会认识论中的"认识论"看做为主要致力于作为

---

① Alvin I. Goldman, *Knowledge in a Social World*, Oxford: Clarendon Press, 1999, p. 5.

② Frederick F. Schmitt, *Socializing Epistemology: The Social Dimensions of Knowledge*, Boston: Rowman and Littlefield Publishers, Inc, 1994, p. 1.

③ Steve Fuller, *Social Epistemology*, *Bloomington and Indianapolis*, Indiana University Press, 1988, p. 1.

一种说明认知活动的手段。①

从总体上而言,关于社会认识论的实证性研究流派关注于知识的生产并为知识的真理性辩护,而规范性研究学派注重于知识生产过程的组织和智力劳动的区分与使用。他们从不同的侧面研究同一个对象:社会知识论。知识是社会信息的一个子集,从本质上看,他们从事了社会信息学的早期研究。当代西方认识论研究正逐步走出体系架构、学科界说、原理论证的层次,而走向学科内部分化和跨学科研究的水平,许多学者纷纷从信息科学、跨文化、知识社会学、社会建构论、实验室研究等视角来重新界定和阐释社会认识论。

国内社会认识论研究主要以欧阳康、景天魁、陈嘉明为代表。其中,景天魁教授是从社会认识系统出发,分别从日常认识方式、技术认识方式、艺术认识方式、价值认识方式、宗教认识方式和哲学认识方式的多维视域对社会认识系统的基本结构、知识悖论、思维悖论和认识悖论进行考察。陈嘉明教授则站在知识论立场,用社会知识论取代社会认识论,认为社会知识论实质是寻求知识的真理性辩护。欧阳康教授在国内较早从事社会认识论研究,他认为目前大致存在着三种意义上的社会认识论:第一种是指"社会的认识"或者"社会性的认识",认为人类的认识是在特定社会条件下借助于特定社会工具、指向特定对象的认识,从认识形式、认识手段和主要内容而言都强调认识的社会性。第二种社会认识则是区别于以个体为认识主体的认识,而专指以社会为主体的认识,它所强调的是认识主体的层次性。第三种社会认识就是以社会为对象的认识,在此基础上关于人们如何认识社会的学问就是社会认识论。欧阳康教授主张在第三种意义上开展社会认识论研究,因此,他将社会认识论界定为"关于人们如何科学地认识社会的学说,尤其强调对于人们认识社会的活动及其结果的统一把握,它以人们认识社会的认识活动及其结果为对象,考察人们认识社会的特殊活动结构、活动方式、活动方法、进化过程和特殊规律,揭示人类社会自己认识自己的特殊道路"②。

---

① 参见 Heidi E. Grasswick,The normative failure of Fuller's social epistemology, *Social Epistemology*,2002,(2) p.134。

② 欧阳康:《社会认识论导论》,中国社会科学出版社 1990 年版,第1—3 页。

二、社会认识论研究的主要
进路与基本形态

（一）社会认识论的研究进路

社会认识论概念定义的多样化源于其研究进路的差异。一般来看,社会认识论可分为如下两种研究进路:一是"分析的社会认识论",二是"规范的社会认识论"。

1. 分析的社会认识论

所谓"分析的社会认识论",是指采用实证主义的分析方法,围绕着社会认知形成的逻辑条件、基本结构、论证策略、社会形式等问题进行合法性辩护。其根本特征是证实性,即论证知识和信念何以为真。因此,与其他的社会认识论研究不同,分析的社会认识论关注的中心问题是知识产品的真理性。在这方面,以戈德曼为代表,他将自己的社会认识论定位为"求真认识论"(Veritistic episte-mology),并将来自于社会建构论、后现代主义、实用主义、文化研究、批判法律学的批评称之为"恐真认识论"(Veriphobia epistemology),即试图通过削弱真理的实在性而否认认识活动中真理问题的中心地位。

2. 规范的社会认识论

所谓"规范的社会认识论",是指通过利益分析与社会关系定位的方法,在考察认识活动的社会背景、历史渊源、利益关联的基础之上,探讨如何实现知识的生产、组织与分配。在关于规范的内涵厘定上,富勒指出:"规范是一种行为规则,是一种取得不同目标的共同方法:为了追求一个特定目标,坚持规范的人就更有可能达到这个目标,尽管它不一定是最快捷的方法。"①规范一方面处于社会认识活动的最底层,对于知识生产具有约束与规制作用;另一方面,规范不是先验存在而"被发现的",相反,规范是在共同体内部经过互相协商而建构出来的,因此,也可以说规范是"被生产出来的"。

作为规范的社会认识论,其理论预设是认识活动的社会化,根本特征是强调

---

① 转引自殷杰、尤洋:《科学知识合法化的新阐释——社会认识论的视野》,《自然辩证法研究》2006年第4期。

知识活动中规范的约束性和整合性力量。按照对规范性的依赖程度不同,可以分为"激进的规范认识论"和"温和的规范认识论"。富勒是当代西方规范的社会认识论的最主要代表。他将"规范性"视为社会认识论的根本属性,社会认识论的任务就是在社会关系、制度实践、知识组织、科学管理之间进行规范层面的研究。在其中,科学知识要想实现合法化,必须实行公正优先于效率的原则,通过大众科学、社会参与、协商对话、遵守规则等实现科学知识的民主化和知识生产的合理化。

随着社会认识论研究道路的开拓与扩展,分析的社会认识论与规范的社会认识论之间并非相互隔离,而是互相融通。作为戈德曼的分析社会认识论坚定捍卫者的施米特,也认为社会认识论不仅需要在经验层面的研究,而且要关注知识背后的社会因素。他认为,"社会认识论可以被界定为关于知识的社会维度的概念及其规范的研究"①。即便是激进的规范认识论的富勒,也认为当代社会认识论的主题之一就是调和认识论学家的规范性研究与知识社会学家的经验性研究。

(二)社会认识论研究的基本形态

1. 社会认识论的关键议题

由于研究进路的差异,导致社会认识论在一些关键议题上作出了不尽相同的回答,相应地现代认识论研究呈现出不同的基本形态。这些关键议题如下:

第一,解决知识问题究竟是依靠经验科学还是先验概念? 社会认识论的中心问题是知识的生产、组织及其再分配。如果解决知识活动的理论依据主要来自于经验科学,承认社会因素和心理因素在认知活动的关键作用,则是自然主义立场。自然主义认识论按照对规范性的依赖程度不同而又有"温和的自然主义认识论"与"激进的自然主义认识论"。所谓"温和的自然主义认识论",是指将关于知识合法性的认识论辩护看作为产生或者保存信念的功能。"激进的自然主义认识论"又分为"科学主义的自然主义认识论"和"经验主义的自然主义认识论"。前者将认识论看作为科学的一个分支,认识论的陈述只是科学陈述的

---

① Frederick F. Schmitt,Socializing Epistemology,in John Greco and Ernest Sosa (ed.),*the Black-well Guide to Epistemology* Blackwell Publisher,1999,p.354.

一个子集,处理社会认识论的适当方法是经验的科学方法;后者认为所有的知识合法性辩护来自于经验的方法,认识论的任务是详细地表达与捍卫这些方法。相反,对自然主义立场的拒绝往往走向观念主义认识论,甚至是自我论或者唯我论。

第二,规范性,即是否将规范性的主张、建议、策略作为改进知识生产过程的首要目标? 按照斯蒂夫·富勒的观念,社会认识论之所以能够称之为哲学意义上的认识论,就在于将规范作为认识论的基本形式,这也是它区别于知识社会学的关键所在。

第三,社会化,在知识生产过程中社会因素和心理因素是否被看成变迁的主要根源? 按照传统认识论的解释,社会化因素和心理因素不能保证认识活动的可靠性和知识产品的普遍性,因此,认识行为要力求排除诸如社会关系、情感意志、兴趣偏好、价值取向等因素而采取中立姿态。但按照现代认识论的观点,认识活动与知识产品无一例外都社会化了,社会因素在认识论中起着日益重要的作用。

第四,在关于知识活动的考察中,是否可以将由他人意见所提供的信息作为信念辩护的要素? 这实际上是关于知识的来源问题。在传统认识论中,由他人意见所提供的信息由于具有不可靠性而无法成为知识的来源。现代认识论特别是证词理论认为,我们的知识往往多数是依靠诸如专家意见、集体决策这样的他人意见所形成的。

第五,作为真理的知识与作为信息的知识:在关于信念地位的评价中真理是否作为首要标准?

第六,主体性与记录化的知识:对于信念的记录化表达的生产、组织和使用的关注是否是认识的首要目标?

2. 社会认识论研究的基本形态表

约纳森·福勒从跨学科的视野出发,通过对现代认识论的关键议题的系统考察,认为社会认识论及其相关学科呈现出如下表2所示的基本形态。

表2　现代视野下的社会认识论及其相关学科①

	A	B	C	D	E	F
后弗雷格认识论	否	是	否	是	是	否
传统的自然主义认识论	是	是	或许	是	是	否
社会认识论	是	是	是	是	是	否
激进的自然主义认识论	是	否	或许	是	或许	否
知识社会学	是	否	是	是	或许	否
科学社会学	是	或许	是	否	否	是
作为社会认识论的图书馆和信息科学（LIS-as-SE）	是	或许	是	否	否	是

（三）当代社会认识论研究的开拓与扩展

尽管玛格丽特·伊根和杰西·谢拉在1952年就首次提出社会认识论的概念,但由于现代哲学的"存在论转向",认识论研究实质上陷入困境,社会认识论并未在哲学领域取得进展。直到20世纪80年代末,社会认识论才真正作为一门独立的学科建立起来并且日益受到关注和重视。1987年《综合》(Synthese)出版"社会认识论"专刊,施米特首次在哲学意义上阐释了社会认识论概念。几乎与此同时,富勒创办了第一份社会认识论专刊(Social Epistemology),随后包括劳斯、戈德曼、凯彻尔等在内的学者纷纷展开社会认识论研究。国内大约与西方同时展开社会认识论研究,其中以欧阳康、景天魁、陈嘉明等学者为代表。综观当代社会认识论研究概况,已经从研究之初的学科架构、概念界说、原理论证的水平走向了内部分化与跨学科研究。下面是潘斌对当代社会认识论研究的新进展与发展的新趋势的简要评介。

1. 知识的社会生产与组织论

知识问题一直是社会认识论研究的核心问题。作为当代社会认识论开拓者的斯蒂夫·富勒,认为社会认识论的中心问题是我们"应该"如何组织知识的社会生产。社会认识论应该关注于知识生产过程的组织,通过实行科学民主的认知劳力分工达到特定的知识生产目标。因此,社会认识论在一定意义上是关于

---

① 转引自 Jonathan Furner, "Schera's social epistemology recast as psychological bibliology", *Social Epistemology*, 2002(1), p.16。

知识的社会生产、组织、分配和消费的理论,而社会认识论学家则需要承担起知识政策制定者的角色。斯蒂夫·富勒一方面站在社会化立场反对个体认识论,主张知识的形成在多数情形下取决于其所依赖的社会因素;另一方面也认为由于不同的认识活动参与者的知识背景、认知能力、兴趣旨向和政治立场的差异而导致认识活动的困难和交往的障碍。而作为哲学的社会认识论,则具有协调不同学科、不同认识立场、不同领域的功能,是知识生产的组织者与协调者。

社会认识论之所以具备知识生产的组织、协调和知识决策的作用,与知识的本质属性密切相关。斯蒂夫·富勒指出,知识具有一些基本的属性,相应地以知识问题为研究中心的社会认识论也具有不同的功能。首先,只有被确证了"意见"或者"信念"才有可能成其为知识。孤独个体所具有的"意见"或"信念"在没有进入社会关系被合法化之前,只能称为信息。其次,个体并不能先天具有知识,相反,知识在很大程度上是向专家学习、信赖权威、集体环境而塑造出来的,知识实际是被建构出来的。再次,知识生产是与普通商品经济生产既相区别又有联系的劳动过程。知识生产不是单纯的文化传递,"知识生产问题需要根据文本生产的经济状况再定义"①。在一定意义上,"知识生产是一个'经济学的'过程,它意味着某个生产者拥有更多的知识,而另一个生产者获得更少"②。知识生产的经济化使得知识本身成为一种稀缺资源,由此而导致知识的分配与消费必然要关涉权力分配问题,知识的政治维度、伦理维度有时就优先于认知维度,这也是社会认识论发挥规范性作用之处。斯蒂夫·富勒主张通过大众科学、全民参与、遵守规范等方式来保证知识分配的合法化和民主化。最后,尽管一个团体的成员在许多问题的个人意见方面会有所不同,但他们在态度和信念方面仍然享有某些共同的确定的内核,以证明他们确属同一共同体的成员。因此,知识就是一致或者共识。③ 知识的共识性要求社会认识论在个体、共同体和学科之间发挥信息交换与沟通网络的功能,承担知识的组织与协调作用。

从知识的社会生产与组织的视野考察社会认识论,现实指向是为知识管理提供方法指引。因此积极开展知识政策研究已成为推进社会认识论研究的新的

① Steve Fuller, *Social Epistemology. Bloomington and Indianapolis*, Indiana University Press, 1988, p. 275.

② 欧阳康、斯蒂夫·富勒:《关于社会认识论的对话》(上),《哲学动态》1992 年第 4 期。

③ 参见 Alvin I. Goldman, *Knowledge in a Social World*, Oxford: Clarendon Press, 1999, pp. 6 - 10.

生长点。知识决策的前提是承认和重视社会认识论中规范性的作用,实质是对知识生产和组织的预测与诊断,核心是处理好专家与新手(layman)的关系。专家权威的合法性辩护首先需要经受"政治化"的考验,即将专家意见(认知权威)置于新手与大众的质疑和批判之中,然后再"去政治化",维持对专家意见的支持与信赖。因此,作为社会认识论的知识决策的目的是实现知识参与的大众化、知识管理的民主化、知识决策的科学化和认知权威(cognitive authority)的合法化。

2. 求真的社会认识论

求真认识论(Veritistic epistemology)是戈德曼在其代表作《社会世界中的知识》一书中提出来的。戈德曼认为社会认识论有社会的维度和求真的维度。之所以有社会的维度,其理由有三:一是与传统的获取知识的个体化路径相比,它强调通往知识的社会路径;二是社会认识论并不将其自身限制于孤独个体上,它往往关注特定社会集团或者组织;三是社会认识论充分考虑集体的或者具有合作性质的实体。之所以具有求真维度,在戈德曼看来是因为认识论是作为一门根据求真维度来评价实践活动的学科。作为求真的认识论,既关注知识(通常知识被理解为"弱"意义上的真信念),也关注作为其对立面的错误(虚假的信念)和无知(真信念的缺乏)。求真认识论的主要问题是:与错误和无知相比,哪种实践活动对知识具有相对积极的影响? 个体的求真认识论考察的是个体化的、理念的、非社会实践的问题,而社会的求真认识论考察的是社会实践问题。社会认识论正是根据求真维度来评价特定的社会实践活动。

求真的社会认识论自提出伊始,就遭到来自社会建构论、后现代主义、实用主义、文化研究和批判法律学的质疑与批判,戈德曼将它们统称为"恐真认识论"。它们批判的焦点在于是否承认真理的客观实在性,其主要观点是:真理只是协商的信念,是社会建构出来的;知识、实在和真理是语言的产物;不存在任何超验的或者客观的真理;真理是统治与压迫的工具,受政治利益与个人偏好所左右。戈德曼对此一一作出回应,为知识生产中真理性的核心地位进行辩护。

求真的社会认识论的现实意义在于根据其求真性后果来评价社会实践活动。戈德曼提出了基本的求真性价值和工具性的求真价值。诸如知识、错误和无知这类信念状态就具有基本的求真性价值,而诸如行动、规则和制度这类能够推进或者妨碍实现基本的求真性价值的实践活动则具有工具性求真价值,即只是实现基本价值的媒介或者方式。戈德曼在对基本的求真性价值进行分析时发现,传统的三元式进路提供了相信、拒绝(不相信)和不作判断三种态度,信念等级模式(DB)则可以用从 0 到 1 之间的数值来标示信念为真的不同程度。例如在主体 S 对命题 Q(P/ − P)进行求真性价值分析时,存在三种可能性:一是 S 相信该命题为真,则该命题的求真性价值为 1.0;二是如果 S 不相信该命题为真,则该命题的求真性价值为 0;三是如果 S 不作判断保持中立,则该命题的求真性价值为 0.5。但是,同一主体在不同时间对于同一命题的态度可能会发生差异,特别是实际情形中并不是严格的传统的三元式进路,而是呈现出信念的等级差异。因此,戈德曼就命题的求真性价值给出了一个简洁明了、容易操作的公式:V-value of DB_X(true) = X。其中,V-value 表示求真性价值,DB 表示信念等级,X 表示信念等级的具体数值。[①] 在对工具性求真价值进行分析时,戈德曼则纳入语境分析,通过取平均值的方式来考察社会实践活动对于信念状态的真实性价值影响程度。戈德曼进一步将关于求真性价值的分析模式运用于科学、法律、民主和教育领域,认为在全部的社会生活实践层面都需要捍卫求真性维度而促进社会交往的合理化。

3. 证词认识论

在当代社会认识论研究中,证词认识论(epistemology of testimony)已成为研究的主流视角。狭义上的证词主要是指在法律上的证词,宽泛意义上的证词则指认知活动中来自他人的告知行为。证词的特征是对他人话语的信赖。按照科迪(J. Coady)的分类,证词作为一种表述行为,大致可分为标准证词、自然证词和扩展证词。法律中的证据属于标准证词,与论断具有本质关联之物可称为自然证词,而扩展证词包括:他人意见、文献资料、制度规范以及具体事件。[②] 因此,从认识论意义上而言,可以把凡是来自他人的知觉、理性、意见和信念都视之为证词所表达的内容。由此,证词也有真假之分。

证词认识论在当代社会认识论研究中地位日益凸显,与知识来源的观念变革密切相关。传统认识论中,知识有四个来源,分别是知觉、推理、记忆以及证词(testimony),其中前三者都是个人所亲身经历或拥有的资源,而证词则是他人话

① 参见 Alvin I. Goldman, *Knowledge in a Social World*, Oxford:Clarendon Press,1999,pp. 87—89.
② 参见徐献军、丛杭青:《Testimony 是如何得到辩护的》,《哲学研究》2003 年第 10 期。

语,被认为是不可靠的。自柏拉图以来的认识论传统都认为,作为他人意见的证词缺乏普遍性、必然性的保证,不能作为知识的可靠来源。只有在休谟那里才给予证词一定的地位,认为是我们认识的重要来源,但他的缺陷在于又将证词的客观性有效性还原于个人经验、个体知觉的可靠性之上。随着现代认识论研究的转向,自治个体所形成的意见或者信念已经不是我们知识的主要来源,个体间、社会的信息才是知识的主要源泉,"我们对于历史、地理、科学和更多其他事物的把握依赖于证词"①。斯特劳森也充分肯定证词认识的地位,认为我们的大部分知识,也许是绝大部分,来自于倾听他人所说的或阅读他人所写的东西。

　　证词认识论实质上是对个人主义认识论的批判和社会认识论的辩护。现代认识论发生了两次转向,一次是由传统认识论向蒯因所提出的自然主义认识论转向,再一次就是向社会认识论的转向,而证词认识论就是实现从自然主义认识论向社会认识论的转向的可能通道。在证词认识论看来,知识的主体不是单独的个体,而是他人、群体或者共同体。认识活动的主题是为证词的可靠性进行辩护,辩护的来源可以是以证词形式出现的证据、论点、资料文献等,这些都具有社会化认识的特征。施米特认为通往社会认识论有两条道路,一是来自社会建构主义的知识论,二是证词认识论。他认为作为个人主义认识论由于具有还原论倾向,无论是决定论的先验辩护还是因果论的经验辩护都无法保证认识的可靠性,而证词认识论所涉及的任何主题都具有深刻的社会性,他说:"我们的主题就是个体知识的条件或者辩护在任何方面都是社会的。很明显地而且每个人都承认的是,认知评价体系是社会的:我们从他人那里了解认识术语、概念和条件;认知评价最主要的是对其他个人的认识状态的评价。"②尽管证词认识论的研究近来逐步走向了实证化、语言分析的进路,一定程度上消解了其规范性内涵,但作为当代社会认识论研究道路的扩展和深化,证词认识论仍然值得进一步的关注和探讨。

　　4. 社会建构主义的认识论

　　从建构论视野研究知识问题的思想体系流派纷呈,如强纲领、知识社会学、

　　① E. Sosa,Testimony and Coherence,in B. K. Matilal and A. Chakrabarti(eds),*Knowing from the Words*,Dordrecht:Kluer,1994,p. 59.

　　② Frederick F. Schmitt,*Socializing Epistemology:The Social Dimensions of Knowledge*,Boston:Rowman and Littlefield Publishers,Inc,1994,p. 4.

科学元勘、科学知识社会学(SSK)、技术的社会建构论(SCOT)、实验室研究等。尽管它们大多都没有标示自己为"社会认识论",但之所以将其纳入社会认识论研究的范围,理由如下:一是都以知识问题为研究中心;二是都反对个体主义知识论,从个体间、社会化的路径来研究知识问题;三是都在肯定知识的求真维度的同时,强调其社会维度和规范性作用。社会建构主义实质上是研究知识生产过程的方法论,关注于知识是如何形成的;社会认识论的核心是强调社会因素对知识的形塑与意义生成,近来社会认识论与社会建构主义在研究思路、中心议题、致思取向与价值立场上呈现融合态势。社会建构主义视野下的认识论研究是拓展社会认识论研究领域的重要途径。

尽管对于社会建构的内涵厘定各有差异,但人们已经形成了基本共识:"特定领域的知识是我们的社会实践活动和社会制度的产物,或者相关的社会群体互动和协商的结果。"[1]社会建构主义大致可分为激进的建构主义和温和的建构主义。激进的社会建构主义,以柯林斯(H. M. Collins)、伍尔加(Steve Woolgar)、平齐(T. J. Pinch)、比克(W. E. Bijker)等为代表,完全否认自然实在的意义生成作用,将社会因素作为唯一和终极的解释依据和评价标准。认为包括技术在内的一切实体都只不过是不同社会角色、社会集团、科学共同体互相协商的结果,世界在某种程度上是理论、实践和社会制度所构造而成的。例如平齐和比克就认为:"所有知识和所有关于知识的假设都是社会建构的产物,可以从社会世界中来解释关于假设的起源、认同和拒绝,而无须借助自然世界。"[2]温和的社会建构主义,以瓦克曼(J. Wajcman)、拉图尔(B. Latour)等为代表,在区分社会因素和非社会因素的基础上,肯定非社会因素,特别是技术因素在构造自然实在中的地位和作用,认为非社会因素有其自身内在的本质、属性与功能。但究其根底可归因于特定的兴趣旨向、社会偏好、政治立场、利益取向等社会因素。相对激进的社会建构主义而言,温和的社会建构主义具有更强的包容性和更灵活的解释空间。无论是激进的社会建构主义,还是温和的社会建构主义,都认为我们关于某些特定领域的知识,究其实质是人类社会实践活动所形成的,与社会制度密切

① Robert Audi. eds, *The Cambridge Dictionary of Philosophy*, Cambridge: Cambridge University Press, 1999, p. 855.

② W. E. Bijker, Th. P. Hughes and T. J. Pinch, *The Social Construction of Technological Systems*, The MIT Press, 1987, p. 18.

相关,是特定社会群体或科学共同体互相协商、相互对话所达成的共识。

社会建构主义的认识论,具有如下理论特征:首先,它反对先验知识论,强调知识的建构性。在它看来,我们关于周围世界的认识,无论人文社会科学还是自然科学,都是建构出来的,都是被制造出来的。因此,塞廷娜(K. Cetina)提出"制造知识",伯格(P. L. Berger)与卢克曼(T. Luckmann)提出"实在的社会建构",比克主张通过"构造技术而建构社会"。其次,它反对个体知识论,强调社会知识论。传统的以个体感觉经验为基础通过内心沉思或者逻辑推理形成知识的个体化路径遭到批判,哲学也不再仅仅是"自然之镜",所有的知识实质上都是社会的表达,都载负着所关涉的全部社会群体的政治背景、知识结构、利益取向与价值判断。其中著名的例子是,比克通过对自行车演变史的考察得出结论:任何技术实质都是社会建构的产物,社会本身也是社会化地、不断地建构而成的。再次,它反对单向决定论,强调知识的共建性与协商性。① 知识不是先定的,也不是由某个权威所独占的,相反,必须"通过对话的方式寻求真理"(苏格拉底)。通过互相协商、交流沟通、妥协让步而最终达成共识。当前流行的"知识黑箱研究"、"实验室研究"都强调知识实质是不同团体之间的互动、协商、让步的结果。同时,必须值得注意的是,知识建构具有内在的限度,否则容易走上相对主义、反本质主义、非理性主义的道路。

5. 作为信息科学的社会认识论

社会认识论最初起源于图书馆学。1952 年图书馆学家玛格丽特·伊根和杰西·谢拉首次提出"社会认识论"(social epistemology)这一概念。他们提出社会认识论的原因是为信息科学,特别是图书馆学提供认识论奠基。在他们看来,人类社会的进步不仅仅表现为物质产品的丰富,更重要的是精神产品、文化产品的繁荣。长期以来,人们对关于物质产品的生产、使用、分配以及如何提高生产效率等问题进行了详细而深入的研究,但缺乏对知识产品的生产、分配和使用的科学认知。而他们通过研究发现,信息科学特别是图书馆是知识的保存和传递的中心地带,为了使图书馆和其他的信息服务机构更为有效地实现科学的、合理的知识保存与传递的任务,有必要建立一门新的学科,他们将这门新学科命名为社会认识论。对于知识的保存和传递而言,社会认识论提供了如何科学合理地

---

① 参见安维复:《社会建构主义:后现代知识论的"终结"》,《哲学研究》2005 年第 9 期。

进行社会认知的智力支撑。现在看来,玛格丽特·伊根和杰西·谢拉命名的社会认识论在本质上非常类似于我们所说的"社会信息学"。

20世纪50年代的社会认识论,其理论前提是将信息与知识区分开来。在杰西·谢拉看来,"信息(生物信号和人类符号——引者注),作为生物学家和我们作为图书馆管理员加以使用的双重意义上是指'事实'。通过我们的感官,我们察觉到它对我们的刺激作用。……信息是我们所接受到的建构知识的认知实体"①。而由符号表达的知识实际上受到某种社会价值系统的过滤,注定要通过某些社会化的整合过程而赋予意义。他们要把信息和知识区分开来,在本质上是把生物信号和人类符号区别开来:"信号不是符号,而符号是信号的信号。"当时,这种区别是必要的、有意义的。后来,这种区分和表达在美国、加拿大已经成为理论界的一种思维定势。

这里,我们必须指出:那种认为信息是"通过我们的感官,我们察觉到它对我们的刺激作用"的对象,实际上把"信息"概念狭义化了。它把信息当成了生物信号,图书符号给出的信号。所以,才可以把这种狭义的信息(实际上是"信号")和知识相区分,甚至提出由信息到知识的转变。但是,在"物质、能量、信息三大资源"和"世界的物质统一性与信息统一性"的语境中,信息作为与物质同等地位的最基本的概念,成了一切非物质对象的总称。这时候,信息不仅指信号,而且指符号,更指信号和符号的含义。知识是信息的一种,可以有感性知识、理性知识,非命题知识、命题知识等的区分。知识只是信息的一种形式,一个从属的小概念。如果再把信息和知识区别开来,讨论从信息到知识的转变,就等于说"知识不是信息"了。我们不可以用今天的概念体系要求20世纪50年代的玛格丽特·伊根和杰西·谢拉,但是当代学者却可以也应当避免学术上"刻舟求剑"式的错误。半个多世纪过去了,我国有的学者主张"信息—知识—智能"的转变公式,似乎与国际接轨了,心里感到踏实,其实是在跟着当代国外专家犯同样的错误。类似的典型错误还有:追随国外专家,继续按照香农路线建立"统一信息理论",等等。

信息科学要想获得坚实的理论根基与深远的发展空间,必须在发挥信息负

---

① Shera,J. H.,*Sociological foundations of librarianship*,Bombay:Asia Publishing House,1970,p.96.

载与传递功能的同时,具备对知识本质、知识在社会中扮演的角色的理解。而这恰恰是作为信息科学的社会认识论所面临的中心问题。因此,社会认识论的主要内容可归结为知识的本质和获取知识的方法。就前者而言,知识一般被理解为文献(document)或者图示记录(graphic record)。根据知识形成途径不同而又可分为"内在知识"与"外在知识",杰西·谢拉着重关注社会化的"外在知识"。就后者而言,获取知识的途径主要是通过图书馆和信息机构进行信息传播与知识传递。而为了有效地实现这一任务,有必要将社会认识论作为其认知基础。

综观作为信息科学的社会认识论,它具有如下基本特征:一是社会化,即强调来自于信息接受者、信息机构和信息本身的社会化因素对于知识传递的决定性作用;二是规范性,即反对传统的形态学的描述分类法,强调信息分类应该是规范性的判断,要充分考虑到理性因素、社会背景和价值取向等因素对于知识内容的影响;三是批判性,即辩证地看待认知权威或者信息专家的作用;四是场景化(situation),即将图书馆和信息科学作为知识场景的一部分,其中信息寻求者是主体,图书目录是基本媒介,图书馆和信息机构是中介,信息本身是客体,"知识场所是主体、媒介和客体的统一体"①。

三、社会认识论与社会信息科学研究合流

(一)中国学者关于社会信息科学的研究潮流

1. 社会信息的跨学科、跨单位研究

近二十年来,中国学者关于信息科学、人文学科、社会科学的跨学科、跨单位的研究,一直在进行着。北京、武汉、上海、西安等高等学校和科研院所的学者们采用不同的形式,展开有益的对话与交流。2000 年以来,北京大学马蔼乃教授、闫学杉副教授组织有中国人民大学、北京师范大学、湖北大学等单位学者参加的"交叉信息科学研讨会",并印发研究通讯。在武汉,湖北大学、华中科技大学、武汉大学等单位的学者自 1996 年开始,组织召开了一系列跨学科的研讨会,并编印了《生命信息学通讯》等内部研究刊物 30 余期。

---

① Shera,J. H. ,An epistemological foundation for library for library science, In:E. B. Montgomery (Ed) ,*The Foundation of Access to Knowledge:A Symposium* ,Syracuse:Syracuse University,1968,p. 13.

2005年6月,国家教育部批准在华中科技大学成立国家"科技发展与人文精神"哲学社会科学创新基地。它所包括的主要学科(领域)是:哲学、历史学、语言文学、政治学、经济学、法学、社会学、新闻与传播学、教育学(含思想品德教育)、管理学等学科,以及工学、医学、理学等门类的相关学科。以"科技进步与人文精神"创新基地为平台,在充分发挥华中科技大学理、工、医、文、管等多学科交叉优势与人才优势的同时,把全国(大陆及香港、澳门、台湾地区)人文社会科学信息化研究工作力量组织起来,开展跨学科、跨单位的合作与交流,势在必行。

经过近一年多的酝酿与筹备,中国第一个跨学科、跨单位的研究团队——华中科技大学社会信息科学研究中心,于2006年5月被批准建立。之后的半年多时间里,华中科技大学、北京大学、西安交通大学、武汉大学、湖北大学的学者们,以电子邮件的方式及时联络,把已有的成果不断向前推进。众多学科的研究者们迫切要求开展一次面对面的学术交流与讨论。在此情况下,由国家"科技发展与人文精神"哲学社会科学创新基地和《华中科技大学学报》(社会科学版)编辑部共同主持召开了华中科技大学社会信息科学研究中心成立暨学术研讨会议。

2. 华中科技大学社会信息科学研究中心成立

2006年12月12日,来自北京大学、西安交通大学、重庆大学、华中科技大学、武汉大学、华中师范大学、湖北大学等高校的学者,以及相关专业的部分研究生共110多人,参加"华中科技大学社会信息科学研究中心成立暨学术研讨会"的开幕式。学校党委书记朱玉泉,校学术委员会主任杨叔子、党委副书记欧阳康、副校长刘伟等领导以及相关人员出席了会议开幕式。

首先,刘伟副校长宣读学校办公室《关于成立华中科技大学社会信息科学研究中心的通知》。该研究中心于2006年5月12日获学校批准。它挂靠人文学院,由校党委副书记、哲学研究所长欧阳康教授任主任,孙秋云教授、李宗荣教授、北京大学信息管理系闫学杉副教授任副主任。

朱玉泉在致词中指出,现代社会中信息科学、人文学科、社会科学等跨学科、跨单位研究十分活跃,取得了丰富的成果。研究中心的设立将有利于汇集人才,形成和提升社会影响力。要在近五年的时间内,使社会信息科学在推动相关学科的发展中起着强有力的作用。

欧阳康教授以《社会信息科学的学科定位与研究思路》为题做了长篇讲话。他讨论了社会信息科学问题的研究视角,社会信息的概念问题,社会信息科学的理论定位,社会信息科学的研究重点,社会信息科学的体系结构和社会信息科学研究中心的运行机制。他最后说,发展社会信息科学是一项极为艰巨的任务,但是十分必要,值得我们为之付出心血和努力。

杨叔子院士在发言中说,社会信息科学研究中心的建立和发展将在国内和国际上产生较为广泛的积极影响。闫学杉代表校外的研究人员发言。他特别指出,今天在华中科技大学成立跨单位的研究中心,它在全世界首开先河,瞄准信息科学和社会科学中共同的薄弱环节,适时地向社会信息科学研究吹响了冲锋号角。

(二)首次社会信息科学研讨会

1. 首次社会信息科学研讨会的主要议题

在社会信息科学研究中心成立会以后,召开了它的第一次全国性学术研讨会议。来自外地和武汉高等学校和科研院所的十八位专家相继发言。他们就社会信息科学,社会学、传播学与信息学的关系等 5 个议题,展开讨论。

(1)关于社会信息科学。闫学杉副教授在论文《社会信息科学展望》中讨论了社会信息科学的定义,它的基本框架和发展展望。他详细地说明:什么是信息科学,什么是社会信息科学,以及几个需要澄清的概念,并重点阐述了社会信息科学的学科体系。他认为,语言学、传播学、信息学是它的基础学科,新闻信息学、科学信息学、教育信息学、艺术信息学、历史信息学、文学信息学、宗教信息学是它的应用学科。

(2)关于社会信息的复杂性。欧阳康教授的论文题目是《关于社会信息复杂性的 10 个问题》。他展开论述的 10 个问题是:事实信息与价值信息的交织;主观信息与客观信息的交错;理性信息与非理性信息的交织;普适性信息与特异化信息的交织;全息性信息与有限性信息的差异;目的性信息与盲目性信息的碰撞;社会信息的人为性增减和刻意性歪曲;信息认知与信息评价的互动与相互牵制;信息说明与信息理解的差异;信息被动接受与主动采集的不同效应。

(3)关于信息科学、学科信息化。金新政教授在《关于信息科学与"学科信息化"》中讨论了信息科学、"学科信息化"、自然科学学科信息化的经验,以及我们应当注意的方法论问题。他还讨论了什么是信息科学、信息科学的基本结构、自然科学学科信息化的过程与经验、人文学科需要信息化、社会科学学科需要信息化、社会信息科学是 21 世纪的科学新兴学科，以及从"圣菲研究所"的困境看方法论创新的重要性。

（4）关于社会学、传播学与信息学的关系。邬焜教授的论文《社会的信息化发展》通过对人类社会的经济、政治、军事、文化、教育、医疗、生活乃至人本身的诸多领域和层面信息化发展的内容和趋向的具体讨论，充分展示了已经和将要到来的社会信息化发展的全新风貌。孙秋云教授从社会文化的角度研究信息学，余红副教授阐述了传播学与信息学的内在关系。

（5）关于语言学、新闻学、历史学、心理学中的信息问题。刘根辉副教授在《信息科学视角下的语言学研究》中，从信息科学的视角讨论语言学。他指出，语言学是一门领先的学科；语言现象是一种"信号—符号"现象；从信息学的角度看语言研究，信息语言学"初露锋芒"；以及对信息语言学研究的理论思考等。李伯约教授讨论计算语言学的几个问题，陈少华副教授讨论信息科学视野下的传播与传播学，李传印教授从易中天现象来讨论对历史信息的解读问题，周治金副教授讨论社会信息获得的一种重要形式，即内隐学习。

（6）在哲学、宗教学、思想史中的信息问题。高秉江在论文《灵魂、心智与精神》中研究了精神的外在性、精神的内在性、精神的公共性；万物有灵论与灵魂不朽，个体精神与普遍精神，自我实体同一性，逻辑自我同一性，道德自我同一性，意识的公共纬度等。雷瑞鹏副教授对"遗传密码"展开哲学思考，殷正坤教授论述了信息社会中特有的虚构与虚拟，李宗荣教授在理论信息学的层次上探讨人类信息思想史。

2. 关于社会信息科学研究的若干理论共识

第一，通过首次社会信息科学学术会议，增进了对理论信息学的了解和理解。理论信息学的世界观、方法论是我们从事人文社会科学学科信息化的主要认识论工具和具体操作途径。只有了解到它的概念、原理和方法的普遍指导意义，哲学社会科学才能像自然科学和工程学科一样，取得显著的信息化工作成绩。

第二，了解自然科学学科信息化的过程和经验的普遍意义。一般地说，信息化包含"工具信息化"和"观念信息化"两个方面的任务。工具信息化是利用通讯、计算与控制的信息技术和产品来武装各个学科信息处理的过程。观念信息化是利用关于信息过程的概念、方法和模式来考察众多文科学科中内在的信息过程,总结出它们各自特有的规律性。

第三,在世界物质统一性之中存在着构成这种统一性的信息基础,在把握物质多样性的同时应当把握信息多样性。而且,社会信息是有别于自然信息的特殊现象,在社会信息过程中有着自然信息过程中所没有的规律性。我们人文社会科学工作者的任务就是寻求社会信息多样性中的一致性。这些,正是社会信息学科可能成为一门科学的客观依据。

第四,人文社会信息科学信息化推动着信息科学自身的不断完善。自然界的信息现象、人工的信息现象,相对我们个人的意识和社会信息现象而言,其信息复杂程度根本无法比拟。人类的理性直观、创新机理、直觉顿悟等等,当前甚至仍然被排除在非生命的"机电信息学"之外。由香农信息论、生物信息学,到社会信息科学,是信息科学逐步成熟的必由之路。

第五,以信息为"中轴"可以架设联络文、理、工、医的桥梁。在科技进步与人文精神之间,通过开展社会信息科学研究,以"社会信息"为基线,沟通文、史、哲、经,打通文、理、工、医,容易在学科交叉点上创新,促进学科的交叉与渗透,甚至为建立"统一科学"奠定坚实的理论和实践基础。①

3. 欧阳康论社会认识论与社会信息科学

在"华中科技大学社会信息科学研究中心成立暨学术研讨会"上,欧阳康教授在题为《社会信息科学的学科定位与研究思路》的长篇报告中,系统地论述了社会信息科学的性质、任务和途径。该报告的主要内容是:对社会信息科学的认识历程,社会信息科学问题的提出视角,关于社会信息的概念界说,关于社会信息科学的理论定位,社会信息科学的研究重点,社会信息科学的体系结构,社会信息科学研究中心的运行机制。

欧阳康在报告中说,他从1986年开始研究社会认识论,先后经过了社会认识方法论和人文社会科学哲学等不同的研究阶段,培养了30多个博士和硕士。和他的在读博士生、硕士生们一直在认真探讨着一个问题——社会认识论研究向何处去。通过较长时间的思考,他觉得在深化社会认识论研究的多种可能前

---

① 参见荣宗礼:《华中科技大学社会信息科学研究中心成立暨学术研讨会议综述》,《华中科技大学学报》(社会科学版)2007年第1期。

景中,也不乏一条非常可行的道路,就是从社会信息的角度来进一步深化认识,深化理论研究,也加强实践应用。

关于社会认识论与社会信息科学之间的关系,欧阳康说:"从某种意义上可以说,社会认识就是对社会信息的采集、识别、处理和传播的过程,社会认识论研究的任务就是揭示社会信息的复杂性并帮助人们更好地处置社会信息。社会认识论与社会信息学研究的具体对象和侧重点有所不同,但其目标是一致的,二者的研究甚至可以说是一个问题的两个不同侧面。它们的研究可以互相补充,相得益彰。"①

①　欧阳康:《社会信息科学的学科定位与研究思路——在华中科技大学社会信息科学研究中心成立暨学术研讨会上的发言》,《华中科技大学学报》(社会科学版)2007年第1期。

第四章 社会信息科学的学科体系

本章首先提出:社会信息科学的第一假设和逻辑出发点是"社会思故社会在";因为全部社会信息科学的任务就是讨论社会思维(或社会认识)的"是什么","为什么"与"怎么样"。随后,我们讨论了社会信息科学的研究对象,理论定位、学科体系和研究方法。任何一门学科(或科学),要作为相对独立的学科(群)建立起来,都必须有它自己特定的研究对象,即其他学科完全不研究或者它们考察的角度与关注的侧面有所不同的对象;它在理论上需要有明确的学科定位,即它与已有的知识体系之间的内在联系以及它自己的特定边界;它要有自己的一套独立的概念、原理与方法论体系,即它有自己独特的理论表达方式和具体研究思路,或者一般方法论的特定的"本土化"了的应用;它在实践上应当有自己独到的功能,即有特定的活动范围与社会作用。

一、社会信息科学的逻辑出发点:
"社会思故社会在"

从理论信息学的立场和宇宙智能谱的观点看,不仅个人有思维,而且任何生命体都有"思维",一切负责传承 DNA 和文化的生物群体,都能够思维。其间的区别只在于信息处理过程(IPO)的内容、语言、结构和功能范围的不同,而这些有区别的思维构成一个完整的进化着的链条。"个体脑"是由一个又一个不能在个体层次上思维的神经细胞(细胞脑)构成的网络,"社会脑"是由一个又一个不能在社会层次上思维的"个体脑"构成的网络。如果说工业时代的个体认识论的第一假设是笛卡尔的"我思故我在",那么信息时代的社会认识论和社会信息科学的第一假设就应当是"社会思故社会在"。①

(一)工业时代的"我思故我在"

1. 笛卡尔:作为大数学家的近代哲学之父

提出直角坐标系概念,通过方程式和几何图形的对应把"数"与"形"联系起来,开创解析几何学研究、为微积分学奠定基础的大数学家笛卡尔,试图用数学的精密性来装备哲学,解决人类理智的确定性问题,给哲学提供一个新的出发点,进而重建一切哲学,从而成为"近代哲学之父"。

笛卡尔与过去决裂并给了哲学一个新的出发点。由于他的真理体系必须从他自己的理性能力中引申出来,他就不应当再依赖过去的哲学家的思想,也不应当仅仅因为是由于某个权威人士说出来的就把任何思想当做真理接受下来。无论是亚里士多德巨大的声望还是教会的权威都不足以产生出他所追求的那种确定性。笛卡尔决定在他自己的理性中发现理智确定性的基础。他完全意识到他在哲学史上的独一无二的地位,他写道:"虽然我在我的原理中划分出类别的所有这些真理是一切时代和一切人都知晓的,但据我所知,直到现在还没有一个人采用它们作为哲学的第一原理……就像世界上的一切其他事物的知识都会由它们发源一样。这就是为什么在这里留给我来探明这些真理之状况的缘故。"②

2. 笛卡尔式的怀疑

笛卡尔指出,在哲学中很难有确定性的解答,存在着无数的冲突,因为它没有坚实的基础。建立确定性的唯一方法是演绎的数学方法。如果哲学要成为一个演绎体系,像欧几里得几何学一样,我们就必须找到完全确定而真实的前提(公理),因为在一个演绎体系中,如果前提不确定、半对半错,结论(定理)就没

① 参见李宗荣、田爱景:《从"我思故我在"到"社会思故社会在"——兼谈社会认识论与社会信息科学的逻辑出发点》,《医学信息》2009年第7期。
② 转引自 S. E. 斯通普夫、J. 菲泽:《西方哲学史》,中华书局2006年版,第336页。

有多少价值。因此,笛卡儿从数学和科学方法的演绎成分中借来的科学理想,导致了这样一个问题:我们如何才能为这种演绎的哲学体系找到绝对确定的前提。

如果能够找到逻辑上无可怀疑的命题,我们就可以把这个命题当做演绎体系中的前提来使用。注意,这里强调的是在逻辑上命题的不可怀疑性,而不是在内容上命题本身的合理性。换言之,笛卡尔式的"怀疑"所要发现的不是"怀疑什么是合理的",而是"怀疑什么是逻辑上可能的"。对于笛卡尔来说,他的怀疑具有确定的预设:个人,不是(比方说)一个研究者共同体,而是提出问题的单个的思维主体。因此,答案即终止笛卡尔的怀疑的那种确定性,就是思维着的个人的确定性。

3. 笛卡尔命题:我思故我在

笛卡尔说,他可以怀疑一切,但是不能怀疑他"在怀疑"这个事实本身,他自己是有意识的,他存在着。于是,他在怀疑证实了他自己的存在。他把这一点表达为一个短语:"我思故我在"。(拉丁文为 cogito, ergo sum,英文为 I think, therefore I am)"我思故我在"证实了我的思维本身的存在。但究竟什么是"我"呢?显然我是一个思维之物。什么是思维之物呢? 就是一个在在感觉、在识别、在怀疑、在理解、在肯定、在否定、在意愿、在拒绝、在想象、在计划、在评价之物。因为,思维是一个过程,一种活动,任何思维不能够离开思维之物而存在,那么就必须有一个思维者,一个思维的东西。这个"东西"不是身体,而是思维的实体,为了它的存在不需要任何位置,它也不依赖于任何物质的东西。

需要说明的是,"我思故我在"不能理解为从一个既定的前提推导出来一个结论,也就是说,其中的"故"并不指向一个从"我思"(作为前提)到"我在"(作为结论)的逻辑推论。"我思故我在"所蕴含的一个洞见是:我作为怀疑者,同时既在思考,又存在着。把思维着的个人当做认识论的出发点,是早期近代许多哲学的特点,唯理论和经验论都包括在内。但是这个出发点基于一个确定的预设:个人,提出问题的单个的思维主体,而不是(比方说)一个研究者共同体。如果说颠覆欧氏几何第五公设,得到了一个完整非欧几何的知识体系,那么颠覆"个人思维"这个"确定的预设",同样地可以建立一套全新的理论体系。

现在,我们已经看到:如果颠覆个人是思维的主体这个确定的预设,那么不仅个人,还有团体、组织、社会就都可以思维了。事实上,笛卡尔以后,在以历史为取向的黑格尔那里,以及皮尔斯那里,他们的兴趣就在于研究者的共同体和科学认识的进步。卢卡奇把马克思哲学归结为"社会存在本体论",已经明确地提出了"社会意识"是存在关系的传播器,不是物质的作用而是意识的作用使社会得以形成。所以,他强调,在社会的形成中,也像人的形成一样,意识不是孤立在外或漂浮其上的随附现象(副现象,或第二性特征等等),而是从一开始就积极参与其事的创造因素。

在关于社会认识论和社会信息科学的研究中,我们逐渐明确地认识到:在本体论的意义上明确和强化"社会的思维"和"思维着的社会"等观念,是适时的、必要的。"社会思故社会在"应当成为信息时代的社会认识论和社会信息科学的第一假设。如上所述,在一个演绎体系中,如果前提不确定、半对半错,结论(定理)就没有多少价值。在笛卡尔的演绎体系中,肯定"我思"与"我在",是对的;而他断言可思之物不能是研究者共同体,实际上就拒绝了一个能思维的社会存在着这样一个事实,是错的。他的结论是里程碑式的、伟大的;但是可以预计,它与社会认识论和社会信息科学所能够达到的高度相比,不可同日而语。

(二)信息时代的"社会思故社会在"

1."思维"小考

据汉英双语《现代汉语词典》(2002 年版)解释,"思"的第一个、主要的意思是"思考",英文为 think、conceive、consider、delibtate。思考是"进行比较深刻、周到的思维活动";"思维"是"在表象、概念的基础上进行分析、综合、判断、推理等认识活动的过程。思维是人类特有的一种精神活动,是从社会实践中产生的"。

美国韦伯英语词典(大学版第 3 版)解释,作为及物动词的 think 的第一个含义是:在心灵中制作或得到,例如"想出好主意"。think 与 conceive(构想出主意、计划等)是同义词[think:vt. 1 to form or have in the mind;conceive(*thinking good thoughts*)]。英国柯林斯英语词典(2000 年版)解释 think 为思考、判断或认为,给出例句"他认为我的想法不切实际"(to consider,judge,or believe:*he thinks my ideas impractial*)。加拿大彭桂恩英语词典(2004 年版)解释为使用精神的力量;在心灵中形成或加工思想(to use mental power;to produce or work on ideas in the mind)。

在个体认识论观念的指引下,思维当然只能是个人的心灵活动,不能解释为社会的思维。在"知"与"行"相对应的意义上,人类心灵的活动和躯体的活动是相互联系和相互制约的。思维总是与"目的"和"意向"有关;思什么,不思什么,是有选择性的。这样,思的第一任务便是"目的设定"。目的设定可以指向物,也可以指向人,即去影响别人的目的设定。通过对别人的目的设定的影响,协调人与人的关系,建立起人与人的社会联系,从而实际地建立起人类社会,形成能思维的社会。

2. 我思与神经元之思

从生物学的角度看,实现"我思"功能的人体器官是大脑。它是调节人体机能的神经系统中最重要的组成部分。神经系统的基本单位是神经元(神经细胞),每一个神经细胞是独立的实体。大脑由大约 140 亿个细胞构成,大约重 1400 克,其皮层厚度约为 2—3 毫米,总面积约为 2200 平方厘米。它虽然只占人体体重的 2%,但耗氧量达到全身耗氧量的 25%,血流量占心脏输出血量的 15%,一天内流经大脑的血液为 2000 升。

思维是我们从主体的日常行为中分解出来的、具有自身特殊规定的行为。它不仅是主体生存意识主导下的行为,而且是主体思维意识指挥下发生、发展和结束的行为,是生存意识和思维意识的共同表现形式。思维是思维命令的执行,是思维意向的实现,是思维方案的落实,是生存意识和思维意识在现实生活中的自然展现。

在社会性的劳动、实践、价值创造的背景下,"我思"服从于、服务于"我需"。从理论信息学的角度看,我思的主体是"整体我"的信息子系统,而在"我需"中的我却包括整体我的物质子系统与信息子系统。整体和局部的需要和利益,通常是一致的,但有时可以是相互抵触的,就像国家、集体、个人利益的情形那样,有时为了整体利益而牺牲局部利益,为了整体需要而忽视局部需要。在这个意义上,即使我们认为,自己的每一个神经细胞能够思维,那么它们与整体我的思维也不是一样的。

除成熟的红血球外,所有细胞都有一个细胞核,是调节细胞作用的中心。神经细胞一般包含胞体、树突、轴突三部分。它是一种可兴奋细胞,其基本特征是:受到刺激后会产生神经冲动沿轴突传送出去。神经细胞之间通过突触相互联系。长颈鹿的神经细胞的长度可以达到 3 米以上。大脑的神经细胞的神经冲动传递速度超过 400 公里/小时。有时,一个神经元有几个突触作用在上面,有的引起去极化,有的引起超极化。最后,在这个神经元的轴突上能不能形成冲动发放,要看全部突触后电位总和的结果。对于一个典型的运动神经元,容易明显地把它分成三个组成部分：（1）计算，即整合全部突触的结果；（2）通信，即冲动发放的信号迅速传导；（3）控制，即在神经末梢的神经冲动在肌膜上引起一个动作电位，该动作电位传播到肌纤维内部时，就引起肌肉的收缩。这里，有一个明显的形成指令、传递指令和执行指令的过程，其中在神经元级别上的"思维"，是全部过程的起点。

按照笛卡尔的身心二元论观念，具有思维特征的心灵是可以思的，而具有广延特征的身体肯定不能思。如果把心灵看成一个系统，那么思维是整个心灵的涌现论特征，该系统的任何局部并不具有整体的特征。在个人决策、社会认识和社会信息处理的层次上，个人生物机体的单个细胞，以及神经细胞都是不能思维的。如果我们把单个的细胞作为考察的对象，那么它具有十分复杂的信息现象，有着各具特色的信息输入—处理—输出过程。所以，我思和细胞之思都是成立的，只是他们发生在不同的级别上。

3. 我思与社会之思

根据笛卡尔，个体的人存在并且思维着。上一小节中，我们从理论信息学的角度说：人类个体思维本质上是一种信息处理过程；在生命进化的低一级的层次上，细胞也在思维着，神经元专司信息处理的功能。按照这个思路，容易猜测到：社会也能够思维，只是采取了与细胞和个体不同的形式与内容。

人类个体总是作为一个家庭、团体、组织、社会的成员而存在。换句话说，在适应环境、追求发展的过程中，社会、组织、团体、家庭等，都必须协调自身，应对竞争和挑战。如果没有这种信息处理和创新的能力，人种必然被自然和环境所淘汰。就像 DNA 把生物个体作为运载工具一样，社会文化也把人类的个体作为继承和发展的工具。我们个人的生命历程是短暂的，但是在 DNA 和文化的接力赛中，种族在不断地完善自身，优化生存条件。换言之，既然人类社会在发展，那么他就不仅仅思维着，而且思维创造的成就斐然。

我们可以从结构和功能两个方面考察社会的思维。从结构上看，如同细胞的网络构成了思维的个人一样，人群的网络构成了思维的社会。人体网络首先是由细胞间稳定的和固定的物质联系所组成，由物理学和生物学的规律所维持，进而成为信息联系的前提条件。而在社会网络中，起决定作用的不是物质联系，而是信息联系。人们的利益和需要决定了他们之间的关系，决定他们之间是不是需要某种物质上的联系。从功能上看，就像其他的动物物种一样，我们需要生存和发展,人类社会整体就必须适应环境、应对灾害,就必须具有知识和智慧,解决局部和全球所面对的困难和危机。2009 年联合国组织全球性的合作,应对金融危机和甲型 H1N1 流感,是非常典型的例证。

与上一小节从个人看细胞的情形类似,这里一旦形成了社会思维的概念,我们再看个人思维,倒成了社会整体的一种"细胞性"的思维了。一个人从娘胎里来到世界上,不会讲话,不能认字,在家庭、学校和社会的教育中,他才不断地被社会化,成为共享社会文化的一个成员。然后,他才有可能按照社会提倡和允许的方式进行思维。如果他反人类、反社会,那么他就没有作为一名社会成员的资格,就要被社会除名,就没有继续思维的可能了。我们人类思维的顶尖高手、文化与科学的巨匠,一批又一批地逝去,但社会思维不仅没有停止,反而加快了前进的步伐。

当然,宇宙间生命进化的阶梯也许还有一个层次,那就是从地球村到"宇宙村"的进步。地球人类正在探索可能存在的其他类似于地球的行星,那里具有生命存在的条件,甚至可能具有像地球人类一样的智慧生命。当地球社会与 X 球社会、Y 球社会等联合起来、互通有无、互相促进的时候,地球上的社会思维就可能变成另外一个模样。

(三)两次思维主体的跃升与三种社会认识论的点评

1. 从细胞思维到个人思维,再到社会思维

以"我思故我在"为起点,在信息科学世界观和方法论的指引下,我们容易承认和理解细胞思维与社会思维。这三种思维形式发生在生命进化阶梯的不同层次上。通过比较,我们可以看到:从细胞思维到个体思维的进步是跨进了一大步,而从个体思维到社会思维只前进了一小步。换言之,在一定的意义上可以说,社会思与我思的"距离",比我思和细胞思,要小得多。明确这一点,对于我们理解社会思维,是十分有益的。

首先,从基本组成单位的数量方面比较。根据系统论的观点,如果系统的组元(元素)越多,其间的关系网络越复杂,那么整个系统的复杂性越高,系统的协调与控制的难度越大。人体系统的元素是细胞,社会系统的元素是个人。一个人的全部细胞总数约为 40 万亿—60 万亿个,当前地球村的人口为 63 亿。单个人体细胞的数目将近是人类社会成员的一万倍。显然,协调和控制细胞社会思维的难度比人类社会思维要难得多。

其次,从空间尺寸的比例方面比较。20 世纪 60 年代初,科学家借助于人造卫星和电子计算机,算出了地球两极直径是 12713884 米。1976 年,国际天文学家联合会宣布了地球赤道半径的数字,根据这个数字推算,两极直径应该是 12713510 米。为了计算简便,我们假设地球南北极直径为 13000000 米,两个人分别站在南极和北极相互联络。如果假设个人的身高为 2 米,那么地球两极之间的直线距离是个人身高的 6500000 倍。现在已知最小的细胞是支原体,它的直径仅约 0.1 微米,要用电子放大镜才能看到。为了计算方便,我们仍然假定个人身高为 2 米,那么从人的头顶到脚板的距离是最小细胞直径的 20000000 倍。于是,个人与细胞尺寸的比值是地球与个人尺寸比值的三倍。

第三,从新旧成员的生死交替的数目上看。在一个人体中,每分钟有 1 亿个细胞死亡。人体血液中的白细胞有的只能活几小时。肠黏膜细胞的寿命为 3 天,肝细胞寿命为 500 天,而脑与骨髓里的神经细胞的寿命有几十年,同人体寿命几乎相等。世界人口 1 年的死亡数目不足 1 亿个。细胞社会的成员的死亡率比人类社会的死亡率要高得多。

综上所述,从"我思故我在"进步到"社会思故社会在",是由细胞社会之思到人类社会之思的进步,也是由工业社会向信息社会转变中必然发生的认识主体的跃升。社会认识论必然要确定社会为认识主体。我们在这里侧重于讨论社会思和社会在,至于社会思维的结构、内容、机制等等,是社会思维前提确立之后的问题,是今后研究的方向和有待完成的任务。

2. 关于三种社会认识论的点评

欧阳康教授在国内较早从事社会认识论研究,他认为目前大致存在着三种意义上的社会认识论。第一种是指"社会的认识"或者"社会性的认识",认为人类的认识是在特定社会条件下借助于特定社会工具的指向特定对象的认识,从认识形式、认识手段和主要内容而言,都强调认识的社会性。第二种社会认识则是区别于以个体为认识主体的认识,而专指以社会为主体的认识,他所强调的是认识主体的层次性。第三种社会认识就是以社会为对象的认识,在此基础上关于人们如何认识社会的学问就是社会认识论。[①] 如果说,过去第一、第三两种社会认识论发展较多,那么第二种社会认识论将要上升到突出的地位,获得迅速

———————
① 参见欧阳康:《社会认识论导论》,中国社会科学出版社 1990 年版,第1—3 页。

发展。

近些年来在俄、美、日、中先后开始了关于社会信息学的研究。以 2009 年 10 月在华中科技大学召开的"首届国际社会信息与系统科学研讨会"为契机,一个国际性的研究"社会思维"的潮流即将形成。在"华中科技大学社会信息科学研究中成立暨学术研讨会"上,欧阳康曾经指出:"从某种意义上可以说,社会认识就是对社会信息的采集、识别、处理和传播的过程,社会认识论研究的任务就是揭示社会信息的复杂性并帮助人们更好地处置社会信息。社会认识论与社会信息学研究的具体对象和侧重点有所不同,但其目标是一致的,二者的研究甚至可以说是一个问题的两个不同侧面。它们的研究可以互相补充,相得益彰。"①

我们相信,由于"社会思故社会在"命题的确立和确认,社会认识论和社会信息科学研究将会获得自己的逻辑出发点和第一假设。随着关于"社会思维"问题研究的深入,将标志着社会认识主体自身的发展和飞跃。

二、社会信息科学的研究对象

从社会信息科学研究对象问题的提出到实际地研究它,我们经过了多次讨论。关于社会信息科学的一些基本问题,欧阳康发表在《华中科技大学学报》(社会科学版)2007 年第 1 期上的文章——《关于社会信息科学的界说与研究的思路》,第一次作了全面的论述。这里,我们更为细致地来讨论一下社会信息科学到底在研究什么。②

(一)关于社会信息的三种界说

谈到社会信息科学的研究对象,就自然地涉及一个问题:什么叫社会信息?对它可能有很多的界说,欧阳康提出三种界说的思路与方法。

1. 社会信息是社会的信息

第一,社会信息是社会的信息(information of society)。我们假定有一个社

---

① 欧阳康:《社会信息科学的学科定位与研究思路——在华中科技大学社会信息科学研究中心成立暨学术研讨会上的发言》,《华中科技大学学报》(社会科学版)2007 年第 1 期。

② 本节内容参见欧阳康:《在第二期社会信息科学培训班上的讲话》,华中科技大学社会信息科学研究中心主编:《社会信息科学简讯》2008 年第 16 期。载欧阳康主编:《科技与人文》(第 4 辑),人民出版社 2009 年版。

会,人生活在社会之中,当他作为主体向他人或社会发出信息的时候,这些信息就记载着社会的运动。我们每一个人作为社会的存在物,都会向周围的他人发出信息,发出我们的爱心。比如说,很多志愿者奔赴汶川第一线,他们带去了社会各界的关爱。

有一些报道说,地震发生后,成都市的上千辆出租车司机马上把运营的牌子放倒,停止营运,从自己的家里面或商店里面买到所能买到的水和干粮,不分昼夜地往灾区送,送到那里后就拉伤员回来。有一个人后来在电视上接受采访的时候说,他尽了最大的努力,但是他非常内疚。他说当时他家里有一台发电机,如果当时能够把发电机给灾区送过去,这台发电机可能会为救灾发挥非常积极的作用。但他当时忙得没有想到此事。他做了几天的努力,但他没有一点成就感,没有一点骄傲,他一直懊丧的就是这一件事情。这位出租车司机在这样一种背景下展示了人类之爱。他们传达了一种信息——人类之大爱,这个时候,钱、时间、精力都不在话下。这就是来自人类的最高层面的信息。人在危机的时候能够产生某些特殊的精神,作出某些非常高尚的行动。这叫时势造英雄。为什么会造英雄,因为他在这些特殊的场景中爆发出来一些特殊的精神、一些理念、一些爱心、一些责任。

所以,社会的信息很容易理解。从中央发出的政策,从每一个人对社会的关注,我们每一个人的行动都是最直接的研究的对象。武汉市现在在建"1＋8"城市圈,要建一个两型社会,即环境友好型、资源节约型社会,向世界展示武汉的一些信息。这是最直接的信息。

2. 社会信息是社会性的信息

第二,社会信息是社会性的信息。所谓社会性的信息,是指这些信息不一定直接地是关于社会的内涵,不一定是社会人发出的,但是它可能包含着社会的性质特征,尤其是那些自然信息所具有的社会属性。这个问题比较复杂一些。严格地讲,社会性的信息是指自然信息所具有的社会的属性或社会意义。比如说我们的脑电波的运动可以说是一种自然信息,但是这种自然信息在社会生活中可能会发生很重要的作用。这就是我们讲的自然信息的社会意义。而另外一些,比如说自然信息所附加的东西,它所具有的象征意义,这两者之间该怎么样严格地去划分,我们还可以讨论。

3. 社会信息的多种视角

第三,对于社会信息的研究可以有多种视角。我们这里从哲学的意义上列出了它的学科角度。也可以从其他角度,比如新闻学、传播学、社会学、政治学、管理学、经济学、法学等各种角度来研究。如果仅仅从哲学的角度,我们就可以看到,首先是它的本体论探究。所谓本体论探究就是要解决社会构成的信息发生什么作用,比如说我们组建一个社会,信息对社会组织、社会关系、社会运动发生什么样的作用。实际上在我们看来,如果是社会,那它就一定是通过信息而组成的有序的结构,这才被称为社会,否则它就是乌合之众,难以被称为一个有效的社会。所以,社会的有效性是和信息相关联,和信息的作用联系在一块的,而且越是复杂的社会,就越是一个复杂的系统。社会组织的关键之点就是要让每一个社会成员按照特定信息的指导来从事活动,而且从事比较规范化的活动,它才能构成一个社会的有机体。

社会有机体之区别于自然有机体就在于人们对于信息的认识,自觉的认同和自觉的遵循。它和自然的自发的作用是有所不同的。社会复杂性在这种本体论意义上有着显著的地位。例如,一个社会到底是选择民主制还是选择共和制,到底是选择君主制还是选择其他的什么制,每一个国家有不同的选择。美国搞了一个两党制,共和党和民主党不断地搞竞选。竞选是什么,就是发布他们的施政信息。而且看哪一种施政信息能够被更广大的选民所接受,它就转化为一种未来的制度的可能性。民主党上台,社会大众会更加欢迎。而共和党上台,中产阶级会更加欢迎。而这些欢迎实际上是得益于他们在选举中对各自施政纲领的宣传。比如说对伊拉克战争的态度、对国际问题的态度、对中国的态度、对经济发展的态度等。在这样的意义上,不同的社会制度之间之所以存在差距,在于它们的信息秩序是不一样的。比如到英国去还有一个女皇,在日本还有一个天皇,这些国家还保留了过去传统的政治形式。

中国的政治生活中有我们自己的一套组织形式。在背后影响和支撑这种组织形式的实际上的是社会密码,社会的文化密码。社会的文化密码,我们可称做文化基因。这种基因和自然基因不一样之处,就在于自然基因是通过获得性遗传,而社会基因是通过习得而实现的。怎么习得呢,就是要大家去认同它,大家不断去改进它,大家不断去更新和发展它,然后又不断地使它现实化和对象化。所以社会信息是有其本体论基础的,需要去探究。而对于精神这样一种特殊的元素,在社会、自然和人类生活中的地位,人们也有巨大的争论。所以这恐怕是一项重大的、前提性的问题。

(二)社会信息探究的几个问题

1. 关于价值论的探究的问题

前面已经提到,社会最大的特点就是自觉性。自觉性用于追寻价值。社会的价值实际上在于趋向某种理想社会和理想的人生。理想是社会存在的根据,也是人存在的根据。如果一个人没有理想,那么他的生命就混同于自然生命,甚至会主动地放弃生命。作为校党委副书记,欧阳康曾主管学生工作。他曾经研究过一些大学生自杀,也包括研究生自杀的案例,实际上就是对生命意义的失望,甚至是绝望。当一个人的生命没有意义来作为引领的时候,人们就会感觉到与其艰难地活下去,不如放弃它。为什么自杀率变得越来越高,越来越突出,而且很多人如此轻易地放弃了自己的生命? 当然,可能在我们看来是轻易的,但是在他们看来可能经历了一个十分艰难的选择过程。其根本原因在于他们对生命价值意义的认识,而对于社会更是如此。

一个社会之所以能够维系下去,靠的是什么? 靠的是理想、信念。一种文化认同之所以是某一种认同,就在于它有共同的价值。中华文明在它发展的历史上,形成了一些作为中华文明核心的要素。这些要素被大家所认同,大家说这就是中国人。为什么全世界的华人在 2008 年前所未有地团结和凝聚起来了,就是因为大家都感觉到了一种民族、文化的危机,以至于那些在发达国家生活的同胞们不得不站出来维护中国在世界上的声誉。非常感人的是,有些人是开了四五个小时,甚至是一晚上的车,赶到某个集合点,去抗议其他国家对中国的污蔑和诋毁。在海外生活实际上是非常不容易的,很多人待在那个地方并不是那么惬意。这里可能有一个巨大的“围城”,就是在国内的人老是想着出国,而在国外的人很多都羡慕着国内的生活、国内的发展空间。但是这一次海外的同胞们应该说前所未有地展示出了一种华人的力量。这种力量的根基就是我们的文化密码,其现实理想就是我们祖国的强盛。中华文化具有巨大的价值。这种价值使所有的华人能够凝聚起来,能够团结起来。但是,社会价值也是容易受到伤害的,因为它会发生一种内部的分化,人们会从不同的角度来看待它。

我们要强调的是价值意义的信息表达与理解。我们真的发现很多社会信息不被人们所理解,或者不被正确地理解。在人们的视野中有很多的盲区,盲区之一就是对社会信息的熟视无睹,对社会的规则熟视无睹。比如,每个大学生都知道考试作弊不是那么一件光彩的事情,但是还是屡屡有人作弊。在 2008 年的高考中,大量的山东学生到甘肃天水去参加高考。这样一种大规模的、跨地域的作弊好像新中国成立以来还没有发现过。而且搞得如此的严密,那是经过严密策划的。这些人的身份证、准考证、学籍全部都是假的,但是所有的关节都被他们打通了。这是多么复杂的一个过程,但是这个过程还是顺利地完成了。而且,如果在考场没有被发现,可能就考完了,可能就被录取了。这里面就有一个信息的客观存在和它的社会表达,以及对它的社会发现与理解问题。这个过程十分复杂,要动用许多人。学校把他们的假学籍都建立起来,公安局把他们的户口都上上去,把他们的假身份证都做出来了,而且所有的手续都一应俱全。

从以上的案例中大家也许会感觉到这个社会有很多的麻烦。实际上,人类就是在解决麻烦中进步的。欧阳康曾经到黑龙江大学去,作为教育部专家组成员参加他们的大学本科教学工作水平评估,在考察中看到他们的大学生科技创新产品。其中,他们最得意的产品是一种叫做"作弊克"的仪器。这个"作弊克"是专门针对用于作弊的耳脉的,现在的耳机小到都看不清楚,考生把它塞到耳朵里面去,就可以接受作弊的信号。"作弊克"的最大本事就是它一接近那种耳脉,就叫起来,然后就可以把作弊者准确地确定出来。为了应对人类的荒谬,人类不得不穷尽自己的智慧。当然荒谬也是智慧的一种表现,问题在于如何去运用智慧。日本的著名学者池田大佐先生曾经讲过一段非常经典的话。二十多年前,他写了一本书,叫做《面向二十一世纪》。在这本书中,他说,人类在几千年里积累起来的近乎无限的建设能力,由于它的不合理使用,正在转化为近乎无限的破坏能力。实际上大家可以想一想,这就是我们人类的力量给自己带来的麻烦。

在这个意义上,我们觉得社会复杂性的全部基础就在于价值问题,价值的意义和价值的碰撞。价值选择中间就有很多的困惑,我们每一个人就是在困惑中间走过来的。做一个选择就意味着一系列的放弃。一个人只能在一个时期走一条路,可能有一百种选择,但是你选择了一个,放弃了九十九个,这个时候就看你如何去对待。

2. 关于认识论探究的问题

即便是有了本体,有了价值,还有一个如何认知和理解的问题。对于社会中的同样一个价值现象,人们的理解会有非常大的差异。电视剧《士兵突击》中的两个人——许三多和成才,就是非常典型的对社会价值的不同的理解方式。许三多笨手笨脚,笨到了只要在集体中,他就表现不好。你让他往左转,他一紧张就往右转。你让他往前走,他一着急就往后走。但是他忠心耿耿,认真做事,不计名利,最后他获得了很大的成功。为什么? 实际上是社会在作出类别性的选择。许三多所代表的对社会和对他人关系的理解,符合社会所要求的价值追求。成才这个人是聪明绝顶,他被选到老 A 这个培训大队以后,他的所有成绩是名列全队第一,但是最终教练决定不要他留下来。为什么? 他缺少社会信任。他把所有的其他队员都当做竞争对手,包括与他最亲密的朋友许三多。他认为如果把他们都淘汰了,让他们都走了,他最后就能够凸显出来。他对其他人没有信任,所以团长最后说,我们不能选择一个没有信任的人做我们的伙伴。

这里就涉及社会价值问题,涉及社会认同问题。所以,最后成才回到了现实生活中去寻找真实的、有血有肉的自我,回到了一个正确的自我认识和社会认识。他重新获得了一种成功,当然这个成功也是编剧给了我们一种希望。所以对于如何去理解社会,人们在生活中可能有很大的矛盾与冲突,需要我们去认真对待。

3. 关于社会的评价

认知与评价是非常密切地联系在一块的。有的人说认知就是一种评价,评价就是一种认知,从某种意义上也是对的。但是一般意义上的认知,主要解决的是知识的问题,而评价要解决的是意义和态度的问题。我们可以在客观的意义上认知一个事物而不作出价值的判断,但是当作出价值判断的时候,我们一定依据的是自己的需要,它一定有一个和我们主体自身的关系。所以有一个认识的客观性和一个评价的主体性问题。在认识的意义上,它更多的是一种科学化、客观化、准确化和量化。而对于评价来说,要关注的就是如何更加合理、更加能够准确、更加能够符合需要。所以评价经常是不一样的。同样是奥运圣火传递受挫,闹藏族独立的人兴高采烈,而中国人民义愤填膺。这就表明对一个事情的不同的关系,这样一种价值关系就会影响它们的评价。社会评价的合理性是与我们的社会信息联系在一块的。在我们看来,评价中的核心问题就是合理性和合理性的相对性问题。

4. 关于实践论的研究

怎样使社会信息的研究进入到社会生活？我们一直有一个特别的期盼，就是让信息技术成为管理现代社会更加有效的手段，比如说我们现在面对的网络应当如何管理和运用。网络现在既是我们成功的基础，但往往也是社会混乱的条件，问题在于怎么去运用它。我们经常发现社会的矛盾与冲突和信息传播的途径及其效果密切联系在一起。比如说，"艳照门事件"中，一个艳照门就把一些私人的事件变成了一些公共的事件，引起了社会极大的骚乱。我们也经常看到一个小的问题，由于网络的渲染，而变成了极大的问题。当然我们也看到了成功。比如说中国网民向法国总统施压，可能迫使他在一些问题上改变态度。网民向当时一些对中国不太友好的播音员，像美国的 CNN 的播音员等等施压，也会造成巨大的影响。胡锦涛总书记前一段时间去人民网，专门和网友见面，他的象征意义是非常之大的。它表明我们中央最高决策者接受了网络作为征集民意的最重要的渠道之一，表明现代网络信息技术成为社会主流生活的一个重要领域。

而且我们看到，通常计算发表的研究成果，都要累计我们在正式的刊物上公开发表和正式的出版社的正式出版物。目前，网络这一部分应该说还不计入我们的成果。但是网络的影响确实非常之大。估计网络将影响我们未来的学术评价。比如说，我们的文章可能没有正式发表，但是如果在网络上发生了很大的影响，那么可能我们自己也不能忽略它。科研考核也应当以适当的方式来反映它。比如说，我们正式的文章里注网页，过去长期是不允许的，现在逐渐有一些杂志已经开放，这就可能变成一个非常重大的问题。所以我们觉得社会信息科学研究的就是社会信息的复杂性。这样的复杂性可以从很多的角度去探寻它。

三、社会信息科学的理论定位与学科体系

（一）社会信息科学的理论定位

既然要把社会信息科学建设为一个学科，就必须认真思考它与相关学科的关系。这里有很多的问题需要我们去思考，这里提出以下四个方面。

1. 社会信息科学是宏观意义上信息科学的一个分支

社会信息科学应该看做是宏观意义上或者一般意义上的信息科学的一个分

支。信息科学的研究对象涵盖了所有信息,是关于信息的一般性的科学。如果我们把整个宇宙的信息大体上分为自然信息和社会信息等不同的类别,那么信息科学应该全面地研究这不同类别信息所具有的共性与普遍规律,而社会信息科学则专门研究社会信息的特殊性。所以社会信息科学是信息科学向着研究一种具体信息的深化或下沉。在这种意义上,就其学科定位,社会信息科学应当成为信息科学中的一个分支。

2. 社会信息科学是对于各种具体的社会分支信息学科的概括

社会信息科学是对于各种具体的社会分支信息学科的概括,可以借助各种具体的信息学科而得到提升。比如说,我们可能有医学信息学、传播信息学、情报信息学、心理信息学等几十个具体的与各种社会文化相关的信息学科,立足于对它们的分门别类的专门研究,我们可以在此基础上提升出一个社会信息科学。社会信息科学一方面要概括各类具体的社会信息学科中的共同本质与规律,另一方面也要能够为各门具体的社会信息科学学科提供一些基本的理论前提和方法论原则。

3. 社会信息科学是对人文社会科学的信息横断性研究

社会信息科学是从信息视角对于各人文社会科学的一种横断性、综合性研究。这种研究的目标在于探索各门具体人文社会科学之间的信息运行机制,探寻各门具体的人文社会科学学科之间的内在相关性。

4. 社会信息科学是社会理论与现代信息技术之间的互动

社会信息科学是社会理论研究与现代信息技术之间的一种交流、一种互动、一种移植,甚至是一种创新。现代信息技术高度发达,如何把它们运用于现代社会生活、社会管理和社会科学研究,这需要我们积极探讨。目前开始流行的电子政务、电子商务等,实际上是对于电子信息技术的积极运用。社会信息科学的研究也许可以为人文社会科学的研究与发展提供更加高效的信息技术手段。

(二)社会信息科学的学科体系

关于社会信息科学的学科体系,欧阳康教授在 2006 年 12 月"华中科技大学社会信息科学研究中心成立暨学术研讨会"上首次作出论述。他的发言刊登在《华中科技大学学报》(社会科学版)2007 年第 1 期上,题为《关于社会信息科学的界说与研究的思路》。欧阳康指出:"总体上看,要使社会信息科学成为一门相对独立的学科,至少需要四个层面的研究。"①

　　1. 社会信息科学的哲学层面

　　欧阳康指出:"社会信息科学的哲学层面,构建社会信息哲学。社会信息哲学是全部社会信息科学的理论前提。为了开展社会信息科学的研究,我们有必要积极研究社会信息哲学。社会信息哲学实际上是两种哲学的交叉,一方面它是信息哲学,另一方面它也是社会哲学、历史哲学和文化哲学,因为我们所讲的社会信息就蕴藏在社会、历史和文化生活之中。从信息哲学向社会、历史和文化哲学方面的拓展,和从社会、历史和文化哲学向信息哲学拓展,就会形成一个交集,一种新的社会信息哲学。这种哲学研究有可能为我们开展社会信息科学研究奠定一个坚实的哲学指导原则和方法论基础,提供哲学意义上的前提。在哲学层面上,我们有一个比较大胆的假设,就是要在世界的物质统一性的基础上进一步探寻构成这种统一性的信息基础,并在对世界的信息多样性的全面探讨中把握世界尤其是人与社会的多样性。"②

　　这里,作为前提条件,应当是"信息哲学"的建立。按照《联共(布)党史简明教程》第四章第二节(1938 年)规定的"辩证唯物主义和历史唯物主义"标准版的框架,按照国内几十年来的传统马克思主义哲学教科书的体系,许多哲学工作者以及具有哲学头脑的社会学、历史学和文化学的研究者们,已经就社会哲学、历史哲学和文化哲学,发表了大量的论文和著作。在我们看来,尽管他们的研究成果中不乏可取之处,但是他们思路是"PI"(Philosophy of Information)路线,即把精神和信息看成是物质和存在的"反映",是第二性的东西。在这个意义上,他们已经实现了社会哲学、历史哲学和文化哲学与"物质哲学"的交叉。他们沿着马克思批评过的、费尔巴哈式的旧唯物主义(直观的唯物主义主义)路线行走,无论走多远,都难于在社会信息科学哲学方面有多少建树。③

　　在我们看来,真正的信息哲学所遵循的应当是"IP"(Information Philosophy)

---

　　①　欧阳康:《关于社会信息科学的界说与研究的思路》,《华中科技大学学报》(社会科学版)2007 年第 1 期。

　　②　欧阳康:《关于社会信息科学的界说与研究的思路》,《华中科技大学学报》(社会科学版)2007 年第 1 期。

　　③　参见曹芝兰、高珊、田爱景:《社会信息科学发展分期与它的学科层次》,《医学信息》2009 年第 7 期。

路线,也就是欧阳康所说的,在世界的物质统一性的基础上承认"信息统一性"的哲学路线。在这里,宇宙万物都是物质和信息的对立统一,就像手机、电脑和机器人那样,硬件和软件既一分为二,又合二为一。这需要整个世界观、方法论的转变。有学者发表长篇大论,说"信息守恒定律"被他从数学上证明了。我们坦然承认自己没有能力从数学上证明"信息不守恒"的命题,但是我们从生物基因、人类文化从无到有的事实,相信信息不守恒的假说。迄今为止,仍然有理论物理学家根据热力学第二定律,说宇宙的未来是"热寂"。但是,我们根据地球生命欣欣向荣的事实,根据进化论宇宙学家的研究成果,认为"热寂说"是错误的。我们没有必要去说服对立面。发展是硬道理。当前,急需主张"信息统一性"的哲学家建立和发展信息哲学。忽视这个任务,整个社会信息科学的研究工作可能会"欲速则不达",因为在"联共(布)哲学"的基础上,采取修修补补的改良主义办法,根本就不可能建立我们所期望的关于社会信息的理论大厦。

2. 社会信息科学的科学理论层面

欧阳康指出:"社会信息科学的科学理论层面,构建理论社会信息学。社会信息科学有许多重要的理论问题需要进行专门的研究,例如它的原始发生、历史演进、基本概念、基础命题、根本问题、内在逻辑、宏观结构、体系框架等。对这些问题的研究构成了社会信息科学的基本理论内容。"[①]

正是因为在哲学出发点上的不一致,物质统一性绝对地排斥信息统一性。两股不同的思维轨迹是没有交点的。在接受信息统一性的学者中,大致上都相信,在应用信息学的基础上必然会产生理论信息学。俄罗斯科学院院士 K. K. 科林博士 2001 年预言中的理论信息学,和我们的认识以及相关论文、著作中的表述是相同的。我们觉得,谁提出了什么样的理论信息学概念和体系,并不太重要。真正重要的是承认建立理论信息学、一般信息学或统一信息理论的必要性,不回避讨论它的若干基本问题。学科只有一个,相互竞争的理论可以有许多。我们相信,假以时日,人们关于理论信息学的原理和方法会有一个大致相同的认识,它们会逐渐地深入到社会信息现象的研究之中。

理论信息学为了抽象出自然、社会和思维过程中的信息规律,必须把生命现

---

①　欧阳康:《关于社会信息科学的界说与研究的思路》,《华中科技大学学报》(社会科学版) 2007 年第 1 期。

象还原为无机对象来观察。于是有了计算机程序、DNA 程序、人们的活动计划所共有的特性,从而形成所谓的"片面的深刻"。计算机没有自我意识,没有目的和意向性,没有符合它自身利益的价值判断,没有发自内心的喜怒哀乐,没有恩爱情仇的历史渊源。理论社会信息学要补充一般信息学的不足,才能成为具体社会信息学学科的公共基础。这个层次上的任务也是艰巨的。

3. 社会信息科学的具体学科层面

欧阳康指出:"社会信息科学的具体学科层面,拓展具体的社会信息学科群。社会信息科学的研究需要深入到各门具体的人文社会科学学科,并与它们发生内在的关联性。比如说,语言学、符号学、心理学、传播学、教育学、文学、历史学、管理学、经济学、政治学、法学等等,几乎我们所有的人文社会科学学科,都可以从信息科学的角度来重新加以审视和研究。甚至很多的自然科学也可以在与社会文化的交往中找到新的突破口和生长点,比如像历史地理学、经济地理学、人文地理学等,都有可能在新视野下找到自己的特殊定位。"①

在一定的意义上说,社会信息科学的研究深入到人文社会科学的过程,就是相关学科的"学科信息化"的过程,就是信息科学的世界观和方法论的贯彻和渗透的过程。这个过程说起来简单,做起来并不容易。传统的辩证唯物论思维方式无时无刻不在影响着研究的过程。于是,至少产生了三个疑惑,或者三个问题。其一,我们坚持社会信息学(或社会信息科学)的研究方向一定正确吗? 其二,我们的研究不能为当前占主流地位的学科范式所接受,如果基金不受理、杂志不刊登,怎么办? 其三,如果我们获得研究经费、相关成果已经登载,但是单位上的行政负责人审核和认定成果时,属于跨学科的交叉研究不计分数,怎么办?

社会信息学研究者队伍的大多数都不是哲学家,但是从整体上看,社会信息科学的探索首先需要信息哲学作为前提和基础。于是,即使他们不致力于哲学问题,也必须注意和吸收信息哲学的新结论、新命题。同时,他们还要与理论社会信息学研究者保持接触和交流。这样,才能减少障碍,事半功倍,在具体的人文社会科学的学科信息化中高屋见瓴、势如破竹。

4. 社会信息技术与工程的层面

欧阳康指出:"社会信息科学的社会信息技术的层面,为社会信息科学提供

① 欧阳康:《关于社会信息科学的界说与研究的思路》,《华中科技大学学报》(社会科学版)2007 年第 1 期。

技术支撑。社会信息科学一定要有与相关信息技术的交界面，而且要达到与它们的内在交融。比如说，与通信技术、计算机技术、网络技术相关的信息技术应当为社会信息科学走进人们的广泛社会生活提供技术的帮助与途径，并使社会信息科学的研究获得最广泛的实践基础。社会信息科学研究还要与我们的社会行为、社会管理等内在关联，通过社会政策、社会管理、社会传播等等更好地发挥作用。在这样的意义上，我们以为社会信息科学的研究有着广阔的空间。"①

邦格在《争议中的社会科学——一种哲学的视野》中把关于社会现象的知识分为两个部分：社会科学和社会技术。社会科学的目标是认识社会，社会技术的目标是改变社会。科学家从事的是认识的问题，而技术专家面临的是实践问题。邦格认为，典型的社会科学是：社会学、实证经济学、政治学、历史学等；而典型的社会技术是：行为理论、法律、管理技术、规范经济学等。

邦格提出一个关于社会技术学科的定义："社会技术这门学科研究的是维护、修正、改进或置换现存的社会系统（如工厂、医院、学校）和过程（如制造、医疗和教育）的方法；它设计或重新设计社会系统和过程以便处理一些社会问题（如普遍失业、流行病和犯罪）。据此，社会医药、社会工作、管理科学、宏观经济学和法律学是社会技术学科；同样地，环境保护、福利、教育、工作、社会控制、城市规划、金融和社会政策研究的学科，从总体上说，也是社会技术学科。这些社会技术学科和电力工程学、生物技术学和信息工程学是等同的。"②

如果我们认为社会的本质是一个活着的信息系统，是一个庞大而复杂的社会信息技术系统，那么可以把几乎全部的社会技术学科看成是社会信息技术学科。它们主要是从信息（而不主要是物质）方面，通过社会政策、社会管理和社会传播，去维护和改进现行的社会系统。显然，这是信息科学的基本观念的渗透，是理论信息学向社会信息学的延展。同时，在实施这些社会信息技术的时候，可以应用计算机网络等信息工具。这两个方面，就是我们所说的社会信息化的两个方面：观念信息化和工具信息化。

有了社会信息技术，就有社会信息工程。国家信息化、社会信息化就是典型

---

① 欧阳康：《关于社会信息科学的界说与研究的思路》，《华中科技大学学报》（社会科学版）2007 年第 1 期。

② Mario Buuge, *Social Science under Debate*, University of Toronto Press, 1998, pp. 297 - 301.

的社会信息化工程。因为信息技术和信息工程不是理论信息学研究的主要对象,这里就不予赘述了。

5. 社会信息科学体系结构的"4×3矩阵模型"

理论信息学认为,物质与信息的对立统一,是宇宙万物的存在方式和运动状态,过去、现在和将来都是如此。对于这个事实,我们是否了解、如何表达、是否认同,是另外的问题。在信息概念、信息理论出现之前,人们一直生活在信息环境之中,开发和利用各种信息资源与技术。换言之,在社会信息科学的术语出现之前,人们已经在研究社会信息现象了,只是和我们现在使用了不同的表述而已。现在的信息学、社会信息学研究的任务,首先是继承和开发已有的理论资源,概念化、条理化、系统化已有的成果,使之上升到更高的层次,同时推陈出新,建立完善的知识体系。

欧几里得的《几何原本》并不是唯一的一本早期几何学著作,但它是最好的一本。欧氏几何学知识的原材料主要不来自于他一个人的发明和创造,他独到的工作是整理与综合,用演绎逻辑的链条把它们组织起来,组成一个自洽、自足的体系。社会上的装修公司直接采取了现成的产品,按照用户的要求和自己的设计,推出自己的"产品"。它不需要、也不可能从种树、采矿、炼铁开始。我们总是处在社会生产链条的一个环节上,于此,精神生产和物质生产没有区别。我们不认为社会信息科学大厦的建立是从零做起,从我做起。无论是精神还是身体,我们的创造与必需的继承比较起来,都微乎其微。

我们觉得,为着社会信息科学的建立,有两个基础性的工作。其一,准备工具,这就是社会信息学所愿意遵从的世界观和方法论;其二,设计蓝图,就是构思它的知识体系的环境和框架。关于它的环境的设计:在整个信息科学体系中,社会信息科学以理论信息学为基础,坐落在"自然信息学"的隔壁。在现成知识体系中,它与正在实现学科信息化的人文社会科学体系相伴而居。关于它的结构的设计:从逻辑归纳的抽象性和升华的层次性看,社会信息科学由哲学、一般科学、具体学科、技术与工程四个层次组成。[①] 从知识容量上看,好像呈"V"字形,上大下小,在应用层次上它关联着社会上的每一个人。

---

① 参见欧阳康:《社会信息科学的学科定位与研究思路——在华中科技大学社会信息科学研究中心成立暨学术研讨会上的发言》,《华中科技大学学报》(社会科学版)2007年第1期。

在具体学科层次上,从宏观、中观和微观三种不同的视角,可以观测到社会、组织和个人三个不同的领域。宏观上的文化人类学,以符号为载体的社会文化记录着人类前仆后继的思想探险的历史;中观上的各种社会组织,包括靠血缘与感情维系的家庭、靠理性与功利维系的单位、靠法律与规范维系的国家等等,在依照各自的角色需要进行着程序设计;微观上的符号互动,以好奇、闲暇和自由为条件的创新思维。(详见本书第四编)

就社会、组织和个人三个领域而言,相关研究可以分别向上进入到实用的技术和工程层次。比如,决策理论可以在三个领域中分别展开,成为国家、集团和个人从自为性和目的性出发,把握社会信息复杂性的主要手段。相关研究向下可以分别进入到一般基础理论,甚至哲学的层面。比如,宏观视野的哲学是整体主义,微观是个体主义,中观则是系统主义。这样,由三个领域和四个层次的交叉,构成一个四行三列的"矩阵"。据此,我们可以把这种理解,称为社会信息科学知识结构的"4×3 矩阵模型"。①

四、社会信息科学研究的思路与目标

(一)科学主义与人文主义之争

1. 科学主义的研究思路

到底应当如何研究社会信息问题? 在一般的意义上来讲,我们看到有两种主义之争。一种是科学主义,一种是人文主义。近代的科学哲学研究、文化思潮,甚至哲学思潮都是在两者的争论中展开的。

所谓的科学主义,强调自然科学的理论、技术和方法。它们认为对于人文社会问题的研究可以借助于自然科学的理论、技术和方法,所以他们强调一种统一科学和统一科学方法论。这在长期的科学至上的背景下是可以理解的,而且我们确实也发现运用自然科学的方法研究社会问题是非常必要的和重要的。比如说我们进行社会统计,社会统计通过一个大数的规律,基本上可以决定或了解民情民意及其演变方向。美国总统的选举,不断出现民意测验的结果,民意测验不

① 参见李宗荣、D. A. 西尼、周萍萍、熊近、孙树霞:《社会信息科学视野:宏观、中观与微观》,《医学信息》2009 年第 7 期。

断地改换。这种统计的结果和最终的结果大体上有一种一致性,而且在社会生活中大数规律确实是存在的,统计规律是有用的。比如我们一个政策出来,或者出现一个重大事件,通过电话访问或街上的随机访谈,确实可以了解到基本的民意。所以科学主义在欧美哲学中间的兴起,在 20 世纪的繁荣不是偶然的。当然,科学主义也是有局限的,自然科学的方法在社会问题研究中确实是有用的,但是其功能也还是有限的,最大的局限就在于它忽略了人文社会现象的复杂性。

2. 人文主义的研究思路

人文主义,在 20 世纪,尤其是后半叶,非常昌盛。从当年的意志主义、弗洛伊德的精神分析等就可以看到这些东西为什么一下子可以风靡全球。为什么人们突然关心起人的意志、欲望、愿望,甚至人们的性欲。它表明了社会生活中的个性化的倾向。这样一些个性化根源于、来源于人们的情感、意志和欲望,每一个人的生命体验。所以仅仅有科学主义那种大一统的方法是不够的。社会中不仅仅是大数规律在起作用,还要有个性化的探索。所以人文主义者强调解释、强调理解、强调个性、强调体验,这些确实是在我们的生活中须臾不可离开的。我们所有人都能感觉到,我们的生命体验对于我们的社会理解有多重要。通过对于这些争论的分析,我们可以找到一种线索,就是我们既要关注社会生活中那些普遍的、一般的、共同的方面,又尤其要关注它的特殊的、个别的、即时的方面,在科学主义和人文主义之间保持一种张力。这样我们就可以说,自然科学、工程技术在我们的社会信息科学研究中都是有适用性的,而且我们要特别去借鉴它们。

张端明教授曾经在华中科技大学作过一次讲座,专门谈如何从科学的角度研究一些复杂的社会问题,包括心理问题、社会选举问题等比较复杂的社会现象。这些方法在我们的生活中是可以用的。华中科技大学公共管理学院正在设计一个实验室叫做"决策剧场",也是希望把现代最先进的仿真技术运用到现代的决策活动中来。这个决策剧场准备投入二千万。如果真的能够让决策进入到一种在模拟之后的实施,也许我们可以减少很多决策的失误。决策失误所带来的绝对不是一般意义上的浪费,而是社会发展的曲折。在某种意义上,我们特别希望能够把现代自然科学技术引入社会信息问题的研究,只是我们还真的缺少足够的能力。这个方面有无限发展的空间和可能。

而同时,我们也相信人文社会科学需要某些独特的方法,就是以解释学为代表的人文社会科学方法群,它们也有特殊的实用性。这样一些方法能够有效地帮助我们去把握社会信息问题的复杂性,尤其是其中的个性。因为社会认同是要一个人一个人去认同的,是要一群人、一群人去认同的,而且要在不同的时代条件下、在不同的语境中去认同,所以这样的认同实际上是一个非常复杂的过程。每一个人的心态、他的知识背景、他的生命体验都会改变他对某一项政策的态度。①

(二)社会信息科学研究的目标

社会信息科学研究的功能很多,有很多的方面。我们从三个层面来考虑,它们也是我们希望达到的目标。

1. 学理层面的目标

社会信息科学在学理层面的研究目标:促进学科的发展,促进人和社会的自我理解,以及这种理解的系统化、形式化和规范化。从学理层面上看,社会信息科学与人文社会科学、自然科学、工程技术都可以有内在的交叉。没有什么问题是我们不能够去研究的。问题只在于我们如何去研究。华中科技大学设置了十几个课题,基本上相当一部分课题是分散到各个领域。比如历史信息学、传播信息学、秘书信息学等等,这些东西都在我们生活中间、各个领域,尤其是对于某一些决策来说有着至关重要的作用。

2. 对策层面的目标

社会信息科学在对策方面的研究目标:希望能够提升人的认识和决策能力。社会信息问题的研究最终还是要帮助人们在生活中变得更加自觉和有效。有无这样一门学问,应当还是有区别的。人们应该感觉到这门学问还是有些实际的和具体的用处的,可以将其运用到自己的生活实践中,所以,我们希望社会信息科学应该有最广泛的社会实践性和应用价值。

3. 应用层面的目标

社会信息科学在应用层面的研究目标:促进人类社会的自我调控和管理,也可以说是促进我们每一个集团、每一个群体、每一个地域,甚至每一个人的自我调控与管理。怎么样能够达到一种唯一性、独特性或专一性,这是社会信息科学

① 本小节内容参见欧阳康:《在第二期社会信息科学培训班上的讲话》,华中科技大学社会信息科学研究中心主编:《社会信息科学简讯》2008年第16期,载欧阳康主编:《科技与人文》(第4辑),人民出版社2009年版。

研究的生命线。这也是我们努力的方向。现在在某种意义上,我们觉得还没有
找到我们的独特的、为别的学科还不具备的东西。例如,"社会仿真"在医疗上
用得很多,但在我们社会这个复杂的系统中如何去应用? 最终的决策是在各种
场景中的决策,而我们的仿真采集来的是有限的条件,那么在有限的条件下如何
作出全面的决策? 在信息的有限性或人的信息把握能力的有限性条件下如何作
出一种比较完满的或者比较放心的决策? 这其中有很多需要讨论的问题。①

---

① 参见欧阳康:《在第二期社会信息科学培训班上的讲话》,华中科技大学社会信息科学研究
中心主编:《社会信息科学简讯》2008 年第 16 期,载欧阳康主编:《科技与人文》(第 4 辑),人民出版
社 2009 年版。

第二编 国外社会信息问题研究的历史和现状

第五章　俄罗斯的社会信息学研究

　　长期以来,我国致力于社会信息科学研究的学者十分关注国外的发展,并且发表了一批介绍、评述和研究论文。为了进一步地掌握国外情况,华中科技大学社会信息科学研究中心设置课题组,联络了武汉四所大学的近30名外语老师,组成八个团队,对已经建立社会信息学的俄罗斯、美国、日本,和还没有形成社会信息学的英国、加拿大、澳大利亚、德国、法国等八个国家的情况展开调查。在2008年7月举办的"第二届全国社会信息科学培训班"上,他们提出了详细的研究报告,受到教师和学员的好评。

　　从总体上看,为了独树一帜地发展、与美国争夺国际领导地位,苏联及俄罗斯都从国家的战略利益出发研究社会信息学。他们注重关于社会的信息学与关于自然的信息学之间的区别;他们非常关注社会信息学的概念、原理和方法论;他们在整个信息科学体系的框架中确立社会信息学的学科地位;他们提出建立人文信息学。所以,俄罗斯的社会信息学研究开始得比较早,研究得比较深入,研究成果纳入了大、中学教学内容,在其国内影响很大,受到联合国科教文组织的重视,在全球范围处于先进行列。

一、俄罗斯社会信息学Ⅰ、Ⅱ、
Ⅲ产生的背景及其发展

社会信息学在俄罗斯发展较早,70年代就已经出现这一概念,并且出现了理论争鸣。在俄罗斯存在三种社会信息学:总括性的社会信息学Ⅰ,部分属于社会哲学的社会信息学Ⅱ,方法论的社会信息学Ⅲ。其定义和研究范围也有过多次变化。现在俄罗斯普遍将社会信息学看成一门跨信息学、社会学、心理学、哲学、经济学等的交叉科学。K.K.科林将社会信息学定义为,分析信息过程在现代社会的作用、全球信息化过程对社会发展和人本身发展产生影响的一门学科。①

在俄罗斯(苏联)学者中,发展这个方向贡献最大的是 A.B.索科洛夫、A.Д.乌尔苏尔、K.K.科林等。社会信息学概念最初是由列宁格勒国家文化学院信息学教研室 A.B.索科洛夫和 A.И.曼科维奇于1971年提出来的,他们是社会信息学Ⅰ的提出者。乌尔苏尔院士在20世纪80年代末提出社会信息学,他被认为是社会信息学Ⅱ的提出者。俄罗斯科学院信息问题研究所 K.K.科林院士目前活跃在社会信息学领域,他被公认为社会信息学Ⅲ的领军人物。

索科洛夫在《社会交流的一般理论》②的第七章中划分了三种社会信息学构想。乌尔苏尔用"社会信息学发展的两种观点"③区别了索科洛夫和乌尔苏尔的社会信息学之间的差别。K.K.科林在《信息学基本原理:社会信息学》一书中认为只有乌尔苏尔才是社会信息学的奠基人。他表达了对索科洛夫社会信息学和乌尔苏尔社会信息学的看法。我们可以从索科洛夫介绍的三种社会信息学构想中,看出社会信息学在俄罗斯的发展演变。俄罗斯(苏联)出现的三个社会信息学概念。按索科洛夫的观点,其时间顺序分别为:社会信息学Ⅰ——20世纪70年代;社会信息学Ⅱ——20世纪80年代;社会信息学Ⅲ——20世纪90年代。

---

① 参见陈欢云:《社会信息学在俄罗斯》,华中科技大学社会信息科学研究中心办公室主编:《社会信息科学简讯》2008年第9期。

② 参见 Соколов А.В,Общая теория социальной коммуникации,//http://business.polbu.ru/。

③ 乌尔苏尔:《论社会信息学的发展》,《国外社会科学》1991年第5期。

（一）社会信息学Ⅰ：20 世纪 70 年代出现的背景及研究内容

1. 社会信息学Ⅰ的形成背景

1963 年苏联第一次出现术语"信息学"。这是一门综合性的科学学科，是自动化技术、遥控机械学、测量和计算技术、通讯、无线电定位的重要的理论中心。但是这种信息学的想法没有得到支持。

1966 年米哈伊洛夫等在《科技信息》上发表论文《信息学——科学信息理论的一个新名称》。米哈伊洛夫是苏联信息学学派的主要创始人。他将信息学看成一门关于科学信息结构和性能、科学信息活动、科学交流的学科。他认为形成信息学的实际前提是科学交流完善的需求。他这一信息学被称为"科学信息学"。科学交流是科学信息表达、传递、获取过程的总和。科学信息交流完善的主要方式是将其自动化。科学信息学成功地实现了信息途径的结构功能和解释功能。当时苏联建立了科技信息的国家系统，并且其科学信息学流派在国际上获得了权威地位。

1971 年列宁格勒国家文化学院信息学教研室索科洛夫和曼科维奇，在论文《未来的信息学》中提出"社会信息学"这一概念。他们提出信息学应该研究的不仅仅是科技信息，而且还有所有的其他各种社会信息，包括各种社会认知、心理认知和交流。所以他们提出了一个新概念："社会信息学"。这意味着把研究领域扩大到全部社会信息。他们认为这一概念能避免专业片面性。①

2. 社会信息学Ⅰ的研究内容

社会信息学Ⅰ是信息服务的元理论，具有理论总结性，是科学系列的社会—交流类总括性理论。它的研究核心客体是多种多样的社会信息。社会信息指的是"用符号系统表示的、社会成员能理解的并能改变他们关于外部世界知识水平的信息"。研究对象是社会信息过程的一般规律。这些一般规律具体包括：第一，社会信息系统，其变体、发展史、组织结构等；第二，社会信息现象，其变体、结果和各种社会信息的属性；第三，信息系统的成分。社会信息学的目的应该揭示信息服务的基本规律，从而为建立图书馆书目服务的真正科学理论创造

---

① 参见陈欢云：《社会信息学在俄罗斯》，华中科技大学社会信息科学研究中心主编：《社会信息科学简讯》2008 年第 9 期。

条件。①

关于专业信息学的发展与社会信息学问题，索科洛夫是这样评述的：20世纪70年代，专业信息学如统计信息学、专利信息学、博物馆信息学、社会学信息学、教育信息学等，迅猛发展。科学信息学在所有信息学中起着领导作用。专业信息学具有下列共同特点：第一，都选择社会交流的某种变体作为研究客体，如科学领域、博物馆领域和经济领域等；第二，形成统一的研究对象——社会信息学变体的结构和特征及其信息保障规律；第三，由于现代技术、信息服务自动化的采用，使该概念转化成一门社会——技术的交叉学科。

索科洛夫认为，专业信息学的这些共性决定了它们在内容上的重叠和平行，由此有必要创建涵盖所有信息典型问题的总结性理论。并且，图书情报学、教育学、新闻学和其他属于信息方法的社会交流类的应用科学的信息概念也属于这个理论范畴。社会信息学 I 对总结性的具体部分学科履行科学术语中介功能：批评评价、总结部分科学知识，研究一般方法原理，整顿术语等。就实质而言，社会信息学 I 是信息服务领域社会交流的类似元理论。

乌尔苏尔对专业信息学、科学信息学与社会信息学 I 的看法是：专业信息学的发展比总括性的社会信息学的发展要快得多。实际上起整合核心作用的不是索科洛夫的社会信息学，而是科学信息学。索科洛夫的社会信息学只是一种理论设想，它在米哈伊洛夫的"科学信息学"的影响下产生，并在米哈伊洛夫理论的框架下发展。乌尔苏尔还以社会学信息学、经济信息学为例，认为这些专业信息学与社会信息学 I 有类似点：都以科学信息学为出发点，然后阐明某种具体信息及其相应活动的特点。

K. K. 科林对索科洛夫社会信息学的看法是：索科洛夫教授用这个术语来表达"借助信息途径研究社会知识、社会交流和社会管理"的一门新的科学学科。根据索科洛夫的观点，对于社会信息学来说，信息途径不仅是主要的科学方法，而且还是区别该新学科与社会学专业、语文学专业和文化学专业其他学科的特征。

（二）社会信息学 II：20 世纪 80 年代出现的背景及研究内容

1. 社会信息学 II 的形成背景

20世纪80年代在所有工业发达国家出现了物质生产信息化。采用了机器

---

① 参见 А.И.拉基托夫：《计算机革命与社会信息化》，[苏联]《哲学科学》1988 年第 5 期。

人、灵活的自动化生产线、无人技术的工厂自动化、生产一体化等。国家信息资源成为衡量社会财富的重要标准。这不仅有经济因素,还有政治因素。术语"信息帝国"也随之出现。联合国教科文组织和其他国际组织开始使用"信息基础设施"概念,它包括技术手段、数学程序软件、信息库、各种组织和专业人才。最后,科学家和政治家严肃地讨论由单个国家和整个人类向后工业信息社会转化的前景。

苏联科学院也采取了相应的措施。1983 年苏联科学院成立信息学、计算技术和自动化学部。后统一组成信息科学研究所,与控制研究所并列。70 年代苏联推出的信息学设想没有引起人们的注意,而从法国引进的计算机解释（трактовка）信息学却赢得了苏联科学院院士们的好评。

索科洛夫认为这两个概念部分相符,但实质并不相互包含。信息学是一门科学和工程学科的综合科学,它研究设计、实现和开发计算机化的信息系统;计算机解释信息学是一门用计算技术研究构建信息模型和信息模型研究方法论的科学。这两个概念的差别为:第一个概念容许本体化的信息,第二个概念将信息概念纳入模型,而非原型。两个概念的共同点在于:控制论满足于将信息和信号、资料、消息的直观混淆,而不需要基本弄清信息的本质。就事情本质而言,术语"信息化"和"计算机化"是一致的。

1988 年 7 月 15 日,苏共中央政治局在戈尔巴乔夫的领导下通过了《关于制定社会信息化设想》的决议。决议责令苏联科学院等制定《关于社会信息化设想》,即在国民经济的各个领域广泛传播信息技术。专门研究该领域问题的专家卡贝洛夫总结实现信息化的三种草案:(1)创建和完善信息社会的程序;(2)在有前景的信息技术基础上提高国家和社会使用信息效率的程序;(3)形成信息圈的程序。①

但在 1989 年召开的苏联最高苏维埃会议上,所提出的三个草案都没有获得通过。在这种背景下,乌尔苏尔院士提出了社会信息学Ⅱ的概念。他发表论文《论社会信息学的形成》和《信息化的系统活动观》,指出三个方案的主要问题在于没有明确一致的方法论。他认为,应当形成新的信息学的社会作用理论,"这种被定名为社会信息学的新学科正在形成"。1990 年,苏共中央社会科学院出

---

① 信息圈指在信息社会里社会信息过程在整体上被整合的、一个统一的系统。

版社出版了他的专著——《社会信息化:社会信息学引论》。

2. 社会信息学Ⅱ的研究内容

乌尔苏尔的社会信息学Ⅱ是信息学与社会学的交叉学科,属于一般科学层次,其研究对象是社会与广义的信息学,即社会信息化和信息学社会化的方法、规律和发展阶段问题,包括信息学的哲学方面、经济方面、法律方面、社会学方面和文化方面等问题。乌尔苏尔将社会信息学视为一门借助现代信息手段研究信息运动规律和信息掌握规律的科学。社会信息学关注的中心是信息化的社会技术过程,社会与信息学相互作用的规律是社会信息化及信息学人文化。

在研究对象领域方面:乌尔苏尔的社会信息学从科学信息扩大到整个社会信息——即语言信息,包括科学信息、政治信息、经济信息、军事信息等;在技术基础方面:乌尔苏尔社会信息学是在苏联社会信息化的条件下提出的,其技术基础是以网络技术和个人电子计算机普及为特征的第四代电子计算机,特别强调信息学的社会化、人道化、防止军国主义倾向等问题;在信息功能方面:乌尔苏尔社会信息学研究交流功能、管理功能、认识功能、创造功能和世界观功能;在服务对象方面:乌尔苏尔社会信息学是一种涉及全社会的人类信息文明存取的理论—方法论。①

乌尔苏尔特别强调信息安全和信息人道化问题。他认为社会信息学Ⅱ的应用领域的任务是"信息化合理的人道主义方向"。在由工业社会向信息社会开始过渡时,信息就成为占优先地位的发展资源,必须建立相应的信息环境来保护各方面(核、生态、政治、经济、种族、文化等)的安全。信息安全是指一种保障消除一切信息运动不良后果的信息过程。乌尔苏尔一直强调:"社会借助信息学手段掌握信息要有助于进步。"否则,信息化可能产生的最主要的不良后果是社会信息化的趋势和军国主义结合起来,这可能孕育着人类毁灭的危险。

乌尔苏尔认为社会信息学Ⅰ扩大了研究客体:已从科学信息和交流扩大到全部社会信息和交流,但其基本方法仍和科学信息学属于同一流派。它是一种理论构成,或社会交流类科学进一步发展的假设。社会信息学Ⅱ的研究客体是"社会—信息学"系统,既包括社会信息,也包括借助计算机的各种信息。它虽

---

① 参见陈欢云:《社会信息学在俄罗斯》,华中科技大学社会信息科学研究中心主编:《社会信息科学简讯》2008年第9期。

是从技术的观点来看待问题,但加上了人文成分。研究内容参与社会信息化过程的全部信息的功能。信息化的实质并不在于交流的自动化和计算机化,而在于从根本上改变社会信息环境。它也是一种理论构成体系,主要是方法论体系。社会信息学是科学和社会信息化实践活动的统一体。实际上他认为索科洛夫的社会信息学I只是一种理论设想,而他自己的社会信息学是理论—方法论的创举。

K. K. 科林认为,作为基础科学现代概念意义上的社会信息学的奠基人应该是乌尔苏尔院士。因为正是他提出了一个原则上理解社会信息学目的和任务的新途径,他将这些新途径与社会全球信息化问题相连。K. K. 科林认为,乌尔苏尔院士对社会信息学对象的定义的途径与索科洛夫教授的想法原则上是不相矛盾的,作为本质上广泛运用对象领域的片断将它们包括在内。它们之间原则性上的差距在于另一方面:研究的目的方向。乌尔苏尔的研究目的本质上在更大程度上规定研究者在研究"信息—社会"的复杂问题时,考虑到了人类发展利益优先性。K. K. 科林认为,这一途径在更大程度上符合现代社会发展的需求,因此它更具有稳定性并且在科研范畴和教育范畴内得到了足够广泛的承认和传播。①

（三）社会信息学 III：20 世纪 90 年代出现的背景及研究内容

1. 社会信息学 III 的形成背景

社会信息学 I 和社会信息学 II 的研究客体是社会信息,即支持模糊信息途径,通过"信息眼镜"去研究社会交流过程。精确信息途径方法论要求将信息准确划为研究工具（科学功能）和现实已存在的交流、管理和认识过程（研究客体）。在精确和模糊方式下随意运用信息途径的实践可以解释为:在现代科学中方法论途径仍基本上没有得到研究和领会。

索科洛夫认为,事实上在社会科学、生物科学、技术科学没有一个运用现成方法论的总结性的经验。这没有揭示其已有的正面认知作用,没有确定其使用的局限性等等。简而言之,迫切需要对研究对象为信息途径的方法论理论进行研究。研究系统途径方法论的一般系统理论就是类似理论。因为这种方法论理论对揭示社会信息现象具有决定性的意义,所以称其为社会信息学III。

2. 与社会信息学 I 和 II 的比较

对于上述三种社会信息学,索科洛夫认为,没有理由去否认社会信息学和其

① 参见 Колин. К. К, Фундаментальные основы информатики: социальная информатика, Екатеринбург:《Академический проект》и《Деловая книга》,2000。

他信息学说的生命力。未来会给它们一个应有的评价,只是从一开始就认识清楚其科学地位并明确指明其在科学知识系统的地位很重要。三种社会信息学的特点是总括性的社会信息学Ⅰ,局部属于社会哲学的社会信息学Ⅱ和方法论的社会信息学Ⅲ。值得关注的是,每一类社会信息学解决的是自己独有的问题,同时有同其他信息学伙伴性的相互作用,并关注其发展。

索科洛夫认为,信息的任何一种本体论概念都没有被认为方法论上是正确的;不可知论和虚无主义的主张也没有得到信任。精确的信息的数学解释具有太窄和太局部的运用。"什么是信息"的问题实际上没有得到回答。信息途径对成功解答信息现象的谜底具有关键意义。但是已有的使用实践人们了解得相当少,信息途径方法论根本没有得以研究。这里需要发展社会信息学Ⅲ。

二、K. K. 科林论基础信息学与人文革命

K. K. 科林(Колин, Констатин Констатинович),出生于 1935 年 5 月,于 1959 年毕业于马扎斯基列宁格勒军事空军学院无线电技术系,技术科学博士、教授。为俄罗斯自然科学院主席团成员,俄罗斯自然科学院院士,俄罗斯科学院信息化问题研究所第一副所长、首席研究员,俄罗斯自然科学院基础和应用信息学研究所所长,国际高等学校科学院 действительный член 执行委员,国际科学院院士,国际信息科学院院士,信息过程和工艺国际科学院院士,智力圈科学院和社会工艺科学院副主席,《信息工艺》、《公开教育》、《教育信息学》和《图书情报学》的编委,《智能世界》报纸编委副主席。他是创建大型管理国防和民用用途自动化系统领域的专家,在莫斯科社会大学和直属俄罗斯联邦总统的国家行政院从事教学活动,荣获过俄罗斯自然科学院卡比撒银制奖章。

2001 年,K. K. 科林在第 6 期俄罗斯《科技信息杂志》上发表题为《信息革命与基础信息学》的专论,提出了一个建立全球信息社会、信息科学知识体系、信息科学世界观、信息科学方法论的发展纲领,论述了信息科学的哲学基础以及新的教育哲学。①

---

① 参见 K. K. 科林:《信息革命与基础信息学》,《国外社会科学》2002 年第 2 期。

（一）K. K. 科林论信息革命和基础信息学

1. 文明的危机和对自然界与社会发展中信息作用的再思考

完全有理由把文明发展的当前时期看成是全球性危机的时期。在 21 世纪初，人类面临一系列相互联系的全球性问题：我们星球自然资源的迅速枯竭、全球生态灾难的危险越来越频繁地显现，这些问题的继续发展威胁着人这个生物物种本身的存在。

在这样的情况下，当代许多学者认为，摆脱濒临的危机的出路是，使文明向发展的新范式过渡。发展的新范式应当建立在有效利用科学、教育和高科技领域的最新成就的基础之上。其实实现这一范式的可能性，在很大程度上取决于人类是否能够有效掌握和利用信息这一新的、实际上也是取之不尽的发展资源，而信息技术则是促进这一发展的强大因素和催化剂。

因此，今天可以有充分的理由说，文明发展的一个崭新阶段正在到来，这个阶段的实质是（在社会的一切活动领域）掌握和广泛运用信息及其最高形式——科学知识。近几十年来蓬勃发展的社会信息化过程就是这种情况的证明。今天这个过程涉及世界许多国家，并越来越明显地具有全球信息革命的性质。

近年来，随着这一新文明过程的发展，世界一些先进国家正在竭力尝试对这个过程进行哲学思考，建立可以揭示这一过程基本规律并以此为依据预测和指导该过程继续发展的科学理论基础。今天的学术界对于研究信息的基本属性和信息相互作用原理的必要性已经有了一定的认识。信息相互作用的原理是生物界和非生物界、人类社会以及我们称之为意识的奇特现象进化的最重要原理的基础。在众多科学知识领域进行研究的国内外学者近年来出版的研究著作表明，在未来几十年内，可以期待具有普遍科学意义的新的重大成果出现，而这些成果很可能允许形成新的完整的世界科学图景、新的科学世界观以及科学研究的新方法。

然而，就这些成果的最重要的、一般文明的含义而言，它们应该是建立崭新技术的科学基础。崭新的技术可以大大减少人类对自然资源、能源和社会时间的消耗，为人类社会生活提供保障。因为今天人类社会已经有 60 多亿人口，而到 21 世纪中叶还将增加 1—1.5 倍。因此，今天极其重要和迫切的问题是，重新思考信息在自然界和社会发展中的作用，以及掌握信息这一文明得以继续发展的战略资源和动力因素。这些问题不仅具有普遍的科学意义,而且具有一般的文明意义。

2. 信息学的演变和信息科学新综合体的形成

为形成近年来称之为"基础信息学"的新学科领域,在俄罗斯专家已经进行了十多年相关的科学研究。这个新学科领域具有跨学科的综合性质,包括一系列新科学学科,其涉及研究的方面之多令人惊讶,信息现象在技术环境、社会环境、生物学环境以及非生物界环境这些不同信息环境中(информационная среда)表现的规律和特点也是其研究的内容。

基础信息学理论观念形成的哲学基础是:第一,承认信息不仅是最重要的一般科学的哲学范畴,而且也是物理现实的多层次现象,与诸如物质(вещество)和能量(энергия)这类现象属于同一层次。如果说"物质"和"能量"范畴相应地说明现实的结构属性和动态属性,那么"信息"范畴则说明现实的语义属性,说明物质和能量的流向,以及形式和内容的相互联系;第二,关于信息基本规律和信息相互作用原则,对宇宙各种不同组成部分及其组织与自组织不同层次都是统一的假说;第三,信息在自然界和社会的所有进化过程中均起主导作用的观点。

K. K. 科林提出研究作为基础科学的信息学问题的崭新的、跨学科研究方法的第一篇文章发表于 1990 年。① 后来,他还连续发表了一系列文章,分析这一课题的本体论、科学方法论和教育问题。② 他指出,如果说在 20 世纪 90 年代前半期,信息学领域里的许多专家还认为这种研究方法过于笼统和根据不够充分的话,那么今天不仅国内学者而且外国学者在很大程度上都对这种研究方法表示认可。

需要着重指出,基础信息学在科学知识现代结构中具有世界观意义。正是

---

① 参见 Колин, К. К. , О структуре научных исследований по комп лексной проб леме "Информатика", Социа льна я и нформати ка. —М. 1990。

② 参见 Колин, К. К. , Фундамента льные проб лем ы информатики. Систе м ы и сред ст ва и нформати ки. В ып. 7. —М. : На у ка, 1995; Колин, К. К. , Эво люция информатики и формирова ние нового комп лекса на ук об информа ции. НТИ. ,1995, Сер. 1. No. 5; Колин, К. К. , Информатика на пороге 21 века. Систем ы и средства информатики. ,1999, В ып. 9. —М. : Наука; Колин, К. К. , Информатика как фундамента льна я на ука и комп лексная проб лема, Проблемы и нформатизации No. 1. ,1999。

在今天,当科学正在形成自己的新范式和寻找摆脱文明的全球性危机、正在向稳定发展模式过渡时,基础信息学尤其重要。

根据 B. M. 格鲁什科夫院士的定义:"最一般意义的信息,是物质和能量在时空分配中的非均匀性尺度,是世界上发生的一切过程所引起的变化的尺度。"①非均匀性、对称和平衡的被破坏,正是我们周围世界中所有进化过程的发展方向和变化的深刻原因和推动机制。因此,为了克服现代文明发展的全球性危机,首先必须发现和研究进化的最一般规律。这意味着,对信息属性的研究,不仅在基础科学研究方面,而且在应用科学研究方面,今天都应当予以高度的重视。

3. 信息现象和科学范式

诺贝尔奖金获得者普利高津在自己的一部著作中指出,科学知识残缺不全阻碍着科学的继续发展,使得人们难以获得完整的有科学论据的宇宙图景,这是现代科学最重大的原则性缺点。

产生于古代的基础科学,作为关于宇宙、自然界和人的百科性的完整知识的一个领域,今天过于分化了。它被分为许多专业面狭窄的、专门化的、实际上彼此没有联系的科学学科,其中每一门科学学科都有自己的方法论和自己的只有本领域的工作者才懂的专业语言。按照 П. A. 弗洛连斯基的权威说法,"非自己专业科学的内容,不单对文化水平很高的人,而且对相邻学科的专家早已是难以理解的。然而,即使对同一科学的专家来说,个别学科也是难懂的"。

随着科学的发展,科学的实用主义目标日趋明显,人们力图尽快从每一项新的科学成果中获得实际利益和物质好处,这一切推动了科学的分化。但是,现在人类陷入了困境。困境的实质在于:一方面,大量全球性问题威胁着人类这一生物物种本身的存在;另一方面,现代科学的分化和专业文化已经不再是使人们团结起来,而是在促使他们进一步疏远。因此,研究现代文明全球性危机发展过程的许多学者十分清楚,现代文明的世界观危机其实就是全球性危机。所有其他危机现象(政治、经济、社会和社会学性质的危机现象)只是同一个主要原因——世界观危机——的合乎规律的结果。人类迫切需要新的世界观和新的社会意识,这种世界观和社会意识应该成为形成新文明的基础。这种新文明应该

---

① Г лушков, B. M. О кибернетике ка к на уке. Кибернетика, мышление, жизнь, —М. , 1964.

能对抗使人类走向自我毁灭的全球破坏过程。毫无疑问,许多学者正努力促使其形成的新科学范式成为这种世界观的核心。

在这一范式的形成过程中,发展信息方法具有重要意义。信息方法是科学认识自然界、人和社会——当代世界三个最重要的信息系统的基础方法。这三个信息系统的统一和相互作用,还有待今后去揭示和认识。但是,在研究信息和信息过程的一般属性以及它们在发展自然系统和社会系统中的基础作用方面已经取得的科学成就,使我们今天已经可以用新的态度对待周围世界许多似乎十分熟悉的现象,并在认识周围世界最普遍的基本规律方面大大前进一步。

由于管理过程的理论——控制论的发展,20世纪中叶在基础科学中出现了"信息"概念。这是个卓有成效的概念,并很快涉及整个科学领域。它不仅为控制论方面的专家和在技术系统中传递信息方面的专家广泛利用,而且也为在自然科学和人文科学领域工作的许多学者广泛利用。只有哲学长时间忽略了这个新的涉及整个科学领域的范畴,就像它当时忽略了"能量"概念那样。

控制论的创始人维纳当时就已经指出了"信息"概念的基础性和哲学意义。他关于"信息不是物质,也不是能量,信息是第三种东西"的话是有先见之明的。信息现象原来是一个小小的坚果,宇宙的最隐秘的秘密之一看来就隐藏在这个小坚果的内部。学者们已经大约有半个世纪毫无成效地试图深入到自然界的这个大秘密中去。近年来,没有关于信息本质的新观念,就不能形成相当完整而不矛盾的新科学范式。这种情况变得越来越清楚,只是在这个时候"隧道的尽头"才闪现出了微弱的光线。这些年俄罗斯科学出版界出版了一系列著作,论述研究信息和信息过程一般属性的哲学问题,分析它们在自然界和社会发展中的特殊作用。在这些著作中,信息不仅被看做是涉及整个科学领域的最重要的哲学范畴,而且也被看做是物理现实的按其多层次性令人吃惊的现象,按其层次它与诸如物质和能量现象相同。

信息现象的多层次性在于,它的属性以特殊方式表现在这些或那些自然过程和社会过程发生的不同条件中。所以,近年来的科学中甚至出现了"信息环境"的专门概念。信息环境是信息过程发挥作用的舞台,它可以大大影响信息过程的进程和结果。信息现象表现的多方面性和这些表现对信息环境特性的依赖性,看来也是研究信息一般属性时存在困难的基本原因。因为科学中至今还没有信息概念的统一定义。更何况还有一些著作断定,统一的定义在原则上是不可能的,因此只好满足于信息的具体定义,这些定义是科学知识的各个不同领域为自己制定的。不过,现在已经显现出信息的一般理论的轮廓:信息的一般理论是关于信息的一般属性和信息过程的最重要规律的新基础科学。信息的一般属性和信息过程的最重要规律假如没有表现在所有信息环境中,那么至少也要表现在它们相当有代表性的部分中。

4. 科学认识方法论中的信息方法

近年来,我们越来越相信,自然界中实际上所有的相互联系都具有信息的性质。因为正是信息决定着物质在宇宙中运动的方向,它是自然界和社会中发生的所有过程的含义的载体。对信息在自然界和社会现象中居主导作用的认识,也成了产生科学认识的新基础方法——信息方法的原因。这种方法的实质在于,研究自然界和社会中的任何客体、过程或现象时,首先是揭示和分析它们的最典型的信息方面。

在自然界量子层次上的进化过程中,强能量作用和弱信息作用是同样重要的,这些作用在临界情势下都能够向这个或那个方面改变发展的方向。也就是说,物质的发展在其深处有能量—信息基础。现代科学的这个极其重要的哲学结构,应当大大改变了我们以前关于宇宙基础原理的观念。

从信息观的角度可以把宇宙看成复杂的多层次的信息系统,在该系统中信息过程贯穿所有层次,同时也服从于若干普遍的信息规律,其中许多规律还有待我们在近期去发现和研究。在亚量子物理学领域研究物理真空属性的俄罗斯学者的最新研究结果,也证实了这个哲学概念。这些研究表明,在物质结构的最深层次上,信息过程具有主导性。信息过程速度超高,实际上是在一瞬间进行的,其实现无须消耗能量。这些好像是矛盾的结果,不仅在实验室试验中而且在某些崭新的工业技术中都得到验证。

俄罗斯物理学家和哲学家 Л. В. 列斯科夫院士近年发表了几篇文章,他在文章中发展了宇宙结构的语义学假说,在该假说中宇宙的基本属性在亚量子层次上以一定结构及其动态的形式出现。这个假说可以使人们更好地理解,宇宙的语义属性在宇宙的其他我们观察到或能够想象出的各种不同表现中起着决定性作用。所以,根据 A. E. 阿基莫夫的观点,要理解我们周围世界到底是怎样构成和发展的,至少必须从三个不同的角度加以研究和思考:在语义层次上,自然界的深层结构因素将起主要作用;在信息层次上,信息过程将占优势;在物理层次上,物质和能量属性是决定性的。

同时还要指出,目前存在着一种假说:在宇宙的物理层次上可能出现的并不是任何客体、过程或现象,而只有那些在语义层次和信息层次上已有根基的客体、过程或现象。假如这种假说是正确的,那么甚至《圣经》中众所周知的论题"起初就有语言"将可以不从神学的观点,而从哲学的观点来解释,因为它直接指出了宇宙的语义基原。Б. Б. 卡多姆采夫提出了一种假说:"可以认为整个世界是一个信息开放的系统。"①换句话说,他关于信息方面是开放的系统的理论,可以也应该不仅用于物质组织的量子层次上,而且用于所有其他层次上——从化学分子世界到宇宙学客体和整个宇宙。况且,没有这样的哲学方法,就不能彻底理解我们日常生活中许多似乎众所周知的过程的本质。这种思想,首先是与"自然界—社会—人"全球系统运转、相互作用和发展的规律紧密联系在一起的。要知道,这些规律在颇大程度上也具有信息的性质,因为任何相互作用首先是信息过程。

5. 作为基础科学的信息学对象领域的结构

根据以前叙述的哲学方法和原则,可以把基础信息学的对象领域的总结构看做是包括以下六个基本部分的领域:

第一,理论信息学(信息学的哲学原理和信息的一般理论是理论信息学的基本组成部分)。研究信息最一般属性和信息相互作用过程在自然界和社会中的规律的科学。

第二,技术信息学。这一学科研究信息一般规律表现的特点,和信息过程在人工建立的与人为了自己利益而发展的、超自然的技术信息环境中表现的特点。同时,不仅计算机系统和远距离通信系统,而且所有其他信息设施和人造的系统(从路径指标到超级计算机和全球通信、广播和电视信息系统),都被列为超自然的技术信息环境的组成部分。

第三,社会信息学。这门比较新的学科研究信息在社会中,即在完全不同的具有社会本质的信息环境中运动的形式和规律。

第四,生物信息学。这门比较新的学科研究信息过程在生物圈(动物和植物)中表现的一般规律和特点。20 世纪末,在生物物理学中的科学研究成果的

---

① Кадомцев, Б. Б., Динамика и информация., Успехи фцз, наук., 1997.

基础上,基础信息学的这个部分在俄罗斯开始积极发展起来。

第五,无生物界信息学。这门新的学科研究领域研究信息属性在无生物界(宇宙客体、地球构造结构、水和其他液体、天然晶体结构、金属等)的信息环境中的表现特点。

第六,能量信息学(энионика)。这门比较新的学科研究所谓能量—信息相互作用过程在生物界和无生物界客体之间表现的规律性。这方面现在已经积累了相当多的资料,有根据证实这种过程的客观存在,甚至正在实际运用(例如在医疗实践中)。所以,用科学的方法(首先是信息学的方法)研究这些过程,当然不仅是恰当的,而且是必需的。П. П. 加里亚耶夫教授研究生物体遗传密码波属性的著作①就是这方面研究的实例。现在这些著作在俄罗斯还鲜为人知,但却受到外国专家的称赞。C. B. 泽宁关于人的生物场对水的物理属性和信息属性的作用的经验研究,可以作为另一个实例。这些研究表明,这样的作用现实存在着,并可用物理化学的传统科学方法进行量化评估。

当然,任何一种分类法都是相对的。因为自然界及其客体具有完整的特性,所以,在科学知识的总体系中分出这个或那个学科只是我们力求从完全确定的观点研究自然界的这些或那些客体的结果。研究信息过程引出了"信息环境"概念。信息环境是开展信息过程的舞台并对信息的一般规律的表现特点施加实质性的影响。信息的一般规律正是在信息环境中表现出来。可以看出,通常正是把信息环境的类型当做基本的标志性特征,这一特征将前面已经提到的基础信息学对象领域归纳成有系统的结构的基础。

还要指出,正是维纳关于自然界和社会中控制规律统一的理论成了当时在苏维埃社会中传播信息学思想道路上的主要障碍。那时当然不允许"资产阶级的"新自然哲学渗透到社会的意识形态中并在全国居于统治地位,所以控制论在当时也被宣布为"为资产阶级反动派服务的伪科学"。而我们今天不仅承认、研究和实际利用技术控制论,而且也承认、研究和实际利用生物控制论和社会控制论,这些控制论向我们揭示了物质组织不同层次上的控制规律的统一性和特殊性。

---

① 参见 Гаряев, П. П. Во,лновой генетиче ский код, —М. : ИПУРАН. ,1997。

6. 信息社会的形成和教育的新哲学

　　教育的内容一直是具有社会意义的科学知识和最重要的社会实践成果,反映在教育体系中的某种共生现象。这两个最重要的组成部分的结合,以及它们之间的某种比例关系,总体上决定着教育体系的具体面貌。在教育体系中居统治地位的可能是教育方向(综合大学),也可能是职业培训(技术院校或人文科学院校)。现在已经十分清楚,相当深入地学习作为基础科学和普通学科的信息学基础,应当是各类现代教育必修的科目,并且这种学习应该在教育体系的所有层次上(从小学到研究生班,以及在向受过高等教育的专家提供的进修培训中)不间断地进行。今天,这个要求已不过分,因为这里指的是适时培养千百万人在全球信息社会的崭新条件下生活和从事职业活动。全球信息社会的形成开始于20世纪90年代,今天已经具备了崭新的一般文明过程的性质,这一过程的发展将改变现代文明的全部面貌。

　　在这个过程开始时,信息社会的形成是在市场经济机制的影响下自发地实现的。但是,今天许多国家的政府正在采取一个又一个措施,试图目标明确地影响这一过程。例如,在西欧国家,正在分析2000多个旨在促进信息社会形成过程的项目,还有一些大的国际项目。2000年3月,欧盟通过了"电子欧洲"方案,该方案预定为期10年并主要包括10个有社会定向的基本方面。2000年6月,八国集团国家领导人会晤时通过了《全球信息社会冲绳宪章》,以及关于经济财务中的信息革命的专门宣言,这个事实也具有象征性的国际意义。

　　可见,在我们星球上形成全球信息社会的迫切性和基本方面如今已经见诸于世界发达国家共同体的正式国际文件中,而这已是国际承认的一种实际情况:文明自身的发展向新层次过渡的过程已经开始了。遗憾的是,人类社会发展的这个极其重要的新趋势,在俄罗斯教育体系的内容中实际上并没有得到反映。在俄罗斯教育体系中,学习信息学问题的传统工具——技术方法仍然占有优势。所以,前俄罗斯总统普京号召:"不要错过信息革命!"这一号召包含在他每年向俄罗斯国家杜马提出的咨文中。这不仅是有根据的,而且是十分及时的。因为今天世界正是在信息领域变化得最快,而在21世纪这一趋势无疑将一直持持下去。因此,俄罗斯今天需要崭新的教育哲学。我们认为,下述原则应该成为这一哲学的基本原则:

　　第一,培养人们新的世界观,即信息科学世界观和智力圈世界观。这种世界观的基础是生物中心范式、生态绝对命令和每个人为保存我们星球所有生命形式的高度个人责任。

第二,以有效利用科学知识和新的"突破性的"信息技术为基础,面向社会创新发展类型。"突破性的"信息技术将使人们有可能减少资源消费和减轻我们星球承担的保证文明稳定发展程度的人类学负担。

第三,教育体系面向未来的原则取向(超前教育的理论):旨在适时培养千百万人在已经形成的全球信息社会的新条件下生活和工作。

在上述原则基础上形成新教育哲学,不仅可以大大提高教育的质量,而且,最主要的是可以使教育的内容完全适应于人们在21世纪——信息和科学知识的世纪中——生活和工作的新条件。在俄罗斯教育体系中实现上述原则,将促进实现它在俄罗斯联邦教育的国家理论中反映出的基本战略目标。

K.K.科林认为,最重要的战略目标是以下几个:第一,形成俄罗斯社会的新信息文化。职业、社会和民族知识以及人们在21世纪特有的新的高度自动化居住环境中的行为准则的总和,应当构成新信息文化;第二,形成对现实世界的完整理解和现代的科学世界观。它们的基础应当是承认自然界和社会中的信息规律的统一性,以及理解信息在进化过程和保障自然系统与社会系统活动中的主导作用;第三,培养社会的智力精英掌握科学研究的新方法论。其基础将是信息方法——认识自然界、人和社会的基础方法;第四,培养在社会信息化和新的科学密集技术条件下一专多能的学识渊博的人员和高级专家。

(二)K.K.科林论社会信息全球化和人文革命

1. 世界面临新的人文革命

毫无疑问,21世纪最重要、最特别的特征是社会越来越全球化。社会全球化首先是以信息圈全球化(世界信息空间)为条件。世界信息空间在最近几年迅速变革,导致信息学和新信息技术手段的发展与普及。①

这些手段越来越广泛地渗透社会活动的几乎所有范围,并从根本上改变了世界上数以百万人习惯的生活方式和职业活动方式。他们创建了原则上新的、人类历史上史无前例的潜能以及新的、原先不熟悉的问题,改变了传统的行为类

———————

① 参见K.K.科林:《社会信息全球化和人文革命》,华中科技大学社会信息科学研究中心主编:《社会信息科学简讯》2008年第19期。

型和生活方式。

从本质上来说,今日,人们简直是目睹了文明历史上最宏伟信息革命的实现。文明发展从一个新水平转向全球信息社会是信息革命的结果。这样的社会期待怎样的人类?在今日已经表现了怎么样的、社会已形成的主要人文趋势?这种趋势进一步发展会导致人类什么样的后果?我们应该怎样应对所有的这一切?

分析表明,激进变革产生于人文范畴。激进变革对文明发展的进一步命运产生强烈的影响。其主要推动力是人类本身、人的世界观、价值系统、智力、受教育程度、道德宗旨和品行,这些在社会全球化的条件下会发生根本的变化。因此,今日可以完全有根据地说,世界社会正处于跨进新人文革命的时期,其后果必须及时进行预测。

2. 形成全球信息社会的人文趋势和可期待的后果

现在让我们来看一些原则上重要的人文趋势,这些趋势由于新的信息技术的发展和全球信息社会的形成在今日已经可以看清。其中一个趋势是工业思维和社会思维全球化,这是一个非常新的革命趋势。毫无疑问,这将对人类社会的进一步发展产生重要后果。这一革命趋势是以现代社会信息空间全球化为条件的。现代社会信息空间全球化尤为明显地在最近几年表现出来了。

如果分析促使世界信息社会、信息空间全球化的主要因素,那么可以划出四个主要因素:

其一,电视和无线电全球系统的发展。这以使用今日覆盖整个地球表面的通信卫星系统为基础。因为这一通信卫星系统,地球的任何地方都可以保证世界最大的电视和无线电公司的一些电视和无线电节目的接收。这些世界电视公司和无线电公司,在昼夜传递着经济领域、科学领域、教育领域和文化领域最新的新闻和消息。

其二,全球信息—远程通信网络的发展。互联网就是一个很明显的例子。互联网今日覆盖整个地球并且使用者的数量在不断地增加。

其三,电话通信的全球化,也包括手机的全球化。用手机可以连接到世界许多发达国家的用户,而几年之后这一网络将覆盖整个地球。

其四,信息交流新手段和技术的出现。这里首先要指出来的是个人数字(коммуникаторы),这是一些便携式的设备,能保障手机、网络终端和微型录像机功能一体化。除此之外,网络电话技术快速发展,这样能通过网络信息线路传递语言交流。还有一个趋势是表现为一般电视接收器的功能扩大。将电视机转化为数字设备之后,它们保障不仅能从电视机信息网络中接收信息,也能通过网络将用户的反馈信息传递出来。

上述这些因素的共同作用创建了一个全球化的新信息空间。这些因素进一步发展的人文后果是什么? 这些后果有很多,但首要的是在人类身上发展了一种"不断开放性",感觉接通世界信息空间,结果是导致社会思维全球化。这种新人文现象的本质是人类越来越不觉得自己孤单,不脱离他人。今日个人能快速地了解世界所发生的大事,并参与这些大事。在人类社会发展史上,地球的个人对各种社会意义的大事开始表达自己的态度,并产生现实的影响。正是由于信息交流新手段的发展才表现出这种潜能。

应该指出,今日所观察到的这种现象已经是人类整个历史发展思维全球化的第三阶段。第一阶段发生于麦哲伦和哥伦布全球航行之后。那时人类首次意识到了地球的有限性,而在此以前地球被认为是无穷大的。这是人类思维全球化道路的第一次严肃的迈步。社会思维全球化的第二个阶段发生在尤里·加加林的首次太空飞行。那时人类第一次从太空看到了自己的星球,并且人类开始明白,地球是多么的渺小和脆弱,我们应该学会好好珍惜地球。我们所观察到的思维全球化的第三个阶段始于有针对性地形成全球信息社会。这一阶段产生了人类信息相互联系性的思维。生活在地球上的所有人和将生活在地球上的所有人不取决于其文化、种族、宗教信仰和政治信仰。这是一种极为重要的人文现象和一般文明现象,以及以社会全球信息化过程发展为条件的。

提高社会信息交流渠道的水平。今日还表现出另一种重要的人文趋势,即快速提高社会信息交流渠道的水平。这种趋势表现的主要特征是什么? 下面将分析几点最重要的特征:第一,今日我们观察到了社会信息交流强度的快速增长。这增强了信息交流,不仅在单个的个人之间,而且也在组织、区域、国家和大陆之间。第二,这本质上增加了国际联系的强度,使得经济、科学、教育和文化间的合作得到更广泛的发展。第三,开始了一个发展国际劳动分工和人口就业率的新阶段,这在社会的信息范畴表现得尤为明显。

进一步发展这些趋势的人文后果会是什么? 首先将是期待不发达国家和发展中国家激活智力资源的使用。印度就是其中一个最佳事例。印度现在已经成为世界上研制信息技术程序软件的主要国家之一,这是所谓的 offshow 编程。程序产品按国外公司的西方规格生产,而产品通过互联网发往国外公司。印度的这种研发量今日已经达到数十亿美元。还有另一个可预测的结果,是在世界上不发达国家和地区有望解决"信息贫穷"的实际问题。这一问题今日对提高现代世界人们生活质量尤为重要。人类心理具有社会特征,人需要不断地与他人交往。因此缺乏这种交流就不能用任何物质财富来替代。

3. 社会智能化和发展教育系统的新阶段

现在让我们来看一下那些原则上能为人类开辟一个信息社会智能范围的新潜能。这里首先要选出提高更广阔人群素质教育的许可程度。下列主要因素能促进素质教育的提高:第一,在使用远程通信网络和教育信息学新成就基础上的远程教育的发展。今日在世界上已存在一系列所谓的"百万大学"(巨型大学),每一所这样的大学都有 10 万多名大学生。俄罗斯最近也出现了这样的大学。比如,2001 年莫斯科国立社会大学的大学生人数就达到 8 万人,其中 2.2 万学生在莫斯科就读,其余的学生在分布于俄罗斯各地区的分校就读。第二,积极形成"开放式教育系统"和所谓的"虚拟大学"。他们能同时在几个教学机构教学,这能实现个体教育原则,能选择个人的"教育路径"去获取新知识。

发展这些新潜能可以出现什么样的人文后果呢? 这里,首先能期待的是人们受教育程度一般水平和其专业培养质量的本质提高。其次,也应该期待高等教育系统的空前发展。这种空前发展对转化到社会生产的一个新的技术水平是有必要的。如果在 20 世纪中叶只有 20% 的工作岗位要求高水平的工作人员,那么今日要求高水平工作人员的岗位已经达到 60%,毫无疑问,将来的要求会更高。正是如此,世界上一些技术高度发达的国家,如日本,打算向普通高等教育系统转型。21 世纪的技术是知识密集型,因此对于他们来说,在许多领域有效地使用社会活动需要许多受过高等教育的人才。

这样,提高素质教育许可程度的主要结论是综合提高人类潜能发展的质量。正是他们构成了任何一个国家财富的主要组成部分。比如,根据联合国发展计划专家们社会研究的结果,地球今日所分布的财富的一般结构中,2/3 是人的能力,只有 1/3 是自然资源和所有生产基础设施(вместе взятых)。

这是一个非常重要的结论,值得对其进行好好的思考。我们还面临着重新从经济学的角度审视与人的关系。人是任何一个国家的主要财富,因此对人才发展的投资是今日最有效的投资,这不仅是从人文角度,也是从经济角度来说。

我们面临着一场智力革命。首先,今日新信息技术是增强智力和发展人类创造力的有效方式。首次,在文明发展史中人类最终创造了增强智力的工具,并且这种工具能发展人类本身的能力:记忆力、空间思维、创造想象力、逻辑。所有这些都说明,我们今日正面临智力革命的新阶段。这是发生在社会的心智范围（в ментальной сфере общества）。其会导致的主要结果是:一是提高作为其进一步发展主要资源的社会智力潜能;二是为个体实际实现创造潜能准备条件,这是由人的本质所赋予的创造潜能。

信息社会关于空间和时间的概念发生了改变。空间和时间的激进变革是社会信息全球化一个最重要的人文影响,也是成员之间信息交流本质的强化。任何一个人的世界观都有这两个基本范畴。的确,现代信息技术,如电子邮件、互联网上信息的相互交换和手机,能实现并长期地支持许多发达国家任何一个已经掌握了并能广泛地运用这些技术的用户之间信息的有效交换。

从信息的角度看来,我们的世界变得越来越紧密了。就像范围变小,距离已经不再像原来一样遥远了,它们已经在最小程度上将人们彼此分离开来,这得益于彼此间不断交流的能力。并且,信息社会的时间概念将具有几个其他意义,因为时间的心理知觉本身发生了改变,时间的这种知觉变得越来越动态了、有生气了。

在信息社会中,社会时间发生了本质的"密封"。因为在同一时间间隔将发生本质上的、更多数量的、具有社会意义的大事。这种社会心理现象将在发展信息社会心智范围内具有重要的影响。分析这种社会心理现象,可以和工业社会的类似现象进行比较。我们这里所说的是交通通信的发展。在工业社会出现和广泛普及铁路交通、公路交通尤其是航空运输不仅会改变经济面貌,也会改变整个人的生活方式。当然,它也改变了人的世界观,首先是部分地改变了他们对时间和空间的概念。

普及性的交通通信的发展改变了整个社会的生活,美国人经常说的"汽车和全世界著名的公路创建了美国的现代外观"是非常有根据的。今日我们在社会信息范围的发展中体验到某种类似性。这种社会信息范围的发展之间越来越相互联系。毫无疑问,它也是发生在新人文革命现代世界一个非常重要的表现,这种新人文革命将改变我们对周围环境的态度,包括接受其空间和时间上的测量。

4. 信息社会的人类所面临的新问题

(1)信息不平衡。遗憾的是,社会全球信息化带给人类的不仅是财富和便利,也带来了一些新问题。其中一些问题具有全球特征并在今日已经开始表现出来。问题之一是在社会信息新环境中人与人之间、国家与国家之间、地区与地区之间表现出的信息不平衡。在2008年的八国集团峰会上通过的《全球信息社会冲绳宪章》(Окинавской хартии)对这一问题特别关注。在签订这一文献时领导们宣布有意集中力量构建全球信息社会,并同信息不平衡作斗争。

应该强调一点的是,信息不平衡问题今日不仅是全球性的经济问题、地缘政治问题和社会问题,它也是文化学问题。要知道利用这些新的信息学技术和手段赋予的优势的可能性,不仅取决于某一国家(той или иной страны)经济发展水平,在很多方面还要取决于教育水平和社会的语言学文化水平,对新的发展现代文明的矢量信息方向的定位水平。遗憾的是,有理由认为,信息不平衡的问题刚刚开始吸引政治领导人和科学界人士的关注,将来信息不平衡问题会加剧,并且为解决信息不平衡问题必须采取国家水平和国际水平的专门措施。

(2)保证人类和社会信息安全问题。今日这一问题获得了新的内容,并且包括的不仅仅是信息犯罪和计算机犯罪。这里表现出完全新的视角,其中包括对大众意识产生影响的工具和技术(操纵意识),操纵意识可以通过大量信息手段实现,也可以通过全球计算机网络实现。

根据国际语言学领域专家的看法,当今每两个星期地球上就有一门语言将永远消失。消失的语言现已有2000多门。根据一些预测,21世纪末90%的语言将永远消失。这已经是一种非常危险的现象,因为随着人类文化多样性的减少会产生人类文化的递减。

(3)社会技术控制和人文价值。在社会越来越被技术控制的道路上,世界还面临另一个危险。这一危险在最近几年越来越明显。根据许多人的预测,21世纪将是技术统治社会的时代。比如,今日日本已有80%的财产由技术统治者控制。这主要是不同公司的经理人,他们掌握了股票的控制额。这样,今日的日本已经不是一个资本主义国家,准确地说,是一个控股公司财产的国家。一个合理的问题就会相应而出:这样是否可以?

当然,这不是不好,当国家的权力落入权威人士(компетентные люди)手中时,这样的人不仅拥有自己的资产,而且还善于工作,生产新产品。这里另一点也相当重要:在这种条件下不丢失社会的人文价值,也不准许用技术控制来代替社会的人文价值。

(4)社会的非人文化和道德教育问题。社会的非人文化,今日观察起来无所不在,在战略计划中有可能是极其危险的。只有道德教育能给人对相对平静未来的希望。我们的世界变得越来越危险,高科技不仅没有降低这种危险,反而加剧了。在这种背景下回忆起康德(Иммануил Кант)的话是很适宜的:"如果只有两样东西使我不能停止惊讶的话:那就是头顶的星空和我心中的道德准则。"道德准则,这是我们自小受教育的观念,这是一种行为,人在任何情况下都没有权利不完成这种行为。道德的绝对命令,这是人类安全发展的一种现实保障,任何一种反导弹系统也无法达到。

与全球化过程紧密相连的现代社会发展的最重要的趋势,应该是对社会许多人文范围的成分提供最严肃和多层次的影响。这种影响的总和将构成整个文明新现象的主要内容。这一整个文明现象在今日已经越来越清晰地表现出来,并有足够的理由将其鉴定为一个新的人文革命。在21世纪最近的十年中可以期待这种人文革命的发展。今天已经完全清楚,这种革命导致的不仅是教育、科学和文化范畴内的激进变革,也在很多方面改变世界所有国家人们的世界观、对自然的态度、对己的态度和对他人的态度。

(5)21世纪中叶人们完全可能生活在一个完全不同的世界。可以认为,这个世界比我们今天所生活的世界更好、更安全。从协同学(синергетика)的观点看来,社会全球化的过程可以被看成是世界文明对其进一步稳定发展的新危险的合理的反应。今天两个主要的矛盾趋势在进行争斗:第一个趋势是提高世界各地区信息的相互联系性,这毫无疑问,我们应该提高其作为复杂自组织系统的稳定性;第二个趋势是在全球化过程的影响下破坏传统的民族文化。

后一个趋势降低了世界文化多样性,因此应该被视为负面的趋势。它降低了文明的对于破坏性影响的稳定性。哪一种优势将占优势,未来会告诉我们答案。但是在任何一种情况下,今天我们已经完全清楚,解决的将不是未来人类经济或者政治范围的主要问题,而是文化范围的问题。文化应该成为不久的文明稳定发展问题语境下,人们关注的中心。

第六章　美国和日本的社会信息学研究

　　由于科学主义和实用主义传统的影响,美国的信息科学技术被广泛地应用于人文社会领域的信息处理之中;反过来,社会信息处理的需要也推动了信息科技的进步。尽管社会现象主要是信息过程,但是在美国没有出现信息观念对社会现象研究的强大影响。于是,美国学者的"社会信息学"主体上是信息技术在社会领域中的应用,而对社会信息过程本身的研究不多。

　　日本较早地研究了新闻学,也较早提出了社会信息学的概念,可是社会信息学理论问题的讨论受到整个信息科学基础研究严重滞后的限制。在美国的科学主义与实用主义传统的影响下,他们关于社会信息学理论体系建树不多,而在信息科技的社会应用和社会信息教学方面有较多的成果。

一、美国社会信息学的历史与现状

(一)美国社会信息学概述

1. 美国社会信息科学的早期研究

20 世纪 70 到 80 年代,大部分的社会信息科学研究把机构(或组织)作为研究的对象,因为它们是首先实现计算机化的地方。普通老百姓在家中使用电脑是90年代才出现的事情。个人电脑和因特网的出现、使用和普及带来了工作方式、交际方式和生活方式的全面改变。人们不需要离开家就能工作、交际、娱乐、就医,这些20世纪的神话逐一成为了现实,给社会信息研究带来了新的领域和空间。

在对组织机构的研究中,所研究的问题通常以探索决定影响的方式提出,比如:"如果我们实施X,那么计算机对该机构的运行的影响是什么?""如果我们实施A,那么社会生活会发生怎样的变化?""计算机系统是提高还是降低了工作质量?"在对工作质量的研究中,研究者特别注意到了计算机的使用对不同的职业的人员带来的影响。不同的研究者分别研究了信息化对职员、工程师、经理等的工作效率的影响。这些研究并没有得出简单、直接的结论,最后的结果往往取决于研究对象的素质和能力。但是总的来说,普通职员从计算机应用中获益比专业人员少得多。

其他的研究问题包括,计算机的使用在多大程度上让机构的管理更加集中?多数人认为计算机系统可以让上层管理者更加详细地了解和掌握基层的工作情况,因而使管理更加科学和严密;但有些研究得出了完全相反的结论。

随着社会信息科学研究的深化,研究的问题和结论变得越来越具体。笼统的结论,比如"网络可以让公众获得更好的信息"会遭到社会信息学权威的质疑,他们会反问:"什么时候?""在什么条件下?""对于哪些人?""哪些方面的信息?"等。这些基于信息使用环境的追问表明,社会信息研究者在信息技术对生活的作用方面形成了分析性的理解和思维方式。[1]

2. 关于社会信息学的术语

社会信息学(Social Informatics)这一术语源于1996年2月美国加利福尼亚大学教育与情报研究学院在国家科学基金会的支持下召开的关于数字图书馆的社会方面的研讨会。[2] 当时,来自不同研究领域的专家,包括 Phil Agre、Jacques Berleur、Brenda Dervin、Andrew Dillon 和 Rob Kling 等,对计算机化的社会方面问题特别感兴趣,他们认为缺少一个能够涵盖这方面研究和交流的新术语。在讨论电子图书馆和计算机支持的合作工程时,学者们感到需要一个专门的术语来

---

① 参见黄雪婷:《社会信息学研究综述》,《情报检索》2008年第8期。

② 参见 Social Informatics, http://www.slis.indiana.Edu/SI/index.html。

指代计算机和信息技术与社会环境之间相互作用的研究,当时有几个所指内容大概相当的名称同时被使用着,它们包括"计算的社会分析"(social analysis of computing)、"计算的社会影响"(social impacts of computing)、"信息系统研究"(information systems research)、"行为信息系统研究"(behavioral information systems research)等。为了能够方便交流,专家们决定使用一个统一的名称,于是"社会信息学"这个名称就产生了。会议最终就"Social Informatics"一词达成了共识。①

1996 年,美国印第安纳大学信息科学教授罗布·克林(Rob Kling)博士,发表了社会信息科学的经典之作——《社会信息学是什么及其为什么重要?》②,对社会信息科学作出了简洁明了的解释:社会信息科学是以计算机化的社会方面作为研究对象,研究信息技术在社会和组织机构中的作用,以及社会和组织机构对信息技术发展的影响的一门科学。社会信息学就是从信息技术、组织机构和文化背景的相互影响方面对信息进行跨学科的研究。这可谓是为从事这方面研究者或对其感兴趣者树起了一面旗帜,引导了相关的研究和教学活动。

罗布·克林教授领导创建了美国印第安纳大学社会信息中心。③ 他认为,社会信息学是考察信息化社会方面问题的一个研究领域,主要包括信息技术在社会和组织变革中的角色,信息技术在社会环境中的应用,应用信息技术的组织受社会力量和社会实践影响的方式。按照这个定义,社会信息科学的研究领域应该非常广泛,其研究成果散布于不同领域,如计算机科学、信息科学、信息系统和其他社会科学领域的期刊中。

还可以说,社会信息学是一个以计算机化的社会方面为研究对象的新领域,包括信息技术在社会和组织变化中的作用以及社会的组织和实践对信息技术发展的影响。它可以更明确地定义为,"从信息技术与组织机构和文化背景相互影响的角度对其设计、使用和功用进行的跨学科研究"。

菲尔·阿格雷认为:"社会信息学研究旨在确保技术研究和系统设计与人们的生活是相关的。关键问题是相关性,确保技术工作是由社会驱动而不是由

---

① 参见沈嵘:《社会信息学引论》,《情报科学》2005 年第 7 期。

② 参见 Rob Kling, *What is Social Informatics and Why Does it Matter* [EB/ OL], http:/ / www. dlib. org/ dlib/ january99/ kling/01kling. html,2004—06—03。

③ 参见 http://www. slis. indiana. edu/ csi/ index. html。

技术驱动。相关性有两维:过程和结果。设计和应用过程要与特定社会实践的动态需要相关,而设计和应用的结果要与人们的生活相关。社会信息学使得所有的技术工作向两个方向发展:第一,更表层化,把注意力放在人们重视的功能上,因此把设计和应用放在首位;第二,更基础化,阐明对描述社会现实有用的并以此定义技术工作的那些分析范畴。"①

社会信息学虽然是一个相当新的学科术语,但与社会信息学有关的学术研究工作,如计算机与社会、信息技术的两重性问题、信息产业与信息经济、信息社会、信息文化、信息伦理、信息生态等,一直都有很多研究者在进行相关的探讨。

社会信息学关注组织机构中信息技术的使用。社会信息工作者主要致力于以系统的实践研究为基础,探索关于信息技术和社会变迁中的规律。他们的研究成果将有利于深入理解信息和通讯技术的设计、应用、配置以及由此而产生的效果,这将极大地促进信息技术的实际应用,减少信息技术投资中的盲目性,避免由于设计、配置不当造成的巨大浪费和由此引起的各种社会矛盾。社会信息学的研究成果对于政府相关政策的制定、学术研究、工业生产和信息技术的培训等,都有重要的指导意义。

(二)美国社会信息学的重要研究领域

1. 关于社会环境的重要性的研究

信息技术发展和应用的社会环境非常重要,它影响着人们应用信息和技术的方式,也影响着工作和管理的成效。社会环境不是什么笼罩着人们和信息技术的神秘"云团",而是由社会关系所组成的具体模型,包括人际关系,管理模式,工作过程中对信息的使用、组织、分享的激励机制等。相关的几个研究项目举例如下。

Price Waterhouse 是一家大的咨询公司,在 1989 年他们购买了 1000 套 Lotus Notes 文件支持系统。这个系统相当于一个小型的互联网,可以用来发布公告,收发电子邮件,进行小组讨论,建立资源库等。作为一个跨国公司,Price Waterhouse 的职员遍及全世界,其中在美国本土的就有一万多人。公司的副总裁相信 Lotus Notes 的强大功能一定会受到员工的极大欢迎,带来工作效率的提高和公司业绩的快速增长。但事实上,该公司在北美的不同分点的电话咨询人员可能

---

① 沈嵘:《社会信息学引论》,《情报科学》2005 年第 7 期。

在处理相同或相似的问题,可是他们很少在业务上进行交流,他们在用不同的方法处理相同的问题。如果能够用计算机和通讯技术将有关的信息贮存起来,然后共同分享,那么整个公司的业绩将会有大幅度的提升。

公司的技术人员是第一批被研究的对象。这个新的系统非常受他们欢迎,他们很快学会使用该系统的各种功能,而且很愿意共同探讨在使用系统过程中所碰到的问题。公司的税收咨询专家是新系统的另一批积极使用者。结合国内税收服务现状,他们能及时沟通咨询业务信息,通报有关税收政策的新变化,这样公司税收咨询业务就迅速增加了。公司的电话咨询人员本应该成为新系统使用的主体,因为新系统功能强大,对咨询业务能带来全新的变革;而且咨询人员在使用过程中也便于发挥自己的创造性,有创意地提升自己的业务。但是调查发现,资深的咨询员只是一般地使用了该系统,而年轻的咨询员对系统的使用就更少了,他们似乎对系统的使用并不感兴趣。一旦开始学习,稍微碰到一点麻烦他们很容易就放弃,整体上来说没有花很多时间使用系统。也就是说,在同一机构的不同群体在使用同样的计算机新技术时有完全不同的表现。为什么会出现这种现象呢?

这个结果的产生很大程度上取决于公司的激励机制。我们先看看雇员和合作者的区别。Price Waterhouse 和很多其他的大咨询公司一样,对雇员实行严格的提升制度。公司对雇员每两年评估一次,评估的结果有两个:升为合作者或解雇。在头几次评估中,几乎有一半的雇员被解聘。被升为合作者的员工年薪高达 300000 美元。所以获得合作者资格就是激励广大雇员的指挥棒。

咨询业务员是通过他们的咨询时间来评估的,所以实际上他们所有的工作时间必须是在被咨询。而新系统用法的学习是要花时间的,学会使用 Lotus Notes 一般要花 20—30 小时,按照咨询费每小时 150 美元来计算,他们必须找一个愿意支付 3000—4500 美元的客户让他们来熟悉这个新系统的使用,而他们对新系统到底能起多大的作用并没有把握,公司也没有提供咨询业务员使用新系统的成功范例。这就是一般的业务员,特别是年轻的业务员使用 Lotus Notes 较少的原因。与他们相反,工龄更长、已经获得合作者资格的职员没有失去工作的后顾之忧,他们反而会去尝试着使用新技术。

在华盛顿总部工作的税务咨询员们使用新系统的积极性也很高,但他们使用系统的动机完全不同。对于他们来说,薪水不是激励他们的指挥棒,他们所想要的是通过在局域网上发帖在同行中扩大自己的影响,同时扩大总部在整个公司的影响。

由此可见,技术的作用永远不能脱离人的行为和组织的特征的影响。公司或机构的管理模式、不同人群的习惯、动机、相互关系都会对信息技术革新的成果带来重要的影响。[①]

2. 关于工作方式的重要性的研究

人们的工作方式也影响着信息技术的实施和产生的结果。一个典型的事例是“无纸办公”进程的缓慢。在计算机网络还没有发展起来的时候,很多有远见的人士就预测很快我们就能进入“无纸办公”时代,但是实际上“无纸办公”到现在也没有实现。为什么会出现这种情况,是什么阻碍了“无纸办公”的进程呢?对专业人员,特别是文秘人员的工作研究对比发现,很多文书工作实际上很复杂,要涉及不同版本的文件的对比,要在文件上做记录、画简明的图形等。这些工作用文字处理软件来做都很复杂,但直接用纸和笔却快捷易行。比如,期刊的编辑在对比某一稿件的不同版本时需要将不同的版本铺开对照,并在文件上勾出不同版本之间的内容修改,目前最大的显示屏也难实现这种功能,还是将文件打印在纸张上比较方便。

但是对于一些交易系统,比如航空公司的机票预售系统,实现“无纸办公”却实际得多。人们不需要在机票上做什么记录,而“无纸办公”本身又可以大大地降低成本,所以机票预售的无纸化进展很快。

与此同时,在人们觉得应该“无纸办公”的地方,纸张仍然在使用之中。比如,民航的航班控制系统,在人们的印象中,控制人员是在电脑的显示屏上跟踪飞机的行踪。事实上,航班的监控主要靠电脑来实现,但是同时控制人员仍然在使用纸张和画在纸上的图表来显示飞机的飞行路径,当飞机从一个领空飞到另一个领空时,控制人员很快从一张图表换到另一张图表。Gary Stix(1994)研究了用纸张和图表工作的过程,也调查了 IBM 为了实现该过程的自动化所做努力。他说,IBM 开发了可覆盖 65 个领空的数据库,比实际需要的控制过程要复杂得多,FAA 花了几亿美元开发该项目,但最终却废弃不用,将其搁置一旁,其

① 参见 Kling R,Defining the Boundaries of Computing Across Complex Organizations,In R. Boland & R. Hirschheim (eds.),*Critical Issues in Information Systems*,New York:Wiley,1987,pp. 307－362。

中重要的原因包括目前所使用的电脑老化、不能与新系统匹配,技术人员的缺乏等等。

社会信息学在工作过程方面的研究非常重要,因为调查发现很多专业人员的工作和研究涉及不同的专业领域、不同的媒体、不同的资源。他们工作非常辛苦,因为目前的信息技术不能满足他们工作的需要,所以他们的工作平台看起来混乱不堪,工作流程不合理,工作效率低。社会信息学的研究将更深入地理解不同的专业的工作模式,以更好地指导信息系统的开发和利用。

3. 关于电子期刊和社会技术系统的研究

用因特网来支持科学交流是近年来科学界的重要特点之一,这些交流包括学者之间的电子邮件的交换、学术会议程序的讨论、未出版的学术作品的交流、电子期刊论文的查阅等。这些交流活动在学术界越来越频繁、越来越重要。研究表明,社会技术系统和电子期刊设计的社会要素和特征极大地影响着它们的应用。

在构建电子期刊、网上报纸、电子论坛、网站和电子图书馆时,人们往往考虑的是它们的技术层面的价值,比如,如何让作者和读者之间更直接地交流,如何让使用者获得更多的信息,如何实现文章之间的更多的联结。也就是说,这些资源的价值是通过技术框架来实现的。但是有经验的电子期刊使用者和设计者都承认,光靠技术的设计是不可能保证电子期刊的质量的。大家都承认,期刊的内容至关重要,也就是说,吸引高质量的论文是提高期刊质量的重要环节,至于如何吸引高质量的论文不同的人有不同的意见。要吸引高质量的论文光靠技术分析是不够的,必须对电子期刊进行社会分析。比如,保证电子期刊质量的一个重要环节是投稿论文的双阅评审,而选择评审者、将他们的评审意见反馈给作者、评审标准的统一都属于社会过程而不是技术过程。这些社会过程是由交际媒界及信息技术系统来支持的,信息技术系统有可能促进或阻碍评审过程,影响着评审质量。

1999 年,罗布·克林通过对比两个电子期刊 the Electronic Transactions of Artificial Intelligence(ETAJ) 和 The Electronic Journal of Cognitive and Brain Sciences(EJCBS),分析说明了社会技术系统的设计的重要性。这两个电子期刊有很多相似之处。他们都是通过双审制来选择稿件,在文章正式被录用前都有公众预审的环节。这两个电子期刊都是 1997 年建成,并经历了 18 个月才形成最终的运行模式。它们的编辑都希望通过发表最优秀的论文来提高办刊质量。实践表明,这两个期刊的技术系统都运行得很好,但是在社会技术系统的设计上有很大的不同,结果导致了完全不同的效果。

ETAI 是 1997 年建立的,Scandinavia 的人工智能研究专家 Erik Sandewall 教授是其主编。为了让该电子刊物的稿件评审过程对读者和作者更开放、更透明,他们并不是简单地继承原来的科学通讯的模式,而是对其结构进行了改造,以便更好地利用互联网、电子文档和数据库技术。投给 ETAI 的论文要经过两个阶段的评审。来稿首先要放到网站的新稿件区,让公众进行阅读和讨论,这一过程持续三个月。然后作者根据讨论的结果进行修改。改过的稿件将进入匿名双审阶段。有了第一阶段的基础,第二阶段的审阅往往会很快。该期刊有七个专题区,每个专题有自己的主编,每篇接收到的新论文都会被连接到公众讨论区。

由 Rutgers University 的 Zoltan Nadasdy 教授设计的 EJCBS 是一个没有编辑的电子期刊,它有如下特点:他们使用的并不是匿名双审制,而是互动投票的方式来选择他们的稿件。他们让网站浏览者与作者直接交流,任何人都可以通过网站向作者提问。该电子期刊根本不需要编辑,也不需要期刊策划,而是应用自动排版软件来转换文章的格式、插图、排版等。所以实际上,该电子期刊建立起来之后,完全可以自动运行。论文的选择过程也是自动的,不需要专门的评审专家。评审阶段的论文由读者来评阅和打分。专门的稿件评估系统管理读者的评分,所有的分数会被转到一个分数库,系统在月底会计算每篇论文的平均得分和所有论文的平均分。论文的最后去向将由这个分数来决定。获得了等于或大于平均分的论文会自动转入录用论文区,没有能够获得某一最低分数的论文将被标为不予录用。EJCBS 的这种构想是传统的期刊运行模式的完全革新,它具有成本低、互动性好、稿源广、传播快等特点。

这两个电子期刊的不同社会技术模式带来了完全不同的效果。他们是在差不多相同的时间建立的,但 ETAI 在第一年接受刊登了 5 篇论文,而 EJCBS 只收到 2 篇论文,经读者审阅两篇都没有获准刊登。

4. 关于社会技术系统的研究

社会信息科学的研究产生了许多有用的观点和发现,这些发现可用来指导信息技术、计算器网络的应用。将计算机信息系统看做社会技术系统,可以帮助人们认识电子期刊、电子媒体等的性质。

信息和通讯技术通常是作为工具和设备被讨论,甚至当涉及多种复杂的技术、资源、人员的组织时也不例外。实际上,将信息技术看做社会技术系统更合理、更科学。罗布·克林认为,信息技术系统应看做是由下列要素组成的社会技术系统:

(1)充当不同角色,相互联系并和系统的各组件相互作用的人;

(2)硬件:计算机主体、工作站、外设、通讯设施;

(3)软件:操作系统、各种应用程序;

(4)技术:管理模式、决策机制;

(5)资源支持:培训、保障、服务等;

(6)信息结构:信息内容和信息来源、使用规则、使用方式等。

这些组件不是静止不动的,而是在一个复杂的社会技术系统中相互依赖、相互作用。一个有社会技术观念的设计者在设计信息系统时,并不是远离将要使用该系统的人在设计室中闭门造车,而是应该利用一套发现程序去发现什么样的系统才能满足使用者的需要。至于如何更好地做到这一点,更好地实现系统和实际的使用者和使用环境的结合,已经有很多研究成果。比如,关于工作场所、关于使用者参与设计、关于设计策略等。①

5. 计算机网络作为基础设施,公众使用因特网的情况调查

很多研究表明,对于美国的各个行业和机构,计算机网络的使用已经非常普遍。公众使用因特网的目的多种多样,主要包括:和政府机构的联系、购物、投资,和家人朋友的联络、娱乐等。Kahin and Keller 发现,越来越多的美国人喜欢使用因特网获得医疗信息。很多人认为,网络可以提供很多无法从医院得到的医疗信息,比如,一个外科医生可能做外科手术的技术高超,但有可能不善于和病人交流,无法提供病人所需的疗养康复建议。至于网络诊疗给医生和医院所带来的冲击,不同的医生有不同的态度,有些医生认为这是好事,应该支持,而另一些医生表示愤慨。但是,还没有人系统研究网络咨询和诊疗对医患关系整体的影响。

在美国一些政府官员提出应该大力支持图书馆、医院、学校的网络化,因为

---

① 参见 Tang X Y, Social Informatics and Information Retrieval Systems, *Bulletin of The American Society for Information Science*, 2000,26(3), Available:http://www.asis.org/bulletin.html。

这将有利于提高公众服务体系的质量。但是,如何将这些网络转换成有效的社会信息服务系统还有很多问题要研究。Kahin and Keller 的研究表明,城市因特网使用率比乡村高得多。他还研究了不同年龄、不同职业的人群使用因特网的情况。

美国的社会信息科学研究者提出了"技术利用"和"社会利用"两个概念。"技术利用"是指特定的设施,比如达到一定运行速度的计算机,完成特定任务所需安装的软件。"社会利用"指的是专业知识、经济支持、技术能力,以及使用计算机技术改善专门工作和社会生活的方法。很多人以为"技术利用"能解决一切问题,其实不然,实际上"社会利用"比"技术利用"更重要。很多系统设计者都很清楚,一个好系统的设计并不是仅仅考虑计算机层面的问题,而更多的是要考虑使用者的层面的问题,只有这两方面结合起来才能最好地支持和促进使用者的工作,改善他们的生活。

多项研究证明,对于普通的网络使用者来说,最大的障碍来自网络使用的社会因素,主要包括网络服务软件的安装,系统的设置,病毒的处理,鼠标、键盘、菜单等的使用等。即使有多年上网经验的使用者仍然会受到计算机技能的困扰。调查还显示,有青少年的家庭比其他家庭有明显的网络使用优势,青少年普遍成为其他家庭成员的网络技术指导。

二、日本社会信息学研究的历史和现状

(一)东京大学:新闻研究所更名为"社会信息研究所"

1. 建立社会信息研究所的背景和目的

第二次世界大战后,1949 年在日本东京大学成立了新闻研究所。研究所所长是滨田纯一教授。① 当时的命名,取自德国的新闻学(Zeitungsw issenschaft)之意。望文生义地看,它以报纸为主要研究对象,后来又纳入了广播为研究对象。但是,从 1960 年代起,社会信息化迅猛发展,新的信息化浪潮不仅涉及大众媒体,而且包括个人形态传播,继而又进入家庭、企业、国家或自治体的组织,使研究所工作的范围出现了巨大的拓展,它的研究内容不只限于所谓大众传播,更扩

---

① 　参见滨田纯一:《"社会信息学"综述》,《国外社会科学》1999 年第 1 期。

展到信息网络、灾害信息和一般信息行为领域。在德国也可以看到同样的现象，过去曾经以新闻学来表现的研究领域或研究所的名称，被更换为 Kommunikation swissenschaft，即传播学。

为了适应上述的变化，1992 年，日本东京大学的新闻研究所更名为"社会信息研究所"。在成立研究所的公文里，关于研究的内容做了下述说明："社会信息研究所的目的是：对社会信息的生产、流通、处理、积蓄、使用进行综合性的研究，通过这些研究，从信息角度对人类社会进行社会科学的解释，同时对信息社会现象所产生的各种课题从学术上研究对策。为此，研究所的研究范围是：从个人行为、企业……产业活动、行政—政治过程、文化、信息网络—信息系统的结构和功能等各个角度，来分析由于微型电子技术及电子通信技术的发展所带来的现代社会信息化，研究这种信息化不断广泛深入地渗透于大众媒体、信息产业、企业、行政、地区、家庭、教育等社会各个领域的状况。"

在该公文中，对"社会信息"的定义为："人类在社会运作的过程中出现的信息，即作为形成社会的基本因素的个人或组织所生产、处理、积蓄、使用，同时在这些个人或组织间相互流动的信息。在这个意义上，它不同于单纯的机械性信号和生物体内的遗传信息。"其着眼点在于，在现代社会中特别是由于微电子技术和通讯技术的发展，使社会信息所具有的社会意义，以及关于社会信息研究的重要性急速增加。

"信息"这个术语，在计算机科学领域中，被广泛地使用着。在生命科学等领域中，经常地使用"遗传信息"这个术语。在信息的前面加上"社会"两字，表明它把计算机使用的信号信息，或生命科学的遗传信息排除在外了。但是，如果这些信息同时又是以诸如知识产权对象的形态"出现在人类社会的运作过程里"，那么当然应该作为社会信息来对待。还应该考虑到，关于信息的各种理科、工科、生命科学性的模式，可以在构筑信息现象的社会科学性模式时作为范例发挥作用。上述对社会信息的定义，并不立即排除与自然科学意义上的信息研究相结合的必要性。

按照社会信息研究所对建所目的的定义，目的中所包含的关于"社会信息"这一表述，其涉及的范围相当广泛，即"不仅把所谓社会信息的信息内容作为对象，而且信息的生产、流通、处理、积蓄、使用的过程，以及进行生产、流通、积蓄、使用的主体（个人、组织等）都作为研究对象"。这里当然也包括作为信息使用环境的制度上的各种条件的相关研究。特别重要的是"综合研究"一词所具有的意义。关于这一点的解释是："涉及社会信息的问题,不是个别地、片断地,而是将其与现代社会的全体信息现象连接起来进行研究(研究对象的综合性),同时,与研究对象的这种广泛性相适应、超越传统的学术领域框架,采用综合的、跨学科的研究方法(研究方法的综合性)。"

简而言之,社会信息学及社会信息研究的目的是"从信息的角度本身对人类社会科学的解释"。在以社会信息为对象时,仅仅满足于分析信息本身,或者分析信息发出(接受)主体和信息的流通过程是不够的;重要的是要把握课题的目的所在,通过研究信息现象来探明社会结构和状态,或者提出社会发展的正确方向问题。

2. 社会信息研究的跨学科性质与方法

社会信息学或社会信息的研究在本质上具有"跨学科"的性质,必须使用"跨学科"的研究途径或方法。首先,必须确认,相关研究的目的是"从信息的角度对人类社会进行社会科学的解释"。在以社会信息为对象时,仅仅满足于分析信息本身,或者分析信息发出、接受主体和信息的流通过程,是不够的。重要的是能把握课题所在,通过研究信息现象来探明社会结构和状态,或者提出社会发展的正确方向。举例来说,法学不仅要注重法律条文,在解释条文的时候,必然要意识到作为法律背景的社会,要经常考虑对法律的解释会给社会带来的冲击。也就是说,所谓法学是通过对法律的研究去阐明社会的学问。经济学也是如此,它是通过对经济现象的分析,阐明社会的学问。与此相同,所谓社会信息学及社会信息研究,也并不满足于以狭隘的视野分析信息现象,而具有通过对信息现象的研究能够洞察全社会的学术意义的性质。

社会信息原本就与人类和社会的运作的许多方面结合在一起。如果把社会比喻为身体,信息就如同社会的血管,流贯于人类活动和社会结构的各个角落。因此,它与各种社会问题有着丰富多彩的联系。这一点显示了,按照信息观点进行研究可以成为综合性地解释社会的极为有效的手段。与此同时,这一点还要求社会信息研究必须呈现跨学科的形式。跨学科研究方法的必要性在其他学术领域里也经常被论述,但社会信息研究并非依据于某一个传统的规范,而是在超越各种传统规范的新研究领域里进行设定。在这个意义上,跨学科性甚至可以说是社会信息研究的价值所在。至于围绕社会信息研究的各种课题,除了有直接关联的新闻学、大众传播研究等领域之外,在法学、政治学、经济学、社会学、社会心理学等临近的传统规范中,也已积累了许多社会科学方面的研究成果。在这样优越的条件下,社会信息研究可以应用这些丰富的学术积累,发展跨学科研究。

按照这一思路,从另外的观点来看,它又与社会信息这个框架是研究的"对象"还是"方法"这一问题的设定相关联。而且,这个问题还和社会信息学及社会信息研究是综合科学还是单一科学相对应。

如果用信息这一框架去切入社会,可以分为两大方法论。一个方法论是试图只以信息概念及运动原理对社会进行重新组合及重新定义,也就是说通过"信息"的眼镜去描述世界和社会的景象。由于戴上了这种特殊的眼镜,因而可以清晰地看到社会的某个要素和特征。这种方法与法学研究中的一支古典流派Hans Kelsen 的"纯法学"方法论有近似的感觉。用上面谈的分类法说,就是把信息框架作为"方法"使用。在这里,不是把作为自然语言的信息概念,而是把可以有效地分析和重新组合社会的一定的信息概念作为方法来设定。

另一个方法论是把社会信息框架作为"对象"来理解的方法论。这种广泛地解读与社会信息相关的各种现象的方法论,不是单一科学,而只能从各种各样的角度采取多种多样的方法。在把社会信息作为对象处理的时候,又可以分为只把焦点对准社会上发生的信息现象的方法论,和以信息现象为线索去解读与相关的全社会各种课题的方法论。显然,更为重要的是后面的这种方法论。

但是,把信息框架作为"方法"处理的方法论与把信息框架作为"对象"处理的方法论之间,并不是完全没有关系。把信息作为对象处理时的一个重要手法,就是可以有效地利用把信息作为方法处理的方法论。当然,为了从方法上有效地设定信息概念,从理论上追求纯粹性的结果,以多种多样的形式存在于社会的信息现象无论如何会被削掉一部分。正是由于削掉一部分,才能有利于清楚地看到信息现象的本质和运动原理。但是同时,在认识全社会的意义上会受到限制。

另一方面,把信息作为观察对象的方法论则是把削除掉的夹杂物全部包容一起处理的学术性操作。这是一个在适用方法的多样性意义上、在列入视野的研究领域的广阔性意义上都极其艰巨的操作,而且在认识过程中,会出现完整的合理性得不到保证的情况。然而比起缺点,这个方法论更具有可以有机地全面地认知信息现象的优点。我们前面曾以血管来比喻信息,但是血管并不能单独发挥生理机能,它要和心脏、肌肉、骨骼、神经等许多身体重要组成部分构成一体来进行活动,所以不仅需要循环系统医学,而且不能缺少来自各个医学领域的综合性研究。可以认为,社会信息研究需要的综合性质与这种医学情况有相似之处。

3. 社会信息学及社会信息的研究途径

由于社会信息学和社会信息研究具有跨学科的特征,它自然而然地会展开一种特殊的研究方式或途径,可以认为它有类似于"欧盟"的那种表现形式。

在现阶段,社会信息学和社会信息研究的术语,象征性地体现了这个领域里学术研究的正确方向,但目前还不能立即建立起来具有统一性、体系性的方法论学科。相反,我们应该看到,对研究对象和方法进行软性规范将有利于这个新领域的学术发展。通常认为,要建立一门学科,首先必须说明采用了什么样的独特的方法,或构成了什么样的理论体系。所以,进行软性规范并不会损害社会信息学及社会信息研究成为独立的学术领域的资格。

社会信息学及社会信息研究是一门极具实践性的学问,并且是正在形成和发展中的学问,目前尚无必要对信息研究进行传统的各种学术方法的统一。相反,为了把经济学、社会学、社会心理学、法学、政治学等各种传统规范纳入研究对象,只要分别对其各自的效用性,提供进行交叉的场所或交叉的方法,也就是结合点,就足够了。而且,这种结合点的设置,没有必要一定是固定的、静止的。

此外,从研究的主体方面考虑,要硬性实现框架的跨学科性也不妥当。社会信息学及社会信息研究与其还未成熟就自我成形,不如继续保持从传统学术领域里积极注入能量的渠道,这样才能使这个领域的研究得到发展。社会信息研究所的组织原理也基本上是依据这样的考虑构成的。研究所的每一个研究人员分别在自己的传统的领域附近形成研究网,再把这些复数的研究网相互连接起来,构成研究所的组织形态。在这种组织形态里,各个研究人员把从自己的研究网获得的学术信息注入研究所的全体活动中,以此来进行各种各样的跨众多领域的信息交换,进一步又把信息还原到各自的研究网中去,如此形成一种活跃的机制。正是这种研究方法,才最符合社会信息学及社会信息研究,使其从各个角度软性地适应社会信息化的急速发展。

围绕社会信息的研究现状,也许可以比喻为正在进行中的欧盟的情况。在欧洲,假如欧盟的各国一方面都有各自的不同要素,另一方面又通过超越国境的人和物的流通,以及更为重要的信息流通,正在形成一个松散的统一空间。近年来在日本的许多大学出现了冠以"社会信息学"名称的系和专业,社会信息学和社会信息研究现状,具有近似欧盟的现象。这种情况应该得到肯定的评价。

今天,社会信息学及社会信息研究虽然在整体上有一个模糊的形象,但其具体的形态却是多种多样的。在这种情况下,一方面承认差异,另一方面探讨如何为社会信息学及社会信息研究的统一空间的形象造型,是现阶段的重要课题。正像欧盟的情况一样,尽管在理念层次上对统一的必要性取得了共识,但是仅有理念并不能顺利推进事物,在现实中依然存在着众多的异质事物。只有尊重这些异质事物,"统一"才能具有生动活泼的内容。在这个意义上,为发展有关社会信息的研究,不仅应重视学术上的实体论,而且学术上的组织论以及程序论也具有重要意义。因此,急切地追求坚固的成形框架是不妥当的,应该追求缓慢的相互混合的研究态度。只有这样,才能形成具有丰富的学术上未来性和可能性的社会信息学和社会信息研究。

4. 在社会信息研究中常见的困难

由于东京大学社会信息研究所的研究,不仅局限在大众传播领域,而是扩展到整个社会信息领域,该研究所的成员构成已经在发生变化。以前以语言文字为中心,有部分人从事法学研究,但比较偏重政治学,还有部分人从事经济学研究。后来,成员的学科背景多种多样,分成5个领域:媒体论、社会学、社会心理学、经济学和法学政治学。

在日本有一种说法,现在的研究与以往的专门学问领域已相差很远。以往的学问领域是纵向排列的,现在出现的新问题是贯穿很多方面的,不得不进行跨学科的研究。跨学科性在日本是很早的概念,大概20世纪80年代初就提出来了,但效果并不好,一些学科只是简单地粘在一起。现在东京大学经常提的是学科融合,强调学科联合后产生一种新的变化。当然,现在东京大学提出的学科融合多数还只是停留在口号上,主要体现在研究环境等问题上。①

东京大学社会信息研究所的目标是针对"信息"进行跨学科研究。实际的

① 参见中国社会科学院外事局:《日本人文社会科学现状与发展》,中国社会科学出版社2003年版。

内情是：在上述 5 个研究领域中，真正能实现交叉、交融，还是很难。究其原因，一是对每个研究者来说，通常用自己年轻时所学的方法进行研究是最得心应手的。比如说，遇到一个有意思的问题，如果用别的理论、方法来研究，在本学科领域往往得不到认同。因为作为社会信息学（新的）学科领域还没有形成，作为研究者不免会关注传统领域的看法。难于改变以往习惯了的研究思路，是主要的困难。二是信息上的共享，综合性的研究确实比较难，以前他们曾通过组织的形式，让全体老师都参与一个问题的研究，但这种组织性的效果不好。一般对学者来说，自然的交流效果会更好。

在东京大学社会信息研究所的隔壁，有一个"社会科学研究所"，以经济学、法学政治学两个学科的研究人员为主。这个所原来一个比较大的传统是能围绕一个课题展开整体研究，每个月都有所有成员参加的研究会，以往此方法很成功，但现在也变得大家只参加自己感兴趣的。学科在融合，但也有离心力，由于大家越来越关心自己喜欢的内容。为什么？这里有两方面的原因：一是 20 世纪80 年代在日本学术界的专业分化还不明显；二是当时有共同的目标：通过大家的努力让社会进步。但近些年来，各种文献越来越多，细分化越来越明显，价值观也更加分裂，研究人员有了不同想法。在这种情况下，在抽象的学科领域里融合难，只有在解决具体问题时，群策群力，合作才是比较容易的。①

（二）基于新闻和传播模式的日本社会信息学

1. 日本新闻与传播教育的变迁

在第二次世界大战以前，新闻学教育在日本并未受到社会的重视。1929年，东京帝国大学（即现在的东京大学）最早在大学里开设了新闻学讲座。在这些讲座的基础上以及一些教授的支持下，东京帝国大学在文学院设立了新闻研究室，这便是今日东京大学社会信息研究所的前身。1932 年，在一些记者的倡导下，日本开始在上智大学专门学部设立了新闻系。东京帝国大学和上智大学是日本最早设立新闻传播教育的院校。

那时，日本新闻学教育崇尚德国的传统，只有"德意志学"才受到尊敬。随着德国在第二次世界大战中失败，德国新闻学在日本新闻学界的影响也告结束，

---

① 参见沈莉：《新闻学研究往哪里去？——日本东京大学社会信息所所长滨田纯一访问记》，《现代传播》1999 年第 3 期。

取而代之的是美国式的新闻学与大众传播学教育。在美国占领军的协助下,日本的东京大学、早稻田大学、日本大学和京都的同志社大学都开设了新闻学讲座、新闻学系和相关的课程。于是,不论在理论上还是在方法上,日本都借鉴了美国的实用主义的思想。

在20世纪40年代末和50年代初,有关大众传播学的新理论传入日本,并逐渐成为新闻学的主流。紧跟着传播时代的到来,日本新闻学界又把新闻学从大众传播学向前推进一步,到了普通传播学。到80年代末,日本的新闻传播学基本上形成了四种学派:环境学派、马克思主义学派、美国学派和社会信息学派。

社会信息学派是日本新闻传播学中影响最大的学派。日本社会信息学研究起步于20世纪60年代,至今已有40多年的历史。当时随着计算机的出现,日本迅速地展开了信息化的过程,于是产生了最初的信息学研究,但是在日本严格意义上的学术角度的信息学问题研究明显滞后于信息化的过程。

随着计算机技术的深入开发、计算机的普及以及各国计算机领域的激烈竞争,日本学术界意识到信息学研究的重要性和前沿性。1963年,日本学者梅佐忠夫发表了一篇《论信息产业》的划时代文章,讨论了日本和信息相关的产业在日本国民经济中的作用。这是在世界范围内第一次使用"信息产业"概念。在日本近代史上,社会科学界就"信息"问题连续创造了"信息产业"、"信息社会"和"信息化"这三个重要概念,并在西方社会得到响应。

1963年,日本学术会议向日本政府提交了一份题为《关于确立学术研究用大型高速计算机的设置和共同利用体制》的报告,分析了信息流通的重要性,建议日本政府以大学为基础,建立覆盖全日本的信息网络系统,这份报告对日本的信息科学研究产生了重大作用。就是根据这份报告,日本开始了真正的学术信息网络建设。但是此后数十年的事实使人们产生一个怀疑,那便是日本的信息学研究与日本的经济大国地位、与日本的信息化发展程度很不协调。

1992年,日本东京大学新闻研究所改名为社会信息研究所,在日本新闻机构传播学界引起了强烈反应。它标志着日本新闻传播学从50年代的新闻学起步,跨越大众传播学到传播学后,开始进入了90年代的社会信息学时期。东京大学新闻研究所的改名,对日本其他与信息及传播有关的教育产生了积极的影响。第一个作出直接反映的是群马大学。它迅速设立了一个社会信息学院,下设三个系:社会与信息行为系、政策与行政信息系和经济与经营信息系。

　　到了 1993 年末,美国媒体的发表的《美日信息化程度比较报告》大大触动了日本政界和学术界。1994 年上半年日本政府即投入大量资源致力于改变日本在信息学研究中的劣势,成立了高度信息通讯社会推进对策本部,召集各方面专家学者研究日本的信息化发展策略,其部长就是日本首相。此后,随着因特网的普及,日本凭借雄厚的经济实力在信息学研究领域采取了各种措施,设立研究机构,划拨研究基金,开办相关专业等等,使得日本在很短的时间内在全世界迅速形成了自己的信息学研究开发队伍,形成了独特的信息学研究特点,引起了全世界信息学领域同行的广泛关注。①

　　2. 日本社会信息学研究的特点

　　日本的信息学研究有以下几个显著的特点:

　　第一,对于"信息科学"概念的理解不断变化、不断重新定位(综合性)。日语中把"信息"叫做"情报"(じょうほう),在日本人们是把信息科学当成工学大类下的一个学科来看待的,而且这种看法长期影响日本学界,"信息学"也是在这个大的思路框架下展开的,各家大学也把信息科学划拨在工学领域之内进行专业设置。虽然随着计算机技术的发展,日本的信息学研究也有展开,但是直到 20 世纪 80 年代这门学科并没有产生什么实质性的变化。进入 90 年代,网络进入人们的生活,渗透到各个角落,信息学才真正产生翻天覆地的、本质上的学科变化。日本学术审议会议将信息学的研究对象定义成计算、生物智能和社会通讯三方面。计算方面研究基本上还是属于工学范畴,但是研究更加细密化;生物智能方面研究在遗传信息学和认知科学上引起了广泛关注;社会通讯方面的研究与传统的人文学科发生了关系,给各个学科提出了许多思考的问题,出现一些新的研究方向。现在,日本将信息学研究看做与生命科学、纳米科学三足鼎立的新兴强势学科。

　　第二,"官学一体"与"商学一体"(权威性与应用性)。日本的信息学研究从一开始就带有强烈的官方色彩,在该学科的几次变革性发展中,政府就像一只大手推动了学科的转型与飞跃,比如 1963 年日本学术会议向政府提交的调查报告,再如 1994 年日本内阁发布的"高度信息通讯社会推进基本方针"等。由于

---

　　①　参见闫学杉:《从新闻学到社会信息学——日本新闻与传播教育的变迁》,《国际新闻界》1997 年第 4 期。

政府的导向性作用和强大的资金支持,而不仅仅是学者们自发的研究兴趣和研究行为,日本的信息学也取得了举世公认的进步。此外,众所周知,日本相当一部分研发机构设置在一些大公司下,比如松下、索尼这些大公司都有自己的研发机构,并拥有相当的脑力资源和技术优势。这些研发机构也参与到信息学研究中来,使得日本的信息学研究还有明显的"商学一体"的提点。这些公司机构处于应用一线,了解市场需求,将雄厚资金投入到本公司的倾向性部门,于是"商学一体"也使得信息学研究扩大了队伍,在实用性方面更加灵活。

第三,信息科学科研、教学的双重展开。信息学研究在日本还有一个显著特点就是注重人才培养,边研究、边培养,既培养基层应用人才,也培养高端研究人才,扩大队伍。因此日本的信息学学科的发展既有科学研究,也立足于人才培养,是科研、教学的二重展开。比如 20 世纪 80 年代中期以后,日本开办了一些专门培养信息人才的学校,如东京情报大学、北海道情报大学、九州情报大学等。一些老牌综合性大学整合学科资源开办了信息学学科专业,开设了经营信息学、会计信息学、信息系统学、信息处理学等课程,培养专门的信息学人才。①

三、俄、日、美、中社会信息学途径之分析

在一定的意义上说,社会进步的基本动力有三种。首先,是经济发展的驱动。人类的食物不能仅靠大自然按照季节提供的果实、谷物和蔬菜,必须自己去生产。经济生产与商品交换是最基本的人类活动。其次,是社会组织的力量,行政的、军事的、宗教的、教育的等等,负责联络和协调人们的物质和文化生活。再次,是科学与技术的力量,它无孔不入地渗透到经济发展和组织活动之中。在人类社会中,组织的力量,特别是行政的力量十分重要。到资本主义国家建立、实现工业化之后,经济的力量日益强大,在一定程度上甚至可以左右政府。进入到信息社会,科学与技术的力量,知识和学术的力量迅速崛起,学术与行政和经济构成三足鼎立的局面,共同支撑着社会系统的运行与发展。

---

① 参见曾诚:《日本社会信息科学研究前沿综述》,华中科技大学社会信息科学研究中心主编:《社会信息科学简讯》2008 年第 13 期。

对于前进中的社会列车,行政、经济和学术三种力量之间分工明确,各司其职。行政是方向盘,统管社会的全部资源,决定进退和转向。经济提供机车引擎的燃料和动力。而学术的力量则在思想上不断地为人们铺设新的便利快捷的行进轨道。任何一项社会性事业都同时需要三种力量的支持和配合,但是谁在其中扮演主导的角色却不能一概而论。三种力量都可以优先发挥作用,可以各自显现自己的优势,形成不同的风格。从总体上分析,似乎可以认为,俄罗斯的社会信息学途径是政府主导的,美国和日本的社会信息学途径是经济主导的,而中国的社会信息学途径则是学术主导的。下面分别予以说明。

(一)俄罗斯的社会信息学途径

1. 直接服务于国家发展战略的社会信息学

1971 年列宁格勒国家文化学院信息学教研室索科洛夫和曼科维奇在论文《未来的信息学》中,提出了"社会信息学"这一概念。他们提出信息学应该研究的不仅是科技信息,而且还包括所有的其他各种社会信息,包括各种社会认知、心理认知和交流。所以他们提出了一个新概念:社会信息学。这意味着把研究领域扩大到全部社会信息。他们认为这一概念能避免专业片面性。[①] 但是,索科洛夫等提出的社会信息学 I,并没有引起学界和政府的关注。

从总体上看,俄罗斯的社会信息学得以蓬勃发展,主要原因是受到执政党和政府的重视。1988 年 7 月 15 日,苏共中央政治局在戈尔巴乔夫的领导下通过了《关于制定社会信息化设想》的决议。决议责令苏联科学院等制定《关于社会信息化设想》,即在国民经济的各个领域广泛传播信息技术。专门研究该领域的专家卡贝洛夫总结了实现信息化的三种草案。但在 1989 年召开的苏联最高苏维埃会议上,他所提出的三个草案都没有获得通过。在这种背景下,乌尔苏尔院士提出了社会信息学 II 的概念。他发表论文《论社会信息学的形成》和《信息化的系统活动观》,指出三个方案的主要问题在于没有明确一致的方法论。他认为,应当形成新的信息学的社会作用理论,"这种被定名为社会信息学的新学科正在形成"。1990 年,由苏共中央社会科学院出版社出版了他的专著——《社会信息化:社会信息学引论》。

---

①　参见陈欢云:《社会信息学在俄罗斯》,华中科技大学社会信息科学研究中心主编:《社会信息科学简讯》2008 年第 9 期。

于是,乌尔苏尔提出的社会信息学 II,引起了强烈的反映。随后,K.K.科林提出社会信息学 III,则是一呼百应。他们很快出版了一大批论文和专著,建立了相关的专业,设置了社会信息学的院系,纳入大学与中等教育的轨道,设置研究生培养计划,受到联合国科教文组织的好评。

这样,在俄罗斯,建立和发展社会信息学,主要不是一种学者个人或研究组织的学术行为,而是一种行政行为,是执政党的政府实现与美国争雄的战略目标的重大举措,所以,能够由国家科学院和著名院士牵头,组织浩浩荡荡的"官办"团队,设计与苏联"登月计划"相类似的社会信息学行为,来实现国家的目标和意志。所以,俄罗斯的社会信息学发展的途径具有独特的政治优势和国家资源,它是"国家主导型"的途径。相比之下,日、美、中的社会信息学发展只是在单位和学术组织的水平上进行。

2. 信息科学世界观和方法论对社会信息学研究的指导作用

2001 年,K.K.科林在第 6 期俄罗斯《科技信息杂志》上发表了题为《信息革命与基础信息学》的专论,提出了一个建立全球信息社会、信息科学知识体系、信息科学世界观、信息科学方法论的发展纲领,论述了信息科学的哲学基础以及新的教育哲学。他说:"在众多科学知识领域进行研究的国内外学者近年来出版的研究著作表明,在未来几十年内,可以期待具有普遍科学意义的新的重大成果出现,而这些成果很可能允许形成新的完整的世界科学图景、新的科学世界观以及科学研究的新方法。"①

K.K.科林说,可以把基础信息学的对象领域分为 6 个基本的部分。第一,理论信息学(信息学的哲学原理和信息的一般理论),研究信息最一般属性和信息相互作用过程在自然界和社会中的规律。第二,技术信息学,研究信息一般规律表现的特点和信息过程在人工建立的技术信息环境中表现的特点。第三,社会信息学,研究信息在社会中,即在完全不同的具有社会本质的信息环境中运动的形式和规律。第四,生物信息学,研究信息过程在生物圈(动物和植物)中表现的一般规律和特点。第五,无生物界信息学,研究信息属性在无生物界的信息环境中的表现特点。第六,能量信息学(энионика),研究所谓能量信息相互作用过程在生物界和无生物界客体之间表现的规律性。

---

① K.K.科林:《信息革命与基础信息学》,《国外社会科学》2002 年第 2 期。

上述的信息科学基本结构与中国学者的观点大体相同。在理论信息学作为整个信息科学基础理论的认识上两国的学者完全一致。理论信息学的主体是关于信息的一般理论,其基础的部分是信息的哲学原理。理论信息学的目标是研究自然和社会中信息最一般属性和信息相互作用规律。这样,理论信息学自然是社会信息科学的理论基础。欧阳康教授说,提出社会信息科学的首要因素是理论信息学向具体信息学的延展。在社会信息科学的理论思维方面,中国学者走到俄罗斯学者的前面了。

3. 理论思维与工程思维的划分问题

从我们看到的 K. K. 科林 2008 年的论文分析,他们在理论信息学、信息世界观方面还没有明显的突破。他们一方面承认维纳关于信息不是物质的命题,但同时又"把信息理解为物质的普遍基础属性",继续坚持物质第一性的基本原理。这样,就不可能产生具有本体论地位的信息概念。本体论决定认识论。他们从跨学科的科学思维方面达到,"信息基本规律和信息相互作用原则对宇宙各种不同组成部分及其组织与自组织不同层次都是统一的假说",以及"信息在自然界和社会的所有进化过程中均起主导作用的观点"。但是由于信息的地位取决于物质,就不可能找到从信息本体论出发达到"世界的信息统一性"理论通道。究其原因,较大的可能是工程思维与理论思维之间的巨大鸿沟所造成的障碍。

根据徐长福对于理论思维与工程思维的区分,俄罗斯的社会信息学发展明显地具有直接功利的目标,属于一种工程性的思维模式;社会信息学研究带有制定政策与指令的性质,容易出现他所说的"用一种排他性理论直接充当工程图纸的问题;所要彰显的,主要是工程思维的这样一种特点,即:它必须同时运行若干种理论才能完成工程完形的设计。理论思维一次只能运行一种理论,工程思维一次必须运行多种理论,这是两种思维方式在内容上相互沟通、功能上相互关联而在程序上彼此独立的关键所在"。

这种社会信息学研究可能潜在地存在着的问题, 可能正如徐长富所说:"在没有思维划界的情况下, 政治学说和政策主张往往合二为一, 这既使政治学说更加远离其本真的理论状态, 又使政策主张成为对生活完形的教条主义肢解。""政治学说和政策主张不具有一一对应的关系。如是, 政党的实质就不在于它是政治学说的生产者, 而在于它是政策主张的生产者和政治学说的消费者，进而政党的成败也就不取决于它是否产出或捍卫了某种品质卓越的政治学说，而取决于它能否不断研制和开发出适应社会需求的品质卓越的政策主张。"①

（二）日本与美国的社会信息学途径

1. 日本传播信息学基础上的社会信息学

日本东京大学新闻研究所 1992 改名后的日文名称是"社会情报研究院"，英文名称是 Insttitute of Socio-Information and Communication Studies，汉语是"社会信息与传播学研究所"。如该所所长滨田横一所说，这次改名，在努力摆脱"新闻无学"的舆论压力方面向前迈出了一大步，它也对日本其他与信息及传播有关的教育产生了积极的影响。② 第一个作出直接反映的是群马大学。它迅速设立了一个社会信息学院，下设三个系，它们是：社会与信息行为系、政策与行政信息系和经济与经营信息系。

日本人非常希望它们的新闻传播学研究和 20 世纪 80 年代后半期在美国出现的"信息传播学"相协调。另一个特点是日本人在"信息"之前加了"社会"一词来修饰普通的"信息"，这是一个很重要的举措，因为直到 90 年代，立足于对一切信息加以研究的普通信息科学，一直没有取得有效的进展，而对各种分支"信息"加以研究，就有可能成为推动信息科学向前发展的一种有效办法。③ 他们感到在理论信息学的发展上难有进展，遂退回到应用信息学的研究轨道，与企业合作研究，于是和美国的社会信息学研究就如出一辙了。

2. 美国质疑技术决定论的社会信息学

在美国，社会信息学传统主要来自企业的、经济的刺激。Phil Agre，Jacques Berleur，Brenda Dervin，Andrew Dillon，Rob Kling，Mark Poster，Karen Ruhleder，Ben Shneider-man，Leigh Star，Barry Wellman 等经济学家和社会学家专家研究发现，信息技术的社会化不仅是个技术问题，涉及社会因素的配合，所以提出研究计算机化的社会方面。他们的目的是，促使信息技术研制和利用与社会的联系更加

---

① 徐长福：《理论思维与工程思维——两种思维方式的僭越与划界》，上海人民出版社 2002 年版。

② 参见滨田横一：《"社会信息学"综述》，《国际新闻界》1999 年第 1 期。

③ 参见闫学衫：《从新闻学到社会信息学——日本新闻与传播教育的变迁》，《国际新闻界》1997 年第 4 期。

密切,因此这种社会相关性是社会信息学研究的核心,即促进技术工作向社会驱动型而不是技术驱动型的方向发展。①

以往许多技术人员没有对这种相关性给予应有的重视,或是将其看成枝节问题。例如,专业人员在信息系统设计、设备选择和安装以及咨询系统的发展方面通常只注意具体的技术性问题,而不太注意它们与社会的联系,这方面的问题往往由社会科学家去研究。如今,社会信息学研究已形成了一些有利于改进信息技术的发展和应用的概念,社会背景、工作过程和社会—技术系统是其中间几个比较重要的概念。

从理论上,他们对"技术决定论"提出质疑。在第二次世界大战后相当长的一段时间里,技术决定论的思想在西方国家十分流行,并成为一些国家官方和企业意识形态的重要组成部分,主要表现在将信息技术看成社会进一步发展的主要保证,对计算机和通信系统的投资急剧增加。例如到20世纪80年代末,美国的公司对计算机和电信系统的投资几乎相当于其投资总额的一半。② 许多人坚信这种技术投资可以产生巨大的经济效益。管理者和专业人士也经常从技术角度提出促进计算机化发展战略的建议,例如,如何使用更先进的技术,如何建立更有效的信息系统,如何用计算机系统代替人的重复劳动等。

然而到80年代末一些经济学家注意到,国家的经济统计结果没有显示出生产力呈稳定增长的态势。一些管理者也发现,大量投资似乎没有使企业的生产力明显提高。这促使人们分析其中的原因,并由此形成了不同看法。一些人坚持认为,信息和通信技术具有许多传统媒没有的优势,计算机化可以直接和明显地提高生产力,只是目前计算生产力发展的方法不适当,一些因利用信息技术而产生的经济和社会效益——如文书工作的减少——没有统计在内。另一些人认为,生产力的普遍提高不可能通过少数人对多样化计算机系统的利用得以实现,对信息技术的投入与实际需要仍相距甚远,因而不能在国家经济统计中形成具有重要意义的结果,唯一的出路在于进一步加大这方面的投入。还有一些人则对计算机化与生产力发展的必然联系提出质疑,认为有越来越多的事实表明,计

① 参见 *Social Informatics History*[EB/OL]. http://www. social-infor-matics. org/content. php? p1 = 181&p2 = 5&p3 = 133,&id = 133,2004—05—06。

② 参见 Rob Kling, What Is Social Informatics and Why Does It Matter? http://www. dlib. org/dlib/jan-uary99/kling. html。

算机化战略特别是仅仅依靠技术手段,不一定能产生预期的经济和社会效益。①

今天,尽管不能说人们对技术决定论的信念已经彻底动摇,但是对这种思想的质疑是社会信息学研究得以兴起的重要原因。例如,一些坚持技术决定论的权威人士认为,网络使公众获得比以往任何时候更好的信息,而从事社会信息学研究的人士则认为,需要进一步分析网络能够在什么时间、地点、条件下,出于什么目的和使哪些公众获得更好的信息。这种将事物的发展置于其背景中进行研究本身说明,社会信息学研究提出了一个发展对信息技术与社会生活相关性认识的重要方面。

3. 社会信息学中的组织信息学

近年来尽管已有研究结果表明,对信息技术的投入使一些国家和组织的生产力有不同程度的提高,但也有研究表明,这种发展在公司之间存在较大差异。随着计算机通信网络成为政府、企业和人们日常生活的重要组成部分,如何使这些系统更有效地发挥作用的问题已经引起更多人的关注。如今,即使是一些计算机科学家和系统设计人员也意识到,仅仅从技术角度进行系统设计,不一定能产生良好的社会效果。例如,一些系统在实验中看似很好,然而一在现实环境中,往往由于设计没有适当考虑相关的社会因素,如人们的工作方式、组织形式和不同需求,因而难以达到预期的目的。

社会信息学的研究领域在不断扩大。在 20 世纪七八十年代,社会信息学的研究主要集中在组织方面,因为当时的计算机技术应用主要在各种类型的组织中进行,与组织的计算机化有关的各种问题,如计算机系统对组织结构、组织行为、工作质量,以及组织的集中化或分散化趋势等都受到重视。许多研究试图对这些问题作出回答,这促使一个新的研究领域——组织信息学的兴起。组织信息学主要研究计算机化信息和通信系统在组织中的发展,包括它们的概念和设计、在组织内的有效实施、系统的维护和使用、组织的评价及其对组织中的人的影响等。近年来随着计算机通信系统进一步向家庭和社会的渗透,尤其是公众可以普遍接入因特网,于是与人们在家工作、交流、娱乐、获取信息和其他一些个人利用信息技术有关的问题日趋增多,这使社会信息学迅速成为一个涉及面十

---

① 参见郑海燕:《社会信息学:一个新型的跨学科研究领域》,《国外社会科学》2000 年第 3 期。

分广的研究领域。如今在美国,组织学已成为社会信息学的一个分支领域。①

(三)中国的社会信息学途径

与俄罗斯和日本美国相比,中国社会信息学的产生和发展有着不同的途径。这种推动主要是学术研究和理论发展的动力,而不像美国那样,有众多企业的参与,有经济学领域专家的努力;也不像俄罗斯那样,纳入国家发展战略,由政府指令引导。中国社会信息学产生和发展的主要特征,它是三股学术思想潮流的汇聚而产生的一种涌现现象。"社会认识论"、"理论信息学"、"社会信息论"三方面的研究潮流,在华中科技大学形成了合力,推动着中国社会信息科学研究传统的形成与发展。

我们在第一编"社会信息科学的学科定位"中,正是从上述三种学术潮流的源头开始,介绍它们与社会信息科学的关系,说明各自的地位和特殊作用。在一定的意义上可以说,中国社会信息科学学术界的三种潮流分别与国际学术界的图书馆信息科学、计算机信息科学与通信信息科学三种不同的信息学研究传统遥相呼应。

1. 社会认识论的研究潮流

20 世纪 80 年代,中国社会认识论研究几乎与美国的斯蒂夫·富勒等同时展开,随后形成了较大的研究潮流,华中科技大学欧阳康教授是其中的主要代表。1988 年 1 月,他在中国人民大学哲学系通过了题为"社会认识论导论"的博士学位论文答辩,标志着社会认识论研究的开始。随后,社会认识论也作为一个相对独立的学科或研究领域而不断得以拓展,成为博士和硕士生的培养方向。

20 多年来,欧阳康教授出版的相关著作有《社会认识论导论》、《哲学研究方法论》、《社会认识论》等;主编的相关著作有《社会认识方法论》、《人文社会科学哲学》等。他的 20 多位博士和 30 位硕士参加到了社会认识论的研究队伍中,形成了一个非常和谐的社会认识论研究共同体。研究生们不仅积极参与到社会认识论的课题研究中,也以社会认识论作为学位论文的主攻方向,提出和研究了一系列的新问题,推动了社会认识论的研究。他们分别写出了《社会本体论》、《社会理想论》、《社会心态论》、《社会理解论》、《社会评价论》、《社会风险

---

① 参见郑海燕:《社会信息学:一个新型的跨学科研究领域》,《国外社会科学》2000 年第 3 期。

论》等一批论文和专著,形成了几百万字的研究成果。①

2004 年 8 月,欧阳康教授组织关于国家"985"项目二期工程申报,即申报建立华中科技大学"科技进步与人文精神"国家哲学社会科学创新基地,吸收李宗荣作为理工科专家的唯一代表参与起草申请报告。随后,欧阳康担任了李宗荣的理学博士论文的评审专家,对论文给予了很高的评价。2004 年 10 月,欧阳康担任李宗荣博士学位论文答辩委员会的主席。他在答辩会议的总结讲话中,首次提出了"世界的信息统一性"问题,对理论信息学的发展提出了重要的指导意见。2005 年 11 月,欧阳康派《华中科技大学学报》副主编蔡虹主任参加在北京师范大学召开的信息科学交叉研究研讨会,为中国社会信息研究的文理结合打开了通道。

2006 年 4 月,任华中科技大学校党委副书记的欧阳康教授应邀出席一个系统科学全国研讨会,在会议开幕式上做了关于信息系统复杂性的讲话。随后,他在同济医学院主持召开了关于成立华中科技大学社会信息科学研究中心的筹备会议,与会者有李宗荣、闫学杉、邹焜、蔡虹、金新政等五人。会后,李宗荣与蔡虹提出成立该研究中心的申请报告;5 月,报告获得学校批准,欧阳康出任研究中心主任,孙秋云、李宗荣、闫学杉任副主任。这样,由于这位学者兼官员型的专家的努力,中国学者关于社会信息学研究的学术潮流实现汇聚,与华中科技大学的文科发展捆绑到一起,兼具了一种单位的行政行为的性质。

2006 年 12 月,欧阳康教授组织了该研究中心成立暨学术研讨会,发表长篇重要讲话,论述社会信息科学的学科定位和研究思路。他指出:"社会认识就是对社会信息的采集、识别、处理和传播的过程,社会认识论研究的任务就是揭示社会信息的复杂性并帮助人们更好地处置社会信息。社会认识论与社会信息学研究的具体对象和侧重点有所不同,但其目标是一致的,二者研究的甚至可以说是一个问题的两个不同侧面,它们的研究可以互相补充,相得益彰。"②2007 年 6 月,他主持召开了中国首届社会信息科学研讨会。

2007 年 7 月,欧阳康教授主持审查了 26 个关于社会信息科学的科研课题,

---

① 参见欧阳康、吴兰丽:《面向当代人类实践和社会问题——就社会认识论研究 20 年访欧阳康教授》,《华中科技大学学报》(社会科学版)2008 年第 1 期。

② 参见欧阳康:《社会信息科学的学科定位与研究思路》,《华中科技大学学报》(社会科学版)2007 年第 1 期。

作为"科技发展与人文精神"国家创新基地主任,他批准了其中的 14 个课题立项。2008 年 3 月,他批准组织跨学科、跨单位的研究团队,对国外社会信息学研究历史与现状展开调查研究;7 月,在全国社会信息科学培训班上研究人员汇报了俄罗斯、日本、美国、加拿大、英国、法国、德国、澳大利亚等国的情况;10 月,他派人赴俄罗斯参加关于人文信息学的全俄学术大会,通报中国学者的研究进展,邀请俄罗斯科学院院士 K. K. 科林教授等权威学者来华参加"首届国际社会信息与系统科学研讨会",推动中国社会信息科学研究走向世界。

2. 理论信息学的研究潮流

2007 年,有的专家在评述"计算机与信息科学"流派时说:"不论使用'计算机科学'或'信息科学'、'计算机与信息科学',到今天为止,我们几乎没有看到计算机科学界对'信息'发生过实质性的理论兴趣。"①此说在学界有一定影响,但是完全与事实不符。它无视或忽略了计算机科学家们在建立统一信息理论中所起到的主导的和实质性的作用。正如没有计算机科学技术的引领就不可能有信息科学的历史一样,不承认"计算机与信息科学"流派的成就自然会对已经产生、不断成长的统一信息理论视而不见,悲叹连连,很难写出信息科学发展的正史。计算机已经被证明有效地模拟了人脑的功能与机制,为人们理解自然和社会的信息过程提供了最佳模型,精通计算机理论与实践的专家作出独到的贡献是他们的知识结构和学术背景之使然。

建立和发展信息科学基础理论是所有信息学专家的共同需要。在探索统一信息理论或一般信息学的努力中,实际上几乎包括了所有学科的专家。《探索统一信息理论》的主编、奥地利维也纳技术大学 W. Hofkirchner 教授所列的学科顺序是:计算机科学、物理学、生物学、数学逻辑学、系统科学、心理学、社会学、经济学、语言学、哲学,等等。美国韦恩州立大学计算机科学系康德拉(M. Conrad)和密西根大学计算机与信息科学系卡姆扑夫勒(R. R. Kampfner)等人,1994 年开始倡导寻求整个信息科学的理论基础。在发起和组织关于信息科学基础研究的第一、二次国际会议的少数几个最重要的人物中,都有美国韦恩州立大学计算机科学系康德拉教授。以第二次国际会议的代表为例,除了康德拉教授之外,还

① 闫学杉:《信息科学的历史、现状与未来》,载马蔼乃、姜璐、苗东升、闫学杉:《信息科学交叉研究》,浙江教育出版社 2007 年版,第 2—22 页。

有德国 Hamburg and Cesellschaft 大学信息系 Fuchs-Kittowski 教授,英国 Kingston 大学计算机系 P. A. M. Gelepitis 教授,美国 Misgen 大学计算机与信息科学系 Kampfner 教授,德国不莱梅大学数学与计算机科学系 K. Haefner 教授等。

在中国,计算机科学与技术专业李宗荣教授的研究经历也很能说明问题。他开创的关于理论信息学体系的研究是对国际"计算机与信息科学"成果的直接继承和发展。1987 年以前,他曾在武汉大学计算机软件工程研究所任副所长,从事软件工程的教学与科研。从那以后,逐渐地走上了计算机信息学与医学、生物学、社会科学、哲学相结合的道路。他在武汉大学参加国家攻关项目WPADT 系统的开发,在湖北医科大学开发出肺鳞癌细胞学诊断专家系统,在美国密苏里大学研制成功医疗质量管理系统 QFES。1995 年回国后,他先后在湖北医学院、湖北大学、华中科技大学组织跨学科的研究团队,开展关于信息科学的跨学科讨论,编印出 30 余期研究通讯。这些实际经验和研究经历,为理论信息学的综合积累了素材,也为关于信息的哲学思考打下了基础。

在 21 世纪之交,中国信息科学理论研究者中间弥漫着一股浓重的悲观主义情绪。物质世界观转变的艰巨,还原论习惯的根深蒂固,自然、生物、人类、机器中信息现象的高度复杂,物理学范式渗透的学术刊物、学科建制、基金分配中的强烈排他,等等,让学者们真正体会到建立统一信息理论的困难。如果有影响力的学者带头去宣传悲观论调,必然对信息科学基础研究造成负面影响。在华中科技大学张勇传院士的指导和帮助下,李宗荣逆潮流而动,于 2004 年写出了题为《理论信息学:概念、原理与方法》的博士学位论文,全文发表。2005 年在北京师范大学召开的"信息科学交叉研究研讨会"上,会议只是热烈地讨论领域信息学(或部门信息学),对一般信息学则认为不合时宜。但是,李宗荣不仅立即主持出版《理论信息学导论》,而且继续研究,发表了题为《论信息科学的世界观》的博士后研究工作报告。对中国学者的理论信息学和信息世界观研究成果,加拿大专家 M. 邦格和俄罗斯专家 K. K. 科林十分看重。

在华中科技大学社会信息科学研究中心成立暨学术研讨会上,欧阳康教授做了题为《社会信息科学的学科定位与研究思路》的长篇发言。① 他提到:"李

---

① 参见欧阳康:《社会信息科学的学科定位与研究思路》,《华中科技大学学报》(社会科学版)2007 年第 1 期。

宗荣老师在取得了管理科学与系统工程的博士学位后,又到哲学系来攻读他的马克思主义哲学第二个博士学位,这给我以很大的影响。他自己长期进行信息科学研究,取得了很多的成就。在与他的学术交往中,我进一步认识到对于当代科学和当代文化与当代哲学的研究都还有一个重要的契合点,这就是社会信息科学。"关于社会信息科学问题的提出,他认为既包含"理论信息学向着具体信息学的延展",也深化了社会认识论的研究。中国社会信息科学研究传统之所以形成于华中科技大学并向全国辐射,有它自身的内在逻辑。①

北京大学闫学杉教授 20 世纪 80 年代末,开始关注信息科学知识体系,提出它的六个分支:电讯信息学、计算机信息学、光信息学、生物信息学(细胞信息学)、动物信息学和人类信息学。1997 年,发表了《论普通信息科学》,提出作为统一的规律性理论,必须同时适合于任何一种部门信息科学。1999 年发表《关于 21 世纪信息科学发展的见解》,提出三个部门信息学:机械信息学、细胞信息学、人类信息学。2000 年,他发起并参与组织北京大学、中国人民大学等单位的学者关于信息科学的交叉研究。2005 年 11 月,他参与组织在北京师范大学召开了全国研讨会议,在会议报告中将他过去的称谓"人类信息学"改称为"社会信息学"。2006 年 2 月,他发表《人文与社会科学中的信息考察》。2007 年 7 月,他在题为《信息科学的历史、现状与未来》中,明确地提出了信息科学的"1 + 3"体系结构,即:"信息科学的体系 = (一般信息科学/统一信息理论/理论信息学) + (工程信息科学 + 自然信息科学 + 社会信息科学)"。

3. 广义信息论的研究潮流

《信息科学原理》的作者钟义信教授,现任北京邮电大学学术委员会主任、中国人工智能学会理事长、中国科协联合国信息技术咨商委员会主席、IEEE 美国纽约科学院院士。他长期从事通信理论、信息论、信息科学、人工智能、神经网络、知识理论、信息经济学等领域的教学和研究。在上述领域先后提出和建立"全信息理论"、"全信息自然语言理解理论"、"理解理论"、"信息—知识—智能转换理论"、"机制主义人工智能理论"、"人工智能统一理论"以及"机器知行学"理论,出版学术专著 16 部,发表论文 450 多篇。钟义信教授是我国信息科学

---

①　李宗荣、韩高军、刘根辉、张凌:《美、日、俄、中社会信息科学比较研究》,《医学信息》2009 年第 7 期。

学术界的一位重量级的专家学者,为中国广义信息论、信息科学、信息科学的社会应用的研究起到了相当重要的推动作用。尽管对他的理论体系时有批评的声音,但是他仍然坚持不懈地带领着他的研究团队,沿着发展香农信息理论、建构人工智能理论和信息科学知识体系的思路继续前进。

　　自 1980 年以来,西安交通大学邬焜教授一直坚持信息哲学的探讨,社会信息论是他长期关注和研究的一个领域。他已出版学术及科研成果主要有专著《哲学信息论导论》、《信息哲学》、《自然的逻辑》、《信息世界的进化》、《哲学的比附与哲学的批判》、《信息认识论》、《信息哲学问题论辩》等 16 部,译著《进化与信息》,在《中国社会科学》(中、英文版)、《哲学研究》等刊物发表相关学术论文 250 余篇。他将信息概念作为哲学的最基本范畴之一引入哲学,建立了信息哲学,在信息本体论、信息认识论、社会信息论、信息生产论、信息进化论、信息价值论,以及信息思维方式等领域都进行了独创性的研究。在对现代系统科学中一些哲学问题的讨论中,在自然哲学、价值哲学、信息经济与信息社会、信息科学、熵理论、复杂性问题研究等一些极为广泛的哲学、经济学和科学的领域中,也曾阐发过一些颇有影响的独到见解,被学术界誉为"信息哲学的开拓者"。

第三编 社会系统与社会信息

第七章　社会系统的信息特征

考察社会信息,首先要把社会看成一个系统,然后研究该系统的信息现象。关于社会的系统论方法已经普及,关于理论信息学的信息定义、"信息二重性"和"信息能"的概念,已如前所述。本章把宇宙万物的关系分为两个大的类别:物质子系统通过物理学的物质和能量而相互接触、相互推动;信息子系统通过信息学的知识和智能而相互关联与作用。进而,讨论两类空间:实体的物质空间与抽象的信息空间。接着,介绍社会系统中的物质网络与信息网络、网络社会的层次性等概念。最后说明,随着计算机和网络的普及,数字化武装了符号化,人类正在在数字地球上建立一个网络社会,进入数字化的生存与创造的新时期。

一、物质作用与信息作用、物质空间与信息空间

(一)宇宙间的物质与信息:环境与作用

1. 物质作用与信息作用

从信息科学的视角看宇宙,它可以分为两个对立而统一的子系统:物质子系统与信息子系统。两个子系统具有各自独立的特征,具有不同的进化途径,但是

又相互依赖、相得益彰。计算机系统是一个解说信息世界观和方法论的最佳模型。在硬件系统不断地更新换代的同时,软件系统也在持续地升级,一个又一个新版本的软件系统层出不穷。通常,新的软件需要更大的存储容量和更快的运算速度。新的软件不能安装到旧的机器之中,而新机器中运行旧的软件则是浪费资源。硬件是软件的载体和依托,软件是硬件的导引和灵魂。

一般地说,物理系统的组件都是物质实体,这些组件可以在三维空间中物理地相互连接,通过物理学的四种力(弱力、强力、电磁力和万有引力)而发生相互作用。物理学正是用力的作用来解释物质运动的原因和轨迹。在计算机硬件子系统中,它的物质组件——CPU、存储器、运算器、输入/输出设备等,相互联系和作用。硬件作为软件的载体和依托,通过硬件,软件本身及其功能的实现,才是可以观察,可以实际操作的。在这个意义上说,物理学的电能是计算机得以运行的动力。但是,只给一台计算机接通电源,如果它是一台裸机,其中没有安装任何软件,那么,它什么也做不了。即使计算机中有软件,但是软件系统崩溃,就像一个机体健全的精神病人,照样没有正常的行为能力,因为它没有智能。

计算机软件系统处理信息的能力,才是实现计算机功能的根本原因。在软件子系统中,它的信息组件通过记忆和程序控制,而实现相互联系与作用。在庞大而复杂的计算机软件系统中,任何一个具有"输入—处理—输出"(Input-Processing-Output,IPO)功能的模块,都是一个独立的组件。所有的组件构成一个多层次的相互联系与作用的整体。整个计算机系统的输入、存储、通信、控制、计算、输出等功能都是由一个或一组模块所表现出来的"智能"来实现的。任何一个自动系统,都具有它自己的记忆、信息处理和行为控制的能力。

在无机世界,物体由物理学能量所驱使,按照固定的轨道运动,弱力、强力、电磁力和万有引力的作用方向就是它的行为倾向,表现出它的"目的性"。磁性的吸引与排斥,是一种典型的目的性"选择"。化学家把可以移动的带有正/负电荷的离子的选择看成是初等的智能行为。对于有机物和生命物质,它有自己的"目的"和追求,具有对主观、客观环境的信息进行处理的能力,具有调节自身行为的能力。它的活动既包含物质的联系和作用,也包含信息的联系和作用。

2. 物质环境和信息环境

在我们的常识范围内,任何事物除了它以外的一切存在,都构成它的"环境"。从事物的物质与信息二重性的观点看,所有的事物自身都包含着物质子系统和信息子系统,相应地,它所面对的环境也可以分为物质环境和信息环境。

社会的运行既依赖着一定的物质环境,也依赖着一定的信息环境。所谓社会信息环境,是指一个社会区域内社会信息的产生、传播和利用等环节及其相互关系所呈现的宏观表现形式或平衡协调状态。以人类语言为主要载体的社会信息,在传播(流通)中导致了社会信息环境的改变,从而为人类个体和社会整体的心理和思维能力提供新的资源。

物质流通导致社会物质财富的一种分配格局。信息流通(社会传播)活动实现信息财富的分配,它的最终目标是优化社会信息环境。既然传播改变了社会信息环境,那么,传播学就应该研究传播改变社会信息环境的过程、作用和规律,要研究如何检测和评价社会信息环境的变化、社会需要什么样的媒介及相应的传播活动,要研究如何利用媒介和传播去优化和改善社会信息环境等。

社会信息流通渠道发展到了当代,形成以计算机为基础的全球信息网络,即信息高速公路。人类的社会信息环境发生了革命性的变化。这对每一个国家、民族、单位、家庭、个人,都是极好的发展机遇。只要我们理智地应对,就可以争取主动,抢占先机。

3. 物质空间与信息空间

任何物体都有它的长、宽、高,都可以用笛卡尔的三维直角坐标系来刻画。物理学研究物质对象及其运动,都是在三维坐标系中展开的,大到天体,小到分子、原子,莫不如此。

"信息空间"是一个与"物质空间"(即"物理空间")相对的术语。信息是一种抽象的、逻辑的存在,它本身不是物质,没有重量的衡量,没有四种物理学的力;同时,它也没有长、宽、高的度量,不具有物理学意义上的空间结构。但是,在一定的意义上说,信息也有它的"点"、"线"、"面"、"体"。比如,观念和概念是点,有自己的发展轨迹;一门学科的知识有它的范围和边界;概念的系统有它的严格的层次结构和相互之间的关联。这样一来,我们就可以认为:就像数学中抽象的"N维空间"那样,信息也具有自己的抽象空间,我们称之为"信息空间"。

物质是实体性的存在,物理空间是实在的。信息是一种抽象的逻辑的存在,信息空间是虚拟性的实在。从本质上看,人类自身就是物质与信息的统一,从一开始就生活在物质空间和信息空间当中。每一个个人、家庭、集团、民族、国家都有它赖以生存的物质环境和信息环境,都有自己谋求生存和发展的物质空间和信息空间。随着人类文明的不断进步,其物质环境和信息环境都在逐步改善。物理学、化学、生物学的建立与成熟,极大地改善了人类物质生活条件,而通信、控制和计算的科学所带来的技术革命,使得人类信息空间一次又一次地发生革命性的变化。

从根本上说,今天信息社会中以全球计算机通信技术为支撑的信息空间,乃是文明社会前期由姿态—手势—嗓音技术支撑的信息空间,以及农业和工业社会中文字—纸张—印刷技术支撑的信息空间的进步。由于信息技术的差别,造成信息空间的范围和信息活动的方式与效率的不同。显然,今天的网络社会具有最大范围的信息空间和最高效率的信息活动水平。在这个意义上,任何社会都是物质社会与信息社会的统一,只是物质和信息的生产水平不同而已。所谓的"社会信息化",实际是社会的计算机化,信息社会实际上指网络化的计算机社会。所以,把我们的社会称为"网络社会"更加贴切,它的信息处理工具到了全球计算机网络的水平。

4. 网络空间

本尼迪克特在其编著的《网络空间:最初的路程》(*Cyberspace*: *First Steps*)中较早地论述了网络空间。人们通常认为,网络空间(Cyberspace)包含了从二维(2D)到三维(3D)的"图形使用者接口"(Graphic user interfaees, GUI)、网络(Network)、虚拟实在(Virtual Reality, VR)、多媒体(Multimedia)、数据库(Data-baseS)、超链接(Hiper Link)等电脑技术和形式。对于这种网络空间的基本特性,本尼迪克特认为,"全球网络化,由电脑支持、由电脑进入和电脑产生,是多维度的、人造的或'虚拟'的真实。它是真实的,每一台电脑都是一个窗口;它是虚拟的,所看到的或听到的,既不是物质,也不是物质的表现,相反它们都是由纯粹的数据或信息组成的"①。

这也就是说,网络空间在本质上是一个信息的虚拟与物质的实体相互交织的二重空间。首先,网络空间是实在的、真实的,是计算机与电子网络构成的物质系统,它属于人类生产的一种物质产品。其次,网络空间的虚拟性,并不是指它虚假、不真实,而是一种抽象的存在。网络空间虽然以物质世界为基础,但却主要由信息、数字甚至思想、想象等构成,是一个多维度的心灵空间、信息空间。

_____

① 　参见黄少华:《网络社会学的基本议题》,《兰州大学学报》(社会科学版)2005 年第 4 期。

这种网络心灵空间的凸显,导致人们在虚拟社区的认同,达到一种与在真实社区中一样的存在感。"于是真实与符号不再区分,媒体建构出过分真实的社会,一切都是拟像,形成了一个无深度的文化。网际网路的出现,更加强化了拟像活动的动力,让后现代主义观念蔓延在网路空间中。"①

网络空间的另一个重要特性,是流动空间与地方空间的交织。社会学家卡斯特(M. CastenS)曾从经济基础出发,认为新凸显的网络空间具有不同的逻辑,可以称之为"流动空间"(Space of Flows),与它相对的是具有历史根源,且人们共同经验的物理空间,即地方空间(Space of Places)。在更深的层次上,这种流动空间所凸显的物质基础的观念转化,表明一种新的空间支配模式正在重新塑造一个超级网络。这意味着,与传统原子化社会中地理位置或者说地点具有决定性意义的情况不同,在网络空间,核心的因素是链接而非节点,节点需要在网络空间的超链接中获得其存在的意义。数字化的生活将越来越不需要依赖特定的时间和物理的地点。现在甚至连传送"地点"都开始有了实现的可能,于是"地址"的概念也就有了崭新的含义。换言之,网络空间是一个没有时空边界,没有身份、家庭和阶层等地方性社会背景的全球虚拟空间。或者说,网络空间是一个吉登斯所说的时—空伸延与哈维(David Harvey)所说的时—空压缩并存的全球虚拟空间。

网络空间真实与虚拟交织、伸延与压缩并存的特征,意味着建立于其上的网络社会,具有不同于工业社会的特性。正如卡斯特所说,互联网作为当代社会的普遍技术范式,正在引导着社会的再结构化,并且已经实际地改变了社会的基本形态。网络构成了我们这个时代新的社会结构、形态与模式。在网络世界中,所有的节点,只要它们有共同的信息编码(包括共同的价值观和共同的成就目标),就能实现联通,构成网络社会。今日西方社会就是一个由各种节点通过网络连接而成的网络社会。这种以网络为基础的社会结构是高度动态的、开放的社会系统,而这种网络化逻辑的不断扩散,必然会改变生产、经验、权力与文化过程中的操作和结果,以及人们在网络中的在场和缺席,网络与网络之间的动态关系。网络社会的凸显,意味着人类经验的巨大变化,意味着人类社会的生产和生

① 翟本端:《社会与教育:迎接资讯时代的教育社会学反省》,台北:扬智文化事业股份有限公司2000年版,第312页。

活各个领域的巨大变化。

由互联网营造的网络空间,引发了社会结构和社会经验变化。首先,体现在随互联网兴起而产生的一个新的特殊社会群体——网民。今天,"我们正在步入一个激动人心的信息时代:网路世界正在成为我们的生活方式,而网民也正在成为我们的新身份。"①如果说农业社会的基础是农民,工业社会的基础是市民,那么,网络社会的基础就是网民。在一定程度上,网民就是世界公民,他们是一个全球性的社会群体,超越了地域、民族和文化的限制,使麦克卢汉所说的"地球村"的实现有了坚实的基础。因为网络空间的虚拟性和匿名性,使人们的网络社会行为极具弹性,借着网络既隔离又连接的功能,人们能够以前所未有的自由度,在网络空间从事各种各样的社会行为,这必将对人们的社会生活和社会结构造成巨大的冲击。

网络空间崛起引发的另一个重要的社会学问题,是互联网对人际互动模式的改变。互联网的兴起,对于人际交往来说,是一场科技结合心理的革命。网络空间不仅是一个互动的媒介,而且是一个自我再现的媒介,它充分结合了人际交往的两大功能:互动性和自我再现。② 互联网使人们足不出户就能进行生产和消费等日常活动,足不出户就能办公、购物、交往,等等。网络空间的去中心化特征,也使网络人际互动显得更为平等,更少群体压力。可以说,网络空间的人际交往,是一场重塑自我的游戏。互联网具有一种内在的结构性风险,它在拉近人们之间的空间距离的同时,也有可能造成人们之间的关系疏离。

互联网的兴起,还重塑了个人与组织之间的关系模式。由于互联网是以一种去中心化的方式组织起来的,信息传播与人际互动完全是开放和发散式的,任何人都可以超越现实生活中的身份、地位、收入、职业差别而平等地交往。因此,网络这种模式超越了传统的权力压制,超越了因权力分配而导致的信息、地位差距,从而有可能使人们在平等交往的基础上,重塑个人与组织之间的关系,使个人能够平等地享有信息与权力。当然,这种新的组织方式也为更高效的反社会行为提供了可能,从而使得某些有组织的集体或突发事件的出现更难控制和预防。这意味着,与现实社会相比,在网络空间,个人或群体的行为将变得更加不

---

① 赖晓黎:《网路的礼物文化》,(台北)《资讯社会研究》2004 年第 6 期。

② 参见吴筱玫:《解析 MUD 之空间与时间文化》,《新闻学研究》2003 年第 6 期。

可预测,这对互联网的安全造成了隐患,增加了网上越轨行为的几率。

(二)社会系统的物质网络与信息网络

1. 物质网络:物质产品流通的高速公路

社会是由人群构成的。人们对物质产品需要的满足,是生活的前提条件。所以,物质产品的生产和流通,是每一个社会得以生成和发展的基础。如今,各个国家的交通系统,比如水运、公路、铁路,管道、航空等构成一个复杂的网络,成为经济生活中的动脉。原中国交通部部长黄镇东曾专文论述交通运输与发展国民经济的关系。他说:"交通运输对国民经济发展具有全局性、先导性影响的基础行业;交通建设的滞后状况是国民经济加速发展的主要制约因素;加快交通建设步伐是国民经济和社会发展的迫切需要。"①

第一,交通运输是对国民经济发展具有全局性、先导性影响的基础行业。交通运输在社会再生产中处于先导地位。在生产过程中,它是生产的直接组成部分;在流通领域里,它是生产过程的继续和完成,是社会生产和消费的中介、纽带和桥梁。没有交通运输,就不可能进行社会化大生产,不可能发展商品经济及其高级阶段的市场经济。目前我国有五种运输方式,即:铁路运输、公路运输、水路运输、航空运输、管道运输。这五种运输方式各有所长。公路运输机动灵活,覆盖面广,通达社会各个角落,是唯一能实现"门到门"运输的方式。社会上大部分旅客和货物的运输是通过公路进行的。交通运输,无论对经济建设还是对外开放,都是不可缺少的基础条件,这已经为实践所证明。

第二,交通建设的滞后状况是国民经济发展的主要制约因素。我国公路、水路运输发展很快,但还远不适应国民经济和社会发展的需要。主要表现在以下三个"跟不上":交通运输基础设施建设跟不上运量的增长;交通运输车船技术装备跟不上运输需求的增长和交通基础设施的改善;交通运输量的增长速度跟不上国民经济的发展速度。由于交通基础设施和车船装备数量不足和质量不高,由于以上这样三个"跟不上",目前交通运输还远未达到"货畅其流,人便于行"的要求,部分地区货物运输难、旅客乘车难、乘船难的问题仍相当突出。这种状况已成为加快发展国民经济和进一步扩大对外开放的一个主要制约因素。

第三,加快交通建设步伐是国民经济和社会发展的迫切需要。国民经济和

---

① 黄镇东:《交通运输与发展国民经济的关系》,《经济与管理研究》1993 年第 5 期。

社会发展迫切要求,交通运输的紧张状况得到明显缓解,对经济发展的制约状况得到明显改善。为此,交通部于"七五"末期制定了一个发展交通的长远规划,即:从"八五"开始,用几个五年计划时间,在发展以综合运输体系为主轴的交通业的总方针指导下,统筹规划,条块结合,分层负责,建设公路主骨架、水运主通道、港站主枢纽,及其相应的交通科技、教育、通信、安全监督等支持保障系统,以适应国民经济和社会发展的需要。

2. 信息网络:信息产品流通的高速公路

(1)社会系统本身就是一个信息网络

由人群所构成的整体和由沙粒构成的整体具有不同的特性。纯粹从物理学的物质和能量的观点来看,人群和沙堆的重量和体积的整体都等于各个部分的和。但是从组成部分的存在状态、相互作用和和运动方式来看,人类和沙堆具有本质的不同。人类个体是有目的、有追求的活物,他的信息子系统控制着物质子系统的运动,而且人与人之间具有复杂的恩爱情仇、对立或互助的关系。从根本上说,在物理学的力的相互作用之外,人类是一个靠信息的力量维持的一个活着的信息系统。社会系统是一个有生命活力的信息网络。在不同的发展阶段,人们使用着不同的信息工具,社会信息网络具有不同的智慧的能力。

信息工具是相对于物质劳动工具而言的。信息工具是人类脑力劳动的工具,它是能够进行信息输入、存储、处理、输出、反馈的任何信息媒介、载体和设备。信息工具随着人类的生产和社会活动就同时出现了,不过它在以往的历史社会形态之中没有显得如现代这样的突出和重要,因而未能引起人们足够的重视。人类从事生产活动需要人的体力和脑力的结合,在一定意义上说,劳动工具是人的四肢和体力的延伸,而信息工具则是人的大脑和脑力的延伸,"机器人"的发明和创造则是信息工具与劳动工具的结合。

人类从原始社会进入到现代社会经历了不同的社会形态和制度。关于它们是如何变化和演进的,不同的阶级、不同的学派从不同的价值观和不同的角度出发作出了各种各样的阐释。一般地说,人类的物质生产是以精神生产(或信息生产)为前提条件的,精神产品的性质和水平决定和制约着物质产品生产的性质和水平。在这个意义上说,人类信息工具的发展水平代表着人类文明进步的程度。信息媒介或载体,是人类社会变革和进步的主要杠杆,是引起了社会形态和制度变革的根本动力。随着语言、文字、印刷术和计算机的出现和发明,社会信息网络不断迈进新的发展阶段。

（2）人类社会的四种信息网络

人类社会信息工具的显著变化，迄今为止，大体经历了四个阶段：语言的产生—文字的发明—活字印刷术的发明—电子通讯和电子计算机的发明。①

语言，它的产生标志着人类社会信息工具的诞生，这是人类社会信息工具的原始阶段。它是人类精神文化的起点，人类借此可以发出信息，使人类的思维及相互之间的思想交流成为可能，加快了人类的进化尤其是大脑的进化，使人类由类人猿的低级动物进化到了作为人的高级动物。

文字，是人类社会信息工具发展的第二个阶段。文字使信息可以在人的大脑存储之外，作为社会和文化意义上的存储和传递成为可能。语言作为信息只能存储于自然人的大脑之中，也只能由自然人加以传递，因而它的存储和传递功能是非常有限的，基本不具备社会和文化意义上的存储和传播功能，因此文字的发明使信息充分具有了社会和文化意义上的功能，使信息完成了由输入、存储、传递、输出、反馈的一个简单的全过程。人们通过文字可以更广泛地交流和积累经验，制定和形成法律法令等文献和体系。它是人类由"野蛮时代"过渡到文明时代的主要推动力之一和重要的标志。

活字印刷术，是人类社会信息工具发展的第三阶段。它大大地加快和拓展了信息的输入、存储、传递、输出、反馈的速度和广度，从而也大大地加快和拓展了人类社会进步的速度和广度。

电子通讯和电子计算机，是人类社会信息工具发展的第四阶段。它使得科学知识、科学技术对物质资料的生产和精神文化的发展起到了更重要、更关键的推动作用，并呈现出越来越紧密结合、不可分割、融为一体的大趋势。信息高速公路，是人类社会信息工具第四阶段发展成果的综合体现。它把电话、电讯、广播、电视、电子计算机等融为一体，完成了信息输入、存储、控制、处理、输出、反馈的完整的自动化的全过程。

信息工具的变化发展是引发人类社会形态和制度变革的主要推动力之一，它与劳动工具的发明创造对人类社会变革的作用具有同等重要的意义。信息工具不仅省心并提高了脑力劳动的效率，而且更省力。随着人类社会向信息时代

---

① 参见刘国晨：《论信息高速公路对社会经济和政治的影响》，《当代思潮》2002 年第 1 期。

的迈进,随着知识经济的不断发展,信息工具的变革将会越来越占据社会进步和发展推动力的主导地位,其作用和影响也必然会越来越不可估量,必将有力地推动人类社会的全面进步和发展。

(3)以计算机和通信网为载体的"信息高速公路"

第一,信息高速公路是把信息的快速传输比喻为"高速公路"。所谓"信息高速公路",就是一个高速度、大容量、多媒体的信息传输网络。其速度之快,比目前网络的传输速度高 1 万倍;其容量之大,一条信道就能传输大约 500 个电视频道或 50 万路电话。此外,信息来源、内容和形式也是多种多样的。网络用户可以在任何时间、任何地点以声音、数据、图像或影像等多媒体方式相互传递信息。构成信息高速公路的核心,是以光缆作为信息传输的主干线,采用支线光纤和多媒体终端,用交互方式传输数据、电视、话音、图像等多种形式信息的千兆比特的高速数据网。

第二,信息高速公路有四个基本要素:(1)信息高速通道。一个能覆盖全国的以光纤通信网络为主的,辅以微波和卫星通信的数字化大容量、高速率的通信网。(2)信息资源。把众多的公用的未用数据、图像库连接起来,通过通信网络为用户提供各类资料、影视、书籍、报刊等信息服务。(3)信息处理与控制。通信网路上的高性能计算机和服务器,高性能个人计算机和工作站对信息在输入、输出、传输、存储、交换过程中的处理和控制。(4)信息服务对象。使用多媒体经济,智能经济和各种应用系统的用户进行相互通信,可以通过通信终端享受丰富的信息资源,满足各自的需求。

第三,信息高速公路的关键技术:通信网技术;光纤通信网(SDH)及异步转移模式交换技术;信息通用接入网技术;数据库和信息处理技术;移动通信及卫星通信、数字微波技术;高性能并行计算机系统和接口技术;图像库和高清晰度电视技术;多媒体技术等。

二、社会网络与网络社会

(一)社会网络

20 世纪后期兴起的计算机网络技术的发展,推动了人类社会的变革,促使原来的社会网络提升到电子化、智能化的水平。原来的社会由看不见的网络所构建,现在的计算机网络硬件容易被看见了,但网络上流通的信息依然是看不见的。人类的政治以及社会生活都因这种信息网络结构的出现而发生了重大变化,因而对政府以及整个社会治理体系也提出了变革的要求。迄今为止的历史发展都是人类确立边界的运动,在地理的、心理的、领域的、学科的等人类行为所涉及的一切方面,都要确立边界,而新型社会网络结构的出现,则意味着打破一切边界的历史运动起步了。计算机化的社会网络结构也将改变人类社会所拥有的空间概念,将会循着历史上曾经发生过的把自然空间转化为社会空间的逻辑,推动着客观空间向主观空间的转化。所以,主观空间中的自由、平等将会彻底地扬弃以往社会空间中的等级及其中心—边缘结构。①

1. 网络技术改变了社会

在上一个世纪的技术成就中,计算机网络信息技术是一项影响深远的技术发明。网络技术正在改变着我们的观念和我们生活于其中的社会。虽然网络技术的发展在今天还处于刚刚起步的阶段,但是它给予人类历史的推动作用已经让人瞠目。网络技术在社会生活中的广泛应用,加速了社会变革的进程。许多学者断定,网络技术的出现标志着人类历史进入一个新的历史时期。

早在网络信息技术刚刚出现的时候,阿尔文·托夫勒就预言:这是明天可能实行直接民主的一个最初的迹象。利用先进的计算机、人造卫星、电话、有线电视、投票技术以及其他工具,一个受过教育的公民,在历史上第一次能够开始作出自己的许多政治决定。② 关于网络技术支持下的公众参与,福克斯和米勒作出了这样的描述:成百上千的布告板和服务器在所谓的信息高速公路上,专门从事每一件事情,从懒散的闲聊、脏话到严肃的科学和哲学思考。互联网包括一个相对严肃的系列,大多数公告牌不是用来和政治精英联系的,而是为了和处于同等地位的人保持联系用的。寻找同类总想发展对方。所有的人聚合在一起,数不胜数的专业化群体以及同等专业化的语言游戏都有可能出现。③

事实上,网络技术向社会治理提出了全新的要求。我们知道,社会交往以及社会生活的领域中将会生长出合乎后工业社会特征的规范体系。契约、合同、依

---

① 参见张康之:《论社会的网络结构》,《理论学刊》2008 年第 3 期。
② 参见阿尔文·托夫勒:《第三次浪潮》,北京:三联书店 1984 年版。
③ 参见阿尔文·托夫勒:《第三次浪潮》,北京:三联书店 1984 年版。

法而行等,虽然依然是人们行为的依据和规范性因素,但是,它们不再在规范体系中处于主导地位,而是不断地被边缘化和不断地受到怀疑甚至受到冲击的规范因素。一切客观性的自然和社会过程,都可以通过科学和技术的手段来加以认识和规范,而一切主观性的社会和行为过程,都需要在基本价值的发现中才能找到规范的途径。对于社会生活中的一切客观性的方面,都可以依法治理,而对于一切主观性的方面,都是无法依法治理的。网络作为一个新的生活世界,更多地表现出主观性的一面,所以,"依法治网"的构想可能是不切实际的,主要应通过一些基本价值观的确立,找到有效的治理途径。

信息技术在组织的运行方面造成了根本性的变化,简·芳汀这样描述道:"作为在复杂组织里管理信息以及进行信息处理的手段,劳动的职责区别和分工明确,正让位于通过计算机信息系统而进行的信息建构。如果消除亚单位和人之间的人为界限,组织结构更多的任务可由信息系统承担。大量程序化的信息处理,先前是在复杂组织的中层机构进行,现在可由计算机完成。另外,数字文件允许信息在全球的'任何地方、任何时候'被提取,如果信息系统是那样设计的。"①

网络技术的出现,使人们的生活空间从物理空间扩展到电子空间,人们在交流信息、知识和沟通情感方面都采取了新的方式,甚至许多社会行为也在网络中发生和通过网络而达成目的。在一定程度上,全球都开始被迅速地纳入到一个系统的网络之中,而互联网在促成社会网络生成方面的意义可能远远高于它作为符号的象征意义。就此而言,网络已经远远超出了它作为一项技术的价值,它对于社会变革的意义在于:促成了社会信息的进一步网络化,让人类社会在它的启发下以电子的、智能的方式加以建构。甚至可以说,网络技术直接作用于社会,造就了一个拥有新型网络结构的社会。这个社会由于拥有了新的网络结构,而正在迅速打破它在以往各个历史阶段中生成的地域以及族域边界,朝着总体化的方向迅速迈进。

我们知道,以某种技术特征来标识政府并不是当代的发明,杰弗逊就使用过"机器式政府"的说法。当代人所经常谈论的"电子政府",在表面上看起来,同

_____

① 简·芳汀:《构建虚拟政府——信息技术与制度创新》,中国人民大学出版社2004年版,第30页。

"机器式政府"的提法相比,并没有本质区别。用近代哲学的术语,这是机械论的表现,如果在更高的层面上来加以谈论,也被称为"技术论"的。

20世纪在马克斯·韦伯的官僚制理论以及泰勒的科学管理理论基础上建构起来的政府,在很大程度上都能够满足机械论的规定。人们把运用计算机、信息技术、网络等的政府称做"电子政府"。网络技术的前景将会创造出一个全新的"虚拟世界"。这个虚拟世界的出现,将会把人类置于一个全新的境地。在人类所创造的这个虚拟世界中,完全可以设置一个电子政府,而且,人类自身的政府由于被电子技术充分地置换了,也会以"电子政府"的形式出现。也许我们今天所谈论的电子政府还仅仅是就它使用了电子技术而言,而即将出现的电子政府可能会在一些实质性的政府职能方面出现替代的情况。

2. 网络结构消融了边界

计算机网络技术的发展促成了社会结构网络化的升级换代,这是技术发展促进社会变革的典型表现,而新型社会网络结构所提出的现实要求,则倾向于摧垮一切明晰的边界。

从农业社会向工业社会的发展,在社会的一切领域和一切方面,都表现出边界的明晰化,社会在各个层面上的分化越迅速,划界的工作量也就越大,而且划界本身就是人们最为关注的社会中心议题。任何边界都会立起一道有形的或无形的篱笆,限制交往和抑制开放、边界是封闭的标志和互动的阻力。比如,哲学、文学、历史等学科之间,大学的系科之间,工人、农民、知识分子之间,城市与乡村之间,官与民之间就存在着难以逾越的边界。

与农业社会相比,工业社会在城市化的过程中使人们聚居到人口密度极大的区域中,使人们的空间距离变得很小。但是,社会学家发现,人口密度越大,人们之间的空间距离越小,他们之间的心理距离就越大,他们之间物理上的依存性与心理上的依存性形成极大的反差。于是,工业社会由于缺乏了心理依存结构而成为不完整的、不具总体性意义的结构。因此,作为工业社会物理或物质依存结构替代物的后工业社会的依存结构,应当是物理上的和心理上的完整结合,是一个具有总体性的社会依存结构。在形式上,就表现为以社会的网络结构作为基础。

计算机化的社会网络结构完全打破了传统社会中存在的线性决定模式。生活在这种社会中的人,可以成为自由的创造活动的主体,它有充分的自主性空间去展现自己的创造力。至少,新的社会网络结构较少压抑人和泯灭人的主体性,这是它与以往任何一种社会结构不同的地方。以往的社会结构以一种绝对的客观性把人编织在其中,特别是近代社会,把每个人都变成被动的单子,格式化在社会结构的每一个网格中,容易失去自由,因而也失去自我。人是社会动物,人与人之间的社会关系的异化,使人分隔开来,成为孤立无助的个体。新的社会网络结构则要打破将人分隔开来的边界,使人用电子的方式容易密切地联系在一起。

德国社会学家诺贝特·埃利亚斯在反对从个体的角度理解社会和从社会出发理解个体这两种近代社会的主流思想时,也提出了"社会网络"的思想。在他看来,人们之间是互为关联的,社会就像一个网状的编织物,"在一个这样的编织物里,有许多被缠绕在一起的单个绳线。但不管是这个交织物的整体,还是单个绳线在其中获得的形态,都不应单单根据某一根绳线,或者根据所有的单个绳线本身来加以理解;相反,只能根据这些绳线的连接,根据它们相互间的联系来理解。由这种连接关系便产生出一种强力系统,它的秩序自行传输给每一根连线,而且是传输给每一根根据自己在这个交织物整体中的不同地位和功能具有或多或少不同的表现方式的连线"①。

"当整个交织物的强力和构造起了变化,单个连线的形态也会随之改变②。"这是一个绝妙的比喻,包含着对人们之间社会关系的深刻理解。由于社会的发展,走向后工业社会过程中的人际关系越来越证实了这种理解的正确,越来越证实他关于单个人"是从一个已经先他存在的人际编织网中走出,进而跻身另一个由他自己参与构织的人际编织网"的论断。现在,社会网络结构的出现,要求我们根据这一社会结构的特征去重新理解和界定人们之间的关系,重新在人们之间的网络关系基础上设计社会合作的行动方案。

总之,社会的网络结构是一种立体的结构,它在每一个层面上都会表现出网络关系的特征,或者说,网络关系是多种关系构成的网络整体,是一种复合性的关系模式。对于这种网络关系来说,"关系网络中的他人能够在另一种关系中

---

① 简·劳汀:《构建虚拟政府——信息技术与制度创新》,中国人民大学出版社 2004 年版,第 31 页。

② W.E.哈拉尔:《新资本主义》,社会科学文献出版社 1999 年版,第 38 页。

发挥直接作用。如果信任构成网络联系的基础,那么成员就会发挥作用维持他们的和其他成员的关系。当事人会选择去惩罚那些不值得信任的行为"①。所以,在社会网络中容易建立一种消除不信任的机制。在健全的网络结构中,无论不信任产生于何种基础上,人们之间的合作都会有效地抑制它和比较迅速地制止它。

3. 网络结构改变了空间特性

工业社会的人际关系具有网络的特征,但那是一种平面网络,是有边界的,而且在结构上是从某一中心延伸开来的。我们所讲的新的社会网络结构,所表现出来的是一个立体网络,它的每一个网结都在多维的方向上展开。作为网络的节点,在每一个平面上都会具有中心性的假象,而在多重平面上,又不是中心。一般地说,任何一个网结的展开的关系都不构成中心—边缘结构。社会的网络结构在一定程度上具有"去中心化"的现象。在这种结构中,无数的节点并不是一个个分别独立的中心,反而是构成网络不可缺少的部分。在一定程度上,网络结构在其理想状态中无论在政治、经济、文化还是地域等方面,都可以被理解成无中心的状态。

工业社会诞生以来的中心—边缘结构是一种等级化的结构。一个国家有一个政治、经济、文化中心城市,大的国家甚至有两或三个这样的中心城市。以这个或这些中心城市为圆心,扩散开来而形成次一级的中心城市,这些次一级的城市又是次一级的政治、经济、文化中心。新的社会网络结构的生成,使这种等级化的单一性中心—边缘结构逐渐为一种多元化的中心—边缘结构所取代。后工业社会是这种中心—边缘结构的彻底解体。城市网络不仅消解这种集合中心,而且网络的无界特征也使中心—边缘结构丧失了存在的基础。在网络结构中,每一城市的地位,都取决于它与其他城市之间有效合作的情况。无论是在中心—边缘结构还是在网络结构中看城市,所看到的都是社会表面的空间结构。

起初,人类与其他物类一样,都存在于自然空间中,受物质空间的规定、限制和制约。随着人类社会的发展,自然空间不断地被改造并有许多部分被转化为人类的社会空间,即信息空间。在很大程度上,工业化标志着人类改造自然空间

---

① 罗德里克·M. 克雷默、汤姆·R. 泰勒:《组织中的信任》,中国城市出版社2003年版,第25页。

能力的增强。在整个工业社会,人类所取得的每一项重大成就,都是社会空间的扩大和对自然空间的征服与同化。科学技术的进步还会不断地增强人类征服自然空间的能力,还可以期待有更多更大的自然空间会向社会空间转化。同时,工业社会向后工业社会的转型扩大了另一条空间转化的路径,在这条路径上,是社会空间向人的主观世界转化的运动,是人对社会空间的内化。

自然空间是纯粹的客观性空间,社会空间虽然与人的主观世界密切相联,但也是作为一种客观力量规定、限制、制约着人的存在、行为和思想的。比如,交通法规虽然要考虑人的各种主观因素,但它在作用于人的行为时,却是确定无疑的客观力量。所以,社会空间与自然空间一样,都是外在于人的客观力量,即便是这种社会空间以伦理或道德规范的形式出现,也在很大程度上表现为客观性的社会力量。

在自然空间社会化的过程中,出现了自然—社会缠绕难分的空间形态,造成了许多认知和理解上的困难,人们因此而论争不休。在自然空间和社会空间内化为主观空间的过程中,也会出现客观空间与主观空间缠绕不清的空间形态,从而为基于主观空间的视角出发认知、理解和安排人们的合作制度提供根据。其实,合作社会中的合作关系、合作行为更多地需要从人的主观空间中来加以认知、理解和把握,需要根据主观空间形态的特性来加以建构。

社会空间在结构上的创造性建构是以中心—边缘结构的出现为标志的。因为自然空间是没有中心也没有边缘的,只有社会空间才有中心—边缘结构,即使人对自然空间作出中心—边缘的理解,那也是基于社会的视角。社会空间是用等级结构和中心—边缘结构两条丝线编织起来的。随着计算机化的社会网络结构的出现,在人把社会空间内化为人的主观空间的时候,空间的等级结构和中心—边缘结构受到"过滤",通常的主观空间在我与你之间,上下的分层线和左右的边界可能淡化甚至消失。所以,人类正迎来空间结构的变革,在计算机网络技术促成新的社会网络结构的时候,我们需要建立起全新的观念,主观空间结构上的"去中心化"的特征正是我们重塑未来的一个基本依据。

(二)网络社会及其层次性

近十几年来,"网络社会"(Network Society)的概念常常被人们使用着,但是,网络社会常常在不同的意义上混用。产生这种情况的原因主要在于"名同实异",即同一个概念可以表达不尽相同的多种含义。经过考察可以发现,"网络社会"这一概念具有以下三个层次的含义,即网络化社会、互联网社会和互联网社群。这三个层次之间既有区别也有联系。①

1. 网络化社会

"网络社会"概念的第一个层次,指的是以卡斯特所谓的"信息技术范式"为基础的社会——网络化社会。这个所谓的"信息技术范式",包括:(1)信息便是原料;(2)新技术效果无处不在;(3)网络化逻辑;(4)信息技术范式以弹性为基础;(5)特定的技术逐渐聚合为高度整合的系统。卡斯特指出:"信息技术范式并非演变成为一个封闭系统,而是成为一个开放的多变网络。就其物质特性而言,信息技术范式相当强势而壮大,但就其历史发展而论,则具有适应性且开放。全面性、复杂性与网络化乃是其明确特性。"②这种意义上的网络社会与以前人们常说的"信息社会"或者"后工业社会"非常接近,它是与农业社会、工业社会等相对应的一种新的技术社会形态。

关于"网络化社会"的性质,学界一直存在着较大的争议。冯鹏志认为存在着以下几种不同的网络社会观:一是西方马克思主义的网络社会观,认为网络社会是一个消除了阶级对立和国家冲突的"超资本主义"系统;二是"第三次浪潮"的网络社会观,认为网络社会是实现从金钱和暴力向知识和信息转移的最重要的场所;三是后现代主义的网络社会观,认为网络社会是一个消除了一切中心、结构、主流、界限和监控而经集体行动的逻辑建构起来的公共空间或公共领域;四是超国家主义的网络社会观,认为网络是一个消除和超越了国家观念和国家秩序的新现实。③

2. 互联网社会

网络社会概念的第二个层次,指的是以互联网技术为基础并存于互联网空间中的网络社会,其英文是 cybersociety。此种意义上的网络社会我们称之为"互联网社会",它实际上指的是整个网络空间(cyberspace)中的所有存在形式。"互联网社会"是互联网空间的社会性表述。这一概念表明:互联网空间实质上是一种与现实社会空间相类似的社会空间,而不仅仅是一种虚拟空间或者技术

---

① 参见冯务中、李艳艳:《"网络社会"概念辨析》,《广西社会科学》2008 年第 9 期。
② 参见冯鹏志:《延伸的世界:网络化及其限制》,北京出版社 1999 年版,第 159 页。
③ 参见冯鹏志:《延伸的世界:网络化及其限制》,北京出版社 1999 年版,第 159 页。

空间。美国学者斯通指出:"五花八门的电子网络正在形成一种人际互动的模式,它与人们熟知的集会、通信组和罗斯福式的壁炉谈话等类似,是社会空间的一种新形式。我们不妨称之为'虚拟'空间——一种由共识形成的想像中的交往处所。"①

美国学者莱恩格尔德在其《虚拟社区:电子边疆的家园》一书中说,通过计算机媒介通信技术,文字、人际关系、数据、财富和权力这些社会要素都能在网络空间中得到显现。其实不仅是斯通和莱恩格尔德,大多数研究者都是在"互联网社会"这种意义上使用"网络社会"一词的。仔细分析就会发现,"互联网社会"其实可以分为以下两大类型:一是包括网络论坛、BBS 和 QQ 群等直接交互性较强的存在形式;二是包括门户网站、电子邮件、BLOG 等间接交互性较强的存在形式。这两大类型构成整个互联网社会。互联网社会也可以称为"虚拟社会"。现在有些学者对于"网络社会"、"互联网社会"和"虚拟社会"等概念的合法性提出了质疑。例如,美国学者斯劳卡就认为"虚拟社会"这一概念本身就自相矛盾,因而是不能成立的。②

我国学者叶险明也持这种看法,他说:"目前我国学术界比较流行'虚拟社会'的提法。我本人不赞同这类提法(还有所谓'符号社会'等)。"叶险明不赞同这类提法的原因主要有以下三点:一是数字化虚拟不具有"社会"所具有的生物学特性;二是数字化虚拟不具有"社会"所具有的稳定性;三是数字化虚拟不具有"社会"所具有的相对独立性。如果以传统的、唯物主义视野中的社会构成要素和基本特征为标准来衡量,"虚拟社会"、"互联网社会"或"网络社会"诸如此类的提法,就欠妥当了。但是,从理论信息学的观点看,社会的本质不是物理的,也不是生物的,而是信息的。使人与人相互联系,构成社会的力量不是物理学的力量,也不是生物基因的力量,而是文化的力量。文化本身就是抽象的,是虚拟性的实在。社会就是一个物质与信息的网络,其中信息子系统起着决定和控制的作用。在这个意义上,"网络社会"、"互联网社会"或"虚拟社会",是对社会本质的简洁而直接的概括,具有完全的合理性。

---

① A. R. Stone, *Will the real body please standup? Boundary Stories about virtual culture*, Michael Benedikt, Cyberspace: First Steps[C], Cam-bridge, MA, MIT Press, 1991, p. 81.

② 参见马克·斯劳卡:《大冲突:赛博空间和高科技对现实的威胁》,江西教育出版社 1999 年版,第 180 页。

　　叶险明本人也声明："为了在逻辑上着重说明某一问题,一般地提'虚拟社会'并非不可以,但不能将其视为与现实社会相并列的另一种社会。"①的确,网络社会或虚拟社会是现实社会的延伸和发展,是后者的一个侧面。它并不是一种完全独立的社会存在,它在本质上包含在整个现实社会之中,不能把它理解为与现实社会等量齐观的另一个社会。同时,作为一种具体的社会形式,互联网社会与一般社会也有相同之处。为什么可以这样说呢?

　　首先,互联网社会具有一般社会所具有的关系性。互联网社会不仅是一种技术的存在,它更是一种关系的存在。通过互联网社会,我们可以将各种事物联系起来,形成各种不同的关系存在。这些关系包括以下几种类型:一是物与物之间的关系,例如不同空间中的电子流的关系;二是人与物之间的关系,例如涌现到网民眼前的各种信息;三是个人与个人之间的关系,例如朋友从远方发来的电子邮件等;四是国家与国家之间的关系,例如不同国家之间的"黑客大战"等。甚至可以说,互联网社会是一切技术关系和社会关系以及技术与社会之关系的总和。当然,以上种种关系的形成都是以"传输控制协议"(TCP)和"互联网协议"(IP)这两种最为重要的协议为基础的。通过这两种协议,整个互联网社会成为关系性的存在。在这种意义上,互联网也可以被称为"全球信息网"。

　　其次,互联网具有一般社会所具有的人际性。在一些人看来,互联网是机器,是器物,是高科技,是冷冰冰的客观存在。其实,这只是互联网的表象。互联网不仅将计算机与计算机、网络与网络、科技与科技"互联"起来;更重要的是,互联网将人与人"互联"起来从而形成一个特殊的社会。需要说明的是,这里说的是"互联",而不是"互连"。"互联"是比"互连"更有文化气韵的一个词语。相对于"互连"而言,"互联"表达着更多的人际联系、人际联盟和人际感情色彩。正如万维网的创始人蒂姆·伯纳斯-李所说:"万维网与其说是一种技术的创造物,还不如说是一种社会性的创造物。"美国未来学家泰普思科说:"今日的网络,不仅结合了科技,更连接了人类、组织及社会。"麻省理工学院电脑科学实验室的高级研究员 David Clark 写道:"把网络看成是电脑之间的连接是不对的。相反,网络把使用电脑的人连接起来了。互联网的最大成功不在于技术层面,而

① 叶险明:《马克思的哲学革命与哲学的现实基础》,《哲学研究》2005 年第 2 期。

在于对人的影响。"①

最后,互联网社会具有一般社会所具有的信息性。一般社会所具有的信息性保证了人与人之间的正常交流和交往。互联网社会也具有这种信息性。实际上,互联网是一个计算机化的通信网络,是计算机与网络的结合。用于流通物质产品的本来意义上的"高速公路"连接着生产部门和厂家。互联网是一种信息产品的高速公路,它建立在电脑互联的基础之上。于是,整个网络不仅可以处理信息、生产信息,也可以交流信息和寻找信息。互联网社会通过电脑之间的资源共享而成为寻求信息的主要工具和主要手段。互联网社会不是实体系统,也不是能量系统,而是信息系统、智能系统,是能够进行信息输入和信息输出等信息反馈活动的即时通信系统。实际上,人们之所以越来越认同互联网这种新媒介,其中一个重要原因就在于互联网在查找信息和交流信息方面具有不可比拟的优势。在这个意义上,互联网社会是"信息的社会"的最好的代名词。

3. 互联网社群

网络社会概念的第三个层次,指的是存在于互联网空间中的一个个具体的网络社群,其英文是 cyber-community。此种意义上的网络社会我们称之为"互联网社群"。互联网社群不同于互联网社会:互联网社会是宏观意义上的,它指的是整个互联网空间构成的社会;而互联网社群是微观意义上的,它指的是存在于互联网空间中的一个个具体的虚拟社群和虚拟社区,如 BBS、聊天室等。互联网社群包含在整个互联网社会之中,互联网社会是由许许多多个互联网社群联合而成的。

莱恩格尔德认为,虚拟社群是指一群主要凭借计算机网络彼此沟通的人们,彼此有某种程度的认识、持续的公开讨论,分享某种程度的适合信息,相当程度的如同对待友人般的关怀、通过网络建立个人关系,在虚拟实在中形成的社会的集合体。他进而指出,网络社群的功能在于促进人与人之间的关系。他指出:"网络最终所能带来的社会变化并不只是建立一个信息市场,而在于形成长久的个体关系与群体关系。"

具体而言,互联网社群的主要功能有三项。一是交换信息,例如各位网友在

---

① 转引自郭良:《网络创世纪:从阿帕网到互联网》,中国人民大学出版社 1998 年版,第 162—163、168 页。

搜狐社区、新浪社区或者水木社区 BBS 等互联网社群里聊天。二是分享经验或者教训，正如巴洛所指出的："因特网及随网络而生之种种现象的功用，在于制造出能够提供互通经验的环境。"①三是求助于人或者帮助他人。在互联网社群中，特别是在同一群人经常活动的互联网社群中，各种助人行为是屡见不鲜的。

综上所述，"网络社会"这一概念具有网络化社会、互联网社会和互联网社群这三个不同的层次。其中，互联网社群为最低层次，互联网社会为中间层次，网络化社会为最高层次。这三个层次各有其特定的内涵与外延，运用时不可随意混用和误用。同时，这三个层次之间也有一定的联系：一个个具体的互联网社群构成整个互联网社会，互联网社会又成为网络化社会的重要组成部分。网络化社会既包括互联网社会，也包括互联网社群，还包括不同于互联网社会的现实社会。

三、人类的数字化生存

（一）"数字地球"与空间智能体

1. "数字地球"——"网络之纲"

什么是"数字地球"？对这个问题的回答主要有三种，即"号召论"、"虚拟论"和"工程论"。"号召论"认为，"数字地球"是可以嵌入海量地球数据、多分辨率、三维的对地球的表示（美国前副总统戈尔）。"虚拟论"认为，"数字地球"即虚拟地球（美国 1998 年 6 月 23 日"数字地球"研讨会）。"工程论"认为，"数字地球"是对真实地球及其相关现象的统一性的数字化重现和认识，其核心思想是用数字化的手段来处理整个地球方面的问题（中国部分高级学者）。②

在一定的意义上，对高科技情有独钟的哈佛大学毕业生、曾任美国副总统的戈尔提出的"信息高速公路"概念，搅动了全球。1993 年，克林顿政府实施信息高速公路发展战略，一批"数字英雄"独领创业风骚，微软已无人不知，因特网无处不在。如果说 20 世纪的社会信息化标志是"信息高速公路"的话，那么 21 世纪的社会信息化标志则是"数字地球"。

---

① 转引自约翰·布洛克曼：《未来英雄》，海南出版社 1998 年版，第 10 页。
② 参见孙峰华：《"数字地球"及其对人类社会的影响》，《发展论坛》2000 年第 1 期。

　　1998 年 1 月 31 日,在加利福尼亚科学中心,美国副总统戈尔作了《数字地球:理解 21 世纪我们这颗星球》的报告。在报告中戈尔提出了"我们需要一个数字地球,一个多分辨率、三维的虚拟地球,在数字地球中可以集成进大量的地理参考数据"。他提出"数字地球"概念,将未来世纪的社会信息化赋予了全新的含义。

　　戈尔认为,现代社会虽然拥有大量的有用信息,但人们却未能对其充分利用,使得那些有用信息逐渐过时并失去可利用的价值。解决这一问题的方法就是建立数字地球。所谓"数字地球",就是把地球每一角落的信息都收集起来,按照地球上的地理坐标建立起来的完整的信息网络。据此,人们可以快速、完整、形象地了解地球上各种宏观、中观和微观的信息,并充分发挥这些信息的作用,最终使全民都能够有效地利用已经产生和正在源源不断产生的大量有用信息。

　　戈尔称数字地球是"21 世纪人类认识地球的崭新方式"。数字地球的技术核心是发射 1 米分辨率的卫星,建设 1 米分辨率的全球地理信息数据库。美国国家航空航天局数据中心直接参与戈尔数字地球项目的讨论,因为这是一个直接关系确定美国在 21 世纪世界霸主地位的很重要的项目。

　　在戈尔讲话之后,美国各大公司、科研机构纷纷响应,决心参与数字地球的建设。各国也对此积极响应,澳大利亚宣布在 2000 年建成"数字澳大利亚",美国宣布在 2002 年建成"数字美国"。在我国,江泽民在接见部分两院院士和军队代表时,两次提及"数字地球"。北京大学、清华大学等高校,教育部、科技部、中国科学院等数十个单位的许多专家、学者参与了数字地球的研讨。这些充分说明,"数字地球"已成为当今信息社会发展的必然,它已引起人类社会的广泛关注。

　　目前,科学家们还不能给"数字地球"一个准确的概念,但"数字地球"本质上是一个信息系统这一点科学家们已形成了共识。"数字地球"这一信息系统,包括数据获取与更新体系、数据处理与储存体系、信息提取与分析体系、数据与信息传播体系、数据库体系、网络体系、应用模型体系、专用软件体系、咨询服务体系、专业人员体系、用户体系、教育体系、标准与互操作体系、法规和财经体系等。"数字地球"既是地球科学技术与信息科学技术、空间科学技术等现代科学技术交融的前沿,又是当代科学技术与社会发展和需求紧密结合的必然结果。

2. "数字空间"与"空间智能体"

数字地球可以看做是构筑于 Internet 之上的"空间智能体"(GeoAgent)①为主要种群的高级生态统,亦即"数字生态系统"。它是通过包含卫星数据在的多种数据源的融合,对地球进行的全新数字刻与描述,是对地球上信息的深度发掘与知识的再现、再表达。

数字地球作为数字生态系统,它的基本子系统空间智能体具有自适应能力。同时,数字地球依赖的全球网络空间(Cyberspace),包含了生物群体的典型特征:网络节点是信息的处所,也是空间智能体的处所;所以,具备多样性的空间智能体构成超大规模的群体。空间智能体的信息交换、互联、复制、淘汰,导致的信息丰富与群体膨胀,构成一副活生生的进化图景。空间智能体技术,包含空间智能体的体系结构、空间智能体分类准则及其空间对象(GeoObjects)的关系、空间智能体之间的通信语言(GeoACL)、空间智能体的空间搜索引擎与推理引擎、空间智能体的群体进化模型、数字生态系的网络进行动力学、数字生态系统应用于智能数获取、信息融合、信息提取与知识发现、空间智能对智能决策过程的应用技术等。

3. "数字地球"对社会的影响和我们的对策

"数字地球"的应用潜力是巨大的,它对人类社会产生的影响难以估量。"数字地球"提供的数据具有统一的标准且涵盖全球范围。这对政府部门获得资源、环境、军事、外交、贸易、计划、金融、工业、农业、商业、交通、人口、教育、文化等方面的信息,科学地作出各种决策,推进社会持续发展,具有重要作用。就目前来看,"数字地球"在人类社会方方面面的重大作用已初见端倪。例如,通过"数字地球",可进行指导虚拟外交、指导虚拟战争、打击犯罪活动、农作物监测、农作物估产、土地覆盖物的识别和评价、土地和地籍管理、水资源管理、环境监测、资源合理利用、数字天气预报、灾害监测与评估、灾害模拟和预报、渔场预报、智能交通管理、远程教育、人口普查、商业选址、市场调查、仓储优化管理、职业选择、远程医疗、移动通讯、空中交通控制、民用工程、城市监控、在线政府公共信息服务等。不仅如此,"数字地球"的实现还影响着人们的工作、学习和生活。

"数字地球"直接影响人们的工作。"数字地球"的形成,将使人们的工作不

---

① 参见李琦、杨超伟、易善桢:《"数字地球"的体系结构》,《遥感学报》1999 年第 4 期。

受时间、地点和空间的限制。一个人在世界的任何角落,都可以参与到全球化的经济生活中去,都可以一边进行业务咨询,获取必要的信息,一边和商业伙伴谈判,签署商业合同;同时还可参加公司的可视会议,讨论公司的发展战略。"数字地球"的虚拟办公室已取代了现在的办公室,在虚拟办公室里实施的是全新的办公模式、管理方式和办公思维。

"数字地球"直接影响人们的学习。通过"数字地球"上的网络,人们可以选择网上的任何一个学校和任何一个老师直接进行交互学习,人们可获得更大的个性发展机会,拥有更多的信息资源,学习的方式变得多种多样。

"数字地球"直接影响人们的日常生活。平时人们常说网上购物、电子货币、电子银行、电子商务等将会完善和成熟。通过虚拟现实技术,人们在家就可以了解网上购物中心的各种物品,如果想购买某一商品,只须轻击一下键盘,就会有人迅速地送到家中。通过"数字地球",人们可以参加网上很多交际和娱乐项目,可以了解世界的风土人情,可以遍览各地的图书博物馆、美术馆、艺术画廊,可以品味各种音乐茶座。借助"数字地球","足不出户,可知天下事"。国家大事了如指掌,还可以发表自己的观点和意见。方便的信息交流、远程医疗等都会改变人类未来的生活。

"数字地球"是我们未来时代的标志,它将影响到人类社会的方方面面。可以预料,人类未来社会将是一个虚拟的数字化社会。1999 年 11 月 29 日至 12 月 2 日,由中国科学院主办,国家 18 个部门和相关国际组织协办,世界上第一个以"数字地球"为主题的"数字地球国际会议"(ISDE)在北京召开。我国是一个发展中国家,经过 30 多年的发展,尽管在和科技上和发达国家还有一定差距,但从技术角度看,具备了发展"数字地球"的能力。因此,我国的科学家认为,不仅要发展"数字地球",而且要利用"数字地球"所带来的机遇,探索适合中国国情的发展方式。

数字地球是具有全球发展目标的概念,我们应以不等、不急、不乱的心情来应对,及时制定我们的长期战略和当前的方针策略,研究数据、技术和应用的总体框架,建设示范模型,建立大中型的数据库,在此基础上建立完整的数字化地球体系。"数字国家"是数字地球的基本单元。根据我国的国情,"数字中国"应该先行。只有带动全国综合信息大系统的发展,才有实力作为数字地球中的一员。我们在建立数字地球之前,建立"数字中国"更加务实,更具有现实意义。

我国已经初建成了光缆、微波和通讯卫星所构成的通达各省区的主干信息网络，但其速度和密度均未达到信息高速公路的要求，这正是中国与发达国家的差距，但这种差距正在明显缩小。

我国已经完成的一些科技项目，可成为"数字中国"的基础。比如，在国土资源方面，国家计委在 1997 年后批准了 17 个省建立国土资源遥感调查，目前已有几个省已经建立了国土资源信系统。在城市信息系统方面，现在有几十个城市建立了相应的城市信息系统。国家测绘局已经完成了全国 1∶100 万、1∶25 万空间数据库的建设，正在启动全国 1∶5 万、各省 1∶1 万数字地球空间数据框架的建设，以及全国七大江河数字地形模型的建设。数字地球对我国及发展中国家的挑战是切实的和紧迫的，但它也为我们提供了一个机遇。因为它不可能在一夜之间建立，它需要数十万的个人和团体的辛勤努力和政府的参与组织才能完成。充分发挥我国现有的科技实力加快建设国家信息基础设施，早日现"数字中国"，是我国抢占 21 世纪科技、产业和经济制高点的战略选择。

（二）人类在数字化空间中的生存

1. "数字化生存"概念及其影响

在 20 世纪末，《数字化生存》(Being Digital)这本描述信息社会的书在社会上引起了较大的轰动，书中的观点广泛流传。可以说，它是近年来继比尔·盖茨(Bill Gates)《未来之路》之后又一本关于计算机、网络、信息、数字化的不可多得的好书。[①]《数字化生存》是专门为"外行"写的一本非技术性的、关于数字化时代的书，书中描绘了数字新世界的各种面貌。全书由"比特的时代"、"人性化界面"、"数字化生活"三大部分共 18 篇文章组成。该书的作者尼葛洛庞帝(Negroponte)是美国麻省理工学院的教授，是该校著名的媒体实验室(Media Lab)的创办人，同时他还是美国广受欢迎的《连线》(Wired)杂志的专栏作家。1996 年 7 月，著名的《时代》周刊将他列为当代最重要的未来学家之一。

贯穿该书的一个核心思想是：比特(bit)，作为信息时代的最基本的要素、作为"信息的 DNA"，正迅速取代原子，而成为人类社会的基本要素。作者在该书的前言中开宗明义地写道："计算不再只和计算机有关，它决定我们的生存！"人类已经很清楚地认识到，社会的发展在经历了两万年的农业时代、三百多年的工

---

① 张苹、彭熙：《评〈数字化生存〉》，《重庆工业管理学院学报》1997 年第 4 期。

业时代之后,正在向信息时代迈进。许多未来学家提醒人们,从工业时代向信息时代转变的过程非常短暂,也就是说,在未来不超过一百年的时间里,人类将进入一个崭新的信息时代。但是,尽管我们日益感到信息的重要性,日益感到信息技术的发展迅猛无比,可是对于未来的信息时代,仍然没有太深刻的、直接的印象,我们现在的工作、生活也似乎与"遥远的"、未来的信息时代无关。

该书非常具体地、细致地描述了未来的社会、未来的科学,甚至是未来生活的情形,使人们充分认识到信息时代离现在并不遥远,信息技术的发展已经使许多童话或科幻小说变成现实,这种高速发展的态势仍然在继续。而且在信息时代,人类的生活方式与现在是不一样的,将与"0"和"1"这两个二进制数字息息相关,这就是数字化的生存。在人类从工业时代向信息时代快速转换的过程中,对未来的信息社会进行科学的描述是有必要的:第一,人类可以及时调整现有的不合理的社会产业结构,或者确定信息产业为第四产业,以适应信息社会的要求;第二,各行业可以根据信息社会的特征,确定本行业的未来发展方向;第三,信息产业将成为社会经济的主要增长点,使上层建筑给予该行业高度的重视,在美国 Internet 已经被确定为政府行为;第四,使人类正视身边正在发生的数字化革命。

作者试图回答的问题包括:我们习以为常的生活方式正面临哪些冲击? 善于运用电脑的新一代将置身于一个什么样的新时代? 他在书中从什么是原子、什么是比特、光纤是怎么一回事谈起,一直谈到国家、法律、政治、经济、文化教育、意识形态,等等。作者认为,在电脑和数字通信呈指数发展的今天,我们正奔向突发巨变的临界点。"人类的每一代都会比上一代更加数字化",而这种变化在今天更为剧烈。尽管许多人担心信息技术会加剧社会的两极分化,使社会日益分裂为信息富裕者和信息匮乏者、富人和穷人,乃至第一世界和第三世界,"但真正的文化差距其实会出现在世代之间"。这使得今天身为长辈的中老年人若不想与时代脱节,就有必要重新开始学习生活,以便把握"数字化生存"的含义。

在该书中,作者为人们描画了一个美好的未来、"乐观的年代"。他写道:"下一个1000 年的初期,你的左右袖扣或耳环将能通过低轨卫星互相通信,并比你现在的个人电脑拥有更强的计算能力。你的电话将不会再不分青红皂白地胡乱响铃,它会像一位训练有素的管家,接收、分拣,甚至回答打来的电话。大众传媒将被重新定义为发送和接收个人信息和娱乐的系统。学校将会改头换面,变得更像博物馆和游乐场,孩子们在其中集思广益并与世界各地的同龄人相互交流。地球这个数字化的行星在人们的感觉中,会变得仿佛只有针尖般大小。""我们经由电脑网络相连时,民族国家的许多价值观将会改变"。"我们将拥有数字化的邻居,在这一交往环境中,物理空间变得无关紧要,而时间所扮演的角色也会迥然不同。"

当然,作者并不否认:"每一种技术或科学的馈赠都有其黑暗面。数字化生存也不例外。"但他认为,"不管怎样,数字化生存的确给了我们乐观的理由";"数字化生存有四个强有力的特质,将会为其带来最后的胜利。这四个特质是:分散权利、全球化、追求和谐和赋予权利"。"传统的中央集权的生活观念将成为明日黄花";"民族国家本身也将遭受巨大冲击,并迈向全球化";而"数字科技可以变成一股把人们吸引到一个更和谐的世界之中的自然动力",等等。①

2. 原子时代与数字化时代

为了让人们转变传统的观点,而且对信息时代有更清楚的认识,《数字化生存》的作者将信息时代称为"数字化时代",把以前的农业时代、工业时代统称为"原子时代"。这种划分是科学的、合理的,体现了作者把握事物本质的敏锐感觉,而这种划分的思想,处处体现在书中。如果理解了原子时代与数字化时代的本质区别,也就理解了数字化生存的深刻含义。之所以称之为原子时代,因为农业时代和工业时代的信息交流,是通过原子所构成的物质载体的交流而实现的,如图书、文字、书信等,这些东西都有固定的形态和重量。而在信息时代,人类的信息交流是通过全球计算机网络中的比特(bit)实现的,比特没有颜色、尺寸或重量,能以光速传播。和以往构成物质实体的原子不同,比特仅仅是一种逻辑值,表示事物的一种状态:开或关、真或假、入或出等。尼葛洛庞帝把信息的非物质的特征用bit表达出来,与原子区别开来,对我们理解计算机网络信息具有很好的启发意义。

出于实用的目的,人类已经将比特定义为"0"和"1",在过去的二十几年里,人类极大地扩展了这两个数字的含义,使它包含了大量数字以外的信息,如声音

① 参见蔡亚力:《来自大洋彼岸的"数字化"旋风——尼葛洛庞帝和〈数字化生存〉》,《电子展望与决策》1997年第2期。

和影像,这使得人类进入数字化时代成为可能。比特与原子具有不同的性质,遵循着不同的法则。比特没有重量,易于复制,可以以极快的速度传播,在它传播时,时空障碍完全消失。原子是物质的,只能由有限的人使用,使用的人越多,其价值越低。比特是信息的,可以由无限的人使用,使用的人越多,其价值越高。他的解释也是对信息科学基本原理的具体说明。我们无法否定数字化时代的出现,也无法阻止数字化时代的前进,就像我们无法对抗大自然的力量一样。因此,与其怀疑数字化时代的可能性,不如以极大的热情迎接它的到来。

讨论数字化生存的趋势时,尼葛洛庞帝用"数字化生存"来描绘数字化社会的新局面。从世界各国开展的数字化建设过程中,我们可以看出如下特征和趋势:(1)政府高度重视信息技术与数字化的发展问题;(2)空间信息(如地表信息)的数字化是基础,社会、经济、军事等其他方面的信息可以嵌套在这个系统上;(3)重视数字化社区、数字化医保社保等关系到普通居民的信息化建设工作;(4)重视 WebGIS、OpenGIS 等基础工作;(5)重视各类数据的标准和有关协议以及分布式数据库等方面的工作等。总之,各国都十分重视信息化问题的战略地位,都在认真地制定发展规划,都希望取得各自的优势。然而,如同任何社会现象和过程一样,在数字化社会让人为之欢欣鼓舞的正面功能背后,也隐藏了巨大的张力,需要我们加以注意。

我们在第一章"从信息论到社会信息论"中说过,符号是信息的载体,并不就是信息本身;又说,信息论用"比特"来测量符号的概率信息的信息量,也只是度量了信息载体,而没有度量信息本身。现在,在信息学中,不仅符号,而且连颜色、声音、图像等等都可以数字化为由"1"和"0"组成的数字串,每一个数字位就是一个比特,于是数字串就构成了"比特流"。比特流的确是信息的载体,不是信息本身。比如,在互联网上流通了 1000 个比特的信息量,它代表的是符号、文字、图像还是声音,只有把比特流转变为人们可以识别和解读的形式之后,才能明白。所以,信息学中的比特和信息论中的比特的名称相同,但它们的含义是不一样的。

尼葛洛庞帝把比特说成是"信息的 DNA"。这样,在数字化的条件下,所有的信息是"1"和"0"构成的编码序列。在与"电子"相比拟的层次上这样评说"比特",是可以的:实体的物质由电子构成,抽象的信息由比特构成。但是,信息有信号和符号两种。把全部信息归结为 1 和 0 构成的数字串,表现出完全的还原主义倾向,未必完整,未必可取。我们知道,在计算机网络的原理体系结构中,有五个层次:物理层、数据链路层、网路层、运输层、应用层。最低层——物理层的任务就是透明地传送比特流。任意组合的比特流都可以在物理层上传送,至于哪几个比特代表什么意思,则不是物理层所要管的。而在最高层——应用层上则要考虑计算机网络系统的用户在语义上有意义的信息交换功能。①

在信息语义的层次上,涉及人类文化符号的交换。相对于生物 DNA 的是人类文化 MEME。社会文化信息的 DNA 被称为 MEME。MEME 是英国生物学家、牛津大学教授道金斯(Richard Dawkins)创造的一个词,1976 年首次出现在他写的科普书《自私的基因》(*The Selfish Gene*)中。目前,学术界大多认为,MEME 应当是概念,由概念构成文化基因的体系。就像生物形体特征由于 DNA 的不同而不同,文化的特征也由于它的基本概念的不同而不同。比如,基督教与佛教、自由与民主等等,可以决定文化的特征。

---

① 参见谢希仁:《计算机网络》,电子工业出版社 1999 年版,第 13—15 页。

第八章　社会信息的自为性与复杂性

　　信息科技用于研究自然现象和工程问题迅速地催生了一大批自然信息学,但是在社会科学的学科信息化中却步履艰难,因为遭遇到了高度的复杂性问题。本章的中心任务是讨论社会信息过程的复杂性。我们认为,生命现象的自为性、目的性(或意向性)是造成各类生命系统复杂性的根本原因。任何生命体的行为都是它(他)为了某种目的而自行设计与运行生命程序的结果。关于驾驭社会信息复杂性,现代决策理论给了我们有益的启示。从认知心理学的角度看,超越人们的思维定势和情感定势,在直觉与灵感中实现非程序化的决策,是把握复杂性、实现创新思维的有效途径。

一、社会信息的自为性和目的性

(一)目的论解释的提出、误用、沉寂与复兴

1. 目的论解释的兴衰

以目的(希腊语 *telos*)为依据的解释方式或功能解释的传统,肇始于苏格拉底,充分发展于亚里士多德及其"目的因"观念。亚里士多德认为,哲学的对象是对第一原则和原因的研究,这就导致对第一推动者的追寻,他把这种第一推动者理解为宇宙中真理的基础。有专家说,亚里士多德主要是一位科学家,在哲学

上进行追根溯源的时候，他常常要回到他的哲学家老师柏拉图那里去。所以，在本质上，中世纪基督教哲学是把柏拉图理念论片面夸大，并将之推到了极端。①

亚里士多德说，认识事物要从原因上来进行，而事物的原因归结起来不外有四种：质料因、形式因、动力因和目的因（或终极因）。其中，质料因是事物所由以形成的原料，形式因是事物的形式或曰模型，动力因是使一定的质料取得一定形式的力量，目的因是某一具体事物产生的目的或作用。亚里士多德认为，以往的哲学往往只注意到这四种原因中的一种，而只有认识到所有这四种原因后对一个事物的理解才算全面。不过亚里士多德也有侧重，他特别看重形式因和目的因，把它们看做是理解事物的最重要的东西。亚里士多德假定，必须把宇宙中发生的一切事物现象理解为努力追求激发其幸福或有助其生存的某种趋于目的的东西。他认为植物和动物也有"目的"，相信它们的行为是为它们的需要服务的，并且维持自身的生命。由于自然界是规整有序的，所以他主张，自然本身必定有一个内在的终点或目的。②

中世纪的神学家托马斯·阿奎那和他的老师阿尔伯特一样，认为亚里士多德是所有哲学家中最伟大的哲学家。托马斯·阿奎那极力推崇亚里士多德，因为他觉得，亚里士多德的学说与基督教信仰之间具有和谐一致的特殊认知，在亚里士多德哲学中有着对基督教神学最有意义的哲学支持。所以，他富于创造性地、系统地运用了亚里士多德哲学，证明上帝的存在。托马斯·阿奎那用五种方法或证明（运动、致动因、必然存在、完满性、秩序）来论述上帝的存在。他问到：如果 A 推动 B 运动，而 B 又推动 C 运动，那么向后回溯这种运动的原因能够追溯到多远呢？根据他的回答，同时性的运动的因果序列不可能永远地继续下去。最终，我们必定发现一个这种运动的第一原因。"我们所有的人把这个原因理解为上帝。"托马斯·阿奎那主张，理智和信仰、哲学和神学，在人们寻求真理的过程中是互补的，他的思想体系实际上是基督教神学和希腊哲学的混合，其"目的因"在于神学支配哲学。

由于中世纪哲学中，目的论解释预设一位神和全智的设计者，每物的行为都

---

①　参见高珊、曹芝兰、李宗荣：《目的论解释的提出、误用、沉寂与复兴——兼谈社会信息科学的目的论诉求》，《医学信息》2009 年第 7 期。

②　参见 S. E. 斯通普夫、J. 菲泽：《西方哲学史》，中华书局 2006 年版，第 119—120 页。

为一目标,而这目标为上帝预定。正因为如此,当近代科学兴起后,目的论思想受到激烈的批评。近代科学开始时,弗朗西斯·培根曾断言:"探索终极因,就像奉献给上帝的修女是不会怀孕生育的"。笛卡尔也认为,终极因是不存在的,我们必须根除一切目的论语言,甚至包括在解释比如生长和行为这样一些生物过程,以及在讨论适应性结构时都应如此。近代科学之父伽利略也认为,科学研究回答的应当是"怎么样"的问题,而不应当是"为什么"的问题。伽利略之后,力学开始大踏步地前进。伽利略的运动学经牛顿发展为一完整的体系,实现了物理科学的第一次大综合。随后,关于声、光、电、磁、热的物理学以及关于物质之间相互转化的化学也发展起来。到 19 世纪,出现了物理科学的全面繁荣。在物理科学如此成功的背景下,著名科学哲学家孔德曾满怀信心地声称:援引目的对自然进行解释,只不过是人类幼年时代的思维方式,这种知识仅仅处于人类知识的"神学阶段",而真正科学的知识是"实证阶段"的知识。这时,人们用经实验验证了的科学定律对自然的解释代替了目的论的以及形而上学的解释。

这样,在西方古代和中世纪中俨然是权威解释模式的目的论,在近代科学革命和科学主义盛行的时代,几乎成了所有理论中最"臭名昭著"的理论,被打入死牢,陷入沉寂。然而,在当今心灵哲学、认识论和科学哲学等领域的自然化运动中,目的论不仅被"平反"了,而且得以复兴,成为人们谈论的主要话题,有关概念的使用频率趋高,其地位不断攀升,至少成了各种竞争理论中占据重要地位的一种理论。

2. 康德的目的论体系

对"目的"范畴作较为全面论述的是康德。韩秋红、薛文华撰文认为,康德的哲学体系就是一个以人为最高目的的目的论体系。在目的论中,康德把自然、社会、人作为一个统一的含目的性系统。该系统中的任何一个环节都是有用的部分而相互依存,互为因果。人在这一系统中是唯一能规定自己的目的,能对自然作出价值判断的存在,所以人是自然的最高目的。自然向人的生成过程就是人变成文明人的过程,自然的必然和道德的必然在目的论中得到了统一。康德不仅最终用"目的论"理论解释自然,推演道德哲学,创立美学理论,而且用它来作出"人是什么"的回答,为人在与自然的统一中,在历史的必然进程中,寻得一个理想的位置。①

---

① 参见韩秋红、薛文华:《论康德人是最高目的的目的论体系》,《东北师大学报》(哲学社会科学版)1998 年第 2 期。

　　康德认为,人类社会演变的过程是合目的性和合规律性的统一。他认为,所谓合目的性,一方面是指人作为"一个被造物的全部的自然禀赋都注定了终究是要充分而且合目的地发展出来的","人类的历史大体上可以看做是大自然的一项隐蔽计划的实现,为的是要奠定一种对内的,并且为此目的的同时也是对外的完善的国家宪法,作为大自然得以在人类身上充分发挥其全部禀赋的唯一状态,是合乎自然目的论的。同时这一目的又是合乎理性的,历史是根据一个合理的而又为人理解的计划展开的,是朝着一个为理性所载的目标前进的,人类并不是由本能所引导着的,或是由天性的知识所哺育、所教诲的,人类倒不如说是由自己本身来创造一切的。"①

　　在康德的目的论中有一些范畴的规定性。康德对目的的规定是:"一个对象的概念就它同时包含这个对象的现象性的根据而言,叫做目的"。这即是说,一方面目的是事物自身所隐含的概念,此概念是造物的规定;另一方面一事物作为自身的目的,从其结果上看是它自身的原因,即它所赖以构成或生成的原因,不是来自外部的,因与果相分离的。果只为因所决定,而果不能决定因或影响因的那种机械因果联系。

　　康德对"合目的性"概念的规定是:"一个概念的因果性,就它的对象来看就是合目的性"。这完全是从前面的目的概念推导出来的。这是说,当我们通过一个对象的效果,来判定对象的因果联系,看看它是否符合它的概念规定时,我们就是在思维着它的目的,或是说在判定它是否具有合目的性。在康德看来,"合目的性"分为两类:一类是对象的形式符合我们的认识功能,即主观的合目的性;一类是对象的形式与对象的概念相符,而对象的概念先于形式而存在,并且是这形式的根据,这就是客观的合目的性。

　　由"合目的性"又可导出四种目的判断。一为形式而主观的,如审美判断;二为形式而客观的,如数学公理;三为实质而主观的,如人的各种目的;四为实质而客观的,如自然目的。第四种目的性,又分为外在的与内在的两种。外在的目的,是一事物对他事物的适应性,是本身之外的东西。例如当人们说地上的草是给牛、羊吃时,那么草之存在的目的,就是外在的,相对的(这是沃尔夫的外在目的论,康德对此是持批判态度的);而内在的目的,则是绝对的目的,一事物作为

---

　　① 朱淮沂:《全面地理解社会发展的自为性》,《社会发展研究》2000 年第 6 期。

这种目的,就同时既是自己的原因,又是自己的结果。它是一个有机的整体,其各部分互相依存,并为整体而存在,因而每一部分都是互为目的与手段的。

在康德看来,自然中的有机物就属于这种内在目的或自然目的。康德正是从这一自然目的推导出了最终目的的概念。他写道:"一个最终目的就是这样一个目的,它的成为可能是不需要任何其他目的作为条件的",这个最终目的就是人。在康德看来,人本来不过就是自然目的链环中的一环而已,自然界并不给他任何特别的恩宠。人类同任何其他动物一样,不可避免地遭受瘟疫、饥荒、洪水等灾祸。那么,人究竟为什么能作为自然的主人,成为它的最终目的呢? 这是因为,人毕竟是世上唯一拥有理性,并且能作出目的选择的存在者。它可以不依靠自然而设定目的,能按照自己的自由目的的各个原则,把自然作为一种手段。因而,人作为能为自然立法的存在者,人就是造化的最终目的。没有人,一系列相互从属的目的就没有其完全的根据。

人既是自然的最高目的,又是其绝对目的。就是说,人只有作为道德的存在者,作为服从无条件的道德规律的存在者,才成为最高目的。如果人只是把存在的价值寄托于自然对他们的赐予,即寄托在世间的幸福上,那么人在世上只能是相对的目的。正是道德律为人们提供了条件,使我们努力达到最高的目的,即通过自由而成为可能的至善。

康德通过上述三步推论,从事物的目的开始,到以道德的人为最高目的告终。他可谓是对"我能够认识什么?""我应该做什么?""我应该希望什么?"这样三个哲学思考的中心问题作出了阶段性的总结回答,即把人置于最高目的的地位上。

3. 20 世纪的目的论思想

自 20 世纪初以来,一系列探索复杂性的学科发展了起来,如现代达尔文主义、控制论和耗散结构论、协同学、超循环论等。这些学科的共同成果之一,是使一个科学的目的论框架日趋成熟。其基本观点有三方面。①

(1)目的性是客观存在的

现代科学发现,在各种复杂系统的运动中,普遍存在着目的性。首先,它广泛存在于生命活动中。生物进化就是趋向一定的目的,这个目的一般来讲就是

① 参见郭华庆:《目的论的过去与现在》,《生物通报》1996 年第 5 期。

同变化了的环境相适应。中间类型是不稳定的,必然趋向灭亡。对此,20 世纪
30 年代,赖特(S. wright)类比峰和山谷提出了"适应峰"和"适应谷"的概念。所
谓"适应峰"是指某一基因型的种群,在某一环境下具有的最佳繁殖效率,此时
的种群处于稳定发展状态。"适应谷"则相反,谷中的种群,处于失稳状态,如果
不确立新的基因型、走向适应峰,就必然趋向灭绝。生物进化就是从一个适应峰
落入适应谷,再跃出适应谷,爬上新的适应峰的过程。当生物面对变化了的环境
别无选择时,出路只有一条:"种必须重建其所由组成的群体的基因库,并达到
代表新适应峰的基因组合",不然,"种可能就会灭亡"。①

　　其次,由于生物学的发展,诸如遗传、胚胎发生、同化作用以及趋光性、同地
性、捕食行为、求偶行为、各种生理常数等等,这些生命现象的目的性都得到了认
识,其机理也都陆续被揭示出来,它们不再是神秘的了。1906 年 C. S. 谢灵顿发
表了《神经系统的整合作用》,强调中枢神经系统对各种刺激和反应的整合作用
和对行为支配的合目的性。他写道:"就自然的研究来说,研究反射的目的就像
研究昆虫或花朵的色彩的目的一样,是合理的和迫切的课题。对生理学家来说,
除非他知道了反射的目的,否则就不能真正理解反射。"②坎农(W. B. Cannon)
等人主要研究的是体液调节问题,他于 1926 年提出了"内稳态"(homestasis)的
概念,1928 年出版了《躯体的智慧》一书详细阐述了生理调节的中心目的是维持
生物体内的稳态。基于上述两方面成就的结论是:"一切生命都是实现目的"。
"一切生物所共有的一个根本特征,那就是:生物是赋有目的或计划的客体"③。

　　再次,自 20 世纪中叶开始,对目的论的研究再次超出生物学的领域,具有了
一般的意义。首先是系统论和控制论的提出。它们所讨论的中心是部分与整体
的关系。整体由部分组成,但整体大于孤立的部分之和,部分服务于整体,受控
制于整体。而没有目的就无所谓服务和控制,所以,维纳说,他"强调目的概念
和目的论,虽然这些概念目前颇乏声誉,但它们显得日趋重要"。

　　进入 20 世纪 70 年代以来,自组织(self-organization)理论诞生并发展起来
了。自组织理论是一个学科群的总称。它们研究的对象比控制论更广阔,从天

---

① 参见 T. 杜布赞斯基:《遗传学与物种超源》,科学出版社 1964 年版,第 5—7 页。
② 转引自 E. 迈尔:《生物学思想的发展》,湖南教育出版社 1990 年版,第 53—54 页。
③ J. 莫诺:《偶然性与必然性》,上海人民出版社 1977 年版,第 5 页。

体演化到微观粒子的运动,几乎涉及科学的各个领域。但它有个中心,这就是演化规律问题。在研究中有一重要的成果,就是发现了"吸引子"。它是规定系统长期演化行为和趋向的终极状态,数学上叫极限集合。这种终极状态或极限集合就叫吸引子,它标志着系统的存在和演化的目标。"如果系统自己要走向一种有序结构,那就是说代表那种系统有序结构的点的系统是目标,不管从空间的哪一点开始,终归要走到这个代表有序结构的点"。①

自组织理论的提出使我们又回到了亚里士多德,目的的神秘光环消失了,更重要的是继承和发展了他的科学认识。目的就是事物在一定条件下必然要达到的目标。它存在于一切事物的演化过程中,不仅存在于人类的活动中,同样存在于自然界的演化过程中,"不要一提到目的就想到或仅仅想到那单纯存在于人的意识之内的,以人的(主观)观念形式出现的一种规律"。现在,无条件地认为"运动就是一切,目的是没有的"观点不多了。虽然有随机运动,但重要的是广泛存在着走向有序的非随机运动,趋向一定目标的有目的的运动。

(2)目的的导向和选择作用

皮腾德里格(Pittendrigh)1958年提出,要用合目的性(teleonomy)取代目的论概念。他认为指向目标的活动是存在的,但这种目的不具有"作用因"的意义。可是,许多科学家并不这样看。存在着的东西(实体及其属性)都具有一定的功能,目的也不会例外,既然它确实存在于物质的演化过程中,就必然有某种作用。对此,钱学森做过精辟的概括。他说:"所谓目的,就是在稳定的环境中,系统只有在目的点或目的环上才是稳定的,离开了就不稳定,系统自己要拖到点或环上才能罢休。这也就是系统的自组织。"一句话,目的的作用就是规定系统最终要演化到吸引子上来。

目的的定向推动作用有两种形式:直接的定向作用和间接的选择作用。目的的直接定向作用,在生物学中有种种表现,例如,动物的捕食行为、内稳态的保持和胚胎发生过程等。在控制论中,这些都属于通过调控实现的有目的的行为,其机理也与控制论的一般原理相同。例如,人的体温调节,其神经中枢是视前区—下丘脑前部的一些神经细胞群,这些细胞群以调定点(即人体温度的某个相对恒定值,如平均36.8℃)为界,分为热敏神经元和冷敏神经元。同时,下丘

---

① 钱学森等:《论系统工程》,湖南科学技术出版社1982年版,第245页。

脑前部在体温调节中具有整合作用。当人体体温超过 36.8℃ 时,通过体温调节中枢的整合,作出判定后,使热敏神经元兴奋,又导致散热中枢兴奋,结果体温下降,回复到 36.8℃。相反,在体温降到 36.8℃ 以下时,经过整合判定后,指令冷敏神经元发放冲动,促使发热中枢兴奋,通过相关效应器,使体温再升回到 36.8℃。在这里,重要的是神经中枢的整合作用,即把经反馈得知的现实体温与目标值(36.8℃)进行比较,依判定结果指令行动,以回复原状。显然调节是以目标值为中心,为目的所规定:是上调还是下调,是发热还是散热,以及所必然要回复的原状等,都由目的所决定。调控直接由目的所推动。

动物的捕食、求偶等行为的目的性,胚胎发生中的目的性,人所共知。发育过程是在已编制好程序的遗传密码指令下实现的,那么,这种程序的编制过程也是在目的的指令下实现的吗? 现代达尔文主义的回答是肯定的,只是它不是直接的决定,而是在群体中通过选择作用间接实现的。E. 迈尔(E. Mayr)指出:"每个特殊的程序是自然选择的结果,并且经常由达到终点的选择价值来校正",这个"最终的选择价值"相当于赖特的"适应峰",它就是生物每一次特定进化的目的。"正是点目标产生了引起遗传程序历史建构的选择压力"。①

进化是突变与选择的综合效应。突变是盲目的、随机的。突变分有利、有害和中性三种类型,所以,突变不等于进化,进化是被选择了的突变积累的结果。要选择就要有标准,标准就是"达到终点的选择价值",也就是适应峰。选择压力就来自进化中的基因型的适应值(W)同"终点选择价值"之间的差,即 $1-W$。没有终点选择价值 1,没有与 W 的差值就没有选择压力,就没有进化;进化一旦达到终点($1-W{\rightarrow}0$),一次进化也就完成了。

总之,现代达尔文主义使我们认识到,"终点选择价值"是选择压力的源泉,正是由于它的存在,在存在有利突变条件下,推动着生物的进化,从一个适应峰走向另一个适应峰。但这种推动不是像拉马克或德日进等人所主张的直生论那样,直接作用于每个个体,从而提高种群的适应值,而是通过选留那些提高了适应值的个体,淘汰落伍者来实现的。所以,目的在生物进化中的导向和推动作用是间接实现的。

(3)目的的来源

---

① 参见 E. 迈尔:《生物学思想发展史》,湖南教育出版社 1990 年版,第 52—53 页。

目的不是外加的,也不是预先产生的,而是事物在内外条件具备时自然出现的。[1] 耗散结构理论揭示出,涨落(突变)等可以使复杂系统到达分支点,并出现分叉现象,发生进化。这种分叉现象同生物的"系统演化树"非常吻合。但是,在一定条件下,每一次进化只能有一个方向、一个目的。耗散结构理论分叉现象的具体发展的途径、方向和目的是怎样决定的呢?普里戈津(I. Prigogine)认为,决定的因素有两方面,一是历史的因素,即系统自身已形成的内在根据,二是分支点上的涨落。[2] 这种观点说明:第一,进化的每一具体目的的产生,是事物自身演化的结果。第二,新目的的产生是在分支点上开始的,不是预先神秘地出现的。

在生物学中有许多事实可以证明上述观点。例如,某种古硬骨鱼向两栖类方向的演化是在泥盆纪那种特定的地理条件下出现的。当时,生活在沼泽地带的某种古硬骨鱼,除去一部分因偶然的机会返回到大海中去,得以保持鱼纲的特征之外,其余的要想生存下去,其可能的方向和目的就是两栖类。爬行动物占领天空的形式是鸟类。古猿向人的转化同样是由于生活环境的变迁引发的必然。这些目的显然都是在环境条件变化时出现的,不可能预先产生。而目的的具体形式是内在根据和外在条件这两者协同的结果,不是单方面或凭空产生的。狒狒的祖先与演化为人的古猿几乎同时从树上下到地面上来生活,但他们两者的内在根据不同,虽然生活环境一致,却一个转化为人,一个形成了现代狒狒。

哈肯(H. Haken)的协同学(Synergeties)从另一个角度揭示了基本相同的原理。目的或吸引子在协同学中叫序参量。序参量是系统自身在一定环境条件下,处于临界点时形成的。它的性质主要取决于系统自身。

总之,一个新的目的是系统在内外条件具备时自然出现的,其性质主要取决于内在根据。在时间上不是超前预先产生的,在性质上不是没有物质根据而随意决定的。

(二)市场经济的自为性与为他性

1. 商品生产中的自为性与为他性

在市场经济中所从事的生产不是为了供自己使用,而是以市场为媒介、以交

---

[1] 参见宗荣礼、王芳、夏琳:《整个大自然是一个有目的的存在——理解自然信息学和社会信息学的目的论原理》,《医学信息》2009 年第 7 期。

[2] 参见普里戈津:《从混沌到有序》,上海译文出版社 1987 年版,第 205—212 页。

换为目的的产品生产,这种生产又称为商品生产。商品生产与产品生产有质的不同,商品生产是为了满足他人和社会需要而进行的生产,商品生产这种特有的规定性决定了它首先是一种为他性的生产。"要生产商品,他不仅要生产使用价值,而且要为别人生产使用价值,即社会的使用价值。"商品生产者之所以要进行这种为他性的生产,最终目的是为了自身的需要和利益,为了实现商品的交换价值,获得他们所追求的利润。也就是说,商品生产同时又是一种自为性生产。所以,商品生产是通过生产使用价值的为他性作为手段来达到自为性的最终目的,这就决定了任何商品生产都具有为他性与自为性两重属性,是为他性与自为性的统一。①

作为一种纯粹的经济形式的商品生产,它的自为性与为他性是既对立又统一的。在市场经济条件下,商品生产者只有在其产品具有为他性,能够满足他人和社会对其产品的使用价值的需要的条件下,才能达到自为性的目的,实现其产品的交换价值,获取其所追求的利润。与此同时,商品生产的自为性的实现又能转化为一种动力,推动继续维持和扩大这种产品的生产,并促进为他性品格的提升。商品生产的自为性与为他性就是这样相互联系、相互转化、不可分割地统一于整个商品生产的过程之中的。

商品生产的自为性与为他性又是对立的,这种对立性主要表现在商品生产的手段与目的的矛盾中。从商品生产者本身来看,获得利润是他们的目的,满足他人或社会的需要只是为了实现这一目的的手段。商品生产的整个过程是以市场为中介的,因此,不论自为性还是为他性,哪一个能够实现,实现到什么样的程度,都始终受到通行于市场的"看不见的手"的制约,这种制约是不以商品生产者的主观意志为转移的,这就势必导致两者的不一致乃至造成根本的对立。市场经济条件下商品生产的自为性与为他性的对立与统一,深深地植根于商品生产的劳动二重性的对立与统一关系之中。

2. 行为动机:自爱心与同情心

市场经济理论的奠基人亚当·斯密认为,人类行为的动机有两个:自爱心与同情心。自爱指的是关心和追求自身利益的为己愿望,同情则是关心他人利益

① 参见朱华桂:《论市场经济的自为性与为他性》,《南京大学学报》(哲学·人文科学·社会科学)2001 年第 6 期。

的利他愿望。这两个愿望是人类行为最基本的动机,而且这两个动机又总是相互伴随的。尽管人在本能上是自为的,总是在自爱心的引导下去关心和追求自己的个人利益,因而妨碍同情心的发挥,但是自为与为他、自爱心与同情心又是统一的。之所以能够统一,主要原因在于人类的各个动机之间存在着一种相互制约并趋于自然平衡的关系。在亚当·斯密看来,交换倾向是一个重要的、不可或缺的人类自然倾向,因为在一个杜绝外来干预,存在分工和私有制的社会中,交换是必要的,交换双方是自愿的,每一个人在自利心的支配下尽力追求个人利益,但又不得不顾及他人的利益。由于每一个人都为自己的私人利益打算,都是他自己利益的最好判断者。因此,任何一方若不能在交换中得到好处,就不会进行交换。事实上,亚当·斯密说的交换倾向是人类行为两个基本的动机即自为与为他对立统一的中间环节。由于交换双方是在双方自愿并对双方有益的情况下进行的,所以交换会导致社会分工的发展。而分工的发展又促进着生产力的提高和社会财富的增长,因为在人类彼此间,"哪怕是极不类似的才能也能交相为用。他们有互通有无,物物交换,和互相交易的一般倾向,好像把各种才能所生产的各种不同产物,结一个共同的资源,各个人都可以从这个资源中随意购买自己需要的别人生产的物品"。① 这样,不仅会最终实现个人的最大利益,而且无形中也增加了社会的财富,从而形成自为与为他互相制衡,个人利益与他人利益和社会利益相一致的人类社会的自然秩序。

平等交换和自愿交换是市场经济的两个基本规则。平等交换是指"经济人"之间遵循支出一定回报的等价补偿原则,自愿交换是指任何商品交换不能出于交换各方的非自愿强迫。"这两条原则是任何市场经济不言而喻的条件,没有它们根本不可能有市场。"这就是说,作为市场主体的"经济人"必须把追求自身利益的愿望与交换另一方的利益结合起来,不但要关心自己的支出所应得到的回报,还应该使他人的支出也得到相应的回报。如果一个人只想从别人那里获得而没有什么提供给别人作为回报,那么,在自由交换市场经济中别人便有正当理由不同你发生联系,因为每个人都会追求和保护自己应有的利益。"我们反对完全自私的欲望,而且我们也反对任何一种完全以自我为中心的人与人的

---

① 转引自朱华桂:《论市场经济的自为性与为他性》,《南京大学学报》(哲学·人文科学·社会科学)2001 年第 6 期。

联系,取得一切而不给任何东西作为交换。我们也相信这样完全自私的交换都是自我毁灭的。"市场经济高扬理性的自为,即"强调个人及其自由的重要性;把人的个人私利看做自然的和善意的,是能够通过理性的引导,对个人和社会都有利"。

在自为与为他相统一的问题上,功利主义理论大师密尔则利用了心理学的联想原理加以论证。他认为,一个人作出一种为他行为,目的是为了从这一行为中得到某种利益,而且实际上也得到了要得的利益。这样的行为发生多次后,为他的行为与得到利益的快乐就会在他的观念中形成相继联想,这种联想导致他把行为本身当做目的而淡化原来的动机。随联想在思维中的定势强化,人们从为他的行为中感到快乐,从而消除了自我利益丧失所带的痛苦。在密尔看来,人的社会性是不言而喻的,人类社会生活的感情是人性中的强有力的原动力,它有助于人们消除孤独生活的单纯自为、利己本性,从而增长为他、互助的精神。这种情感最根本的还是由于人们的共同利益和共同目标的需要而形成的。由于共同的利益,人们认识到自己的目的和别人的目的是同一的,觉得别人的利益也就是自己的利益,因此感到顾及他人利益对自己也有益。这样就使人们把自己的情感与别人的幸福融为一体,至少使自己变得更重视他人的利益,这种社会生活造成的结果是人们从共同利益、共同目标中产生出为他、利他精神,就像出自人的天性一样,使人们感到人的天性就是重视他人利益的。由此,密尔强调,提倡自为与为他、利己与利他的和谐一致,应把他人的利益和幸福作为自己的实践的目标。

3. 密尔、黑格尔与马克思的理论

密尔认为,自为与为他的统一,这个"他"不仅包括市场交换的另一方,而且还包括社会。"虽然社会并非建筑在一种契约下面,虽然发明一种契约以便从中释出社会义务,也不会达到什么好的目的,但每个人既然受着社会的保护,每个人对于社会也就该有一种报答;既然每个人都生活在社会中,每个人对于其余的人也就必须遵守某种行为准绳,这是必不可少的。"这种行为准绳,"首先是彼此互不损害利益,彼此互不损害或在法律明文中或在默喻中应当认作权利的某些相当确定的利益;每个人都要在为了保卫社会或其成员免于遭受损害和妨碍而付出的劳动和牺牲中担负他自己的一部分"。① 在密尔看来,如果某些人的某

---

① 转引自朱华桂:《论市场经济的自为性与为他性》,《南京大学学报》(哲学·人文科学·社会科学)2001 年第 6 期。

些行为有害于社会和他人而又不够法律处罚的程度,这些人也应受到社会舆论的谴责,社会对他就有裁判权、惩处权和批评教育权。尽管以私有制为主体的资本主义市场经济并不可能真正实现这一点,但作为资产阶级经济学家的密尔也认为市场经济所强调的自为与为他性必须包括对社会利益的维护和增进。

黑格尔从其手段与目的相统一的辩证的立场出发,认为资本主义社会中每个人都追求各自的利益,市民社会就是个人追求私利的战场。每个人把自己当成目的,把他人当做手段,但为了实现自己的目的,个人必须通过他人来满足自己,以他人作为实现自己利益的中介。所以在黑格尔看来,各个人的需要组成市民社会需要体系的基础。个人为了自己的需要就不得不去满足他人的需要,个人因此也不得不作为他人的手段。由此,目的和手段相互联结,一切原来是个别的东西通过商品交换转化为相互联系的普遍性的东西。在交换中个人利己的自在普遍性得到了实现,每个人在这个过程中"为他存在与自为存在实现了统一"。黑格尔强调,任何现实的东西都不是孤立地存在着的,而是存在于普遍联系和关系之中,"现实的东西直接地也是普遍的东西",商品经济条件下的劳动也是这样。"一个人劳动时,他既是为他自己劳动,也是为一切人劳动,而且一切人也都为他劳动。"他把这种关系简称为"他人为我,我为他人①"。当然,作为那个时代的思想家黑格尔不能不为那个时代的商品生产进行辩护,但他毕竟道出了这样一个基本事实:商品生产作为一种经济形式,它既是为他性的生产,又是自为性的生产,是自为性与为他性二者的统一。

马克思批判地继承了黑格尔关于"他人为我,我为他人"的思想,指出:每个人为另一个人服务,目的是为自己服务;每一个人都把另一个人当做自己的手段互相利用。这种情况在人的意识中是这样出现的:首先,每个人只有作为另一个人的手段才能达到自己的目的;其次,每个人只有作为自我目的(自为的存在),才能成为另一个人的手段(为他的存在);最后,每个人是手段同时又是目的,而且只有成为手段才能达到自己的目的,也就是说,这个人只有为自己而存在才把自己变成为那个人而存在,而那个人只有为自己而存在才把自己变成这个人而存在。这种相互关联是一个必然的事实,他作为交换的自然条件是交换的前

---

① 转引自朱华桂:《论市场经济的自为性与为他性》,《南京大学学报》(哲学·人文科学·社会科学)2001年第6期。

提,因此双方都知道共同利益恰恰只存在于双方、多方以及存在于各方的独立之中,共同利益就是自私利益的交换,一般利益就是各种自私利益的一般性。

马克思认为,由于商品具有"不断交换的必要性和作为全面媒介的交换价值"的属性,从而导致生产商品的个别劳动同时也是一般社会劳动,商品生产者个人所生产的特殊产品也都采取了为每个人而存在的普遍形式。从生产商品的劳动来看,这种劳动既是为自己的劳动又是为他人、为社会的劳动。商品流通的过程表明,每个人的生产都是依赖一切人的生产的,每个人的产品要转化为自己的生活资料,就必须依赖于其他一切人的消费。因为只有这样,他的产品才能转化为一般等价物的形式,从而获得利润,取得他购买自己所需的生活资料的手段。这样自为性的生产同时也就成了为他性的生产。马克思把这种由于商品交换和交换价值的实现所造成的人们不能不互通有无的相互依赖而结成的特定的社会关系,概括为"个人为别人而存在,别人也为他而存在",或者"他为别人的存在和别人为他的存在",并认为这是任何商品经济条件下的"现实生活要素"①,商品生产的自为性与为他性就是这种现实生活要素的表现。

4. 在生产关系中考察自为与为他

当然,商品经济的自为性与为他性的对立统一,只是对商品经济的一般特征所作的一种抽象分析。一般的商品经济作为一种经济运行形式,只有与一定的生产方式相结合,才是现实的具体的东西,或者说,在现实中只存在以一定的生产方式为基础的具体的商品经济。因此,人们如何把握商品经济的自为性与为他性,这并不取决于作为一般经济形式的商品经济,而是取决于与这种经济形式相结合的并成为其存在和发展的现实基础的具体的生产方式。内容决定形式,有什么样的生产方式就会有什么样的现实的具体的商品经济。作为一般形式的商品经济,只是提供了自为性与为他性对立统一的可能性,而要把这种可能性转化为现实性,则决定于与之相结合的生产方式,特别是其中的所有制关系。

在原始社会,为了共同的生存需要,生产资料必须公有,产品也只能平均分配,商品生产的自为性与为他性处于原始的朦胧的同一状态。从原始社会后期开始,随着生产力的发展,出现了剩余产品,产生了私有制,商品生产的自为性与

---

①　转引自朱华桂:《论市场经济的自为性与为他性》,《南京大学学报》(哲学·人文科学·社会科学)2001 年第 6 期。

为他性发生了分裂和对抗。追逐私人利益成为每个人一切行为的动机,商品生产的自为性得到了极大的强化,与此同时,它的为他性几乎消融在它的自为性之中,成为一种纯粹的理论假设。在人类社会发展的历史过程中,以私有制为基础的商品经济先后产生了两种不同的形态:自然经济条件下的简单商品经济与资本主义发达的商品经济。虽然从外在的形式上看,这是两种不同性质的商品经济,但其内在的自为性与为他性的分裂和对抗却是共同的。在自然经济条件下,这种简单的商品经济内在的自为性与为他性的矛盾被封建的宗法关系所掩盖着,而资本主义发达商品经济则以其特有的尖锐化的形式表现出来,并被归结为人的本性自私、合理利己主义等理论模型。按照马克思的说法,它"撕毁了人的一切类联系,代之以利己主义和自私的需要,把人的世界变成互相隔绝互相对立的个人世界"。在商品经济下,人与人之间的关系完全被异化为物与物的关系、金钱交易的关系,商品拜物教、货币拜物教盛行,人人互为手段,商品经济本应有的相互依赖相互补充,"也只是一种以相互掠夺为基础的假象"。①

马克思认为,个别人为别人而存在,别人为他而存在,或者他为别人的存在和别人为他的存在,只是在商品经济条件下的一种抽象的可能性,这种抽象的可能性从来不可能也不是私有制的社会人与人之间的一种现实的可能性。如何把抽象可能性变成现实可能性,扬弃私有制是一条必由之路。只有扬弃私有制,才能扬弃由于私有制而造成的一般商品经济存在的自为性与为他性的分裂和对抗,扬弃与这种分裂和对抗相关联的极端利己主义、个人主义,为此,就必须进行生产方式的革命。社会主义生产关系的确立,是对资本主义生产关系的否定,但绝不是对商品经济的否定,而只是使商品经济发展成为一种新的形态——社会主义市场经济。社会主义市场经济是建立在生产资料公有制基础上的商品经济。生产资料性质决定着人们在生产中的相互关系的性质,这种关系是社会主义劳动者共同占有生产资料、相互协作、共同劳动的关系。生产关系决定了社会主义市场经济在生产目的、运行机制和分配方式等方面,与资本主义市场经济有着质的不同。

社会主义市场经济的生产目的是为了满足全体人民不断提高的物质生活需

---

① 转引自朱华桂:《论市场经济的自为性与为他性》,《南京大学学报》(哲学·人文科学·社会科学)2001 年第 6 期。

要和精神文化生活需要,它借助于代表全体劳动人民利益的国家进行宏观调控,形成政府依据价值规律从客观上调控市场,市场引导企业经济运行的模式,它所实行的是对劳动者靠自己勤劳致富有利的分配原则。所有这些,不仅为消除私有制所造成的作为一般经济形式的商品经济的自为性与为他性的分裂和对抗开辟了道路,而且也使其相互关系发生了重大的变化。它的为他性被凸显出来,成为矛盾的主要方面,并在这个前提下实现了为他性与自为性的辩证统一。社会主义市场经济使一般商品经济所包含的自为性与为他性实现了一个否定之否定的辩证发展过程:从原始社会的朴素的同一到私有制社会(特别是资本主义社会)的分裂和对抗,再到社会主义社会的辩证统一,这种否定之否定是同人类历史发展中生产资料所有制的公有制到私有制再到公有制的否定之否定的历史发展过程相对应的。

二、关于社会信息的复杂性

(一)关于系统复杂性的研究

1. 国内外信息复杂性研究的历史与现状

20 世纪 40 年代末,信息论、控制论、系统论作为一种新思想、新方法,从不同的侧面研究物质世界及其运动。这些科学有一个共同的特点,它们不再以线性的方式沿着以往的某一专门的学科领域前进,而是建立在相关多种学科基础上互相渗透的产物,它们是跨多门学科以整体的系统为研究对象的横断科学。正如普利戈津所说:"我们的时代是以多种概念和方法的相互冲击与汇合为特征的时代,这些概念和方法在经历了过去完全隔离的道路以后突然间彼此遭遇在一起,产生了蔚为壮观的进展。"①

香农于 1948 年发表了《通讯的数学理论》,1949 年又发表了《在噪声中的通讯》,为现代信息论奠定了理论基础。1948 年维纳《控制论》一书的发表,标志了控制学科的正式产生。1948 年,贝塔朗菲正式建立了一般系统论。信息论、控制论、系统论的内容互相交叉,密切联系,不可分割。系统论从系统出发调整组

---

① 转引自章红宝、江光华:《试论复杂性研究兴起、现状及存在的问题》,《系统科学学报》第 14 卷第 1 期。

成系统的各要素之间以及系统与环境之间的关系,使系统达到整体最优。信息的存在有赖于系统,研究任何系统,都离不开信息。信息是系统重要特征的反映者,反映了系统的组织程度、有序程度。控制论主要研究怎样利用信息,实现对系统的有效控制,使系统整体性能达到最优。

进入20世纪60年代,随着科学向复杂多变量系统研究的深入,各种关于复杂系统的研究取得了进一步的发展。耗散结构理论探索了远离平衡态系统的非线性相互作用的自组织特性;协同学研究了系统从一种组态向另一种组态转化过程中各组成部分协同行为的规律性;超循环论研究了类似生物催化循环的自催化系统的复杂性模型;分形理论从非线性的角度探讨了多样化与统一性的关系问题;突变论研究了各种系统出现突变的众多复杂模型;混沌学则将决定性与非决定性在复杂性关系中统一了起来。

20世纪80年代,复杂性研究则以明确的面目出现在科学界。有代表性的事件是,1984年诺贝尔物理学奖获得者盖尔曼、安德逊和诺贝尔经济学奖获得者阿若等人聚集了一批从事物理、经济、理论生物、计算机等学科的研究人员,在美国组成了世界著名的圣菲研究所(Santa Fe Institute),专门从事复杂性研究;1986年普利戈津和尼科里斯出版了专著《探索复杂性》,明确地提出"探索复杂性"的响亮口号;1986年1月,我国著名科学家钱学森在北京指导"系统学讨论班",广泛研究讨论社会、经济、地理和思维等复杂性的问题。

这些工作以及后来一些其他从事复杂性科学研究学派的兴起,大大促进了复杂性科学研究的发展。复杂性科学研究从此引起国际社会众多有识之士的高度关注。国际上已经掀起的一股研究复杂性问题的热潮,正在与各门学科进行交叉综合研究,数学家、物理学家、经济学家、生物学家、计算机专家和网络专家等各路科学家以及哲学家都在共同开展研究。

最近的研究表明,在自然、社会、思维中更为普遍存在的是复杂性。人们期望通过复杂性研究来解决社会、经济、生命、人脑、生态环境、管理等领域科学的问题。甚至有人说,复杂性科学的兴起可能引发一场新的科学革命。也有人说,复杂性是"21世纪的科学"。

复杂性研究更接近真实的世界图景,因而有了广泛的应用,并形成一种跨学科的方法论。如今,它已广泛应用于各种复杂性系统的研究,日渐实现着自然科学研究与人文科学研究的自觉的、密切的结合。普利戈津说得对:"这就导致了对物质重新进行考察：不再是用那种以机械的世界观描绘出的被动呆钝的观点，而是用一种与自发的活性相关联的新的见解。这种变化是如此的深刻，我们相信，我们已能真正地进行一种人与自然的新的对话了"。①

美国学者 N. Rasher 把复杂性分为两类：一类是本体论意义上的复杂性，包括成分复杂性、结构复杂性、功能复杂性；另一类是认识论意义上的复杂性，其中可以分为描述复杂性、生成复杂性和计算复杂性等。② 人们通常认为，由于计算机软件科学的发展，在复杂性的测度理论中，计算复杂性和算法复杂性因为与计算机算法问题密切相关，与其他的复杂性研究相比，因此研究时间较长，发展也相对成熟一些。在人工智能、计算机专家系统的算法设计中，可以看出人类把握社会信息复杂性的基本策略。这些解答虽然只限于特定的领域，但毕竟是一种较成功的科学解答。

2. 多视角研究社会信息复杂性的必要性

社会的信息化凸现了信息在社会生活中的地位与作用。对于信息的研究也已成为当代科学中最为活跃的方面。然而，对于信息问题的研究往往关注于信息的自然方面，而忽视了对其社会方面，尤其是对社会信息的研究。随着社会信息问题的提出和社会信息科学研究的开展③，我们有必要深入研究社会信息的复杂性特点，并在此基础上寻求相应的研究思路和方法。

从总体上看，社会信息是与人的生命存在、社会生产、精神生活、社会交往、文化传承、变革创新活动等相关联的那些信息，它们以生命的、社会的、历史的、文化的、民族的、国家的以至人类的极为纷繁复杂的方式，存在于我们的生活与交往之中，并使人的存在与发展成为可能。研究社会信息，直接地应当以自然信息为参照，自觉地运用复杂性的思维方式与方法④，在多视角的比较中把握其复杂性特点。

社会信息及相应的信息处理机制，确实是一个非常复杂的问题。当代自然

---

① 转引自章红宝、江光华：《试论复杂性研究兴起、现状及存在的问题》，《系统科学学报》第 14 卷第 1 期。

② 参见 N. Rasher, *Complexity: A Philosophical Overview*, Transaction Publishers, New Brunswick, New Jersey, 1998。

③ 参见欧阳康：《社会信息科学的学科定位与研究思路》，《华中科技大学学报》（社会科学版）2007 年第 1 期。

④ 参见欧阳康：《复杂性与人文社会科学创新》，《哲学研究》2003 年第 7 期。

科学正在走向复杂性。面对着极为复杂的社会信息,我们更不能以简单化的思维方式来对待。"复杂系统探究方法可以是一种沟通自然科学和人文科学、消除其间隔阂的方法。"①正如现代电子计算机之父冯·诺伊曼所言:"阐明复杂性和复杂化概念应当是 20 世纪科学的任务,就像 19 世纪的熵和能量概念一样"。② 当代人文社会科学应当积极学习和借鉴当代复杂性科学的思路与方法,从我们所面对的复杂对象本身入手,积极开展对它们的研究和探讨,增强在认识和实践中的自觉性。这样一种研究,既可以深化对于复杂的社会生活的把握,也可以深化对于复杂性科学的探讨,对于我们的其他学术研究也具有普遍的方法论意义,是值得我们来共同努力的。

（二）社会信息复杂性的十个特征

1. 事实性信息与价值性信息的交织

社会信息区别于自然信息的最大特点是价值信息的渗入,由此使社会的事实性信息发生了一种变形。自然信息直接地是一种事实性信息,而社会信息则必然带着人们的价值追求与选择,从而产生出通常所说的"是"与"应当"的矛盾与冲突。人—地系统、人—人系统、人—社会系统的复杂性直接地与人们的价值取向有关,如果进入到人性系统和人的心灵系统就更复杂,甚至会超出我们能够准确想象和合理处置的范围。这正如彭加勒在《科学的价值》中所言:"基本现象的简单性再次隐藏在可观察的总现象的复杂性下面;但是,这种简单性本身只是表面的,它隐藏着极其复杂的机制。"因此,科学应探索复杂性:"我们以为简单的东西变复杂了,科学似乎向多样性和复杂性进展。"③由于社会信息带着社会价值因素,人们对社会信息的掌握、搜集、接受必然带有强烈的选择性。由于自然信息是价值中立的,因此在接受自然信息时,人们可能毫无疑义、不加推辞地全盘接受。而一旦面对带有价值特征的社会信息,人们则会有欢迎与抵制、认同与反对、漠视与重视等非常不同甚至对立的态度。

2. 主观性信息与客观性信息的交错与互渗

自然信息源所发出的信息对于各种信息接收者来说是自在的、中立的和外

① 克劳斯·迈因策尔:《复杂性中的思维——物质、精神和人类的复杂动力学》,中央编译出版社1999年版,第12页。

② 转引自郝柏林:《复杂性的刻画与"复杂性科学"》,《科学》1999 年第 3 期。

③ 彭加勒:《科学的价值》,光明日报出版社 1998 年版,第 119、131 页。

在的,具有很强的客观性。但在社会生活中,各种信息的发布都带有极强的主体性、主观性,是一种主体的选择性行为。在生活中我们说什么或不说什么,什么时候说和怎么说,对谁说不对谁说等,都会经过一定的慎重考虑,对信息的发布有自觉的选择与决策。因为"民族和文化的发展显然是由有意向性的带着其态度、情感、计划和理想的人类行为所引导的"。① 在一些特殊的社会情景中,人们对于在什么时候发布信息,发布什么信息,怎么发布信息,在什么环境条件下发布,发布信息的范围或程度等,都会经过仔细考虑和慎重选择。现在甚至产生了专门的新闻发言人等职业性角色。信息发布中的选择性使本应客观、公开、直接传播的信息以多种非常复杂的方式进入到所需要传播的对象的视野中,这就决定了人们所接受的社会信息是已经经过了一级、二级、三级甚至更多的主客体关系的转化的信息,这就会比我们一般接触到的天体的、自然的、物理的、生命的、气象的信息等要复杂得多。社会信息之所以具有强烈的主体性,是和价值因素的渗透分不开的。由于信息的价值特性而使信息的发布与传输都具有了主体性,表现为对信息的选择与配置、遮蔽与张扬等,从而使问题变得极度复杂。

3. 理性信息与非理性信息的交织

一般意义上讲,社会信息大多是人们通过思考而以逻辑化、规范化、符号化等方式所传输的理性表达,但在人们的实际生活中,非理性的东西却无所不在,渗透到所有的理性信息之中。人们的理性表达背后贯注了人们的情感、意志、欲望、直觉等。在人们的社会交往中,非理性的信息,如一个手势、一个眼神、一种体态、一件服饰等,都传达着甚至比直接语言表达更为深刻和复杂的信息内容。就其思想传承而言,从柏拉图、亚里士多德开始的,以至整个西方文明的发展进程中,理性主义一直占据着主导地位,而理性主义的过度张扬实际上又造成了非理性的压抑。20 世纪以来,人文社会科学的兴起,实际上伴随着非理性主义的兴起,它们深刻地影响着国际学术思想和哲学理论的发展,也影响着社会文化的发展。马克斯·韦伯说:"在社会科学中,我们关心的是心理的和精神的现象,而关于这些现象的移情理解无疑是与一般精确自然科学的方案能够或力图解决

_____

① 克劳斯·迈因策尔:《复杂性中的思维——物质、精神和人类的复杂动力学》,中央编译出版社 1999 年版,第 344 页。

的问题明显不同的。"①为什么20世纪会出现如此众多的非理性主义思潮,它们从另一个角度表明了人的内在的心理结构需要一种健康的、完整的存在需要与表达。而社会生活往往忽视这种表达,因为非理性的表达方式往往受到很大的限制。理性的表达方式可以是直观的、逻辑化的,甚至通过大量信息媒介大面积传播,而非理性的表达方式却往往需要有现实的场景,需要有直观的传媒,而且只有借助于特定场景才能得到较好的理解。例如,我们的体态、语言、眼神等都需要通过直接的场景才能展示并被人们所接收和把握,这就使社会信息变得更加复杂。

4. 普适性信息与特异化信息的交织

自然信息一般都是普适性的,社会信息则是经过主体设计,与某种内在的价值、情感、心理交织在一起,并针对特定主体或特殊问题,因而往往是高度个性化和特异化的。特异性的信息需要相应的特异性能力才能接受和理解,这对社会信息传输中的主客体关系提出了很高的要求。由于社会生活中价值非中立性现象的普遍存在,加上非理性因素的渗透,使得对个性化信息的把握必然出现极大的个体性差异。一般来说,普适性的信息比较容易被人们所接受和形成共识,而对个性化信息的把握则往往取决于人们对它的应对能力,不同的人们在对特异化信息的把握方面会有巨大的差异。认知图式或定势在人们的所有认识中都是必要的,但社会认知图式的个性化差异则可能使人们对同一社会信息产生出完全不同的认知、解释与评价。

5. 全息性信息与有限性信息的差异

曾有学者提出过"宇宙全息论",认为宇宙内部存在着信息的全息联系。他们借助于一些具体科学的成就来论证世界的这种全息信息联系,耳针、足疗、指疗等都被看做是宇宙全息性的一种具体表现和运用。这里值得注意的是,如果说在宏观世界、宇宙天体、自然生命、动物界、植物界,全息是有可能的,那么在社会生活中,全息性则要大打折扣,甚至是无法实现的。我们注意到,人和社会信息的全息性是以并不具备全息认识能力的人的眼、耳、鼻、舌、身来感受的,它们分别都只能感受到宇宙和生命信息中极为有限的信息。因此,如果说有一个全息的自然世界和社会世界,人所能够感受和认知到的仅仅是其中极少的部分,而

---

① 马克斯·韦伯:《社会科学方法论》,华夏出版社1999年版,第44页。

且往往是以片面的方式来感受和认知的,经常会发生失误与偏差。如果说宇宙是全息的,人要认识全息的宇宙,就应当具有全息的能力,能够达到全知全能,但实际上人恰恰是非常有限的,无法全知全能的。所以即便宇宙是全息的,人也无法去把握全息的世界,这样全息世界对人的作用也就非常有限。人的有限性在很大的程度上是由人们获取和处置信息的能力的有限性造成的,由此导致人们的偏差、误解、短见等不断地出现,甚至会成为一种经常、普遍乃至必然的现象。这是我们最不愿意看到却又始终难以摆脱的一种悖论。

6. 目的性信息与盲目性信息的碰撞

社会信息的制造与传播基本上都是在明确的目的支配下发生的。目的性是社会信息的重要性质和特征。但是,社会生活中不同目的之间的交错、碰撞、冲突、抵消又是经常发生的,并由此而产生出某些特别的盲目性。就活动的发动者而言,人在社会生活中的活动大多带有特定的目的从而是高度自觉的。但人们的各种目的性活动之间却往往是不一致、不协调,甚至可能是悖反的、相互抵消的和冲突的,这就不仅使人们的目的难以按照预期的愿望得到实现,而且有可能带来非预期的后果,造成一种新的盲目性。这就很像恩格斯所曾经指出的,每个人都按照自己的意志来从事着目的性的活动,但不同的个人和群体之间的意志不可能都是一致的,而是往往存在着意志的碰撞,这就使得每个人的意志都不可能得到完全的实现,甚至会造成在自然界才会经常看到的那种盲目性。当然,这并不是说人们的意志对社会历史的发展是不起作用的,而是说各种力量有可能形成一种类似于平行四边形甚至多边形的复杂情况,形成一种新的社会合力。在社会生活中,我们每个人都采取自己的主体性行为,灌注自己的价值取向,结果是有的愿望得到了实现,有的部分得到了实现,但也可能是毫无收获,事与愿违,甚至是搬起石头砸了自己的脚。在社会生活中我们面对着大量的目的的预期性和结果的非预期性之间的碰撞,应当对此有所研究和预防。

7. 社会信息的人为性增减和刻意性扭曲

在社会信息的传输过程中,既可能发生人为的衰减,也可能有人为的增加,还可能有人为的扭曲。生活中传话有时候越传越少,有时候越传越多,有时候边传边变味,关键就看这些信息与信息传递者的关系如何。社会信息在传输过程中的增加、减少和变形,有些是信息传播中的正常现象,但也不排除有不正常因素甚至是恶意的增减和扭曲。社会政治生活中的欺上瞒下,军事行动中的尔虞我诈,社会交往中的虚情假意,文化传承中的错解误读等,都使社会生活变得格外复杂。人们希望生活在一个真实的世界里,但他们所获得的信息却往往是虚实相交,难辨真伪,良莠混杂,使人们之间的交往变得格外复杂。人们在行动中的正确性和评价的合理性依据于情报信息的准确性,依据于对真实世界的可靠把握,而信息的准确性在社会生活和社会科学中恰恰是非常难得和稀少的。社会信息的多样性、模糊性和不准确性对人文社会科学研究的科学性提出了严峻的挑战,需要引起格外的注意。

8. 社会信息认知与社会信息评价的互动与互相掣肘

从社会信息认知的角度来看,人们力求做到客观、准确和可靠;而从社会信息评价的角度来看,人们则往往首先追求有用、有效和有益。由于自然信息是价值中立的,因此人们追求客观认知与合理评价自然信息这两种价值取向是大体一致的,既比较容易达到客观科学的认识,也比较容易达成比较合理一致的评价。由于社会信息是事实性信息与价值性信息内在交织的,社会事实往往包含着价值的非中立性,对于社会信息的接收与采集本身必然包含着对于信息的评价与态度,并受到主体对于信息的态度的影响。因此,人们在认知和评价社会信息中的两种价值取向之间往往不太一致,甚至会有很大的矛盾与冲突。人们对于社会信息往往表现出更强的选择性,会对某些社会信息趋之若鹜,而对某些社会信息置若罔闻、避之不及甚至刻意遮掩。这些都会对社会行动及其后果带来极大的影响。

9. 信息说明和信息理解的差异

过去我们对信息的接收与处理主要是在通信和反映论的意义上谈的,强调对于信息的发送与接受、陈述与说明,而对社会信息则尤其需要关注对信息意义的理解、解读与认同。如果说对自然信息的处置主要是在客观反映基础上的说明,对社会信息的接收与处理则还需要说明基础上的理解。在人际和社会交往中反映和说明是基础,更为重要的则是心灵的沟通、情感的交流、意义的理解、文化的认同,所以有了"理解万岁"之说。在海德格尔看来,"理解是人的存在的一种方式",是人实现和扩大其生活意义的创造性活动,"我们的任务是把在切近的日常生活中的这种共同此在的方式从现象上收入眼帘并从存在论上加以适当解释。"①

---

①　海德格尔:《存在与时间》,三联书店 1987 年版,第 144 页。

理解是人际交往与沟通的核心,而所有的理解又都带有价值取向与文化图式。东西方之间发生如此强烈的文化碰撞,重要的原因之一就是理解模式方面存在差异。在东方是一个友好的信号,在西方可能会被看做是挑衅;在西方的赞扬,在东方可能被解读为贬抑。释义学的当代凸现,就已经表达了现实社会信息和信息沟通交流的重要性。消除跨文化理解中的隔阂已经成为全球化时代人类面临的重大问题。

10. 社会信息的被动接收与主动采集带来不同效应

在对社会信息的处理过程中,主动还是被动、积极还是消极会对信息的接收与理解带来根本性的影响。一般来说,只有当信息的拥有者发出了信息,接收者才有可能接收信息,因此信息的发出者是主动的,接收者往往是被动的。但在社会生活中,如果没有信息接受者的主动性,则信息很难自动地进入人们的视野和头脑,并被人们有效地接受和理解。从客体的角度看,相当多的社会信息是隐性的甚至是被遮蔽的,如果不去主动搜寻和探析,则无法发现和感知。从主体的角度看,社会信息具有特定的价值导向,而这种导向又与人们的价值追求相关,并影响到人们的信息处置、情感体验和行动选择。每个不同的人之所以成为现实的认识主体,就是因为经过多年的培育,有了必要的经验知识和主观体验,形成了认知图式。没有这些认识图式,人们无法正常地进行认识,但用同样的图式去认识和理解不同价值特征的社会信息,又可能把主体的价值取向投射到对象上而造成误解与误读。

三、社会信息过程中的决策问题

(一)现代决策理论的启示

20 世纪初,西方社会中的企业规模越来越大,雇用的工人也越来越多,管理复杂性大大增加,单凭经营者个人的经验与判断进行企业管理的方式已经不能满足大生产的需要。以美国泰罗为代表的科学管理理论就是适应当时客观情况的要求而产生的。它通过工时研究和操作研究,布置合适的工作条件,消除工人在体力劳动和操纵机器的操作中的一切不必要的和不恰当的动作,建立了一套科学的管理制度来提高劳动生产率,为赚取最大的利润服务。自此以后,对工时和操作合理化的研究一直在进行着。

但是,根据科学管理理论制定出来的操作方法能否严格执行,制定出来的劳动定额能否实现,除了有企业的规章制度和物质刺激作为保证外,人们的相互关系和劳动者的意愿也起着一定的作用。因此,企业管理学家在科学管理理论的基础上,即从注意人与工具或机器之间的合理配合,扩大到研究人群的动机、环境与人群情绪相互作用等方面,从而在20世纪30年代产生了人群关系理论。

第二次世界大战期间,由于现代化战争和战时生产的需要,包括规划论、概率论和质量控制等内容在内的运筹学开始形成。第二次世界大战后它应用到各行各业中去,使得许多属于生产、销售、储运、技术发展等方面的筹划、安排、调度和控制等这类工作得以进行科学的量的运算,使企业能够做到精打细算,心中有数,合理地作出决定。从而降低了成本,扩大了利润,提高了企业经营管理的成效。

但是,解决企业管理中筹划、调度等工作,必然是在具体的目标约束之下,经过调查研究,搜集资料,提出不同的方案,经过运筹方法的计算和比较然后选中一个方案。在整个决策过程中,运筹计算只是其中的一个组成部分,甚至有些决策过程根本不可能进行量的计算;即使通过运筹方法计算出不同方案的结果,是否应该采用,还须根据当时情况作出决定。因此,自从20世纪50年代开始,管理学者结合科学管理理论、人群关系理论和运筹学等,以心理学、社会学、社会心理学和经济学等行为科学为基础,重视社会环境和感知、认识等心理过程对于提高整个企业的管理水平的重要性,从而建立了决策理论。它在先进的企业管理工作中得到了广泛的应用。

1978年瑞典皇家科学院宣布,美国卡内基—梅隆大学教授西蒙由于"对经济组织内的决策程序进行了开创性的研究",由于"西蒙的思想大部分是现代企业经济学和管理研究的基础",决定授予他诺贝尔经济学奖。按照西蒙的认识,决策程序就是全部的管理过程。目前,一般认为全部决策程序是:从确定企业的目标开始,寻找为达到该项目标可供选择的各种方案,比较并评价(包括应用运筹方法所进行的计算结果)这些方案,在这些方案中进行选择并作出决定,然后执行这个决定,在执行该项决定中进行核查和控制,以保证最后实现预定的目标。①

---

① 参见范家骧:《从组织理论的发展看现代的经济管理——介绍西蒙和马奇合著的〈组织〉一书》,《世界经济》1980年第2期。

西蒙认为决策理论和科学管理理论以及人群关系理论不是互相对立、互相替代的，而是相互补充的。各自的侧重点不一样，各自代表着一个发展阶段。由上述情况可以看出，决策理论是在科学管理和人群关系理论的基础上发展起来的，它代表了企业管理的一个更高阶段。从原则上说，这一套决策程序科学地、概括地总结了企业管理中处理问题、实现目标应有的考虑和条件，应该遵循的步骤和程序，掌握了这一套决策程序就有可能提高企业的管理水平。[①]

1. 以令人满意的准则代替最大化原则

在决策程序中，为了实现既定的目标，就要寻找能够实现目标、可供选择的各种方案或措施，以便"择优录用"。究竟要寻找多少个方案？择优的含义是什么？西蒙的观点和古典政治经济学的观点有着很大的区别。

西方古典政治经济学的决策观具有绝对性。他们认为：人是理性的人，他在决策时，遵循的是最大化原则，进行最优的选择。现代经济学家也遵守这个原则。他们通过边际分析方法，认为资本家在适当地调整其价格—产量关系以后，就可以实现最大利润，而消费者合理选择的结果，就能获得最大的效用，得到最大的满足。

但是，不论是从个人日常生活经验中还是从各类组织进行决策的实践中都可以看出，面对社会信息的复杂性，寻找可供选择的方案，都是有条件的，不是漫无限制的。西蒙指出，理性的人只能在一个经过详细说明和明确规定的情况下，才能进行最优的选择。这些情况是：必须假定理性的人在决策时，面前有着全部的替代办法可供选择，对每一个替代办法都明确知道它产生的结果。决策开始时，决策人心目中有一个效用函数或一个孰先孰后的优先次序，对全部结果能按优先顺序加以排列。显然，决策者所选定的替代办法，是它的结果排在优先顺序最前面的那一个替代办法。目前，决策论者认为，这种决策方式是封闭的决策模型，因为它很少注意决策者所处的环境对他的影响，而封闭的决策模型不是一个说明经济组织实际行为的合适模型。

如果考虑到决策者所处的环境，寻找各种替代办法的活动必然会受到寻找费用和寻找时间的限制，因而得不到全部信息，也就无法实现他的最大化行为。这就是说，古典的决策模型只是一种逻辑推理，没有实用价值。西蒙认为，需要

---

① 参见范家骧：《西蒙等人的现代决策理论》，《经济科学》1979 年第 1 期。

什么样的寻找方式来发现适当数量的替代办法以供选择,决定于进行选择的标准。西蒙提出了"管理的人"的概念和令人满意的行为准则,作为选择替代办法的标准。瑞典皇家科学院认为,这是西蒙提出的关于经济组织实际决策的新见解。

所谓令人满意的行为准则就是在决策时,确定一套标准,用来说明什么是令人满意的、最低限度的替代办法。如果考虑中的替代办法满足了或者超过了所有这些标准,那么这个替代的办法就是令人满意的。这就是说,可以选定这个方案并执行这个方案。无论是个人决策还是组织决策,绝大多数的决策者在决策时,都是寻找和选择令人满意的替代办法,只有在少数例外的情况下,才关心发现和选择最优的替代办法。两者的区别就如同找针一样,一个是要在所有的针中间找最尖的一根,另一个只是要找一个尖得能够缝纫的就行了。

此外还应指出,按照令人满意的行为准则进行选择时,有时进行选择的标准本身也可以加以变动,不像封闭决策模型那样是一成不变的。在按照原定标准,寻找不到令人满意的任何选择办法,或者令人满意的办法太多时,就有必要考虑改变原定的标准。

2. 关于冲突的来源及其解决方式

进行决策时并不都是一帆风顺的。西蒙用"冲突"一词来表示决策的标准机制发生故障,以致个人或群体在选择行动的替代办法方面遭到了挫折。就个人来说,他的多种需要之间可能会有矛盾,他的倾向性可能是水涨船高式地变化的,他的知识积累和对情况的了解可能由浅入深,他可能自己与自己相冲突,左右为难,举棋不定。就群体来说,为什么会在决策时产生冲突呢?西蒙认为,经济组织内由于需要进行联合决策,由于组织成员的目标不同,或者由于组织成员对实际的了解不同,从而导致组织内群体间产生了冲突。

组织决策中的两个中心问题——资源分配和安排时间表——要求联合决策,而需要联合决策的地方,冲突的潜在范围是广泛的。一般来说,对有限资源相互依赖性越大或对行动的节奏相互依赖性越大,联合决策的需要就越大。从心理学的观点看,只要在资源分配和时间表安排方面存在着相互依赖性,参加者为了控制自己所面对的环境,必然要求控制资源分配量和冲击活动的节奏性,因而有必要进行联合决策。就具体情况来说,合用一个服务性单位的群体之间的冲突,比不合用一个服务性单位的群体之间的冲突要大,冲突的中心是服务单位提供的资源。在流程图中,相邻两个单位之间的冲突大于不相邻单位的冲突。一个组织的下级单位在预算和经费分配方面的冲突比其他方面的决策冲突要尖锐。以上这些虽然是组织内群体冲突的焦点,但是可以设法加以解决或部分地加以解决。

例如,由于安排时间表而产生的冲突,可以用建立缓冲储备的方式来减轻各单位在时间上的相互依赖性。又如,服务单位可以安排得使它的不同的小组为不同的作业单位服务,以减轻对协调工作的压力。冲突中心如果是预算分配的话,那么对联合压力的大小决定于整个组织经费的多寡。只要经济组织用来分配的资源能够和上一预算时期一样大,或大过上一预算时期,那么该组织的下级单位对分配和协调工作就不会感到非常大的压力。由此可以得出一个结论,那就是环境越是慷慨,联合决策的需要就越小。其实,就企业经营管理工作来说,主要是人力、物力和财力的合理分配和使用,因而联合决策是避免不了的。没有这些联合决策,经营管理工作也就不存在了。①

个人对实际了解的不同是产生冲突的另一个原因。各个成员间目标之间的差别越大,则个人认识的差别也越大。认识的差别又与信息的来源和传递的范围有关,独立的信息来源的数目越多,则经济组织内的认识差别越大。独立信息来源越是由外部的个人或群体所垄断时,组织内的认识差别就越小。信息传递得越广泛,组织内的认识差别就越大。经济组织派出人员向外部群体中寻找信息时,派出的人员同一性越强,认识的差别越小。例如,一个经济组织寻找外面有关潜在市场的信息,派出的人员全部是经济学家就比有经济学家又有心理学家可能得到更一致的看法。在这里,西蒙强调的是认识的差别影响了冲突的程度。有了认识的差别,就需要消除差别,统一认识。

经济组织成员目标的不同是引起组织冲突的又一个原因,而企业则是通过订立雇用合同,来暗示雇员要执行组织的目标,并通过实行奖励制度来克服由于个人目标的不同而带来的问题。

解决决策过程中产生的冲突的方式可以有四种。第一是解决问题方式。解决问题就是确定一个满足共同准则的解决办法,它强调整理信息,增加寻找活

① 参见范家骧:《从组织理论的发展看现代的经济管理——介绍西蒙和马奇合著的〈组织〉一书》,《世界经济》1980 年第 2 期。

动,重视诱发新的替代办法。第二种方式是劝说。在这种情况下,假定个人目标与组织内的目的不同,但个人的目标不是固着不变的,经过劝说来改变个人的目标,使和组织内的目标相一致。第三是协议方式。在这种情况下,对目标的意见分歧被认为是不可改变的,寻找的是没有劝说性的协议。在现代的协议理论中,力求对公平具有共同的价值观,而不是凭借坚持和力量来进行斗争。具体到劳资协议上,显然,这个理论强调的是工人对资方的妥协,而不是斗争。其结果很可能是顺应了资方的要求,牺牲了工人的利益。第四种方式是权术。权术和协议的性质一样,都是群体间的利益冲突。权力小的群体不应把它自己和权力大的群体的关系限制在双边的关系范围内,而应把这种关系扩大到包括潜在盟友作为一方参加进来。当组织冲突越是代表个人冲突,即由于个人不能作出决定所引起的冲突则采用头两种方式加以解决;反之,如果组织冲突越是代表群体间的利益冲突,则越多地采用后两种方式加以解决。

3. 关于企业经营管理中的协调问题

现代决策理论的重要组成部分之一,就是把企业经营管理的活动区分为常规化的和非常规化的两种活动方式,并对这两种活动方式的产生和作用都进行了系统的分析。

从心理学的视角出发,可以认为经济组织受到了经常性的刺激,会立即诱发出一套现成的和有组织的反应,这就是常规化的活动。这一套活动西蒙称之为"行动程序",例如企业接受了消费者的订单所引起的活动就是常规化的活动,这种行动程序几乎不包括决策过程中的寻找时间和进行选择的活动在内。企业内绝大部分行为由于都是常规性的,因此都受行动程序的控制。非经常性的刺激诱发的是非常规化的活动,在这些活动中创新活动是它的重要组成部分。一般地说,常规化的活动都可以程序化,就是把这些活动分解为最简单的行动步骤,正如电子计算机的操作程序可以划分为许多步骤一样。

建立行动程序的重要意义在于,它既是经济组织控制系统的一部分,又是协调系统的一部分。企业为了控制其雇员的活动,详细制定了和奖惩制度联系在一起的标准作业程序。作为协调工具,行动程序必须和需要协调的活动联系起来。在企业管理过程中需要的是行动协调和产品协调。如果企业成员的活动需要和一特定成员的活动不断地进行协调,行动程序就应详细说明这些行动的形式和活动的节拍。如果后一个工作者的活动依赖于前一个工作者提供的产品的性质,那么活动程序应详细说明产品的性质。

以企业控制存货的手续为例,可以说明处理日常事务的程序结构。最简单的控制存货的制度是每项库存物资都需要建立两种数量:一是一次向外订货的数量,二是最低储备量。在这种制度下,有关存货控制的行动程序也是简单的,即:第一,在每次领料的时候,注意存量是否等于或超过最低储备量。情况如果不是这样,那么第二,就要填写请购单,申请一次订购的规定数量。决定行动或不行动,即应用程序或不应用程序,在本例子中是以观察的结果为准的。但在其他的情况下,可能需要对环境的某些部分进行系统的考察,例如质量检查员对产品质量的检查活动就是这样。

行动程序化和专门化有着密切的联系。如果将一件产品的制造过程分解成次级程序,并且用专门化的工具和受过训练的工人来完成这些程序,那么由于程序的重复应用,就会产生节约的效果。但是,一个产品实现工序专门化以后,工序之间就产生了相互依赖性。如果这种相互依赖性的格局是稳定的,并不会产生多少困难,因为在设计一个次级程序时,就已经考虑到有关的其他程序。如果程序的执行是建立在事前无法完全预料的偶然性上,困难就产生了。在这种情况下,必须有协调活动,以便作为行动的根据。

通过以上的分析,可以得出以下两个推论。[①] 第一个推论是:在稳定的环境下,工序专门化将会进一步发展,但在迅速变化的环境下,企业将牺牲专门化来获得独立程序的配套性。第二个推论是:为了实现更大程度的工序专门化,企业就要采取增加环境的稳定性和可预见性的方法。增加环境稳定性的方法有三种。第一是料炼提纯,这几乎是所有从原料到成品的制造业都采取的方法。在冶炼过程中,矿石、焦炭和熔剂等都变成相当同一的标准化的物质——生铁,这样就减少了原料的偶然性和后续工序的复杂性。只有从简单同一的、性质已知的物质出发进行加工,否则,规划后续加工不但困难而且费钱。第二是使用互换性的零件,通过最大最小公差保证了部件的配合,使用这些零件的单位之间的相互依赖性减低,消除了部分协调任务。第三是保持最低储备量,使前后工序之间的时间节奏的协调需要减少了。西蒙指出,即使有了以上三种增加环境稳定

---

① 参见范家骧:《从组织理论的发展看现代的经济管理——介绍西蒙和马奇合著的〈组织〉一书》,《世界经济》1980 年第 2 期。

性的方法,企业的协调任务仍然存在。

　　企业的经常性业务活动必须分解为行动程序,按照行动程序进行工作,就会起到控制和协调这两种管理职能。因此,严格遵守操作规程和各项规章制度,就能建立起企业内部的正常生产秩序,有利于提高工效,实现增产节约。行动程序化促进工序专门化的采用,但是工序专门化的采用还必须具备比较稳定的外部条件和协调工作。分工必须协作,两者缺一不可,不然的话,"大而全"或"小而全"的现象还会发生。

　　4. 创新的程序、时机、来源和群体处理方式

　　现代决策程序主要是应用于企业非常规化的活动方面,因为常规化的活动一旦发生,只要按行动程序进行,并不需要寻求各种替代办法,也不需在这些替代办法中进行选择。如果要改变一个企业的行动程序,那么它不但包括选择过程,而且包括创始过程,通过创始过程来产生新的行动程序并检验它的效果。而心理学上所谓的"解决问题"和"创造性思维"等创新过程,又是创始新程序中的基本过程。如果我们把"决策"的概念一般化,那么,社会成员总是在非程序化决策中,不断地把握复杂的社会信息,超越社会信息的复杂性。不仅经济巨子,还有政治、军事、文化精英,他们的成功大都由于把握了社会信息复杂性深处的简单性。

　　西蒙在分析企业无程序化决策,特别是新的活动程序的发现、制作和制度化时指出,企业关心的是创新过程中寻找的活动和评价各项方案。首先从要完成的总目标开始,应用手段—目的的分析,替要完成的总目标发现一些手段或措施,然后把这些手段看成是新的次级目标,再发现一套更详尽的手段来完成它。这种分层方式一直要进行到这样一个具体的水平上,就是使得已知的现存程序(即一般化了的手段)能够用来进行其余的细节。例如,改善城市环境如果是一个总目标的话,进行绿化则是一种手段。但对于该城市的园林管理机构来说,进行绿化就不是它的手段,而是它的目标了,植树、种草则是实现它的目标的手段。通过手段—目标的分析,最后具体到各种现有的树苗和草皮种植措施上。

　　为了完成目标来发现完成目标的手段,就需要寻找过程。寻找的方式可能是具体的动作,如在档案中找一封信;也可能是感性的,如查看专利局公报,找寻适合于企业的研究项目;还可能是认识方面的,如通过联想来确定记忆中合适的信息。最后是甄别、核查过程,就是把经由寻找过程发掘出来的供选择的措施或

手段加以检验,看它是否能够作为现实目标的手段或者是有待解决的问题的可能的答案。

对于寻找过程,必须按照由近及远、由小到多的程序进行。在寻找行动中首先注意的是寻找人直接控制下的变量,如果不能发现令人满意的措施,注意力应转向那些不在寻找人直接控制下的变量,例如其他企业已经在执行的一些有关的活动。如果还不能找到令人满意的措施,就要重新审查原定的标准,这时,很可能要降低这项目标的要求,以便找到令人满意的措施或行动程序。在寻找可能的措施或行动程序时,不要企图在头一轮就把全部可供选择的措施寻找完毕。相反的是,当一些可能的选择措施一经发现,就要及时加以评价。如果其中一个经过验证,符合要实现的目标的标准,寻找过程就可告一段落。如果头一轮全部可供选择的措施都被证明为不能令人满意的,又暂不考虑降低目标标准的话,那就要再开始另一轮的寻找活动。

除了分析以上的创新程序外,还应当讨论创新的时机问题、创新的来源问题和创新的群体基础问题。时机问题就是说明原来认为能够满足某些标准的行动程序为什么现在不能满足了。首先,可以把满足的标准和渴望水平这一心理学名词联系在一起。渴望水平不是一成不变的,即使在稳定的状态下,它也会变动,它往往会缓慢地趋于提高。当渴望水平提高时,创新活动就增加了。其次,当企业认识到一个比现在的程序能产生更好结果的特定行动过程,或了解到其他企业实现了好的结果,就会修改自己满足的标准,因此创新活动增加。再次,未达到满足标准时,创新活动也会增加。例如,用每一年的销售突破和利润增长率等成绩变化率来表示满足标准时,如果实际行动程序没有实现这个变化率,就会导致创新活动。最后,创新活动越是制度化,平均创新率也就越高。例如,企业成立专门的研究和发展部门,则创新活动就会增加。

关于创新来源问题,研究发现,企业中大部分的创新都是引进的而不是自己发明的。引进的方法不是直接的模仿,就是招聘新人到企业中来。这两种方式都可以节省大量的发明、试验费用和由于认识上的错误而担当的风险。如果创新是从外面引进的,"能否引进"在程度上决定于企业传递信息的结构。这就是说,决定于技术、管理情报工作的质量。

比较个人解决问题和群体解决问题,后者要比前者优越。当解决问题或进行创新时,它所选择的措施或办法,都是基础好的。群体成员不会同时犯错误,因此选择错误措施的机会比较小。群体处理问题时,可以把问题分成若干份,分别交给专家处理,这必然加速问题的解决和改进创新活动的质量。但是,群体环境中固然可以鼓励首创精神,但是弄得不好也可能阻碍首创精神的发扬。

(二)现代决策理论的认知心理学基础

决策是人类的固有行为。自从有人类就有管理,有管理就有决策。现代决策理论强调从认知心理学的角度研究决策问题,在西蒙之前已经有人从心理学的角度去研究决策问题。传统的规范决策理论有两个基本概念,一是效用,二是概率,而这两个概念都与心理机制有关。因此,许多主张采用效用期望值作为决策准则的传统决策论者,为了解释其效用变化律的特点,往往也求助于心理学的研究。如 G. T. 费希纳于 1860 年提出的"感觉强度的变化与刺激强度的对数变化成正比"的定律,往往被看成是解释效用递减律的依据。至于概率方面,自从 20 世纪 30 年代 F. P. 拉姆齐提出可根据主观概率作出决策以来,人们就开始关心研究形成主观概率的心理机制。但所有这些方面的心理学研究具有三个特点:一是它的心理学依据都是早期的、比较初步的东西;二是它的目的比较单纯,只是为了证明传统规范性决策的正确性;三是它所研究的心理机制十分狭隘,远没有说明和解释现代决策行为中的复杂现象。

西蒙等人从认知心理学的角度研究了人类决策的基本规律,研究了决策思维的信息输入、加工及输出过程,并将这些研究成果扩展到计算机科学的研究范围,用计算机程序来模拟人的决策过程,产生了人工智能的新科学,为现代决策理论奠定了坚实的理论基础,为决策科学的发展作出了划时代意义的贡献。[①] 如果说"目的论"理论帮助我们理解社会信息复杂性的根源,那么决策科学则告诉我们如何驾驭社会信息复杂性而成功地为人处事。

1. 人类有组织的知识经验——概念或图式

认知心理学对人类知觉的研究,展示了人脑对决策信息输入的操作过程,为现代决策理论解释人类决策行为的产生提供了重要依据。认知心理学认为,人类决策有赖于知觉,知觉有赖于两种不同形式的信息——来自环境的信息和来自知觉者自身的信息。没有环境中的刺激就不会有知觉,而知觉者自身的记忆中不具有合用的信息,也不会产生知觉。也就是说,为了确定某一事物的意义,

---

① 参见周菲:《现代决策理论的认知心理学基础》,《社会科学辑刊》1996 年第 5 期。

人们需要把环境刺激和头脑中已具有的有关知识连接起来。这是一种定向、抽取特征的过程,当前的信息与记忆中的知识相对照,然后再定向、再抽取特征。这种循环过程直到获得满意的知觉为止。在决策中,这种多次循环是非常必要的。通常,首次循环并不能产生精确的抉择,但它可以缩小所需抉择的范围并对进一步抽取特征具有指导意义,这样在以后的循环中便可以逐渐产生出精确的抉择来。这就提出了一个重要的观点,人的知觉不仅受外部输入信息的影响,而且也受人们已有的、有组织的知识经验的影响,即概念或图式(我们通常叫做经验)的影响。

关于经验在决策中的作用,西蒙曾经作过详细的描述。"首先,人类先前获得的有关某类抉择的经验,会给人们指明所面临特定选择的一些特征。同样,人们也可以用想象实验来代替真实实验;人们可以在自己的心理追踪每一个备选行为的后果,并从中挑选出一个备选行为,而不用对每个备选行为逐个的实际检验。其次,人类的学习因有信息沟通而获得了莫大的好处。他并不是把自己的努力完全放在想象的或真实的实验上,而是利用参考文献,也就是别人通过这方面的长期实验和研究所得的结论。他也可以根据亲身的成败经验去挑选和修改他人积累的经验知识。人的优势,就在于不必对其面临的每一个具体决策都一一确定结果。通过实验、知识交流,以及对后果进行理论预测等方面,人们只要作出比较少的实验,便能获得广泛决策所需的依据。"①

经验对人类的决策行为有时产生积极作用,有时产生消极作用。当现有环境中的刺激与人脑中原有的经验相吻合时,会使人类对刺激的加工更快、更准确,从而加速对事物的反应和抉择。相反,当环境中的刺激与人脑中原有的经验不符合时,它将延缓对这种信息的加工过程。

在过去的30年中,大量的心理学研究探讨了人类决策的产生过程,确认了这个过程不是神秘的或魔术般的,而是可以进行分析的。人类能够根据知觉经验,采取实验的方法,通过知识的传递和理论的推断,对某种决策产生的结果作出估计。这种过程对于个人和组织来说,都是合理决策的基本条件。正是由于能将过去的经验以某种模式储存在记忆中,才会导致今天的人工智能和计算机专家系统。

---

① 转引自周菲:《现代决策理论的认知心理学基础》,《社会科学辑刊》1996年第5期。

2. 人类决策受大脑程序和算法的控制

现代决策理论强调信息联系在决策过程中的作用,强调在现代社会中,重要的不是获取信息,而是对信息进行加工和分析,使之对决策有用。同时提醒决策者,人脑处理信息的能力是有限的,必须注意信息处理的结果。在这方面,认知心理学有关记忆和思维的研究提供了有力的理论支持。

记忆使人脑形成联想机制和检索机制。它们在决策制定过程中的作用是,一旦需要,就能把记忆存储提取出来。因为有了记忆,人类才能在解决一个问题时,把所收集到的信息甚至结论储存在头脑中,当再次遇到同类问题时,不用重新研究,便能利用那些信息。从计算机和人脑的工作模型中容易看到,人们的"认识"不是照镜子式的反映,不是简单的镜前之物决定镜中形象,而是人们带着已有的立场、观点和方法去观察,在现成的(有时是根深蒂固的)思维定势和情感定势中进行思维;是先有了处理程序,才去处理信息。至于各人的处理程序的好坏优劣,则是另外一个问题。记忆中的东西是先于经验的,不承认这一点,本身就说明当事人是一个不自觉的先验主义者,他的先于经验的"教条"足以让他闭目塞听。

1963 年,西蒙和他的学生建立了一个称为"EPAM"系统的关于人类识别能力的模型。根据这个模型,人类存取信息的能力是通过识别增进的,迅速地解决问题,实际上是一种高超的再认。1973 年,他和威斯对棋手的高水平技能做了研究,发现高水平的棋手由于在这方面发展了大量的特殊结构,几乎有大约 5000 个不同的形式的棋谱存在于他的记忆中,而且会很快地被再认出来。因此,在表现这种能力时,思维过程就极为迅速,决策水平就极为高超。而人脑的记忆组块取决于先前的经验和识别的灵敏度。在国际象棋大师的记忆中,识别熟悉组块是和关于当前在棋谱中发现那些组块时可能要做的决策的有关知识结合在一起的。这一研究无疑给现代决策理论提供了一条重要的心理法则:人类决策需要记忆装置。心理学研究某些不变因素,研究记忆的固定组块数目,不只是为了解释简单的认知现象,而是为了更复杂的思维和人类的决策行为。人类完全可以训练自己积累有关方面的大量信息,把为解决某一问题而收集起来的信息以及从这些信息中得出的结论储存起来,并学会记忆组块,以便在发生同类问题时用来作出新的决策。

近年来,心理学家与经济学家联手对决策中的思维过程进行了研究,使我们对人类在解决问题和非程序化决策制定中使用的信息过程有了较多的科学理解。他们所提出的解决问题理论的核心假设是:在解决问题时,人类的思维是由程序控制的,而这个程序将把无数的简单的信息过程组成复杂而整齐的序列。这一假设使计算机模拟人脑解决问题获得成功。正如西蒙认为的:"试探—启发式和手段—目的分析这两种策略的提出以及相应的计算机程序的建立,标志着对思维心理学的研究从传统的实验心理学方法跨入了信息加工的领域,用信息加工的观点和方法来探讨人的思维行为。"①

西蒙等人认为,人类解决问题特别是复杂问题,主要采用的策略是"启发式"的。西蒙指出,实际解决问题时,每走一步,都要设想几种走法,如果不能达到目的,就退回重新选择,这叫做"知觉策略"。从决策的角度来说,如果决策的尝试没有成功,就要对问题进行反复研究,其关键在于要依赖外部信息和指导性目标信息。其实,决策的整个过程就是由解决问题的接连不断的尝试构成的。心理学家的研究表明,所有失败的尝试,也是对某些问题的一种决策。任何决策都是在反复抽象、反复研究中形成的。

在决策中,手段—目的分析的主要特征是把目标分成子目标,通过找出问题状态和目标状态之间的差别,运用一些技巧和过程达到子目标,再通过达到子目标、子子目标,一步步引导达到总目标。这种解决问题的策略,西蒙把它叫做"目标递归策略"。这些递归出来的目标是程序性目标。美国心理学家 K. 敦克尔的研究表明,最终决策的产生要经过几个中间的阶段,其中每个阶段对前几个阶段而言,都具有决策的性质,而对后面几个阶段而言,则具有问题的性质。对问题的改变和中间决策的这种连接,就构成了决策过程的"心理轴心"。认知心理学所提出的这些信息加工模式已经得到了现代决策理论的普遍承认。

3. 程序化决策中的思维定势与情感定势

现代决策理论将决策分为程序化决策和非程序化决策。程序化决策技术的心理基础是人的思维定势,即一种内化了的习惯。非程序化决策技术的心理基础是人的直觉思维。

在程序化决策过程中,定势是帮助符合目的的行动方式持续下去的重要途径,具有"从有意识地进行选择的范围内排除情况反复"的作用。定势一旦形

① 纽艾尔、西蒙:《GPS,一个模拟人类思维的序》,《心理学动态》1983 年第 1 期。

成,当人们需要采取适当的行动时,不必再有意识地进行决策而能对同样的刺激和同样的情况产生相同的反应。只要某种定势对实现目的来说是合理的,它就能对合乎目的的行动起有益的作用。近年来,认知心理学对定势的内在机制进行了研究,认为人的心理是一个自我调节、自我控制的系统。这是因为人的心理具有一种自我组织的功能,它是一种对内部的反应和心理模式,是一种对所接纳的所有信息进行加工调整、产生积淀进而系统化的功能。这种功能可以进一步解释为,在接受外部刺激的过程中,人的心理不断矫正估计模式,又通过概括和简约形成特定的简化模型。因此,当相似的情境出现时,反应便以这种简化模型为中介而实现。所以,定势本身是一种整合活动。

在程序化决策中,人们往往是下意识地以内在的简化心理模型去套实际情况,甚至有时出现内在的心理模型与实际情况不相符合时,人们也会按照模型同样地重演一整套行为程序。实际上,一个人在注意到他能够了解的那些刺激以前,往往就作了决策,开始行动了。这是因为定势把人的注意力引向一定情境的特定方面而忽视另外一方面。受定势支配的那一部分决策行为,显然已经超出了自觉注意的范围。所以人们常常发现,日常生活中人类所表现出来的一些决策行为似乎不是客观理性行为,其原因就在于,这些行为是由指明注意方向的刺激所引发的。而且,对刺激的反应,虽然有一部分是推理性的,但其中很大一部分则是习惯性的。

由于定势是一种思维的定势,所以在程序化决策的现代技术中,利用计算机进行模拟,是认知心理学对现代决策理论的一个重要贡献。它使过去属于职员工作范围的很多常规的程序化决策和数据处理实现了高度的自动化。

定势在程序化决策中也有很大的消极作用。定势可以使人们形成对某一事物的"成见",这种极端的认识往往会否定客观的思考而作出极端的决策。如果先入为主,就会对事实避而不见,拒绝接受真理,使决策受到定势的欺骗。所以,决策的成败在一定程度上取决于决策者心理上的思维定势和情感定势。主观上的情绪性的倾向和固定的思路成分越多,则决策失误的概率就越大。可见,定势不仅决定着人们最有可能制定哪些决策,而且,它也对人的判断有着相当大的影响。

4. 非程序化决策中的直觉与灵感

非程序化决策在现代决策理论中,是被关注的焦点。人们在进行非程序化决策时,通常采用的传统技术是判断。当进行一个极大难题的非程序化决策时,通常需要决策者发挥创造性,但这些技术的心理过程至今还很少被人们所了解。

早在20世纪30年代,巴纳德在其所著的《经理的职能》一书中就指出了这种"非逻辑"决策的意义。他认为,经理人员或行政长官并不是像其他专业人员(比如科学家)那样,往往以有条理的理性分析为依据去制定政策。相反,他们在很大程度上对决策情境进行快速的直觉反应。继承并发展了巴纳德理论的认知心理学代表人物西蒙,更明确地提出了"踌躇—选择型"与"刺激—反应型"两种决策模式的区别,提出不但不能反对后者,而且还要在组织决策中扩大后者的应用范围,实现决策的"惯例化"。

美国学者曾在20世纪70年代对83项战略决策进行了调查,发现其中仅有18项决策是通过比较明确的分析方法提出来的,其余是靠直觉判断制定的。对这些事实的解释出现了分歧,以西蒙为首的认知学派认为直观决策的大量存在本身就说明有其存在的心理基础,应进行认真的研究以提高直观决策的有效性。① 但规范决策学派则坚持相反的立场,认为存在并不意味着合理,只有理性决策才是科学的,要逐渐减少到最终消灭直观决策。为此,认知心理学进行了大量的研究并提出了理论依据。

首先,人类的思维能力是有限的,人们无法事事作出完整、彻底的理性判断。人类的神经传递速率不是很快,不可能在较短时间内作出大量的推理分析。西蒙在研究人工智能时曾估计过国际象棋的走法数目,他估计一盘棋赛的任一给定状态大约有30种合乎规则的走法,对方也会有30种可能的反应,于是每走一步加上对方反应就有 $30 \times 30 = 900$ 即约 10^3 种走法;一盘棋的平均总步数可以合理地估计为40步左右,那么全盘棋自始至终的下棋走法约有 $(10^3)^{40} = 10^{120}$ 种之多。要想通过理性分析对这么大量的走法——进行比较之后才选择出一种最合理的走法,不但人脑的神经传递能力不能胜任,就是用每秒能从10亿种走法中选出一种最佳走法的电子计算机去进行选择,它也是难以在短时间内完成的。而棋手们能做到"一望而知",显然靠的是直觉。②

其次,直觉来自于经验,变证明了的经验为直觉是直观决策的心理基础。经

---

① 参见纽艾尔、西蒙:《GPS,一个模拟人类思维的序》,《心理学动态》1983年第1期。
② 转引自周菲:《现代决策理论的认知心理学基础》,《社会科学辑刊》1996年第5期。

验,在认知心理学中叫做"图式"。强调图式在决策中的重要作用,是认知心理学对现代决策理论的一个重要贡献。根据认知心理学的研究,图式在人的直观决策中有两种作用:第一,图式是一种信息接收系统,环境中的信息只有与个体具有的图式发生联系时,才具有意义。在这种情况下,人类对外部信息的抉择,不是取决于刺激物的特性,而是取决于被激活的图式特点,即人们已有的知识经验的特点。在决策过程中,人们普遍会重视那些发生过的、引人注目的事件及亲身经历(或周围人亲身经历)的事件。第二,图式提供了从环境中提取信息的计划,也就是说,当某种图式被激活后,人们将预测环境中某种信息的出现并积极进行探索所需要的信息。奈塞曾经指出,预测和期待是图式作用的一种重要形式。所以,人们在进行经济决策中,往往要对多种因素进行预测或研究,如法律、预算、时间、制度、交易成本、预期收益等等,当每一种因素都在被分析比较证明过之后,人们就会直接推理出他的一个新的抉择。显然,人类的这种变证明了的经验为直觉的能力大大有助人类的决策。

认知心理学对人类决策行为的心理规律的研究,其最终目的在于揭示人类决策过程这一"黑箱",使大多数人能认识到决策行为的可训练性,以大大地缩短这个学习过程。这无疑对处理社会信息复杂性的决策科学的发展起到巨大的推动作用。

第四编　社会信息科学的三种视角

第九章　宏观社会信息学

　　研究社会信息系统,可以有三种不同的视角。从宏观的角度看,人类是整个地球生态系统的一个组成部分,一个进化着的社会性动物物种。蚂蚁的个体只是蚁群基因传承的工具,我们个人也不过是人种延续链条的一个环节,在人类史上经历短暂的一瞬。与其他社会动物相比,我们的本质特征是以符号为载体的社会文化,它记录着人类前仆后继的思想探险的历史。随着对环境和自身认识的不断深入,把握和运用信息规律的能力越来越强,人类日益成为关爱其他物种,对生态系统高度负责的大自然的当家人。本章的中心任务是从文化的角度考察人类的社会信息现象。在随后的两章中,我们将介绍研究社会系统的中观视角和微观视角。

一、动物社会的语言与文化

(一)人类需要学习黑猩猩的"政治智慧"

1. 黑猩猩的社会有文化

一般认为,黑猩猩是 500 万年前在进化过程中与人分道扬镳的。虽然黑猩猩的脑体积只相当于人的一半,但它的智商远远超出了人类的想象。它们的记忆力与人接近,而且黑猩猩社会具有丰富多样的文化。① 世界著名的动物行为学家,珍妮·古道尔26岁就来到坦桑尼亚热带雨林中,对黑猩猩进行了为期38年的野外考察,她的突破性研究改变了人类学的历史。②

一个国际研究小组收集了横跨赤道的7个非洲黑猩猩栖居地151年的资料,这些资料揭示了:像人类一样,黑猩猩也有丰富的文化,生活在不同地区的黑猩猩有着明显不同的生活习性。例如,每只黑猩猩都用自己的方式打扮自己,抓吃蚂蚁,撕裂蜂房找蜂蜜,砸开坚果,以及示威。这些本领都是世代相传的。

科学家在研究了65种不同的黑猩猩行为后,认为其中26种并非分化瓦解性差异,而是环境和生态因素造成的。例如,生活在有狮子和豹子出没地区的黑猩猩,会在树上而不是在地上睡觉。而剩下的39种的不同行为都显示出真正的文化多样性。例如,在西非,一只黑猩猩会从同伴皮肤上抓住臭虫,放入前臂,用食指将其压碎;刚果和坦桑尼亚的黑猩猩则把臭虫放在树叶上压碎;而在乌干达,黑猩猩会找一片叶子,先将臭虫放在叶子上观察一会儿,之后,要么放了它,要么把它吃掉。

科学家指出,不同群体的黑猩猩不仅行为模式不同,而且整个生活习性也不同,这与人类文化十分相似。不同的人类社会,其文化也多种多样。生物学的文化定义是指通过社会学习和基因传递行为的能力。因此,有专家说,黑猩猩是地球上唯一与人类一样的有文化的生物。

有些研究者坚信,黑猩猩确实是智慧生物。他们指出,已有充分证据证明,黑猩猩拥有创造新的习俗和技术的杰出能力。并且,它们依靠社会活动而不是遗传来传授这些知识。

科学家们希望,对黑猩猩文化的研究将促使人们反思,是否该将他们用于医学实验,或是像非洲某些地方将它们当做食物。一名科学家在一个有吃黑猩猩习俗的非洲村庄放映一部关于黑猩猩的录像带时,一位村民痛哭流涕地表示:"我再也不吃黑猩猩肉了,它们太像我了。"

但是,黑猩猩的处境并没有什么好转。由于栖居地的减少以及人类的捕杀,

---

① 参见宋燕:《黑猩猩有文化》,《大自然探索》2000年第4期。
② 参见木男:《"地球母亲"珍妮·古道尔:我是黑猩猩的代言人》,《今日南国》2006年第16期。

它们的数量正在继续减少。科学家警告说,人类不仅将失去黑猩猩,更将失去黑猩猩的丰富多样的文化。

2. 黑猩猩比人类更容易实现和平

经历第二次世界大战之后,生物学家逐渐产生了一种观点:人像其他的灵长类动物一样生来就具有杀戮的本性;生存竞争的压力让人类选择了用暴力解决问题,就像黑猩猩用暴力解决"王位"的争夺以及其他利益的分配一样,并没有区别。在荷兰最大的动物园——阿纳姆国家公园里,著名生物学家德瓦拉教授对黑猩猩长期研究后竟然发现:黑猩猩处理群体内部关系比人处理社会关系更艺术;在它们的世界里,暴力过后立刻就会有和平的曙光降临。①

在落日的余晖下,德瓦拉教授亲眼目睹了公园的一角发生的两只最强壮的黑猩猩的殊死搏斗。在这座国家公园里,尼凯是黑猩猩中的"老大",它在这群黑猩猩中有个敌手——鲁特,无时无刻不在觊觎它的"王位",两者之间的较量时常发生。成年黑猩猩上肢的力量相当于强壮的橄榄球员力量的5倍,它们之间的战斗非常激烈。但是,让德瓦拉教授感到奇怪的是:战斗结束之后不久,尼凯这个黑猩猩群落的头儿,向鲁特伸出自己的手臂,双手向上,请求和平。它们两个从树杈上下来,然后互相亲吻对方,并互相拥抱,细心地为对方梳理毛发,它们竟然很快地和解了。和平诞生的速度如此之快,真让黑猩猩的"近亲"——人类吃惊不已。

德瓦拉教授发现,这些家伙在打斗之后,很少有黑猩猩遭受重伤。例如,尼凯和鲁特,它们在其中的一方作出和而不战的手势之后,从来没有出现过另一方再出黑手的情况;尼凯有时会在慌乱之中,把对方乱咬一气,但是它从来不会给对手以致命的一击。究其原因,动物学家认为,黑猩猩从来不轻易杀死同类。如果有一只黑猩猩那样做了,猩群成员都不会放过它,而把它杀死。黑猩猩这种打闹更像是一种本能,打闹者的关系就像是一对夫妻,尽管打打闹闹,最终还会和好,因为在现实的生存中,它们互相需要,互相依靠对方才能更好地生存下去。

其实,不仅是黑猩猩,土狼和鱼也会和解,只不过黑猩猩作为一种灵长类动物,其行为对于人类社会有更大的借鉴意义,因而受到人们更多的关注罢了。

① 参见王默存:《黑猩猩:人类,别以为你高高在上》,《大科技》2005年第5期。

3. 人类得向黑猩猩学习"政治智慧"

黑猩猩的社会和人类相似,有着高度发达的社会组织和社会规则。在每天的饭食上面,它们也会做到公平,也会对做错事的成员加以惩罚,对遭受不公的受害者给予同情,在战斗之后迅速地恢复和平。总之,是要保护和维系成员间的良好关系。

1982年,德瓦拉教授出版了一本书——《黑猩猩的政治学》。在这本书中,德瓦拉认为:"黑猩猩的政治意识甚至比人类的政治意识出现得还要早,当然我们不能用人类的政治模式去套用黑猩猩的政治模式。观察黑猩猩的知识和经验告诉我,其实我是在用另外的一种方式来观察人类。在一些情况下我们政治家的做法其实和黑猩猩很相似。"[①]这本书推出之后,产生了轰动性效应,后来竟然被美国国会推荐给国会议员阅读,甚至共和党人在1998年的国会选举失利后,也纷纷从这本书中寻找失利的原因。

在该书中,德瓦拉描写了黑猩猩的政治智慧。在阿纳姆国家公园,叶恩是最让人喜欢的一只黑猩猩,它在这群黑猩猩里是当之无愧的老大,前文提到的尼凯只不过是名义上的"君主"而已,叶恩甚至不用大声咆哮,只是把眼睛闭起来,粗重地喘着气,就能让其他黑猩猩退避三舍。它可以决定下面哪个雄性壮年猩猩可以成为猩群的首领,它选择了尼凯。作为补偿之一,尼凯允许叶恩在猩群里作威作福,叶恩可以宠幸任何的雌性黑猩猩而不受管制。为了使尼凯感觉自己的王位不稳,体现叶恩自己的价值,叶恩有时会站到尼凯的竞争对手鲁特这边,来帮助鲁特打击尼凯。谁也不知道叶恩为什么有这样的政治智慧,它保持着猩群中政治力量的平衡,而坐收渔翁之利。叶恩就像一个高明的政治家,它在幕后导演着这场王位争霸战,而实际上它是猩群真正的统治者。

另外,在利益面前,黑猩猩把竞争对手从敌人变为朋友的速度之快也颇让人诧异,似乎它们在这个过程中并没有什么心理障碍。吃晚餐时,这群黑猩猩的所有成员大概有20只到30只,一同分享晚餐。这时,尼凯和鲁特这样的对手也会用丝毫没有敌意的手势,来共同开始它们的晚餐。在分享胜利果实这方面,人类要像黑猩猩们学习。不过可以预料,有一点我们人类恐怕很难学到手。那就是黑猩猩家族成员内部尽管存在等级制度,但是在分享食物这种事情上,所有的黑

---

① 参见王默存:《黑猩猩:人类,别以为你高高在上》,《大科技》2005年第5期。

猩猩都是平等的,等级高的并不能得到额外更多的食物。人类的"科技"水准是黑猩猩不可比拟的,但是黑猩猩的"人文"精神我们人类则自愧不如。人类和谐的希望,在于人文,不是科技!

4. 黑猩猩比人更深刻地理解自私的意义

人类似乎天生存在着一种为了生存而不择手段,一种以无游戏规则为游戏规则的竞争方式,"人不为己,天诛地灭"之类的自我辩护也常常挂在我们嘴上。但也许只有文明的人类是这样,因为即使我们的"远亲",低等的黑猩猩也跟我们截然不同。

德瓦拉教授认为,阿纳姆国家公园的黑猩猩社会存在着一种与人类社会截然不同的自私性。在德瓦拉教授研究的黑猩猩家族中,有一位"妈妈"级的雌性黑猩猩。一次,两只黑猩猩打了起来,"妈妈"冲上前去将它们分开,然后用手拉着两只猩猩的胳膊,让它们拥抱在一起。还有一次,两只雄性黑猩猩正要开打,"妈妈"跑到一只发怒尖叫的黑猩猩面前,把手指放到这只黑猩猩的嘴里,这是黑猩猩表示安慰"他人"的一种方式。然后,它转向打架的另一方,让那个猩猩过来亲吻对手,使得它们和好如初。这些雄性黑猩猩通常脾气不好、十分强壮,在家族里处于主导地位,而且富有侵略性,逐步让它们走到一起和解是个危险的差使,但是"妈妈"似乎知道一个家族的和谐更为重要——这就是黑猩猩理解的自私性。它们懂得,生活在一个群体之中,如果这个小群体变得越来越好,那么自己的生活也会越来越好。

达尔文在1859年出版了《物种起源》,这部划时代的著作出于人的自尊而让人高高地"站"在万物之上。不过,现在大量科学研究表明,黑猩猩的行为表现出相当程度的人性,它们能够制造工具,有推理能力,经训练后它们能识别从0到9的数字,并能够按照从小到大的顺序将这些数字进行排列。它们能使用数百个单词符号,能听懂数千个英文单词,甚至它们也会为亲属的死亡而感到悲伤。黑猩猩和人类一样是高度社会化的动物,而且不同地区的黑猩猩群体还存在不同的社会文化。

也许我们应该重新审视一下自己在大自然中的位置,没有一种生物可以傲视群雄。在物竞天择之中,尽管我们进化成为生物金字塔顶端的物种,但在某些方面我们确实连黑猩猩也不如。德瓦拉教授说:"我们对黑猩猩研究得越多,越是意识到它们与人类并无本质的区别,有的只是量的差异。人类现在不屑于承认我们和黑猩猩之间从生物学的角度来看并没有什么不同,是因为我们关于各物种之间平等的观念还未建立,终有一天我们会建立起物种平等的观念。"①在我们研究人类的社会信息学的时候,可能需要首先审视一下与我们十分"亲近"的动物的社会信息学。

(二)切叶蚁:种植蘑菇的专家

1. 蚂蚁社会的组织结构

蚂蚁是最古老的社会昆虫,它的起源可追溯到 1 亿年前,大约与恐龙同一时代。蚂蚁的祖先直到颇为晚近才被加以肯定。人们认为,蚂蚁社会行为的多样性很可能起源于独居地下的胡蜂状昆虫。这些昆虫脱去翅,修建地下巢穴,饲喂一小群幼虫。虽然我们观察不到蚂蚁从孤独行为到真社会行为的众多步骤,但从下述蚂蚁化石的记述以及它与现代种的比较中,就可以看到蚂蚁社会的存在已有漫长的历史。

1963 年,在肯尼亚维多利亚湖发现了蚁化石的集合物,366 个微小的晶状蚁群集在同一地点。这是迄今为止唯一的一个保存在化石中的昆虫社会。这群化石中的蚁包含一群幼虫和蛹。因为这是一个小蚁群而不是常见到的单个化石蚁,所以就可能从统计学上来研究化石种类的品级系统。这些蚁的解剖学特征和两种工蚁品级数量较多的特点,与现代蚁中的织巢蚁诸种所具有的特点是很相似的。从化石蚁巢得到的证据显示,高级的社会性组织给予昆虫社会进化的稳定性。②

蚂蚁属膜翅目、蚁总科,已知 360 属,约 9000 种,估计应该有 1200—1500 种。其中大多数种类(80%)在热带和亚热带。百万亿的蚂蚁悄悄地布满了我们的星球,像人类一样,蚂蚁占据了几乎每一片适于居住的土地,只有永远雪封冰山的南北两极未曾被其涉足。蚂蚁虽然有成千上万种,但无一种是独居的,都是群体生活,建立了自己独特的蚂蚁社会。

蚂蚁是社会性昆虫,具有合作、品级分化和个体利他等特点。蚁群是母系社会,以雌性为中心。家族成员有:雌蚁、雄蚁、大工蚁、小工蚁和兵蚁。典型的雌蚁肥大,具翅,是群体的创造者和母亲。雄蚁经婚飞交尾,然后离巢死去。雌蚁

---

① 参见王默存:《黑猩猩:人类,别以为你高高在上》,《大科技》2005 年第 5 期。
② 参见杨沛:《蚁群社会生物学及多样性》,《昆虫知识》1999 年第 4 期。

这次"蜜月旅行"获得的精子,存在贮精囊中,可满足其终身生儿育女之用。曾有惊人的报道说,在雅典区的蚁后婚飞可接收 206—316 万个精子,而蜜蜂的交尾只有 5.71 万个精子。为数众多的是工蚁,一般亦有大小两种,即大工蚁和小工蚁,无翅。它们同是单个蚁后的女儿,蚁后产的卵是同样大小的,而且遵从着一定的规律,受精卵孵出的是工蚁,不受精卵孵出的是雄蚁。工蚁接受蚁后的统治,蚁后分泌一种外激素,称为"女皇物质"来抑制工蚁的发育。

杨沛报告说,据他观察,在黄掠蚁等一些蚁种中,工蚁卵巢不发育,但当蚁后死去后,少数大工蚁卵巢发育并产卵,其卵多孵出工蚁。如果把其他蚁群的蚁后放入无蚁后蚁群,工蚁则拒不接受,会把此蚁后杀死丢出巢外,蚁群逐渐全部死亡。就算使用麻醉,用纸隔等逐步适应的方法也无效,而这些方法对于蜜蜂是可行的。

工蚁是蚁群中辛勤的劳动大军,担负觅食、建巢、育雏、保卫、清洁等大部分工作,也有些蚁种的少数工蚁特化成兵蚁,专司保卫。一般来说,大工蚁多从事外勤工作,而小工蚁则从事内勤,照料蚁后产下的卵,并喂养和洗涤孵出的幼虫。当幼虫生长到接近它们最大体型时,大、小工蚁就共同照顾它们。一些寄居在别的蚁群中的蚁种没有工蚁,因而蚁后产下的卵及其孵出的幼虫则由别种蚁的工蚁来照料。

工蚁是生殖器官未发育的雌蚁,它们不事生育,只管劳作。正因为这样,工蚁的脑和感觉器官比雌蚁和雄蚁发达,而且它们的进攻性武器即口器上的大颚尤为厉害,一经咬住猎物至死不放。一些蚁种还用毒液作为化学武器,有的靠毒刺刺入猎物体内,有的能把毒液射出使猎物中毒。黄掠蚁在进攻或御敌时,张开大颚,怒视对方,坚起腹部,射出毒液,有时令野外观察者身受其害,疼不可耐。

正是蚂蚁社会的这种分工和与其相应的解剖学特征,才使蚂蚁社会如此繁荣。而且,蚁群只有以牺牲其个体的任何独立活动为代价,才能得此繁荣。高级的社会性组织给予蚂蚁社会以进化的稳定性。这个稳定性有两重意义。其一是:单个工蚁能做的各种动作不超过 50 个,其中大部分是传递信息。这几乎是唯一的社会性倾向,说明这些蚂蚁是一个卓有成效的工作整体。其二是:蚁群的整体力量是把相当简单的个体动作进行严格的编制后获得的。这些动作组成了一个复杂的,但是在小组活动中协调一致的模式。正是这种高度进化的社会性适应,使蚂蚁这种古老而细小的昆虫,在大千世界中占有一席之地,不断得以繁衍,被誉为昆虫世界的智慧之花。①

2. 蚂蚁城堡的设计与建筑

非洲蚂蚁,在全世界都有名。在苏丹乡村,很容易看到蚂蚁筑成的小土山。这些蚂蚁山呈塔形,坚硬如铁,一般高两三米,小的只有篮球大,大的则高达四五米。当人们"掀翻"蚂蚁山之后,挖掘它的地基时,在地面下 0.5 米左右,可以找到蚂蚁坑的地下"城堡"。这些城堡呈圆形,占地大约 3 平方米。里面沟壑纵横,建筑栉比。那熙熙攘攘、成千上万的白蚁就像一个繁荣与喧嚣的闹市里的人群涌流。很难设想,一堆红土之下,竟掩藏着这样一番热闹的景象。城堡的内部结构异常复杂,简直就是一座迷宫。外侧是一条条环状的深沟,如同城市的环形大道。几条环形大道之内,则是一条条纵横交织的浅壑,如同城市的街巷。说是深沟,其实沟深也不过五六厘米;说是浅壑,其深倒也有三四厘米。宽大约都有四五厘米。沟壑的底部和侧面都非常整齐和平滑,平滑得好像用蜡打过一样。沟壑之间相连,四通八达,犹如千街万巷的布局。②

一座山就是一个白蚁的社会单位。如果我们人类想按照人和白蚁的比例建造出像白蚁穴那样宏伟的建筑,就得事先建起像意大利契尔维诺峰(Cervino,高4478 米)那样高的脚手架。然而这些工蚁在搭建自己的巢穴时,只是把从地上取来的土一粒一粒地垒起来,将沙子和黏土用自己的唾液砌合在一起。等干了以后,这种"混凝土"就会变得极其结实。这样奇妙的建筑,显示出工蚁高超的设计与建筑能力。但这样沟连串通的构建设计,完全出于"天然考虑",因为万一出现麻烦,无论是抢修还是防卫,工蚁和兵蚁都能够顺利到达任何部位。

在这些沟壑环绕的中央,有一块 30 厘米见方的平台。平台用细沙土修建,平滑而整洁。原来这就是蚁穴的中心——蚁王和蚁后居住的王宫。王宫正中央,修建有一个手掌大小的床榻。床榻四边微微向上翘起,中间凹陷的地方有一个拇指大小的蚁后在蠕动。蚁后不能行走,只是趴伏在床榻上,等待着产卵繁衍后代,这也是它的唯一职责。但是,人们却很难看到蚁王,也许它有兵蚁护驾,逃遁到什么比较安全的地方去了。在王宫旁边我们还发现堆了些柴草,原来这就是这个白蚁王国的"粮库"。

---

①　参见吴坚、王常禄:《中国蚂蚁》,中国林业出版社 1995 年版,第 23—24 页。

②　参见林衫:《走进蚂蚁王国》,《探索发现》2005 年第 7 期。

白蚁的食物主要是纤维素,来自木头、青草、树叶、棉絮、纸屑以及食草动物的粪便。这些东西看起来没有多少营养,但是,在肠道微生物的帮助下,却成为白蚁得以维持生存的主要物资。在蚁穴中,人们还发现一些挂盖粉,一层"白霜"的朽木腐草,原来,这是工蚁经营的"蘑菇园"。它们利用蚁穴中温热、潮湿的条件,在朽木腐草上培植了大量真菌,专供繁殖蚁和刚孵化出来的幼蚁食用。

在人们一步步探索蚁穴的过程中,最令人震惊的还是蚁穴的气温调节系统。白蚁喜欢生活在温暖、潮湿、黑暗、与外界隔绝的洞穴中,只有在 30℃ 的时候才可以正常生活。然而苏丹全年气候炎热干燥,年气温为 28.7℃,最高气温达 47.2℃,因此很多时间蚁穴外的气温都不适合它们生存。此外,蚁穴采用了拱形的建筑结构,一座建筑至少能容纳 200 万只如此众多的白蚁生活在一起,它们的聚居地每天至少需要 1000 多升的清新空气,但它们生活的空间又是如此狭窄,它们是怎样来解决这个矛盾的呢?

原来,白蚁在蚁穴的外侧建立起了十几个扶壁,并在每个扶壁上都挖了由顶部一直延伸至底部的通道。用过的空气可以通过换气口送出,并且可以通过墙壁上的小孔吸入新鲜空气。当外面新鲜的热空气进入到地下部分时已是清新、凉爽的了。随后,这些清凉的空气再进入各室,这项工作是通过一系列四通八达的管道完成的。此外,在出现险情的时候,这些通气孔还可以用作逃遁的暗道。从具有气温调节设施的蚁穴结构里,人们也受到很多仿生学启示。比如英国诺丁汉的财政大厦就是世界上第一例模仿蚁穴的建筑,其内部永远都保持着充足的氧气。

蚂蚁专家仔细地研究它们的城堡,发现至少有八九种专门的洞穴。在"入口"处,都有尽职尽责的卫兵——兵蚁把守。蚂蚁要进入洞穴,必须伸出自己的触角与兵蚁的触角接触,由兵蚁鉴别身份后才能放行。"温室"位于城堡入口附近,是整个蚁穴最上层的洞穴。工蚁将采集来的植物叶片和细沙铺在这里,为的是吸收洞穴中的潮气和渗漏的雨滴。而且,有时它们也会在这一层的下方挖掘出一个"温室",以备过冬取暖之用。"谷仓"是蚂蚁的粮食加工厂。一些工蚁不断把采集到的植物种子运送到这里,一部分工蚁则负责将这些种子加工成它们的"面包"——淀粉小球。"粮仓"是蚂蚁存放捡回来的昆虫尸体的地方。

"菌房"是蚂蚁的养殖场。蚂蚁竟然也会从事农业种植。在菌房里,一些工蚁专门负责种植菌类来获取食物,有些蚂蚁还会养殖蚜虫,用以获取蚜虫的蜜汁。在"休息室"里,累了一天的蚂蚁可以舒舒服服地睡一觉。忙碌后的蚂蚁们都汇集到这里休息,甚至冬眠。"育婴房"是蚂蚁宝宝成长的摇篮。工蚁将妈妈新生的卵搬运到育婴室,按类将它们存放到卵、幼虫、蛹三个层中,然后细心地照料它们长大成蚁。"墓地"里安葬着蚂蚁的同伴。蚂蚁们会将同伴的尸体安放在专门的墓地里。"蚁后室"是整个蚁穴中最重要的地方,也是整个蚁穴的核心,是蚂蚁帝国的"皇上"居住和工作的地方。

3. 切叶蚁:从狩猎采集到农业生产

康奈尔大学的特德·舒尔茨等四位生物学家,深入巴西马瑙斯市以北的热带雨林,想要揭开生物进化史上一段奇迹的谜底。[1] 距今约5000万年前,就在这附近一带,当恐龙从大地上消亡之后,美洲的某些蚁类便开始学会自己培养食物——真菌。在地球上的所有动物中,除了某些甲虫、白蚁,当然还有人类之外,就只有这类切叶蚁能栽培自己的食物了。这类切叶蚁属的蚂蚁,其行为具有人类行为的某些特征,即经历了从"狩猎采集"到"农耕"的转变。但为何、又如何会发生这种进化,始终是一个诱人的秘密。

切叶蚁是切叶蚁属最引人注目的代表蚁种。切叶蚁引起人类的注意已有数世纪的历史。古代玛雅人的编年史中就有赞叹切叶蚁的聪明和相互联络技巧的记载。达尔文在首访巴西的热带雨林时,也对切叶蚁的勤劳和无处不在印象深刻。

数十年后,伟大的英国博物学家享利·沃尔特·贝茨在他的《在亚马孙河上漂流的博物学家》一书中,也描述了切叶蚁的勤劳和优雅,还记录了当地农民的一种非常有害的看法——切叶蚁是"可怕的害虫"。当时贝茨和他同时代的观察家认为,切叶蚁将树上的叶片啃下是用来遮雨的,切叶蚁因此又被称做"阳伞蚁"。直到后来,一位自学成才的生态学者托马斯·贝尔特,才最终弄清了切叶蚁咬下叶片的真正用途。在一次采矿作业时,贝尔特挖出了两个切叶蚁的蚁穴。出乎意料的是,在蚁穴中几乎看不到叶片的迹象。在仔细辨认了那些塞满各个蚁室的海绵状褐色物质之后,贝尔特注意到"那些已褪成褐色并被再细分成微细小块的叶片上长满了细小的白色真菌,真菌已把细小叶块轻巧地连缀成团"。于是,贝尔特认为,切叶蚁"实际上是真菌的培植者和消费者"。

---

[1] 参见叶紫:《美洲切叶蚁创造的生命奇迹》,《大自然探索》2002年第11期。

但随后，一些试图进一步了解贝尔特突破性发现的研究人员，遇到了一些障碍，尤其是当他们深入到鉴别切叶蚁所培育的是哪一种真菌这一步骤时。科学家通常是通过真菌产生孢子的器官——孢囊柱来识别真菌的类型。但在蚁穴种植园内的真菌的孢囊柱通常极不明显，仿佛其中的真菌被"阉割"了，即孢囊柱被切叶蚁凿断了。由于缺失了鉴别真菌类别的条件，科学家们也就错失了切叶蚁生命传奇中的另一半精彩内容。

在美国康奈尔大学，舒尔茨、穆勒与真菌学家伊格那修·夏皮拉及农业部的斯蒂芬·雷纳尔进行合作研究。首先，夏皮拉从蚁穴种植园的真菌丛中提取出了单一菌株，并设法使其成活。然后，雷纳尔应用基因技术描述不同菌株之间的差异。舒尔茨则将雷纳尔的结果与自己对相应的切叶蚁作的 DNA 分析进行配对。1994 年，这四位科学家在《科学》杂志上发表的一篇研究报告中写道："现在已经很清楚，切叶蚁种养真菌的行为是极为罕见的事件，在蚂蚁的进化史上仅发生过这么一次"。专家们猜测，切叶蚁只培养单一菌系的真菌，而且这一行为至少已有 2300 万年的历史。

在 4 年后的一份报告中，穆勒、雷纳尔和舒尔茨又修改了原先的论断，他们认为，切叶蚁培养的真菌并非是由当初首创真菌培育机制的蚁后一代代传授下来的单一菌种。这些科学家还一致认为，一些"原始"的切叶蚁有时会与其他蚂蚁，甚至亲缘关系较远的蚂蚁共享自己的真菌。专家认为，这就是"农作物轮作制"的昆虫版本。因为，当"农作物"歉收时，切叶蚁也会做人类已经做过的事，即到邻居那里去寻找替代食物，有时是窃取，有时也会通过侵略和杀戮掠取。舒尔茨他们已在实验室中证明了这一点。下一步，就是在野外找到相同的证据。

在穆勒与舒尔茨致力于研究切叶蚁与真菌间的相互关系时，多伦多大学的一组研究人员发现在蚁穴种植园内长期存在一种破坏性极强的毛霉目的霉菌。令人深感惊讶的是，这种潜在的凶悍的寄生虫，并没有周期性地毁灭掉蚁穴。继续观察之后，他们发现切叶蚁的下腹有一层白色粉末，经鉴别这是一种能分泌抗生素的细菌，这种抗生素能有效地遏制霉菌的生长。更重要的是，切叶蚁长期采取这种抗菌措施，使得霉菌无法产生完全的抗药性。一旦这些抗生素也失灵时，切叶蚁就会果断地将已感染霉菌的部分蚁室从巢中切除，并将其抛弃到远离巢穴的地方。

有一天，尚在等待破晓时分，在雨林中的穆勒看到切叶蚁的"近亲"、一种夜行性的美洲蚁仍在忙碌地拖运细小的谷粒,这些谷粒是前一晚作为饵料故意撒放在周围的。这些饵料使得彻夜守候的穆勒得以一直跟踪美洲蚁直至蚁巢。这种美洲蚁本身并不会种养真菌,但却曾有人观察到它们时常搬运少量野生的真菌。因此,穆勒怀疑,这种美洲蚁也已进化到了能自己培育真菌的边缘。穆勒尤其被这样的试验所吸引,这将有助于他探寻既往的生物进化史深处的一段奥秘:在热带雨林中,某一种蚂蚁开始从寻觅真菌转变为培养真菌。重要的是,人类也曾经历过这种相同的角色转变。

舒尔茨兴奋而惊讶。尽管他曾见过有关切叶蚁会将野生真菌搬运回自己巢中的报道,但却从未亲眼目睹过这一情形。它们为什么要这样做?须知引进一种与自己所栽培的真菌互相冲突的菌种,可能严重破坏甚至完全摧毁整个蚁穴。"这是一个谜",舒尔茨说。同时穆勒注意到,许多植物都利用蚂蚁来播撒其种子。

舒尔茨他们还作了一个更惊人的假设:"事实也有可能恰恰相反,不是切叶蚁发现了真菌,而是真菌发现了蚂蚁。"因为正是依靠蚂蚁出力运输、保护并在巨大的种植园中予以细心呵护,这些真菌群体才得以享受充分的繁殖生育、延续种群的权利和机会,这是那些野生真菌所望尘莫及的。毕竟,野生真菌通常只能靠森林中烂叶堆里的一小块叶片存活,而且在最终死亡之前也只有一两次繁殖机会。而在蚁穴种植园中的真菌比起它们的野外"亲戚"来,真可谓"子又生子,生生息息,永无穷尽"。

大自然提供的事实验证了在实验室中得到的假设,舒尔茨和他的亲密合作伙伴、行为生态学家乌尔里克·穆勒认定:切叶蚁培养并收获真菌的行为类似人类从事农业生产。而且切叶蚁在真菌种植园中使用抗生素来遏制疾病发生的现象,可能有助于我们找到某种帮助人类与疾病斗争的方法,或找到可持续发展的农耕方式。在当代农村或农场,养殖香菇需要培训、学习和实验,否则其收入可能不及成本。切叶蚁的香菇种植业让我们人类刮目相看。它们的文化是如何通过社会教育而世代相传?抑或是它们根本没有语言、没有智能,没有教育、没有组织,它们仅有的只是遗传生物基因和社会文化的一种"动物本能"?

二、文化人类学给我们的启示

人类学(anthropology)是指从生物和文化的角度对人类进行全面研究的学

科。它分为体质人类学与文化人类学两个主要的分支。这里,我们撇开体质人类学,专门讨论文化人类学及其对社会信息科学研究者的启示。①

(一)文化人类学中的"文化"

1. 关于"文化"的定义

文化,作为文化人类学的基本概念和中心概念,人类学家一直存在着不同的理解和界定。这种歧义虽然有文化内容本身的复杂性,但更多地却是由于人类学家各自不同的立场所致。②

在西方语言中,文化(Culture)一词源自拉丁文 Cutus,本意是指耕作所获得的东西。它最早包括两种含义:第一,Cultul deornm,为敬神而耕作;第二,Cutus agon,为生计而耕作。与此概念相反的意义,就是非文化物,即自然所生产出来的东西。因此,就 Cultus 这一词语的引申意义而言,"文化"也泛指人类以自己的劳作所获得的一切事物。"文化是人类创造的物质财富和精神财富的总和"这个古典式定义,就是由上述而来的。

泰勒在 1865 年著的《人类早期史研究》一书中,率先使用了具有现代人类学意义的"文化"这一概念。6 年之后,他在《原始文化》一书中,给文化下了一个带有综合描述性质的定义:"文化或文明,就其广泛的民族学意义来说,乃是包括知识、信仰、艺术、道德、法律、习俗和任何人作为一名社会成员而获得的能力和习惯在内的复杂整体。"③从此,泰勒的文化定义成为文化人类学界的经典定义。

20 世纪以来,"文化"的含义更加复杂,其发展的重要趋势是把文化理解为一种有形态和系统化的整体。纵观西方诸多人类学家及其他学者对文化的定义,可以把它们归纳为以下六大类。④

(1)列举描述性定义,如泰勒的综合整体性定义。这类定义认为,文化包括一社区所有的社会习惯、个人对其生活之社会习惯的反映以及由此而决定的人

---

① 参见李宗荣、D. A. 西尼、周萍萍、熊近、孙树霞:《社会信息科学视野:宏观、中观与微观》,《医学信息》2009 年第 7 期。

② 参见周志宏:《浅析文化人类学中的"文化"》,《湖南经济管理干部学院学报》2001 年第 1 期。

③ 参见周志宏:《浅析文化人类学中的"文化"》,《湖南经济管理干部学院学报》2001 年第 1 期。

④ 参见周志宏:《浅析文化人类学中的"文化"》,《湖南经济管理干部学院学报》2001 年第 1 期。

类活动,文化是包罗一切的整体。列举文化内容的每一方面是此类定义的基本标准。

(2)历史性定义,如林顿的定义:"文化是一种社会性的遗产。"这类定义强调文化的社会历史性和传统性,文化即是社会遗传。作为普通名称,文化指人类的全部遗传;作为特殊名词,则指社会遗传的某一特殊倾向或气质。

(3)规范性定义,如索金等人的定义:"文化是生活方式的整体","包括意识、价值、规范及三者的互动关联"。这类定义强调文化是有特色的生活方式或是具有动力的作为人类价值的规范概念及影响,可具体表现于外在行动及文化传播的工具上面。

(4)心理性定义,如福德说明的:"文化是一种学习过程,学习对象包括传统的谋生方式和反应方式,以其有效性而为社会成员所普遍接受。"这一类定义注重的是人类文化心理的产生和作用机制,认为文化是满足欲求、解决问题及调整环境与人类关系的制度,是由学习解决问题的道路方式构成的。

(5)结构性定义,如克罗伯等人的定义:"文化是概括各种外显或内隐行为模式的概念。文化通过符号学习和传授。文化的基本内核来自传统,其中以价值观念最为重要。文化既是人类的创作产物,但又是限制人类活动的重要因素。"这是关于文化的一种比较现代化的定义。此类定义以每一文化的系统性质及可隔离的文化现象之间具有组织的相关性为中心,认为文化是一种抽象的东西,必须建立在概念模型上,用以解释行为,而文化本身则不属行为之列。强调文化是超越人类个别行为之上,并且制约人类行为方式的一种符号结构。

(6)遗传性定义,这类定义所关注的是文化的起源以及文化存在和继续存在的理由。重点是遗传,认为"团体中过去行为之累积与传授的结果"便是文化。

另外,也有学者把人类学界的各种文化定义归纳为两种不同的性质。一种是概念性的定义,指人们在意识上共同谋求生存的方式,如 R. M. 基辛的定义:"文化是用来指一个民族的生活方式所依据的共同观念体系,即该民族的概念性设计,或共同的意义体系。"以及克鲁克洪和凯利的定义:"文化是所有在历史上为求生存而做的各种设计。可能是外显的,或是内隐的;也可能是理性的、非理性的,甚至是无理性的。这些设计,在任何时间,都是人类行为的潜在指导原则。"这样的定义,可以把全人类看成一个整体。另一种定义是实质性的,包括所有经过人工处理而产生的结果,如赫斯科维茨的定义:"文化是环境中人为的部分",和林顿的定义:"文化是一个社会中每一个共同享有的知识、态度和行为模式的整体,并且将它传之后代。"①在这个层次上的文化,因每个民族有他们自己的一套特殊设计,以致各有不同。

尽管人类学家们从不同的角度、层次给文化下了不同的定义,但归纳概括起来,还是有一些最基本的一致之处,即:文化是人类作为一种动物自己创造并且传授下来的,用以适应生存环境和发展自身的某种特殊方式。文化不是物质实体,但却是一个很具体的东西。每一个社会、每一个民族,人们生活在一定的地域里,组成一个实体性社会,建立一定的社会制度,具有一定的意识形态。人们的行为遵循一定的模式,自觉、不自觉地服从于一定的行为规则。这几个方面就组成了一个社会的文化体系。到此,我们容易认同,从文化人类学的角度看,前面介绍的黑猩猩社会和蚂蚁社会里的确都有文化。

2. 关于文化的特征与形态

(1)文化人类学意义上的"文化"具有以下五大特征。②

第一,文化是整合为一的。文化形态固然可以分解成为众多的文化元素、文化成分,但就全体而言,它们是互相整合为一的。即是说,同一文化具有共同的价值系统和模式。

第二,文化是有目的的。文化的目的体现在文化的价值和功能方面,"价值是文化对象所固有的。因此,我们可以把文化对象称做财富"。如果文化不能起到保护人类更好地适应生存环境和发展自身的作用,文化就没有存在的必要了。

第三,文化是连绵不断的。文化是一个连续体,往往连绵不断,代代相传。因此,改变文化传统和使某些传统让位,是很困难的。

第四,文化是变迁积累的产物。尽管一种传统更新很难,但文化却并非不变的。相反,文化永远或多或少在变动之中,具有创新的能力。这种创新性可以通过由量变到质变的积累,逐渐引起文化传统的迁移。

---

① 转引自周志宏:《浅析文化人类学中的"文化"》,《湖南经济管理干部学院学报》2001 年第 1 期。

② 参见周志宏:《浅析文化人类学中的"文化"》,《湖南经济管理干部学院学报》2001 年第 1 期。

　　第五,文化是普遍的。文化是人类的属性,有人的地方就有文化。如果说文化有所谓优劣的话,那就看它能否更大程度地适合人们生存活动的需要。

　　(2)文化在历史中发展为系统性的形态,文化形态内部具有层次和结构,它们可以划分为四个层面。

　　第一,社会的经济形态,生产力、生产资料和工艺技术的体系。文化的这种经济形态,相当于美国社会学家帕森斯所说的社会中的“A”体系,即生物组织通过资源和能源的运用与消耗,维持着社会的生命。这种形态可以说是文化的物质化层面。

　　第二,社会的社会组织形式,人和人的社会关系网络。这些社会关系网络是采取制度化形式组织起来的,如亲属关系、经济关系以及政治法律制度等。因此,这种社会组织的网络,也可称为文化的制度化层面。这一组织网络,被称为“I”体系,即社会整合体系。它具有实现社会化连结与社会凝聚、社会控制的功能。

　　第三,社会的意识形态。它是人类的精神产品,如宗教、艺术、科学等,被称之为“G”体系。它构成社会的精神人格。它是文化的精神化层面。

　　第四,社会的价值规范系统。人们在内心中对自我行为的约束观念以及作为社会道德要求的伦理规范,即“L”体系。它承担创造社会价值规范、社会理想的功能。它是文化的价值化层面。①

　　上述“AIGL”四个层面,组成了一个社会的文化系统。作为这四个层面的统一体,就是文化人类学作为研究对象的“文化”,它具有特定的学科含义。每个人类学家作为研究者对文化对象都有其独特的把握方式,他们研究文化各个层面的重点有所不同,但其论题基本上包括在上述我们所理解的文化系统之中。

　　3. 关于文化与文明

　　自从“文化”和“文明”这两个概念正式被引入人类学学科中以后,文化人类学家对它们的各自含义、界定一直存在不同的看法,甚至是截然相反的理解。

　　“文化”的词源、含义,前面已作了讨论,下面介绍“文明”。“文明”(civilization)从 civis 来,义为“教化”。而 civilize 这个字,从 civil 来。civil 又从拉丁文的civitas(城市)和 civis(居民)而来,与希腊文的 polis(政治)有同样的意义。其本

---

① 参见基辛:《当代文化人类学概要》,浙江人民出版社 1986 年版。

义是市民、公民,特指罗马人,以区别罗马人所谓"蛮族"——"野蛮人"。实际上,civil 有两个意义,第一,含有文雅的意义,如我们常说的文明的生活(Civilized life)或文明的国家(civilized nation);第二,含有政治的意义,即所谓文治,与军事(military)在意义上对峙。①

一些人类学家和文化学家往往把文明的理解偏于精神,而把文化偏向于物质,如巴尔特在他的《历史哲学与社会学》一书中说:人类征服自然的物质与自然的势力,谓之文化;而人类统治自己的原来的与基本的性情,谓之文明。文化表示一种外表的历程,而文明表示一种内在的历程。当然,也有人持相反的观点,例如马其维认为,凡是人类努力去设法以统治其生活状况的一切机构与组织,可以叫做文明;而凡是人类努力去设法以满足自己的内在的结果,可以叫做文化。质言之,文明是利用的东西,而文化是自足的东西;文明是工具,而文化是目的,是价值。

一般文化人类学家认为文明是文化的一部分,世界上各民族都有其文化,但未必都有文明,文明是文化发展的高级阶段,如摩尔根关于蒙昧社会、野蛮社会、文明社会的进化历程的区分。但是,也有人认为文化是文明的一部分,或文化比文明处于先进阶段,如马孝利说,文化是文明的理智方面。黑斯的《社会学研究绪言》把社会进化分为四个阶段:一,野蛮阶段;二,半开化阶段;三,文明阶段;四,文化阶段。

周志宏撰文认为,就一般人类学的意义而言,广义的文化与广义的文明在本质上是一致的,都是人类独创的适应生存环境以发展自身的特殊方式,以区别于"非人类创造物"(自然及自然产品)。若非要说有区别的话,可以把文明理解为文化的具体"外化"(或"外现"、"外射"),即文明主要表现了文化的物质化层面和制度化层面。

从理论信息学的观点看,文化是人类社会整体的信息属性,通过文明的方式(载体)表现出来。一代又一代人传承着文化,就像他们传承着基因一样。基因决定着人们的硬件,而文化决定社会的软件。从社会信息科学的宏观的角度观察,社会信息就是人类的文化,社会的历史就是文化的传承、演变和发展的记录。物理规律,生物规律和社会规律属于三种不同的类别。探求人类文化的发展与

---

① 参见 H. 李凯尔特:《文化科学与自然科学》,商务印书馆 1986 年版。

文明的进步的规律性,是宏观社会信息学的目标。

（二）关于人类文化演变的理论

20 世纪文化人类学,各种理论彼此激发,相渗互补,推动了文化研究的深化。20 世纪文化人类学众多学派的理论(传播论、历史具体论、新进化论与整体论、功能论、结构论、解释论),以研究文化的演变历程和内在状态为不同取向,分别汇成两大理论之流,一是探讨人类文化史的演变,二是探讨文化的整体、功能、结构和解释。①

1. 文化进化论与传播论

文化人类学产生的社会动因是近代人类在世界范围交往的扩大和文化接触的骤增,有别于本文化的各种异文化的发现,使文化研究的先驱者领悟到"文化"作为一种实体的存在。在进化思想的影响下,文化人类学者探讨众多民族文化是不是反映人类文化发展进程的某些阶段,他们也在思考众多民族文化是不是可以归类以排列组成为一个发展序列。他们以大势鸟瞰的学术眼光,建构了人类文化进化学说。在当时的历史条件下,文化进化论为人类认识自身的早期历史贡献尤巨。

19 世纪末 20 世纪初,一些学者选择了文化地理学的视角,陆续纠集于文化传播论的麾下,别开蹊径,试图更可信地构建人类文化史。世界范围或区域的诸文化除了相异还有相似,这些相似是不是传播的结果呢? 传播论给予肯定的回答。传播论认为,在四维时空中,进化论只注意到人类文化在时间上(即历史的纵向)的演变过程,忽视了文化在地理空间(即现实的横向)的分布;文化的发展主要表现于文化在地理范围的不断变化,因此研究人类文化也应以文化在地理上的传播为主导。传播论的基本观点是:人类创造能力或独立发明的能力是有限的,人类文化之所以有共性,并非归因于进化论所设定的"全人类心智的一致性",而是因传播而趋同。传播论试图把人类文化史归结为文化移动、接触和借用的过程。在传播论看来,世界文化史上的每个阶段只有一个或几个地点单独发明某项事物,成为文化中心。各种文化现象均由这些中心向四面扩散、传播,

---

① 参见郭志超:《20 世纪文化人类学理论的两大流向》,《厦门大学学报》(哲学社会科学版) 2000 年第 2 期。

导致文化的接触,引起文化的变迁。①

文化圈、文化层是传播论的核心概念。若干文化特质构成一个复合的文化单位,文化圈就是某文化单位散布的地理空间。不同的文化圈有交叠,就形成文化层,显示了文化圈的时序,也提示着文化传播的方向。这两个重要的学术概念分别由德国人类学家 L. 费罗贝纽斯和 R. F. 格雷布内尔提出,由 R. F. 格雷布内尔详细阐明。格雷布内尔既不同于其前辈 F. 拉策尔那样并不完全忽视各民族的独立创造,也不像其晚辈如 G. 埃里奥特-史密斯和 W. J. 佩里那么走火入魔,他是传播论最具代表性的人物。

传播论在英国发展到了极端。G. 埃里奥特-史密斯和 W. J. 佩里主张文化单源论,认为人类最初的文化来源于同一文化中心,把人类丰富多彩的文化现象归结为一个古代文化中心向外扩散、流传的结果。传播论在 20 世纪 30 年代以后趋于衰落。

2. 关于文化的历史具体论

对于进化论、传播论的批评促使一种新理论即历史具体论的产生和发展。它于 19 世纪末 20 世纪初产生于美国,兴盛至 40 年代,其代表人物是美国人类学的宗师 F. 博厄斯。历史具体论认为,只有具体的文化现象的脉络才是历史的,只有具体的历史才是可靠的,强调对文化现象作琐细描述并解释文化现象以及相关文化现象的整合过程。F. 博厄斯认为,这才是文化研究的"历史的方法"。

因此,研究人类文化史要从民族或部落的具体文化史入手。然而,历史具体论所谓的文化史仍然是文化的传播和整合过程,但它摒弃传播论那种大而无当的冒失,主要在北美印第安人地区从事研究,所以得出的一系列结论相对比较可靠。传播论的有价值成分,经过理论嫁接和优化,在历史具体论中获得了新生。其文化圈和文化层概念经过历史具体论学者的扬弃后,变异为"文化区"和"年代—文化区"这两个重要概念。"文化区"这一概念,最早由 F. 博厄斯提出,由其学生 C. 威斯勒加以系统阐明:文化的最小单位即文化特质,若干文化特质结合在一起,便构成一个功能相系的文化丛。每个文化丛都有与之相适应的地域,即文化区。

---

① 参见王铭铭:《想象的异邦——社会与文化人类学散论》,上海人民出版社 1998 年版。

20世纪上半期历史具体论在中国南方很有影响,因此中国南方文化人类学有"历史学派"之称,但中国的历史学派与美国的历史具体论学派有所差异。美国的历史具体论学派欲重建无文字的北美印第安人的历史,用的是文化分析的历史构拟法。在中国,面对着众多少数民族,具体地描述现状并追溯历史,这是人类学者亟待从事的。而这些少数民族及其先民自古,特别是从汉代以后都有或多或少的汉文记载,这就使民族历史研究有所凭借,并可与现代民族志资料的历史分析相济。历史具体论学派"重建历史"的追求,在中国历史学派的科研实践中才开始真正圆了梦。

20世纪50年代开始,新中国的民族学采用比较狭窄的苏联民族学模式。新中国民族学一开始就集中于从事关于少数民族的民族调查和民族识别,而二三十年代有组织的少数民族的文化、历史调查则成为其基础。民族调查、识别积累了卷帙浩繁的资料和理论认识,为新中国民族政策的制定和民族团结进步事业作出重要的贡献。重视民族历史研究的学术传统在新中国民族学中得到持续和加强,20世纪80年代以后中国大陆的民族学出现逐渐广泛化的趋势。

3. 关于文化的新进化论

在20世纪30年代历史具体论风头十足之时,沉寂很久的进化论在美国涌起新的浪头。开始是怀特挺身而出,继而又有其他学者和后继者协同树起新进化论的旗帜。40年代至60年代是新进化论理论建构的繁盛期。怀特与他的进化论前辈的根本不同之处是:摒弃摩尔根等人关于人类进化过程中心理的终极动因,认为只有技术才是文化进化的原因。怀特认为:任何文化都要利用能量并把能量投入到为本民族服务的生产中,因此能量因素是测量所有文化进化程度的标准;能源使用量与技术相乘的积,是文化进化的原动力;利用能源的技术决定文化进化的速度、文化复杂的程度和文化发展的阶段。①

斯图尔德把摩尔根的进化理论称为"单线进化论",把怀特的进化理论称为"普遍进化论",而把自己提出的进化理论称为"多线进化论"。他认为,这三论的共同点都是注意发展的连贯性,不同点是多线进化论不是关注"普遍的相同现象",而是要说明各种不同社会结构不同发展路线与生态环境的因果关系。斯

_____

① 参见中国社会科学院文献信息中心:《国外文化人类学新论》,社会科学文献出版社1996年版。

图尔德的多线进化论的根基是文化生态学。文化生态学研究生态环境与文化的互动,从而造成文化的差异。他以生态环境对技术、行为模式以及其他文化层面的直接、间接和再间接的影响,阐明了文化生态学的要义。他指出,文化是人适应环境的工具,各民族文化的发展便因生态环境的差异而走上不同的发展道路。

怀特和斯图尔德的理论在其学术传人萨林斯和塞维斯的评析中得到整合,他们认为怀特的"普遍进化论"和斯图尔德的"多线进化论"可以作为人类文化进化的两个方向而同时并存。

同旧的进化论相比,新进化论作出某些理论创新。对于文化发展的动力和路线问题,新进化论提出比旧进化论较全面的看法。虽然旧进化论在描述文化进化过程中也采用物质的标准作为阶段性标志,但在探讨动因时,人类发明创造的心智能力往往被视为决定性的。新进化论者考虑文化进化的动力时,明智地跳出了心理的终极解释,而归因于生产力的技术因素。

对进化论的杰出代表摩尔根的原始社会史理论,苏联和 20 世纪 80 年代以前新中国的民族学界异乎寻常地加以笃奉和热情。即使 80 年代的中国民族学界,也仍然很少去思考摩尔根原始社会史的理论和框架是否有应否证或修正的部分。摩尔根的进论学说的确在当时达到令人仰止的认识高度。然而,不能不看到,摩尔根的原始社会史理论存在着历史局限性。

(三)文化的整体、功能、结构和解释

1. 文化整体论

如果说探讨文化演变关注的是文化的"链相",那么探讨文化的整体、功能、结构和解释就是关注文化的"环相"。[①] 19 世纪末文化整体论的提出,成为有别于人类文化史研究的另一理论流向的丰沛源头。文化整体论的奠基者是法国社会学家兼人类学家、社会学派的宗师迪尔凯姆。迪尔凯姆以生物学与人类学的类比来表达整体观。在他看来,生命是一个整体,它只能以整体的形式存在于有生命的物质之中,而不是以部分的形式存在。同理,社会并不是许多个人的总和,而是个人经过组合而形成的体系,研究社会现象要从社会整体来考察,而不能只考察社会的局部。在社会整体观的基础上,迪尔凯姆提出了解释社会事实

---

① 参见郭志超:《20 世纪文化人类学理论的两大流向》,《厦门大学学报》(哲学社会科学版)2000 年第 2 期。

的基本原则:寻找造成社会现象的原因以及这种现象所执行的功能;社会事实的决定因素必须从先于这些社会事实存在的社会事实中去寻找;在社会事实与某些社会结构的关系中去寻找功能。迪尔凯姆的"集体意识"是社会整体论的一个重要概念。他认为,一个社会因其成员共享集体意识而整合为一体。

莫斯继承了迪尔凯姆的学术思想,进一步强调社会现象的整体性,并将社会整体性原则更有力地贯彻于对某一社会现象的研究中。他认为,没有一种社会现象不是社会整体的一个整合部分。对每一个社会事物的理解,都必须将其与整个社会整体相联系。他在 20 世纪 20 年代关于礼物交换的研究中,把原始民族社会中人际的礼物交换,视为一种整体的社会现象,视为个人与群体之间和亚群体之间的关系,指出交换在于减少社会内部亚群体之间和个人之间的封闭性和排他性,维系着社会的整体性。

尽管迪尔凯姆的前辈孔德和斯宾塞更早就指出社会是一个有机的整体,但整体观只是到了迪尔凯姆以及莫斯才得以系统展开。在文化人类学的视野中,一个文化的社会和一个社会的文化是一体的两面,或者说,在侧重研究社会制度、社会组织和社会结构的时候,社会就是文化。20 世纪法国特别是英国的人类学家都习惯将原始民族的文化研究称为社会研究,英国人类学界干脆把文化人类学称为"社会人类学"。鉴于此,社会的整体观也是文化的整体观。整体观成为此后乃至现在文化人类学最基本的理念,成为一个社会文化的功能、结构的分析和象征的深度解释的基本前提。我们认为,社会信息学的宏观视角,就是在整体上把握社会信息,即人类的文化、人类的"集体意识",包括对文化的解释、"社会之思"的结构与功能等。

2. 文化功能论

英国的功能学派是法国社会学派的继续和发展。法国社会学派的社会整体论成为英国功能学派直接的思想来源,其功能观点被英国功能学派加以系统的阐发而成为完整的理论。第一次世界大战后,英帝国"日不落"的殖民体系受到民族运动浪潮的剧烈冲击,摇摇欲坠。英国政府希望人类学家从其专业角度提供政策建议,以稳住即将倾倒的殖民大厦。功能论应此而产生于 20 世纪 20 年代的英国。[1]

---

[1] 参见庄锡昌、孙志民:《文化人类学的理论构架》,浙江人民出版社 1988 年版。

在功能论中,有马林诺夫斯基的"功能论"和拉德克利夫-布朗的"结构—功能论"。文化整体性和"需要"与"功能"的概念是马林诺夫斯基人类学思想的核心。在马林诺夫斯基看来,人类任何的文化现象,都是为满足某种现实的需要而存在的。人也是动物,因而人的第一需要是满足自身的生物需要。社会群体基本的生物需要是文化滋长、发展及延续的条件,人们用文化的手段来满足其基本的生物需要。拉德克利夫-布朗则偏重考察社会系统这个有机整体,并提出文化在维系社会系统运作中的作用。拉德克利夫-布朗还区分了社会组织和社会形式这两种概念。他指出:社会组织是社会赖以联系个人的网络,而社会形式则是指文化制度、观念、价值和仪式。社会形式起着维持社会组织延续的作用。结构和功能是相互联结的,功能是整体内的部分活动对整体活动的贡献。各个不同的结构构成社会系统,结构通过功能维系这个系统。

功能学派的理论观点和研究方法在三个方面做了重要的开拓。其一,功能论针对忽视文化的鲜活性,提出胜过迪尔凯姆功能看法的高度动态的文化功能观。其二,基于鲜活的动态文化观,功能学派的代表人物强调人类学研究必须坚持实地调查,一扫书斋式研究那种沉闷的学术风气,由其规范的参与观察的社区调查至今仍是人类学研究的范式和"绝活"。其三,功能论舍弃功能论学者为殖民政策服务的劣迹,开了人类学应用研究的风气。

在20世纪文化人类学诸理论流派中,功能学派的影响最为持久,堪称文化研究的"常青藤"。其藤蔓早在30年代就延伸到中国北方人类学界,并逐渐发展出社区功能研究与文化类型、区域类型和社会变迁研究相结合的本土特色。费孝通是功能论中国学派的代表,当然,其学养和研究远非功能理论所能涵盖。近年来,中国大陆人类学界对人类学本土化进行热烈的讨论,从概念、方法、理论去探讨固然必要,而总结已有的本土化的科学实践应该更为重要,也是最具有现实意义的。费孝通的理论、方法、目的、成果及其社会转化确实非常"本土",极具示范性。对于中国这样的发展中国家的文化人类学,确实无暇过多顾及冷僻、玄奥和泥古的文化研究,中国文化人类学发展的基本动力和基本面向,在于中国的现代化进程。

3. 文化结构论

与功能论立足于田野调查的学术风格形成反差,结构论是书斋式的研究,是运用结构分析法的理论流派。20世纪40年代中期法国人类学家列维-斯特劳斯,首先提出把音位学中的结构分析法运用到文化研究的观点。50 年代以后,其结构主义理论得到普遍响应;60 年代开始,起源于人类学的结构主义思潮风靡其他众多学科。由于第二次世界大战后,原殖民地的新民族国家的纷纷独立,大大缩小了西方人类学者调研的区域,一些人类学者遂将研究重点转向理论分析。结构论正是这一转变的产物。

结构论的"结构"(或称"社会结构")与一般的"社会结构"概念大有差别,指的不是社会关系的总和,也不是一种经验实体,而是在经验实体之下存在的一种最基本的关系,即无意识结构。结构论的文化研究主旨是:试图从纷繁的社会现象中找出其无意识结构。无意识结构不能从现实社会中被直接观察到,而要人类学者通过建立概念化的模式才能认识。通过建立模式来说明社会结构,这就是结构主义的基本方法。列维-斯特劳斯受到弗洛伊德关于无意识探究的影响和启发,但不同于弗洛伊德的非理性直觉。他宣称,无意识本身仍具有结构,可以诉诸逻辑思维能力去把握它。在具体说明内在规律和表面现象时,他引入表层结构和深层结构概念。表层结构是现象的外部关系,深层结构是现象的内部关系。他强调只有把握了深层结构,才能把握现象后面的本质。如何把握深层结构? 就是假设一个模式,看它能否用来说明这些现象,如果不能说明就进行更换或修改,直到能够说明为止。

列维-斯特劳斯力图论证人文社会科学知识具有客观性质,是具有普遍意义和严格方法的理论科学。他认为结构是人类的心智产物,具有客观性。这些反映了他对科学主义的执著。在他看来,结构的客观性与社会存在无关,而是人脑的生物属性。既然人脑是自然界的物质,而整个现代人种的大脑实际上是相同的,那么,作为大脑机能的人类心智的基本属性也就相同了。尽管列维-斯特劳斯提出人类文化的普同性归结为人类先天就有的无意识结构的共同性这一谬见,但是,对于这种探讨文化的生物学基础的研究取向,应持科学探讨的宽容态度。

对于列维-斯特劳斯所忽视的有意识结构,我国台湾人类学家李亦园予以关注。20 世纪 90 年代他从民间表征文化入手,揭示了"三层次均衡和谐"这种中国人有意识的基本模式。有意识与无意识是双向互渗的,有意识结构与无意识结构的贯通、叠构的探索将是有待开发的领域。

4. 文化解释论

解释论即文化解释学。解释论与结构论的研究对象同是文化的象征符号,但它以解释意义为旨趣而与说明结构的结构论分道扬镳。对文化的各种象征符号的解释在 19 世纪和此后的文化人类学研究早已有之,但基本上是对象征符号的孤立和静态的分析。文化解释学则把人的社会性行为视为象征符号,做动态和深度的描述和分析。它在 20 世纪 70 年代产生后成为文化人类学研究的一种时尚,其领袖人物是美国人类学家格尔茨。他认为,文化是象征和意义的系统,文化研究是对文化意义进行设身处地的"主位"理解,进而对理解进行评价,在比较好的理解中找出理解性的结论。在格尔茨看来,不同文化的象征体系是不同族群对其所处环境的不同理解和符号建构。因此,人类学者想要了解一种文化,必须将自己放在该文化的基点上,理解单个象征之间和成组象征之间的关系以及象征与意义之间的关系;通过了解土著的观点,进一步解释象征体系蕴涵的人的观念和社会生活的投影,理解"地方性知识"所形成的独特世界观。①

格尔茨不喜欢"证实"而偏好"认可"一词,以摆脱实证传统的遮蔽而建立一种新的评价标准。至于怎样辨别文化解释的优劣,他无法提出指导性原则。尤其在评价同一现象的多种解释时,解释理论显得捉襟见肘。没有明确的评价标准,这就使得文化解释的理论建设陷于困惑之中。文化解释学无意研究规律性,而是阐释意义;不是跨实例做比较和概括,而只是对单个实例做概括。鉴于此,文化人类学所借重的从许多文化实例中进行比较、概括和抽象去揭示共相和规律性的方法,在文化解释学中就全然消逝了。若仅依此,文化人类学便只去理解和解释某个文化中的某种文化现象,不是大势鸟瞰或数叶知秋的规律性研究,而是犹如在缝隙中探察和揣度个别文化现象的意义。

解释论是对文化研究的科学主义传统的漠视,但它对文化意义的探幽阐微贯彻着人文主义的精神,这为文化人类学的研究拓开新的天地。整合了科学主义和人文主义的文化人类学,不仅有硬冷的科学图式,也有现实文化的感性光辉,这才可能走向关于文化的完整研究,抵达宏观社会信息学的目标。

① See Sherry B. Ortner, "Theory in Anthropology Since the Sixties", *Comparative Studies in Society and History*, Vol. 26, No. 1, Jan. 1984.

第十章　中观社会信息学

　　社会信息的宏观是以人种为载体的符号文化,微观是个人的思想系统。本章以中观信息的承载者(人类的各种组织)为基础展开讨论,包括靠血缘与感情维系的家庭,靠理性与功利维系的单位,靠法律与规范维系的国家等等。所有的人都同时生活在这些初级群体和社会组织当中,依照各种各样的角色需要进行程序设计。国家创新体系的设计和创新型国家的建设,需要单位(企业)、行业、地区和国家在四个层次上相互配合,研究型大学在知识创新中扮演着关键性的作用。

一、初级群体与社会组织

(一)传统初级群体及其文化

　　中国传统社会的初级群体文化强调以血缘为基础的,以家族主义为中心的伦理原则和特殊主义的信任模式。这种文化对政府和国民产生了深远的影响。在现代化进程中,各级政府官员和市民百姓都应不失时机地实现文化转型,抵制传统文化的负面作用。①

---

　　① 参见李宗荣、D. A. 西尼、周萍萍、熊近、孙树霞:《社会信息科学视野:宏观、中观与微观》,《医学信息》2009 年第 7 期。

1. 中国传统的初级群体

初级群体(primary group)，这一概念最早由美国社会学家库利(C. H. Cooley)提出，指在产业革命以前，由于社会组织不发达，人们为了求得生存而直接依附的社会基础群体，它具有较强的地缘和血缘特点，如家庭、亲属、邻里、街坊等。后来的社会学家将具有亲密的面对面交往特征的群体，如朋友、老乡、正式组织中具有密切关系的同事等，统视为初级群体。初级群体是一个国家中最基本的社会组成单位，初级群体对个人观念的形成有重要作用，是国家文化的主要内容之一。[①]

初级群体主要呈现五个特征，即不可替代性、关系密切性、成员强烈归属感、个体形成自我的基本单位、存在的一般持久性。具体地说：第一，群体成员作为一个完整的人而存在，他的人格可以全部投入并充分地体现出来，每个人在另外的个人心中都有一个特定的位置，一般具有不可替代性；第二，由于规模较小，空间距离较近，成员之间面对面互动频繁，思想情感可以直接传递，彼此非常熟悉，关系相当密切；第三，初级群体给人们提供了赖以安身立命的基本社会条件，并能够全面地满足他们的各项社会的和心理的要求，这使他们产生了"我是某某群体的一员"的强烈意识，即产生强烈的归属感；第四，初级群体是个体形成自我的基本单位，如青少年在与家庭其他成员不断的互动中，逐渐认识到了个人的地位与角色；第五，初级群体的存在一般都较为持久。

在所有形式的初级群体中，家庭具有最为悠久的历史，最具上述五个特征。家庭是建立在婚姻和血缘关系基础上的亲密合作、共同生活的小型群体。它是社会的基本单位，是构成社会的细胞。它不仅担负着生儿育女、养育人类等重要的自然功能；而且还担负着教育后代、繁衍人类、发展生产、满足消费等重要的社会功能。家庭的社会功能是一个历史的范畴。纵观人类家庭发展史，我们可以清晰地看到：不同时代、不同民族、不同国家、不同性质的家庭，它们的社会功能也不尽相同、各有千秋。但概括起来，家庭的生产功能、教育功能、消费功能则是为不同历史发展阶段所共有的几项重要的社会功能。[②] 当代西方家庭史研究奠

[①] 参见杨丽佳：《论中国初级群体文化对现阶段政府领导行为的负面影响》，《哈尔滨工业大学学报》(社会科学版)2006年第3期。

[②] 参见郑少忠：《家庭的社会功能与精神文明建设》，《学术论坛》1987年第2期。

基于 20 世纪 60 年代兴起的历史人口学(Historieal Demography)和新社会史 (New Social History)两个领域,前者以探讨历史上的人口数量及变化为主,后者则以下层人民的社会日常生活及其结构为主题,80 年代逐渐形成了一个独立的、内部流派纷呈的交叉学科领域。80 年代,美国著名历史学家劳伦斯·斯通撰文认为,当代家庭史研究涉及人口、家庭结构、家庭经济、家族血缘亲属关系、宗教、价值观念与情感、性等问题,形成了与之相关的多个分支领域。90 年代初,西方家庭史研究状况被介绍到我国。①

与初级群体相对的概念则是次级群体。次级群体是指按照正式的组织原则联系在一起的人群,如学校、工厂、军队、机关。次级群体活动的原则是理性的,群体里的人际关系是非个人和强制性的,而不是随意的与情感性的。在次级群体内具有高度的分工与严密的组织,并有多层次的结构,群体内部成员之间的互动与关系及角色定位,完全按照组织的制度规范运行。

初级群体文化是初级群体成员之间由于长期互动而形成的一系列观念和行为准则及行为模式,表现为以人情关系为重心的非制度化的特点。它与正式组织中形成的次级群体的观念、行为准则及行为模式具有明显不同的特征。前者表现为非制度化的特点,而后者则表现为制度化的特点。如果我们将文化理解为人的观念、行为准则和行为模式的话,则初级社会群体文化可以定义为,人们在面对面交往互动中形成的一系列价值观、行为准则与行为模式。

2. 初级群体文化的内容和特征

一般意义上,文化表现为三个层次:第一是国家文化,第二是民族文化,第三是组织文化。不同民族的初级群体文化具有不同的内容和特征。在中国,以儒家传统为核心的文化体系中,家庭、家族作为初级群体的最重要类型和形式,构成了社会的基本单位。而在传统的中国社会,除了国家政府外,很难再找到其他正式的组织形式。传统的中国社会呈现出"家国同构"的特点,国家的管理原则和方法完全是家庭和家族伦理道德规范的扩充版。中国初级群体文化表现为,以儒家家族主义和伦理道德规范为主要内容的一系列观念、行为准则和行为模式。

---

① 参见张永健:《家庭与社会变迁——当代西方家庭史研究的新动向》,《社会学研究》1993 年第 2 期。

初级群体文化成为中国传统社会的主流文化,或者说,中国传统社会的主流文化——儒家文化——本质上就是一种初级群体文化。中国的初级群体文化包含着这样的基本内容:以家族主义为中心的伦理原则和特殊主义的信任模式。"家族主义"是指建立在家庭、家族这种初级群体基础之上,用来调整家庭、家族这样的初级群体内部,具有血缘关系的人与人之间的互动关系的行为准则和规范体系,并以制度的形式固定和强化,而且这些行为规范被泛化到一切社会领域,用于调整全社会的人与人之间的关系。儒家伦理中概括的人际关系——父子、君臣、夫妻、兄弟、朋友关系中,与家有关的占了四伦,朋友关系的准则也与家庭成员类似。历代君王尊重"儒家",并不是要给知识分子以地位和待遇,只是要贯彻"君君臣臣,父父子子"的儒家伦理,以巩固封建王朝的社会秩序。

何为"特殊主义"? 这一概念的提出者帕森斯和希尔斯认为,特殊主义是与"普遍主义"相对立的一个概念,特殊主义"凭借与行为者之属性的特殊关系而认定对象身上的价值的至上性",普遍主义则是"独立于行为者与对象在身份上的特殊关系"。中国人存在以家庭与血缘关系为核心的关系网络,人与人的关系常由血缘的亲疏程度而定。在传统中国社会中,聚族而居是社会的主要生态方式,故此血缘在人际关系中占有重要地位。又因为血缘的重要特征是远近不等,因而在庞大的宗族及由这一基本单位所构成的社会中,中国人建立了独特的社会秩序与信任结构,即"差序格局"。

何为"差序格局"? 费孝通说:"我们儒家最考究的是人伦。伦是什么呢? 我的解释就是从自己推出去的和自己发生社会关系的那一群人里所发生的一轮轮波纹的差序,……以己为中心,像石子一般投入水中,和别人所联系成的社会关系,……像水的波纹一般,愈推愈远,也愈推愈薄。……伦重在分别,……伦是有差等的次序,……在差序社会里,一切普遍的标准并不发生作用,一定要先问清了对象是谁,和自己什么关系之后,才能拿出标准来。"①即对"圈内人"与"圈外人"完全是两种截然不同的态度和行为准则。

儒家所倡导的仁、义、礼、智、信等行为规范,其适用范围仅仅限于熟人社会(即五伦之内的关系),而对于陌生人,则没有任何现成的道德规范,无所谓信任

① 转引自张永健:《家庭与社会变迁——当代西方家庭史研究的新动向》,《社会学研究》1993年第2期。

与友好、礼貌,而且陌生人常常成为被掠夺和欺负的对象,这就是"自己人"与"外人"的区别。家族主义融政治、经济、社会福利功能于一体,群体内部的每一个成员都必须担负帮助他人的义务,于配偶而言是爱情,于家族而言是亲情,于朋友而言是友情,于那些曾帮助过自己对自己有恩的人,则是知恩图报。人情、"面子"的文化调节机制,在初级群体内部,秩序和冲突的解决及利益的调节,主要依靠家长或族长的权威根据群体的伦理道德规范来解决。

由于正式组织形式的不发达,这种伦理道德规范被作为解决一切社会冲突和维持社会秩序的最为有效的手段。因此,整个社会的运行主要靠儒家学说所提供的一整套以家族主义为核心的道德规范来作为调整人与人之间关系的价值准则。家的概念和行为范式被扩大到社会一切领域。既然普天之下都是一家人,那就不需要那么多的法律制度来调节人与人之间的关系。亲兄弟之间、朋友之间的关系应该是互相给予恩惠,而不是斤斤计较,大家互相给"面子"。因此,"面子"在中国文化中和在现实生活中具有至高无上的地位,它的作用甚至可以凌驾于法律之上。人们对"面子"的认可,远远高于对法律制度的认可。

总之,中国初级群体文化最重要的特征是特殊主义和非制度化,它在本质上是一种关系文化。它使领导和职工的价值观和行为准则表现出人际关系取向和非制度化的特征。具体表现在选人用人时任人唯亲,拉帮结派,为自己的小圈子的人谋福利;在解决利益冲突时,表现出明显的袒护"自己人"的倾向;在日常管理中,对"自己人"和"外人"采取两种不同的态度,对"自己人"讲情,对"外人"讲法;在协调关系中,一味追求所谓的和,而掩盖和回避冲突。这些,都使得正式的制度难以贯彻执行,整个组织表现出初级群体和非制度化的特征,从而导致整个组织管理混乱、效率低下以及腐败等现象。

3. 当代"官本位"问题的文化传统根源

"官本位"即以官为本,或者说官处于中心位置,即是说:一切话只有当官的说了才是真理,一切事只有当官的干了才为正确,一切社会活动都是为了做官。因此,在"官本位"处于社会的主导地位时,追求当官、当大官成为社会的主旋律。官与权紧密相连,不可分割。官本位实质上也就是权本位,有权就有一切。

"官本位"是官的本来含义的异化。官是一种历史范畴,其存在可以追溯到原始社会。原始社会的官叫酋长,是氏族部落的首领。恩格斯指出:在原始社会中,"一开始就存在着一定的共同利益,维护这种利益的工作,虽然是在全社会的监督之下,却不能不由个别成员来担当:如解决争端;制止个别人越权;监督用水,特别是在炎热的地方;最后,非常原始的状态下执行宗教职能。……这些职位被赋予了某种全权"。① 酋长是由氏族部落全体成员推选出来代理大家管理氏族部落的公共事务的,用我们今天的话说,是大家赋予他权力为人民服务的,是真正意义上的公仆。

随着社会生产力水平的逐步提高,社会生产的产品出现了剩余,尤其是在此基础上私有财产的出现,官就开始向"官本位"异化。在中国历史上,这种异化的标志是世袭制取代禅让制。这种异化的完成是在生产力水平进一步提高的基础上,私有制和国家的出现。国家是阶级的国家,官吏也是阶级的官吏。官从此所代表的不再是社会全体民众的利益,而是某个统治阶级的利益,同时也是当官者自己的利益。经过两千多年的修炼,中国封建社会"官本位"在中国形成了完备的体系。

旧社会遗留的痕迹,主要是旧的传统"官"念的影响。虽说古代中国有"四大发明",科学技术、文化艺术在某些方面曾居世界前列,但这并非是中国社会的主导产品,在某种意义上可以说只是当时社会的副产品。中国封建社会在人类历史上的最大贡献就是完备的官僚体制,这种完备的官僚体制与封建专制的特点是相适应、相配套的。从夏朝建立我国历史上第一个奴隶制王朝,经过秦始皇统一中国,建立中央集权制封建国家,到清朝的皇帝统治下的省、道、府、县,官一直居于社会的核心位置。

所以,官在人们的意识中具有至高无上的地位。历来皇帝自诩为天子,其高位除改朝换代外实行的是世袭制,其下的地方官实行分封制。在春秋时,孔子就提出"学而优则仕"。到了唐朝,封建统治阶级为了吸纳社会贤才以协助统治,创造性地推行科举制,这在当时是一种社会进步。此举一直沿袭到近代。所以,当时的学校无论是公学还是私学都把当官作为培养学生的直接目标。每逢科举考试,千军万马直奔"独木桥",十年寒窗苦,只待"金榜题名时"。所以,官的观念在中国历史悠久,根深蒂固。其遗传特性势必影响到今人的世界观、价值观和人生观的形成,尤其是身处官场的各级领导,其中的腐败者不断地上演着不同版本的"官场现形记"。

---

① 转引自薛安泰:《中国当代官本位问题探微》,《学习论坛》2001 年第 8 期。

(二)社会组织：特点与分类

1. 社会组织和它的特点

现代组织社会学创始人马克斯·韦伯认为,组织是一个法人团体,它是一个用规章制度限制外人进入的封闭的团体。苏联一些社会学者也认为,组织是具有一定纲领和目的并按一定的程序和法规约束行为的人们的联合体。另一些社会学家则认为组织是社会结构的一部分,是社会团体的内部结构,或者认为是一种社会体系。社会学家们在什么是组织,即组织社会学的研究对象问题上争论不休,往往是各持己见,否定对方。

其实,马克斯·韦伯和苏联学者讲的是狭义的组织。这种狭义的社会组织是指那些追求特定目标的社会团体,即所谓实体意义的组织,如党、团、政府、军队、工会、公司、工厂、商店、学校、医院等。而后面那些说法,则是指广义的组织。广义的组织又称为社会组织,它是指社会或社会团体内部各组成部分之间相互关系的体系。它表现社会结构中某种关系的属性。一个社会组织就是一种社会体系,整个社会系统也就是一个大的社会组织。

组织社会学既要研究狭义的组织,也要研究广义的组织。以狭义的组织为研究对象的,我们可称之为狭义组织社会学;以广义的组织为研究对象的,则可称之为广义组织社会学。完整的组织社会学应该包括这两个部分,两者之间应是互为补充、并行不悖,而不是相互对立、相互排斥的关系。

无论是狭义的组织还是广义的组织,它们都是属于人类比较高一级的社会联合体。为了区别于初级的社会群体,我们才称之为社会组织。社会组织和初级群体既然都是人类群体,两者便都具有群体的共性:至少由两人或两人以上的人群聚合而成;存在某种聚合力,即人群组合在一起的原因;成员之间存在时间、空间以及某种精神的或物质的联系等。①

与初级群体相比较,社会组织又有自己的特点:第一,初级群体往往是人们自发地形成的团体,而社会组织则是人们有目的的、有计划地自觉地组织起来的团体。其成员之间有职能的分工,承担着不同的责任和任务。第二,初级群体是没有特定目标的团体,一切社会组织则都有自己特定的目标,这种特定的目标,就是组织的宗旨。它是一个组织之所以成为组织的基础。第三,社会组织的成员

---

① 参见长风:《社会组织和组织社会学》,《理论学刊》1986 年第 5 期。

比较稳定,组织内部有一套正式的或非正式的为其成员所必须遵守的规章制度,这些规章制度也就是成员的行为样本、体系。第四,组织必须有一个权力中心或领导中心,为了实现组织目标,这个中心起着协调、指挥、管理组织行动的作用。第五,组织存在的时间以其目标实现时间的长短为转移。组织一般也是随其目标的变化而变化它们的性质的。第六,组织生存还必须有一定的物质基础和技术条件。

2. 组织的多层次的划分

对社会组织进行分类比较,是组织社会学研究、分析和认识组织的性质、规律的基本方法。社会学家依据不同的标准,将组织划分为各种各样的类型,形成组织分类的各种学说。但是事实证明,组织的属性是多样的,根据某一属性进行分类,往往既不能将各种组织区别开来,也不能概括组织的全部属性,从而也就不能对组织作出比较全面的描述。从总体上看,对组织应该进行多维式多层次的划分。①

第一,以组织结构状况为标准,将组织分为正式组织和非正式组织。所谓正式组织是指组织成员之间的关系有正式规章制度的规定,成员的行为有严格的组织要求,例如军队、政府机关和一些政党组织等就属于这一类。所谓非正式组织,是指无正式规章制度的制约,成员可以自由离合的松散的组织,例如某些娱乐团体、业余活动团体等。

第二,以组织成员的多寡、规模的状况为标准,可以把组织分为小型、中型、大型和巨型四个类型。但这四个类型之间也无绝对界限,因为人数的多少,规模的小、中、大、巨都是相对的。

第三,以组织结构功能的性质为标准进行分类,其中又有不同的派别。

美国社会学家帕森斯把所有组织划为三大类,即生产性组织、整合性组织和政治性组织。他讲的生产组织不仅包括从事物质生产的企业组织,而且包括医院一类的服务性组织;整合组织是指用来调整社会内部关系,维持整个社会秩序的一种组织,如法院等;政治组织是指为了保证整个社会达到自己的目标、进行权力分配的一种组织。而美国社会学者布劳和斯卡特则以组织受益情况,把组

① 参见周雪光:《西方社会学关于中国组织与制度变迁研究状况述评》,《社会学研究》1999年第4期。

织分为互利组织、私有者营利组织、服务性组织和公益组织。

苏联有的社会学者认为,组织分类的标准中,首要标准是组织在社会关系体系中所占有的地位与社会功能。根据这个标准,他们把组织分为两大类:行政组织(企业、机关)和社会组织。社会组织又分为两种,一种是所谓有章程的、联合的、群众性的社会组织,例如共产党、共青团、工会、合作社、创作协会之类;另一种是所谓劳动群众自发形成的社会组织,其职能是协助国家和社会的自我管理。我国社会学家们依据组织功能标准,则将社会组织划分为:经济组织、政治组织、文化教育、科学研究组织、群众组织、宗教组织等。

第四,以组织对其成员的控制方式为标准,美国社会学家爱桑尼把组织分为:强制性组织,即用强迫的方式控制其成员的组织,如监狱、精神病院等;实用组织,即以报酬作为控制其成员的手段的组织,例如一切以工资形式给其成员付酬的组织;规范组织,即以伦理、道德、信仰、理念为控制手段的组织,如宗教协会、科技学会等组织。

第五,组织与组织体系。所谓组织体系是指两个或两个以上的组织相互关系的总和,它是一个由部分组成的整体,是组织存在的复杂形式。这种组织体系有两类,一类叫做行业体系,另一类叫做社区体系。这两类体系在我国通常称之为"条条"、"块块"。任何一个社会组织从垂直系统看,总要属于一个行业体系;从横的地区系统看,总要属于一个地区体系。任何一个组织都不是也不能孤立于社会而单独存在的,搞清各个组织的所属体系,是为了进一步研究它在这个体系中的地位和作用,从而搞清它的产生、发展、性质和起作用的规律,以便运用它、驾驭它,使它更好地完成其历史使命。

3. 社会组织的目标

社会组织不同于初级群体的最主要标志就在于它有明确的目标,没有目标就不成其为组织。因此,组织社会学十分重视对组织目标进行系统的研究和分析。所谓组织目标是指一个组织对自己当前或未来所要达到的目的和结果的规定。例如,一所工业大学的目标是为国家和社会培养工业建设人才。纺织厂的目标是为国家和社会生产某种纺织品,满足人民群众和市场的需求,增加赢利,为国家建设提供资金,为本厂职工增加收入等。

一个组织之所以必须有自己的目标,是因为目标是宣言书,是一面旗帜。在组织内部,目标的作用有三。第一,利用组织的目标,可以组织和动员成员一致行动,形成实际力量;第二,目标是组织制定和修正方针、路线和政策的依据;第三,目标是判断组织活动非效果的标准,对外则标明组织在社会中的地位和作用,以便与其他组织确立联系和关系。

制定合理的组织目标,必须依据组织的主观情况和客观形势的需要。所谓主观情况,即组织性质、本身力量状况,它能够胜任的任务;所谓客观形势需要,是指历史的需要、组织所处的环境对组织提出的要求。两者正确地结合,方能制定出合理的目标,否则就可能产生非合理目标。非合理目标,即不能实现的目标。在两种情况下可能产生非合理目标:第一,目标虽符合主观条件,但不适合客观需要;第二,目标虽符合客观需要,但主观条件无力实现。不合理的目标对一个组织的存在和发展不仅不能起到促进的作用,反而会起破坏和瓦解的作用。

一个社会组织可以有真实目标和虚假目标,所谓真实目标是指组织实际活动中实践的目标,所谓虚假目标是指组织与其实际活动不相符合的但公开宣传的目标。认识一个组织的性质,不能根据它的宣传目标而要看它实际所奉行的真实目标。

目标体系是指由组织的最终目标或战略目标、长期目标、中期目标和近期目标组成的体系。战略目标是比较原则的规定,这种目标往往不能规定具体实现的时间,也不能规定具体的标准,它只能是旗帜、是方向、是宗旨。它是组织的灵魂,一个组织没有战略目标,就不成其为组织。战略目标改变,可能引起组织性质的变化。长期目标是指组织的远景规划,它是实现战略目标的长期计划和里程碑。中期目标是指实现长期目标的某个具体阶段。近期目标又称短期目标,是指实际具体的操作目标。这种目标要落实到每次工作,落实到每个成员的头上,它是中期目标的具体化。

(三)连接个人与国家:传统单位制及其转变

1. 单位制的概念

"如果说当代中国的组织和制度极富特色的话,'单位'应该是一个表征这种特色最重要的特征之一,这不仅因为在资本主义市场经济社会中,而且在其他社会主义再分配经济社会中都不存在相似的组织和制度。"①"单位"是我国社

---

① 李猛、周飞丹、李康:《单位:制度化组织的内部机制》,《中国社会学季刊》2000 年(香港)秋季卷。

会所特有的组织,而组织是制度的一个重要组成部分,组织本身就是一种制度体系。

"单位"是我国各种社会组织所普遍采取的一种特殊的组织形式,是我国政治、经济和社会体制的基础,是中国城市社会中的一种特殊的组织形式和社会调控形式,即基本的社会调控单位和资源分配单位,是社会调控体系中以实现社会整合和扩充社会资源总量为目的的制度化组织形式,是国家与个人之间的联络点。"单位"是一种德治性再分配体制内的制度化组织。其制度化的基础在于:国家是组织所需资源的唯一或主要提供者,组织领导者完全取决于等级体制中的上级的决定;结构科层化与功能科层化分离,以及单位成员的永久性就业。

在单位研究中,"单位"、"单位组织"、"单位制度"、"单位现象"和"单位体制"等是经常使用的概念,不同的概念在研究者那里涉及不同的研究角度,通常研究者并不特别重视这些概念的区分。路风认为可以将社会的运转不得不依靠单位组织形式的结构定义为"单位体制"。李路路认为单位体制是国家为有效地控制资源、动员资源于国家的目标,而建立的一套分配和利用资源的组织化体制。"单位现象"是由单位和单位制所引发出的一系列社会现象、组织或个人行为特征以及观念意识,它是具有泛指意义的概念。①

2. 单位制的形成

路风从政治关系模式和路径依赖的角度分析认为,单位体制产生的基本原因是国家用行政手段来组织人民。从实际的社会历史过程看,三个因素对于单位体制的形成有重要意义:第一,新中国政治关系的历史特点。在中国共产党推进社会改革的过程中,主要手段是有组织的群众运动。这种政治关系模式在新中国被继承下来,随着党组织向一切社会组织的延伸,劳动者对党和国家的依附成为组织群众的重要制度性内容。

第二,"革命后的"社会体制逐渐建立起来后,工业化和社会经济条件的矛盾,实现工业化的政治目标与我国在经济和社会发展极为落后的矛盾,导致了党和政权组织直接推动对社会大规模重组,那些与市场经济相联系的社会关系和社会组织形式很快丧失合法性,一系列制度安排导致了社会基层组织转变为单位,初步形成现代中国单位体制。

---

① 参见陈成文、李冰仙:《社会组织研究综述》,《甘肃社会科学》2004 年第 5 期。

第三,对科层制和法制的破坏。科层制和法制建设被"大跃进"和"文化大革命"彻底摧毁,社会组织的功能无法分化,所有社会基层组织越来越变成国家的行政工具,党组织的权力全面取代了其他一切形式的权力。党组织直接掌握群众的政治关系模式以及对正式国家体制的破坏,带来的只能是以人身依附关系为基础的单位体制。

李汉林从目标达致的组织化手段角度分析,认为单位体制是新中国特定历史状况和国家目标的产物。新中国成立时,面对国内、国际极其严峻的社会、经济、政治和军事的挑战,必须借助于高度集中统一的领导机制——具备极强的资源动员、配置、调度的能力,国家才能应付这些挑战。具有这种能力的基本制度手段,是实现政府对社会各种资源的全面占有和控制、对社会生活的全面管制和干预、对社会成员的基本生活需要的全面包揽和满足;而高积累低消费的工业化战略,也要求政府能够最大限度地配置和调动有限的资源为社会主义经济建设的重点服务。单位体制应运而生,在单位体制基础上,国家实现了在城市社区对社会资源和社会成员进行高效整合和控制的目标。①

刘建军则从"社会资源总量不足"的角度解释单位体制的形成。他认为,单位在表面上看起来是新中国成立以后特定时期的特殊产物,实际上是政府为适应社会资源总量不足的状况,认为当代中国必须进行"有组织的现代化"战略——依靠国家的强制力和分配体制把城市社会纳入到现代化进程中的结果。因此,单位的产生和单位体制作为一种社会调控体系是中国社会资源不足的必然产物。②

李路路等则从制度结构的角度分析了单位体制的形成。他们认为,中国工业化或现代化的迫切要求与社会经济发展的极端落后是单位体制形成的重要原因。在建设时期,城市所逐步形成的单位体制在很大程度上是面对工业化的挑战,在深层或基本制度确立的基础上所建立的"次级制度化结构",是一系列制度选择的结果。国家高度集中地占有几乎全部资源的深层制度,使得通过单位体制分配和使用社会资源成为一种可能的选择;而落后的社会经济水平、严峻的国内国际形势与革命历史的传统使得单位体制的建立成为一种现实。③

① 参见李汉林:《中国单位现象与城市社区的整合机制》,《社会学研究》1993年第5期。
② 参见刘建军:《单位中国——调控体系中的个人、组织与国家》,人民出版社2000年版。
③ 参见李路路、王奋宇:《中国现代化进程中的社会结构及其变革》,《社会学研究》1992年第2期。

3. 单位制的作用

路风指出,"单位"被纳入国家行政组织结构,因而成为国家对社会进行直接行政管理的组织手段,同时也成为社会成员参与政治过程的主要场所。国家的意志按照行政隶属下达到各个单位,再通过单位而贯彻于全社会。离开单位,我国社会就无法正常运转。单位或单位体制是中国特定历史发展的产物,因而也具有独特的历史作用与意义。国家对社会的整合和调控更多的是通过"单位"实现的,单位赋予社会成员社会行为的权利、身份和合法性,满足他们的各种需求,代表和维护他们的利益,控制他们的行为。

作为一种调控体系中的基本单元,单位具有重铸新权威的合法性、重组社会和连接国家与个人的重要功能。单位组织是国家实现目标的一种组织化手段,也是国家实现统治的一种组织化形式。单位组织的实质是维持国家统治即命令统治的手段或工具。它不仅仅是组织化的控制手段,也不仅仅是分配社会资源的制度,其本身就是整个社会统治结构的一部分。

4. 市场改革与单位制变迁

随着中国体制改革的深入发展,单位体制必然会发生变化。从政治学的角度看,单位体制作为传统政治经济体制的组织基础,改革的核心内容之一就是将个人和社会从单位以及任何具有人身依附和封闭性特征的组织结构中解放出来,创造出新的组织体系,并由此为政治民主奠定社会基础。改革是以扬弃单位形式为内容的组织变换过程。从社会调控体系的角度看,单位体制已经受到市场发展和社会发展的强烈冲击,但一个社会又必须保持有序、有机的组织结构。

因此,在向市场经济体制转型的过程中,变革的重点是单位体制的内在逻辑,而不是它的外在形态。在变革了传统单位体制的内在逻辑后,建立新的内在逻辑,并根据这一逻辑建立新的社会调控体系和资源分配方式。中国从计划经济体制向市场经济体制的转型,实质上意味着从以抽象整体利益为主的单位组织转向以具体个人利益为导向的契约组织的运动过程。随着资源配置手段和社会结构的变革,单位体制的解体和个人化的发展同样是不可避免的。

单位体制已在变化,但对于其变化程度却有两种不同的观点。一种观点认为,虽然市场化的进程已经达到了相当的程度,但是从整个社会的统治形式和权力结构的角度看,变革仍有限,再分配体制的特征仍然被基本保持着,在其范围内的社会基层组织的单位特征因而也被保持着,原有单位体制的某些特点在市场化改革过程中,甚至有扩大或加强的趋势。在另一种观点看来,单位体制已经发生了很大变化,甚至已经开始解体。这些变化包括:单位角色职能化、单位利益独立化、单位责任具体化和内向化、单位的家长角色强化等。单位逐渐由国家系统的"部件"转化为一种具有一定独立性的"整体",组织的职能正在发生实质性变化。这种变化趋势将随着改革的推进而强化,已经成为一种定势。单位体制解体后,留下的问题是原来的"单位"将向什么方向演变。[①]

5. 关于组织变革的研究

社会组织变革是社会历史形态发展的内在动力和具体体现。在人类社会历史上已经经历了三次大的社会组织方式的变革:原始社会渔猎时代,以血缘关系为主导的"氏族制"组织方式;奴隶和封建社会农牧业时代,以地缘关系为主导的"集权制"组织方式;资本主义与社会主义初级阶段并存的工业社会时代,以业缘关系为主导的"科层制"组织方式。[②] 在飞速发展的同时,当代社会组织正在全球范围内经历着一场变革。

(1)组织变革的原因

陈日湘等指出,随着各种信息技术突飞猛进,以互联网为代表的 IT 产业得到蓬勃发展,从事传统活动的组织正在与现代信息技术融合。信息社会中,在信息量极大增加的同时,信息的传递也空前快捷,这些反映到组织中,对组织行为产生了多方面和深入的影响,对组织的管理提出了全新的要求和挑战。

陈立辉指出,在企业外部,全球范围内已经形成一个由互联网连结在一起的超级数字化的商品、金融、信息、知识、人才的交换市场,企业的内部也通过互联网创造了一个主体为知识与信息的内部交换市场。企业的内部与外部都由互联网这种崭新的技术紧密联结在一起的情况下,企业的内部组织结构与企业间的互动结构都不可避免地发生革命性的变化。

谢泽明指出,信息技术与网络技术的迅猛发展,促使网络社会组织(如虚拟企业、虚拟社团、虚拟社区等)崛起,它对传统社会的组织方式必将产生巨大的冲击,并将重塑和再造一个崭新的社会形态。

---

① 参见孙立平、王汉生、王思斌、林彬、杨善华:《改革以来中国社会结构的变迁》,《中国社会科学》1994 年第 2 期;孙立平、李强、沈原:《中国社会结构转型的中近期趋势与隐患》,《战略与管理》1998 年第 5 期。

② 参见陈日湘、刘万、温伟祥:《信息社会的组织行为》,《经济论坛》2001 年第 15 期。

　　李培林等指出,在经济全球化背景下,由于市场竞争的日益激烈和信息网络技术的飞速发展,中国的企业组织酝酿着一次革命。

　　(2)组织变革的趋势

　　李培林等认为,在传统的市场和层级制企业组织之间,正在形成一种新的比较普遍的企业组织形态,即网络化企业组织。网络化是企业组织变革的趋势。这种网络化新趋势的特征表现在以下几方面:其一,企业运行所需要的各方面的联系网络和密集的信息,使企业的命运不再完全由股东来决定,而是由企业的贷款银行、原料供应商、分包生产部门、高层经理、营销机构、客户、技术研发部门、会计审计和法律咨询机构等利益构成的网络来决定。其二,企业组织结构日益从原来复杂的层级化垂直管理向简约的网络化平面管理转变,企业集团分包生产和集中的采购、销售网络,成为普遍的组织形态。其三,集团通过网络化渠道与分包的生产、供给、销售部门建立各种各样的合作关系。其四,市场销售网络日益成为企业集团一个非常重要的组成部分,企业组织的触角逐渐伸展到销售的末梢。营销、品牌宣传、低价扩张市场、塑造消费者口味,成为企业竞争的有效手段。其五,产业的集群效应越来越明显,"产业群"产生的集群收益,可以使处于"产业群"圈内的企业普遍受益。①

　　陈立辉则认为,在互联网影响下,企业组织结构变革呈现出以下四个特征。第一,平面化,企业的组织架构由纵向垂直模式转向互联模式,取消了大量的中间管理层次,呈现出一种平面化的特点。第二,交叉分工,即在企业结构转为平面化的互联结构后,传统企业组织内部的专业化水平分工已不再适应它,它要求每个员工都必须具备多方面的专业知识及技能,部门之间的边界也被不断打破并相互渗透。第三,虚拟化,即许多工作可以由计算机体系来完成而将这些部门"虚拟化"为网络计算机单元,许多智力型的工作则可以由员工在家里(分散远程办公),甚至或在其他国家完成后通过网络传送到需要的地方。即便是制造性工作,也可以通过外包的方式委托给相关企业,这种现代的信息化企业不再需要与庞大的物理组合,呈现出一种虚拟性。第四,弹性原则,它包括三方面的维度:内部信息交流的非等级化,以保证管理层即时得到市场的反馈;企业结构的经常性调整,主要以临时团队的形式出现,以应付各种迅捷变化的事件和突发性危机;充分的授权,以保证问题能够得到及时的解决。第五,授权与分权。互联网的引入使得信息的获得已经不再有层级的区别,一线员工由于更接近市场往往掌握变化的信息更快、更充分,因而授权与分权不可避免。①

二、国家创新体系的建设

国家创新体系(NIS,National Innovation System)的思想可以追溯到18世纪德国民族主义经济学家李斯特,但对创新问题的系统研究始于20世纪的熊彼特。并且,直到20世纪七八十年代,国家创新体系才被正式引入到学术界。由此可见,国家创新体系是一个尚且年轻的学术命题。20世纪90年代以后,许多国家的学者纷纷加入到这一领域的研究,由此,关于国家创新体系的争论和分歧也时常发生。② 尽管的概念已被学术界广泛接受,但关于NIS的理论内容却并不完善。不同学者从各自的研究目的出发,得到的结论也存在较大的差异。

(一)国家创新体系的分类与评述

1. 系统演进的动态分类

创新体系是一个复杂的系统,由众多的子系统构成。人们根据国家创新体系发展的演化进程及强调的重点,将其划分为三个阶段。第一个阶段是国家技术创新系统,特指20世纪40—70年代工业经济时期由产业应用带动相关科技研发的逆向国家创新体系,它强调技术流动、相互作用和技术创新。第二个阶段是以科技研发推动产业发展甚至突破的正向的国家创新体系,主要是20世纪80—90年代欧美发达国家后工业化时期的国家创新体系,它强调知识创造、知识扩散和人员流动。目前西方发达国家建设的国家创新体系大都属于这种类型。第三个阶段是以知识为中心,双向联动的国家知识创新体系,其雏形刚刚开始,是知识经济时代的国家创新体系,也是一种具有较高能级的国家创新体系,强调知识创新和知识的高效利用以及知识创新所带来的经济的可持续发展。

---

① 参见陈立辉:《互联网与社会组织模式重塑:一场正在进行的深刻社会变迁》,《社会学研究》1998年第6期。

② 参见胡晓鹏:《国家创新体系的理论纷争与启示》,《财经问题研究》2007年第6期。

依据经济发展阶段对创新体系的分类,实质上是创新体系结构升级的同一表述。胡晓鹏认为,工业经济时代与知识经济时代最大的区别在于前者信奉规模经济神话,而后者则推崇分工经济和模块化经济的"魔力"。在追求规模经济的工业年代,要素被限定为资本和劳动力,其中,资本的多寡是衡量一个国家或地区技术水平和竞争能力的重要尺度。也正是如此,体现为机器、设备生产、制造能力的技术创新被看做是这一时期国家创新体系的主导内容。然而,随着资本数量的增加,资本的边际生产力开始降低,似乎简单地将劳动力和资本集聚在一起已无法再提升国民经济的价值增殖能力,在此背景下,学者们发现,体现为改造资本生产能力、提升劳动技能的技术将是决定国家竞争能力的关键,而这类技术的内涵显然超越了与资本紧密结合在一起的物化技术形态。更为重要的是,在此时,人们似乎已经意识到引发技术形成和提升的知识要素理应成为国家创新体系的主要内容。

自 20 世纪 90 年代以来,在 IC 技术和经济全球化的作用下,带有可编码性质的生产技术逐步丧失了决定国家竞争优势高低的能力,取而代之的是那些无法完全编码的知识,比如经验、直觉、心得等,这些知识的创新能力和应用能力将成为国家创新体系的核心内容。可见,国家创新体系的动态分类是不全面的。伴随着国家创新体系的发展演化,其关注的重点不仅是从技术到知识的转换,更应该是从"物化在资本中的技术向旨在提高资本和劳动力生产能力的技术——显性(可编码)知识创造向隐性知识创造"的转换。

2. 功能分工的静态分类

在动态划分的基础上,一些学者依据功能分工的原则把国家创新体系进行了横向分割。张凤、何传启提出"四系统论":知识创新系统、技术创新系统、知识传播系统和知识应用系统。当然,这一观点一经提出就遭到许多学者的质疑。他们认为,知识创新是一个含义非常不明确的概念,将它与技术创新、知识扩散与知识应用并列在一起,有混淆概念之嫌。柳卸林教授指出,把知识创新作为国家创新体系建设的重点在理论和实践上都存在不妥之处;不存在一个国家创新体系内有"知识创新体系、技术创新体系",更不能说,国家创新体系又可称为"国家知识创新体系";那种把国家创新体系分解为四大子系统的做法也是不成立的。与此相对应,有的文章则认为创新体系只包括技术创新系统和制度创新系统两个板块。或许是出于周全的考虑,一些学者干脆把上述两类划分标准给予综合,提出了五大系统论,即知识创新系统、技术创新系统、知识传播系统、知识应用系统和制度创新系统。

基于功能分工进行的创新体系分类有其贡献的一面,它使得我们对创新体系的认识不再局限在单维的技术创新,而是拓展到五个与创新能力密切相关的维度。并且只有这五个子系统能够取得较为均衡的发展,国家创新体系才能得到全面提升,这也使得对国家创新体系的质量有一个客观的、辩证的评价准则,而不再仅仅依据 R&D(研究和发展)或者专利的数量、质量来简单评价。但是必须看到的是,上述分类方法也存在两个重大缺陷:一是五大创新子系统的功能并非完全割裂的,很难说某一个子系统只承担着唯一的、具体的任务,这种功能和任务的交错性质使得子系统之间在现实中区别的界面是模糊的。可以想象,缺乏清楚的标准界面使得子系统的功能分工在实践中很难做到实处。二是五大系统的提法虽然揭示出国家创新体系的某些特征,但这五个子系统不应当是同一平面上的问题。比如,相对于其他子系统而言,制度创新系统是最为基础的,任何创新子系统的发展现状和发展潜力都离不开既有制度安排和制度创新的约束。同样的道理,许多大企业都设有自己的博士后流动站和研究实验室,从这些企业产出的恐怕就不仅仅是表现为知识应用和生产的技术,也包括产出大量的具有较强黏性特征的隐喻知识。这种现象在 IC 技术的助推下正在变得日益突出。

3. 基于创新形成的分类

按照形成模式的差异,国家创新体系可以划分为自主创新型、吸收转化型和引进利用型。从基本内涵上看,自主创新型是指自主研发、自我掌控核心技术,并以进行商业化推广应用为手段,带动国家经济发展、创新能力提升和产业进步的一种国家创新体系。吸收转化型指通过吸收消化先进的技术来实现缩小与发达国家的技术差距,在国外先进的研发基础上进行应用性创新,在积累了一定的优势后,逐步过渡到自主的基础性研发创新的一种创新体系建设模式。引进利用型则是指引进利用国外技术,带动本国经济发展和产业技术提高的一种创新体系,这一体系较为关注创新技术的应用,不强调自主的基础性研究。从实践出发,上述三种类型的国家创新体系都具有一定的对应性。

从本质上讲,任何国家对其创新体系的建设都有确定的目标诉求,那就是希望通过创新能力的提升推动国家竞争能力的增强。然而,在竞争激烈的全球经济格局中,国家之间的技术资源、发展水平乃至国情存在很大的差异,因此,选择不同导向的国家创新体系在所难免。但值得说明的是,上述三类创新体系的能级存在显著差异,按照能级高低排序依次为:引进利用型—吸收转化型—自主创新型。任何国家在其发展之初无论选择怎样的创新体系,自主创新型都是最终的建设目标。

胡晓鹏认为,上述三种创新体系也不是完全割裂的,大多数国家在推动创新体系建设的过程中,也都担负着吸收、消化甚至引进国外先进科技成果的任务。更为重要的是,在知识产权保护力度不断加强的今天,在发达国家试图通过技术标准和知识壁垒掌控全球价值链高端之际,吸收转化型和引进利用型创新体系的实际作用似乎并不会为其带来理想的预期效果。由此出发,上述关于国家创新体系的分类因为仅考虑国内技术资源和国外技术资源的联系而显得不够完善,那种立足在整合国内现有技术资源的国家创新体系,如集成创新型创新体系、合作创新型创新体系也理应划归在这一分类之中。①

此外,从战略格局上出发,将国家创新体系划分为全程自主型、重点突破型、点线兼顾型。从运作模式上划分,一种观点认为有市场调节型、政府主导型和过渡型;与此对应,另一种观点则认为有大企业主导模式、政府计划与主导模式、政府与大企业共同主导模式。

总的来看,依据不同的研究目的学术界对国家创新体系的分类比较混乱。尽管在某些方面取得了一致性的意见,但在不少问题上还是称谓不一,观点不同。这不仅表明学术界对此问题尚没有一个共同的学术规范以及适用的边界,也表明学者们对这一概念的理解和应用还处在不断的深化过程之中,同时也说明了这一领域极具研究价值。在有关信息的讨论中,几乎都要对信息的特性作一番论述。

(二)国家创新体系的核心要素

国家创新体系建设的目的在于通过提升创新绩效,使创新成为推动国民经济发展的主导驱动力。显然,识别并把握影响国家创新体系创新绩效的核心要素,就成为学术界研究这一问题的焦点。

---

① 参见胡晓鹏:《国家创新体系的理论纷争与启示》,《财经问题研究》2007 年第 6 期。

1. 知识流动是关键

按照科技哲学的观点,创新发生的前提是知识整合和管理能力,即一个国家或地区的知识创造、知识应用以及知识转化的能力是制约该经济体的创新效能的关键。在1995年经济合作暨发展组织(OECD)发起的国家创新体系的国际研究中,就明确指出:"国家创新体系的研究强调知识和信息在人员、企业和研究机构之间流动,知识的流动是创新过程的关键,创新和开发是创新体系中的企业、大学和政府研究机构等行为者一系列复杂的相互作用的结果"。无独有偶,莱斯特·索罗(Thurow)的研究认为,知识是技术得以突破的源泉,而技术一旦突破,才能形成不均衡状态,使高收入与高增长同时并存。因此,具备知识才能在很短的时间内实现创新。事实上,莱斯特·索罗基于知识层次对创新的理解并非是立足在国家创新体系的角度上,但他的结论却解释了一个传统经济学无法解释的现象——为什么过去几十年来全要素生产率未出现任何提高,但我们的财富却在不断增加? 在他看来,知识是新经济时代经济成长的关键要素,知识创造以及知识利用的能力将从根本上决定着经济效益的高低。

由此可见,一国创新绩效的高低取决于创新体系如何有效应用知识并快速转换成为商品。其中,知识流动(技术合作、技术扩散、人员流动等)的效果是决定国家创新体系创新效能的关键。具体来讲,国家创新体系运作的基础源于四类知识形态的互动关系:(1)企业间的互动;(2)企业大学、研究机构之间的互动;(3)知识和技术对企业的扩散;(4)人员的流动。

2. 社会建制论

在知识经济时代,创新将不再仅是一件纯粹的技术性创造活动,它不仅仅涉及"技术系统的演进,还要求社会系统的相应变化,即制度性创新"。[①] 以此为基础,国家创新体系的创新是一个综合性的社会建制过程,创新体系的运行规则涉及整套经济惯例的变革,企业及其创新能力是该体系的核心环节。在这一体系中,技术变革已不再是在线性序列上单向作用的产物,而是不同行为者和社会建制相互作用的结果,创新出现在国家创新体系内部的反馈环之中。与此相对应,国外学者 Melissa A. Schiling 在探讨科技创新的管理问题时,也重点地提

①　赵彤、李承宏、腾福星:《国家创新体系的社会运行机制研究》,《自然辩证法通讯》2002年第6期。

及非营利组织对国家创新能力的影响，并通过美国的实际数据作出了权威性的解释。

通常，在发明家或者技术创新者的眼里，个人的创造能力和创新意识被视为推动国家创新能力的关键因素。在经济学家看来，如何通过制度设计确保创新者的利润最大化则是提高国家创新能力的核心。显然，上述因素在建设国家创新体系的过程中都是不可忽视的因素，但基于不同角度所得到的研究结论却是片面的。因此，把以社会规范、社会性组织等要素引入到国家创新体系的研究之中，具有极其重要的意义。胡晓鹏认为，随着 ICT 技术的快速发展和普及，行为主体之间的联系变得日益广泛起来，创新的难度也较以往更加复杂。显然，仅仅依靠一人之力推动创新能力的提升并非可行。其实，在现实的经济实践中，行为主体之间已经集结成了一个实体性的或者虚拟性的共同体，不同的行为主体具有明确的分工，资源也可以实现共享。其结果是，即使创新的难度提高了，但创新的程度却比以往更加猛烈了。由此出发，作为社会建制重要组成部分的创新共同体，如何确保共同体运行效率的社会行为规范将成为维持创新效率的重要环节。

3. 政府能力论

与第二种观点相比，政府能力论是一种较为普遍并被广为接受的观点。基于前面的分析，国家创新体系是把政府、大学、研究机构和企业结合成一个有机整体，创新成为在分工基础上的彼此合作、相互协调的行为。大多数学者认为，这一体系既对政府行为提供了约束规则，同时也为发挥国家在技术创新中的独特作用提供了重要的制度保障。与其他机构相比，国家在一些方面具有独特的优势。在现代社会条件下，只有国家才有能力将科技活动和经济活动统一起来。只有国家才能够为知识创新提供各种法律、法规保护和政策支持。只有国家才能协调好企业、教育和科技等机构之间的联系。其实，建立在政府能力论基础上的论点，是把政府看做为一个能够有效推行强制性制度变迁的主体。在理论意义上，通过政府能力来维系创新能力的思维逻辑是与市场经济不发达、社会发育不完善密切联结在一起的。这是因为，一方面不发达的市场经济，往往意味着法制缺位、潜规则盛行，通过利益杠杆来驱动创新能力很可能无法有效实现。另一方面，在社会发育不完善的前提下，政府就更应该责无旁贷地承担许多职能和任务，当然也包括驱动国家创新能力。

(三)国家创新体系建设初见成效

1. 国家创新体系重点目标的建设

中国《国家中长期科学和技术发展规划纲要(2006—2020)》明确提出,深化科技体制改革的目标是推进和完善国家创新体系建设。国家创新体系是以政府为主导、充分发挥市场配置资源的基础性作用,各类科技创新主体紧密联系和有效互动的社会系统。现阶段,中国特色国家创新体系建设重点:一是建设以企业为主体、产学研相结合的技术创新体系,二是建设科学研究与高等教育有机结合的知识创新体系,三是建设军民结合、寓军于民的国防科技创新体系,四是建设各具特色和优势的区域创新体系,五是建设社会化、网络化的科技中介服务体系。近年来,在各级党委和政府的领导下,通过科技界的共同努力,国家创新体系建设进展顺利并取得初步成效。①

(1)大力推进以企业为主体、产学研相结合的技术创新体系建设。通过实施"技术创新引导工程"、改革科技计划管理以及支持企业加强创新基地建设等,引导和支持创新要素向企业集聚,培育一批创新型企业,建设了若干个产学研合作的技术创新战略联盟,积极推进各类公共技术研发和服务平台建设,为企业技术创新提供服务。

(2)充分发挥科研机构、高等院校的骨干和引领作用。通过实施知识创新工程,中国科学院对科研力量布局进行了战略调整,科研条件显著改善,人才队伍结构得到优化,在基础研究、战略高技术研究和可持续发展相关研究方面取得丰硕成果;通过分类改革,社会公益类科研机构结构得到优化,初步形成了一支精干高水平的公益性研究队伍,科技创新与公益服务能力明显增强。高水平研究型大学建设初见成效,创新人才培养质量不断提高,科学研究能力大幅提升。科研机构和高等院校在人才培养、科学研究以及为企业服务等方面开展了多种形式的联合与协作。

(3)区域创新体系对经济和社会发展的支撑能力不断增强。各地方结合区域经济社会发展需求,制定了统筹区域创新体系和创新能力建设的规划。地方科技投入大幅增加,科技设施不断完善,与国家级科研院所和高校的合作日益深化,企业创新能力不断提升,一些地方围绕区域支柱和特色产业发展初步形成全

①　参见《国家创新体系建设初见成效》,《科技咨询》(决策管理)2008年第10期。

方位、多层次的创新服务格局。

（4）军民结合科研攻关提升到新水平。近年来，在高新装备研制、载人航天、月球探测等专项工程中，动员全国优势力量和科技资源，开展材料、器件、零部件和配套生产的大协作和大攻关，一大批民口企事业单位成为国防科研生产坚实的配套力量，军民融合的步伐不断加快。

（5）科技中介服务能力不断增强。"十五"期间科技中介机构蓬勃发展，技术贸易机构、创业服务中心、生产力促进中心、国家大学科技园等各类科技中介机构已近7万个，技术服务和技术咨询合同的数量大幅度增强，质量进一步提升，为推进产学研合作、加速科技成果向现实生产力转化发挥了重要作用。

当然，我们也要清醒地看到，当前中国国家创新体系还需要进一步完善，还存在着宏观统筹机制不健全、整体系统效率不高以及创新要素流动不畅等突出问题。我们要坚持解放思想，深化改革开放，以制度创新促进科技进步和创新，进一步加快国家创新体系建设，为增强自主创新能力、建设创新型国家提供有力保障。

2. 15 年建成创新型国家的目标

2006 年 1 月 9 日，胡锦涛在全国科技大会上提出在十五年内把中国建设成为一个创新型国家，并制定建设创新型国家的战略方针[1]，这不仅是我国科技、经济、社会发展战略的重大进步，也给理论战线提出了重大的研究课题。[2]

按照学术界目前的分析，创新型国家的主要定量特征为：综合创新指数明显高于他国，国民经济发展中科技进步贡献率在 70% 以上，研发投入占 GDP 的 2% 以上，对外技术依存度在 30% 以下。[3] 在当今世界近两百个国家中，满足这一标准的约有二十个，排在前 10 名的是：美国、英国、法国、德国、日本、丹麦、芬兰、瑞典、韩国和新加坡。[4] 显然，中国不在其中，而且还有相当的差距。

然而，仅仅从数量指标去理解创新型国家这个概念是不够的。一个系统的

---

① 参见胡锦涛：《坚持走中国特色自主创新道路，为建设创新型国家而努力奋斗——在全国科学技术大会上的讲话》，人民出版社 2006 年版。

② 参见苗东升：《论建设创新型国家》，《北京大学学报》（哲学社会科学版）2006 年第 3 期。

③ 参见金振蓉：《建设创新型国家：从振兴到强盛的必由之路》，《光明日报》2006 年 1 月 11 日。

④ 参见王敏旋：《国外主要创新型国家的十大特征简述》，《世界经济》2006 年第 7 期。

特征不仅有物质的方面,而且有信息的方面。严格地说,信息特征是不可用物理—数学的方法度量的,比如一个国家的"软实力"等。我们可以从外部观测计量的定量指标反映的是它的内在定性特征,即系统固有的质的规定性。区分创新型国家与非创新型国家,目的是要指明一个国家的社会和经济发展可能秉持的两种基本模式。在经济全球化、社会信息化、技术发展日新月异的现时代,任何国家都会有所创新,但有所创新的国家和创新型国家有重大区别。型者,类型也、模式也、式样也。所谓××型和非××型,指的是对象之间类型(模式、式样)的区别,即定性性质的区别,而非程度或范围的不同。苗东升认为,创新型国家必须具备以下三个定性特征。

其一,创新意识成为民族文化的基本成分。重守成,轻创新,鄙视和嘲笑标新立异,是我们民族传统文化中的消极因素,中国在建设工业文明中历史地落在世界的后面,与此有极大关系。现代化建设亟待清除这种保守意识,代之以既重守成、更重创新、敢于标新立异的民族新文化。美国学界流行一种说法:宁可使用别人用过的牙刷,也不使用别人用过的术语。尽管言辞过激,有失斯文,却反映出美国人创新意识何等强烈。我们必须向美国学习,尽快使创新意识普及到各个部门、领域、层次,使个人、家庭、学校、企业、军队、政府都在讲创新,真心想创新,自觉搞创新,相互比创新,进而使创新观念渗入民族的潜意识中,成为无意识的习惯。

其二,形成国家创新意志。在全球化的现阶段以及今后一个很长的历史时期中,世界范围的经济、政治、军事竞争还是以国家为基本主体而展开的,其中起主导作用的是国家间科技创新的竞争,后者的关键又是科技创新能力的竞争。国家科技创新能力是社会系统的整体涌现性,而非各部分创新能力之和。社会大众和基层单位的创新意识只能导致微观(至多是中观)的创新活动,相互之间只可能建立起短程关联,还形不成国家范围整个社会的宏观长程关联,无法建立能够有效运转的国家创新体系,也就形不成国家整体的创新意志。只有经过强有力的科学的整合和组织,使创新成为整个国家行为的指导思想和根本战略,成为全国必须执行的方针大计,亦即形成国家创新意志,才可能在世界范围的激烈竞争中立于不败之地。

其三,国家体制能够自动地促进创新。比如,作为系统,其结构(体制制度、组织形式、运作机制、"游戏规则"等)已优化到能够自动地保障、支持和促进创新的水平。创新作为一种社会行为方式,总是在一定的系统结构框架内进行的,社会系统的体制制度、组织形式、运作机制、"游戏规则"等既可能成为创新的保障和促进因素,也可能成为创新的制约和阻碍因素,这是创新型国家与非创新型国家的根本差别之一。经历了 20 世纪的百年奋斗,中国社会的系统结构已经发生了极为深刻的变化,不利于创新的因素大为减少,但离创新型国家的要求还有不小距离,尚需进一步深化改革,完善各个层次、领域、方面的体制制度、组织形式、运作机制、"游戏规则"的建设,才能使中国初步进入创新型国家的行列。

(四)创新型大学在国家创新体系中的地位和作用

1. 高校的定位与面临的挑战

高校在国家创新体系中应该如何发挥作用? 1998 年 5 月 4 日,教育部决定重点支持部分高校创建世界一流大学和高水平大学,简称"985 工程"。为高校形成国家创新体系,凝练和汇聚高校科技优势力量,大力加强基础学科研究,重点开展交叉学科研究,支持前沿高技术研究发挥了重大作用。以培养拔尖创新人才和加强创新平台建设为重点,推进了高水平大学和重点学科的建设。1998年《面向 21 世纪教育振兴行动计划》指出,瞄准国家创新体系的目标,培养造就一批高水平的具有创新能力的人才;加强科学研究并使高校高新技术产业为培育经济发展新的增长点作贡献;基本建立起终身学习体系,为国家知识创新体系以及现代化建设提供充足的人才支持和知识贡献。①

高等学校要跟踪国际学术发展前沿,成为知识创新和高层次创造性人才培养的基地。《中国学位与研究生教育发展战略报告(2002—2010)》指出,瞄准国家创新体系的目标,培养一批具有创新能力、创业精神和实践能力的高水平人才,取得一批有影响或对国家有重大意义的标志性成果。在《国家中长期科学和技术发展规划纲要(2006—2020)》中提出了以企业为主体、产学研结合的技术创新体系,科学研究与高等教育有机结合的知识创新体系,军民结合、寓军于民的国防科技创新体系,各具特色和优势的区域创新体系,社会化、网络化的科技中介服务体系,并提出大学是我国培养高层次创新人才的重要基地,是我国基础研究和高技术领域原始创新的主力军之一,是解决国民经济重大科技问题、实

① 参见马殿富:《在国家创新体系中高校的定位与面临的挑战》,《计算机教育》2007 年第3 期。

现技术转移、成果转化的生力军。加快建设一批高水平大学,特别是一批世界知名的高水平研究型大学,是我国加速科技创新、建设国家创新体系的需要。

从"985 工程"到《国家中长期科学和技术发展规划纲要》,都提出高校是国家创新体系的重要组成部分,高校应该发挥重要作用。针对高校在国家创新体系中的作用这个问题,有一些不同的看法。

其一,在国家创新体系中高校自由研究说。中国科学院院长路甬祥提出立足国情建立国家创新体系,国家科研机构与大学都具有科技创新与人才培养的双重功能,但国家科研机构的首要与中心任务是科技创新,而大学的首要与中心任务则是培养人才。在科研上,国家科研机构必须从国家战略需求出发,开展定向基础研究、战略高技术创新与系统集成以及事关经济社会全面协调可持续发展的重大公益性创新;而大学更适宜从事自由的科学前沿探索,面向经济社会发展的应用研究,促进以学科深入为主的科学发展。国家科研机构与企业是创新价值链上两个重要的环节。在国家创新体系中,企业是技术创新投入与行为的主体,但这并不意味着国家科研机构和大学就简单从技术创新领域完全退出。以研究机构和大学为骨干的知识创新体系和企业为主体的技术创新体系紧密衔接起来,在实践中走出中国特色的自主创新道路。

何东溪撰文说,从国家创新体系看,大学与国家科研机构应建立功能互补、竞争合作、联合互动的关系,共同成为国家创新体系的科技创新基础平台,共同成为面向全社会的知识创新源头,共同促进我国科学技术进步。他说,大学与国家科研机构具有不同的职能定位与分工。国家科研机构必须从国家战略需求出发,开展定向基础研究、战略高技术创新与系统集成以及事关经济社会全面协调可持续发展的重大公益性创新。大学更适宜从事自由的科学前沿探索,开展多样化的应用研究,促进以学科深入为主的科学发展,传播与应用知识。大学和国家科研机构两者都具有科技创新与人才培养的双重功能,但大学的首要与中心任务是培养人才,国家科研机构的首要与中心任务则是科技创新。[①]

其二,在国家创新体系中高校侦察兵说。中国工程院院士、中国科学院计算

---

① 参见何东溪:《建立创新型国家大学应该何为?》,《科学时报·大学周刊》2006 年 2 月 7 日。

技术研究所所长李国杰在《技术转移的战略思考》①一文中列举了相关的一些观点。他指出：“最近中央电视台宣传企业的科研成果，往往要突出企业有'完全自主的知识产权'，似乎用了一点别人转移的技术就不那么自主了。在某报的一篇文章中，把科研院所比喻成主力部队（企业）的'侦察连'和'兵工厂'，并称这是最佳组合。我认为这种比喻不十分恰当，不能深刻地阐述技术转移的本质内涵。以上这些看法可能没有全面理解全国科技大会的精神，也不符合自主创新的内在规律。”

其三，国家科学技术部部长徐冠华在《关于建设创新型国家的几个重要问题》中，充分肯定高校在建设以企业为主体、产学研有机结合的技术创新体系，建设科学研究与高等教育有机结合的知识创新体系中的作用。并指出，在技术创新中，大学和科研机构往往对市场需求缺乏深刻的了解，其研究开发活动的目标经常表达为先进的技术指标，注重技术上的突破。研究开发成果的技术水平虽高，但成本也很高，不具备市场竞争力；或者技术水平高却不具备产业化生产能力。他同时指出，企业自主创新不足：全国规模以上企业开展科技活动的仅占25%，研究开发支出在企业销售收入中的比重仅占 0.56%，大中型企业仅为0.71%；只有万分之三的企业拥有自主知识产权。

其四，教育部副部长赵沁平在《大学：科技创新的沃土》②一文中指出，依托高校的国家基础研究和科技成果工程化、产业化基地等知识创新、技术创新平台蓬勃发展，国家创新体系（大学）框架已基本形成；创新人才培养和杰出人才聚集取得巨大成绩，形成人才辈出的新局面；基础研究主力军、高新技术研究重要力量地位日益凸显，解决国民经济和社会发展重大科技问题的能力不断增强。推进基础研究和国家目标的战略高技术研究，发挥高校智力密集和智力源头作用，积极探索产学研结合的新机制在建设以企业为主体、产学研结合的技术创新体系中发挥基础和支撑作用。提升全民族科学素质，有利于科技创新和创新人才培养的文化环境建设，有利于创新文化的大学文化和社会文化建设。高等学校正逐步成为所在地的科学中心和文化中心，在区域科学传播和文化建设方面发挥着重要的作用。在一定程度上说，高等学校在创新文化建设上发挥着骨干

---

① 参见李国杰：《技术转移的战略思考》，《科学时报》2006 年 8 月 21 日。
② 参见赵沁平：《大学：科技创新的沃土》，《人民日报》2006 年 6 月 1 日。

和引领作用。

其五,北京航空航天大学校长李未提出高校在国家创新体系中应发挥的作用:一是要成为国家创新体系的重要组成部分,特别是要发挥高校在基础研究、应用基础研究和前沿高技术研究方面的优势,为国家科技实力的发展作出直接贡献;二是要为国家培养高层次的创新人才大军。他提出五项基本原则:"面向国家战略需求,建设科技创新平台;瞄准重大创新目标,汇聚集成创新团队;结合未来重大应用,促进产学研一体化;承担重大科研项目,取得标志性的成果;整合优势科研资源,建设永久科研基地。"①

高校在国家科技创新方面已经发挥了极其重要的作用。据《中国教育报》上《高校科技创新成果》一文中比较翔实的统计,在国家正式批准试点的 6 个国家实验室中,依托高校建设的占一半以上。国家重点实验室 183 个,依托高校的有 113 个。依托高校建设的国家工程研究中心达到 42 个,占全部工程研究中心总数的 35.3%。依托高校建设的国家工程技术研究中心达到 40 个,占全部工程技术研究中心总数的 29.4%。"十五"期间,高校作为第一承担单位承担"973"计划项目 85 项并担任首席科学家,占立项总数的 54.5%。"十五"的前 4 年,全国高校承担国家自然科学基金面上项目 18921 项,占立项总数的 77.9%;重点项目 456 项,占立项总数的 56.2%;国家杰出青年科学基金 393 项,占立项总数的 63.3%;获准创新研究群体 42 项,占立项总数的 52.5%。

"十五"期间高校承担的"863"计划项目数和经费额始终保持在全国总数的 40% 左右。2002 年启动的 12 个"十五"国家重大科技专项,集成电路设计专项高校获得经费 5984 万元,占经费总数的 36%;软件专项高校获得经费 11070 万元,超过经费总数的 60%。据统计,"十五"期间全国高校累计获得国家自然科学奖 75 项,占全国授奖总数 55.07%;技术发明奖 64 项,占全国授奖总数(可公布项目)64.40%;科技进步奖 433 项,占全国授奖总数(可公布项目)53.57%;已建成国家大学科技园 50 所。

2. 欠发达国家的大学知识生产现状

知识经济的崛起,将知识的价值提升到前所未有的地位。大学作为知识生

---

① 李未:《探索科技创新平台模式服务国家创新体系建设》,《中国高等教育》2005 年第 19 期。

产、创新的重要基地,在知识经济中所起的作用举足轻重。然而,大学生产的知识构成极为复杂,它不仅生产能产生巨大经济效益的科技、管理和经济科学等知识,也生产与经济发展无直接联系的人文社会科学知识。大学的知识体系要对知识经济作出积极的回应,就必须处理好两种类型知识生产之间的关系。在世界范围内,知识的生产、分配和应用还涉及内在的学术机制、思想逻辑和外在的政治社会背景等多种因素。知识经济的出现既使这一特殊生产过程中固有的问题暴露出来,也给它提供了新的解决思路。①

(1)平等享用知识信息的要求与知识生产的非均衡性

知识经济是建立在知识的生产、分配和应用基础之上的新的经济形态。提高产品的知识含量就等于提高了产品的价值,在有形的物质资本投入有限的情况下,增加无形的知识资本可以确保经济持续高速地增长。谁拥有高效的知识和技术创新能力,谁就能在未来的竞争中占据主导地位。特别是发展中国家面临着调整传统产业,筹建新型产业的双重压力,它们希望能在世界范围内平等地分配、享用知识信息,振兴经济,缩小同发达国家之间的差距。知识经济为这一要求的实现创造了前提条件。

首先,信息和通讯技术的迅猛发展为知识信息的传播提供了便利手段。跨部门、跨地域的信息网络,使一个科研机构生产的新知识能快捷、准确地为经济部门和其他的科研机构获知。这些知识又被迅速应用于生产过程,使潜在生产力转化为现实生产力,创造出巨大的经济效益。一旦全球性的知识交换系统建成,那么工业经济时代不同地域和领域之间的知识封锁将被打破。人类生产的所有知识将进入国际性的知识流程,不同的思想相互砥砺、借鉴,提高了知识创新的几率。知识生产的参与者将得到更多的知识回报。

其次,知识经济是自由开放型的经济。在全球经济一体化的趋势下,世界各国相继奉行贸易自由化的政策,对商品、资本和技术的管制将有所放松。由于知识已超越资本、土地和劳动力成为最重要的生产要素,一部分先进的科技知识也随着国际资本的转移流向欠发达国家。而且,资本流动的速度越快,知识在国际间流动的速度也越快。为了能拥有最新的知识以提高产品的价值,各国经济生产组织纷纷加大对 R&D(研究和发展)的投资力度,使知识生产出现悬殊不均的

---

① 参见林杰:《知识经济与大学的知识生产》,《高等教育研究》1998 年第 6 期。

状况。然而,自由经济竞争的结果将不断调整知识信息的合理流向,使知识分配在总体上趋向于平衡。

再次,知识经济又是创新经济。知识生产和知识分配相互联系,相互推动。如果知识分配不均,那么势必形成知识垄断,而一旦知识被垄断,失去了交流互动的机会,那么在封闭的知识生产体系中,知识创新的能力将大大降低,最终将失去知识生产的优势。如果知识生产不均, 发达国家掌握着知识产权,不会全部无偿输出有价值的知识, 知识交流因而会受阻。而一旦交流受阻,又将形成新的知识垄断, 知识共享难以实现。所以, 欠发达国家要想获得发达国家的知识信息, 就必须提高本国的知识创新能力, 形成知识生产和知识分配的良性循环。

然而,近代以来形成的世界文化格局和经济竞争的垄断本性,却使知识生产在世界范围内呈现非均衡态势,并进一步阻碍了知识的平等分配和应用。数百年的不平衡发展造成了世界学术文化上的“中心—边缘”格局。虽然“欧洲中心论”早就受到各国学者的批判,但事实上,欧美拥有一流的科学家,从事一流的科学研究,在研究范式、学术期刊、交流语言等多方面控制着世界科学的发展态势,发展中国家只能处于这个学术体制的外围圈层。[1] 中国还曾因特殊的国际国内政治环境使大学被迫中断了同世界的学术交流,加深了这一非均衡态。经常性的人才外流又为发达国家作了智力贡献,使强势更强、弱势更弱。这些使得发展中国家很难取得令发达国家信服的科研成果。在这种不平等的世界知识体系的基础上,难以进行知识的平等互换。

现代科学的发展越来越依赖于先进的仪器设备、信息储量充裕的图书馆和资料库。知识交流离不开全球性的信息网络,这一切都需要国家的巨额投资。但发展中国家财力有限,只能优先发展一些与经济发展有直接联系的应用性研究项目。正如美国比较教育学家阿特巴赫所指出的:世界知识体系是复杂而又不平等的。知识的生产和分配的手段都高度集中,少数工业化国家占去了世界上用于研究和开发的经费的大部分。[2] 发达国家依靠先进的大学和科研团体可

①　参见菲利普·阿特巴赫:《巨型外围圈:国际知识体系中的印度和中国》,载海荷·露丝主编:《东西方文化和大学》,湖北教育出版社 1996 年版。

②　参见菲利普·阿特巴赫:《巨型外围圈:国际知识体系中的印度和中国》,载海荷·露丝主编:《东西方文化和大学》,湖北教育出版社 1996 年版。

以致力于基础性研究,主导着世界知识生产的方向。

这种自近代以来形成的世界知识生产格局,不是朝夕之间就可以彻底改变的。我们瞩望于发展知识经济的契机,增强知识创新能力,以逐渐在一些知识生产领域取得优势。在发展中国家中,中国和印度在这方面做得较好。但是,整个世界知识体系是以生产的不平等为起点的,发达国家为保持知识经济的优势,不仅不会自愿实现平等的知识生产,反而会竭力维持这种不平等格局。所以,知识经济具有"双刃剑"的效应,一方面,发达国家不能完全封锁知识信息,否则将使具有报酬递增特性的知识生产丧失活力;但另一方面,为了提高知识的产品价值,发达国家又要垄断技术信息的知识产品。如少数国家利用独占的信息网络传输最新信息,控制着世界的金融和贸易等。知识经济造成的这种知识垄断是工业经济时代所不曾有的。

要消除知识经济带来的消极效应,实现享用知识信息的平等要求,根本办法是改变知识生产的非均衡性。发展中国家的大学作为知识生产的重要基地,应义不容辞地担此重任。我国的一些地区和城市,尤其是那些大学和科研机构密集的地区,已具备了发展知识经济的条件,应当让大学充当知识经济的"推进器"。如果经济发展必需的一些关键技术长期依赖进口,那么我国的知识产品将在国际市场上缺乏竞争力,处于被动地位。这就要求我们的大学能为本国的高新技术产业提供必需的知识,使本国的科研水平能不断跃上新台阶,逐渐赶上乃至超越发达国家。①

(2)先行的自然科学和滞后的人文社会科学:知识生产的内部失衡

知识经济强调的"知识",主要是指与发展生产力相关的科技知识、管理和经济科学的知识。由于高科技研究直接关系到经济建设成败,实用价值明显的自然科学和技术科学就被提升到很高的位置,并优先获得政府和企业界的支持。在这种思想指导下,大学的知识生产不可避免地产生了商业化倾向:生产新知识只是经济目标的一部分,不能发挥显著经济效益的人文社会科学受到冷落。从事这两类知识生产的教师可能因此在利益、地位上逐渐两极分化,造成大学内部两个教师群体、两种文化之间的对立和冲突。所以,政府和大学的决策者应该客观认识这两类知识生产的性质,重视人文社会科学在经济社会发展、科学文化繁

---

① 参见杨福家:《知识经济与高等教育》,《中国高等教育》1998 年第 1 期。

荣中所起的作用,并予以有效的支持。①

德国哲学家李凯尔特曾从新康德主义的立场出发,将知识体系划分为人文科学和自然科学,并认为两种科学的性质根本不同。它们有不同的研究对象、方法和使命。现代大学承袭了这种分工,否则学者们无法在专门的领域内进行精深的研究。然而,这样一种知识生产体制最终造成了两种文化。

科学与人文的分裂和对立。自然科学以自然界为研究对象,通过实验和数学方法,寻求普适性的科学规律,因此很容易找到客观的标准衡量自身所取得的成就。自然科学的国际性、客观性,使本国学者能清楚地认识到自己的研究在世界上所处的位置,并遵循国际标准赶超先进的科学技术。

与学术分工日益完善的自然科学相比,人文社会科学无论是研究领域的拓展,还是研究范式的转换,在更大程度上都要受文化、社会、历史条件等因素的制约,而不仅仅凭自身内在的逻辑来发展。特别是人文学科与本国的风俗习惯、人文传统密切相关,具有强烈的民族特性,难以在世界范围内求得同一。在我国,人文社会科学还曾由于特殊的历史原因一度研究范式僵化,思想观念束缚过深。大学的学术分工体制过于专门化,以致学科之间缺乏交流,不同的思想体系之间很少比照,难以产生新的思想。

然而,发展知识经济并不是只要自然技术科学而不要人文社会科学。人类的知识是一个有机联系的整体,认知—工具性知识、道德—实践性知识、审美—表现性知识等等,都在为人类的生产、生活服务。正因为囊括了这些知识,信息产品才具有高附加值。高科技并不能无限提升生产力,到一定程度后就会稳定下来,这时候社会科学、行为科学就会为经济社会的持续健康发展作出贡献。当前有些学者把"知识经济"的"知识"定义为只是与信息产业、创造财富有关的知识,这是失之偏颇的。知识经济必然会带来社会结构的变动、人类心理和行为的变化,而这些都亟待进行研究,所以社会科学大有可为。

大学是科学和人文荟萃之地,具备科学和人文碰撞交融的有利条件。现代科学发展的综合趋势越来越明显,许多人类社会共同的课题需要多学科的学者共同参与解决。科学和人文的交互作用使学科界限越来越模糊,一些交叉学科

---

① 参见吴畏:《自然科学与人文社会科学关系走势浅析》,《科学技术与辩证法》1997 年第6 期。

成为新思想的重要来源。社会科学虽然可以借用自然科学的数学统计方法,但仅依靠量化数据来建构理论的程度是有限的。社会科学的发展包含着自然科学所没有的人文历史因素,因而不必要求其所有的学科都自然科学化。社会科学也有自己独特的方法论并日益影响着自然科学,比如系统生态学、社会工程学、社会信息学、组织行为学等学科就是科学与人文相互借鉴的产物。有些学科在内容上接近自然科学,在方法上却接近于社会科学。因此,政府决策者们要端正对人文社会科学的认识,学者们应处理好科学与人文的关系,促使两者协调、平衡地发展。①

3. 研究型大学的知识创新策略

(1)知识和权力的共生关系

在现代社会中知识就是权力,因为科学信仰深入人心,从而规范着公众的思想行为。对国家政府而言,决策者们在操作层面不得不采纳科学的知识信息使社会能正常运行。尤其在大学中,学者们知识生产的意识形态倾向为国家政权的确立提供了合法性依据,而国家政权又直接影响着知识生产的性质和结果。

国家权力对大学知识生产的干预通常有两条途径:一是直接操纵学术分工体制;二是间接倾斜投资方向。在前一种情况下,学科设置、教材审定、教授资格认定、学术期刊检查、出版部门权限全部由政府直接控制。但政府对大学过多的行政干预极易损害大学的学术自由,知识经济的自由本性也不会容忍这种硬性渗透,大学的知识生产需要一个宽松的精神氛围和制度环境。现代国家都在逐渐采取宽容的政策对待学者们的学术研究。知识经济的开放性使得依靠权力营建起来的知识壁垒被打破,学者们可以直接跨国交流,不再为知识封锁而担忧。在后一种情况下,大学的学术研究受到国家投资的影响。通过资金投入的方向和多寡,国家从总体上控制着不同类型科学研究的比重,间接干预着知识生产。因此,国家应该尽量避免对学术研究的直接干预,以利于知识创新。在大学内部,应实行民主管理,鼓励教师对知识进行多种形式的探求,反对将知识生产过于功利化、标准化。

(2)知识生产的创新机制

虽然知识经济使得工业经济时代的地域观念正在淡化,但是如果一国占有

---

① 参见郭斌、蔡宁:《从科学范式到创新范式》,《自然辩证法研究》1998 年第 3 期。

的知识总量和知识生产率过低,那么在享用他国的知识信息时,就不能在应用中相应地使知识更新、增值,最终将阻碍知识的平等交换。因此,发展中国家的大学必须努力创造出新的知识,尽快在一些领域取得领先地位,以适应本国知识经济的需要,同时尽快摆脱对发达国家科学文化的依附。

就自然科学技术而言,知识创新与市场需求和科学技术本身两大要素相关。经济系统与科技系统交互作用,直接决定了经济增长和科技发展的绩效。但与企业相比,大学与市场总隔着中间环节,难以及时捕捉市场反馈的技术信息。企业的科研组织则能根据市场的需求快速作出反应,从而有着合理的技术创新机制。因此,大学要扬长避短,一方面可以直接走向市场,自己创办知识型产业,通过生产实践为科研提供动力;另一方面更要处理好基础研究和应用研究的关系,加强基础研究。基础研究成果虽然不能立即在市场上体现出效益,但它直接制约着能产生巨大效益的实用科学技术的水平。如果不加强对基础研究的投入和人才储备,那么大学的创新体系就难以建立,知识生产率即投入产出的知识的有用程度就会逐渐衰减。我国目前对大学基础性研究的投入很少,以致许多有创建的新思想只能停留在假设阶段,而无法运用先进的技术手段加以验证。这将制约大学的总体竞争实力。

大学现行的学术评估体制也制约着知识创新的成效。对科研成果进行鉴定,最常用的方法就是同行评审。受传统学科界限的限定,那些新兴的边缘交叉学科知识不易为同行所认同,这往往成为阻碍新知识生产的力量。所以,亟待建立多学科的联合评估体制,应将知识对经济发展和科学发展所作的贡献作为评价的指标。

(3)人文社会科学的复兴

人文社会科学的发展受到二维坐标的限定:一维是学科自身的思想逻辑;另一维是社会历史背景。后者的作用往往更直接,更强烈。现代人文社会科学发展的状况不尽如人意。有学者慨叹:这是个思想淡出、学术凸显的时代。当代中国正处于一个需要新思想、新观念的时代,在大学里,与日益繁荣的自然科学研究极不相称的人文社会科学研究正待振兴。

改革开放之后,我国思想理论界逐渐解除了禁锢,中断了几十年的国际学术交流又得以开展。要繁荣我国的社会科学研究,首先就要了解国外的研究状况,借鉴人家的理论和方法。因此,我们不得不先经历一个模仿甚至照抄的学习过程。通过派遣留学生、交换学者、开展国际合作研究、举办国际性学术会议等多种方式,中西方频繁交流着学术信息,刺激着我国学术文化的成长。正当社会科学研究国际化运动方兴未艾之际,许多第三世界国家的大学和科研机构又展开了本土化活动,因为第三世界国家越来越多的学者意识到世界科学文化的不平等格局。科学研究最发达的欧美国家在世界知识生产和传播中占据主导地位,它们的科学范式不断扩张,控制着文化霸权。如果广大发展中国家只输入知识信息,而无能力输出,那么现存的不平等的世界文化秩序便得以巩固,进而帮助维持不平等的世界政治、经济秩序。拉美国家的学者已开始抵制欧美学术界的"罐装舶来品",试图建立适合于解决本国现实问题的学派。在亚洲,有些国家已采取有力的措施建立本土社会科学:用本国语言进行教学;自己决定研究重点;创建本土范式;等等。

如果我们的社会科学研究对西方亦步亦趋,以追赶西方学术潮流为能事,那么我们的学术将永远无法与西方平等对话。中国社会有着丰富的研究资源,中国历史有着悠久的人文传统,学术思考不能脱离民众的社会实践。民间的知识是理解和认识社会的一个重要思想来源,它正悄悄进入学术研究的主流。学者们要正视现实,从学院化的精英理想回归到现实的生活世界,在遵循中国社会的文化习性的基础上,建构中国的人文—社会科学。①

---

① 参见贺来:《当代社会科学发展的趋势》,《光明日报》1998 年 4 月 26 日。

第十一章　微观社会信息学

本章的任务是从微观的角度观察社会信息现象。方法论的个人主义是微观社会信息学的出发点和理论前提。从个人主义的观点看,社会是个人与个人之间互动的结果。个人在生物学的层次上是基因遗传的载体,在社会学的层次上是文化演进的载体。文化载体主要是符号,个人互动就是符号互动,符号互动理论实质上就是微观层次上的社会心理学。如果说个人的生物学本质先于他的生理存在,那么个人的社会学存在则先于他的心理本质。存在主义心理学研究了人类的心理结构和选择能力,说明了基本的思维创新机制。最后,本章讨论了创新思维的主要条件:好奇、闲暇和自由。

一、观察社会现象的个人主义视角

(一)"个人主义"与方法论个人主义

1. 什么是"个人主义"

"个人主义"在中文语境下的意义,《现代汉语词典》的解释是:"一切从个人出发,把个人利益放在集体利益之上,只顾自己,不顾别人的错误思想。个人主义是生产资料私有制的产物,是资产阶级世界观的核心。它的表现形式是多方面的,如个人英雄主义、自由主义、本位主义等。"①

但是,在英文语境下"个人主义"(Individualism)的含义与它在中文语境下的含义几乎完全不同。这在美国、英国、加拿大等英语国家最流行的权威词典中都可以明显地看到。比如,在韦伯《美国英语新世界词典》中解释的译文是:(1)个人特点,个性。(2)个体的特殊性。(3)个人在经济组织中的自由不受政府和社会规则制约的学说;政府对工商业的自由放任。(4)国家为个人而存在,而不是个人为国家而存在的学说。(5)个人利益是人们一切活动的特定目标;利己主义。(6)A. 基于如上任何学说的行为;B. 一个人以自己的特有方式生活不与主流模式相一致的导向。②

在中国世纪版《新英汉词典》中对 Individualism 的注解是:(1)个人主义(行为);个人独立(行为);个性;个人特征。(2)(国家对经济或政治的)自由放任(做法)。③

一般地说,Individualism 可以简明地翻译为个人主义或个体主义(或个体论)。如果我们侧重于考虑所研究的是社会领域,而社会领域中的个体也就是个人,为了突出个人特性的重要性,我们把它译为"个人主义"。如果我们特别强调该术语的方法论含义,突出它与术语"整体主义"(整体论)形成清晰的对比关系,则可以把它译为"个体主义"(个体论)。在本质上,两种翻译是等价的。本章基本上不加区别地使用它们,依照上下文而换用之。

同时,我们要特别地说明:本章所用的"个人主义"术语,不是中文语境下的那个表示受到否定的负面含义(即"自私")的词语,而是指一种学说或一种方法论。它把研究和分析的优先性赋予了个人(或个体)。这种优先性可以是本体论的、认识论的,也可以是伦理的、政治的、社会的,等等。它在政治学、经济学、社会学以及其他社会科学中被广泛地接受。

英文词 Individualism 最初是托克维尔(Tocqueville)用来指杰克逊时代的美国社会哲学,当时美国人正在根据个人的概念组织社会,个人主义就是说明人与

---

① 中国社会科学院语言研究所词典编辑室:《现代汉语词典》,商务印书馆 2002 年版,第 426 页。

② See Victoria Neufeldt and David B. Guralnik, *Webster's New World Dictionary of American English* (Third College Edition), New York: Prentice Hall, 1988, p.688.

③ 参见吴莹等:《新英汉词典》(世纪版),上海译文出版社 2000 年版,第 657 页。

人之间的一种隔绝状态。他认为,这种情形最后将导致灾难的结局:孤立的自由和大众的专制。所以他要人们联合起来创造社会秩序,建立一种保护个人的制度。

一个具体的或抽象的事物的命名,在历史上总是一件大事,因为虽则这个事物在取名之前已经存在着,但它有了名字之后就会进入人们的意识,并在意识中存在下去。名字不是一个开头,开头的是自然和社会现象,可是名字却是一个很好的出发点。当人们觉察到自己所取名的事物,感觉到自己取名的事物代表一种理想时,他们参照这个名称而重新形成自己的行动、观念和态度,他们会受这种新感觉的驱使来实现这种理想。于是,在一个名称产生之后,会比它所称呼的事实更加持久。有时名字也会在后来被人们误解,或者被加上许多的限制。英文术语 Individualism 就是一个例证。

根据牛津字典记载,个人主义是在亨利·里夫将托克维尔的《美国的民主》第二部译成英语时,才在英语中出现的。托克维尔说:"个人主义是一个新奇的字眼,是从一个新奇的观念产生的。我们的祖先只知道 égoïsme(自私自利)。自私是热爱自己和过分爱自己,它导致人把任何事物都和自己联系起来,而且把自己看得比世界上任何东西都重要",但是"个人主义却是一种成熟和冷静的心情。"①他这段话的意思等于说,我们做儿孙的必须学会运用一种不同的社会的、政治的词汇才行。

托克维尔所要描述的是一种深思熟虑的行动准则,一种关于个人和社会的哲学,而不是仅仅发自个人自私的本能。在他的分析里,个人主义是概念,平等是情况。他心目中的好社会是每一个社会成员都有一个明白划定的地位,合起来成为一个等级性的社会秩序。他觉得,一个有组织的社会迫切需要有一种保护个人的制度。在杰克逊时代的美国,把社会看做是许多原子化个人的总和。美国历史学家宝勒(Frederick Jackson Turner)发表题为《西方对美国民主的贡献》的论文,认为早期美国社会的流动性促进了"个人主义、经济平等,发展了自由和民主"。②

按照尼古拉斯·布宁与余纪元在《西方哲学英汉对照辞典》中的解释,个人

---

① 华尔(John W. Ward):《个人主义在今天》,《国外社会科学文摘》1960 年第 12 期。
② 华尔(John W. Ward):《个人主义在今天》,《国外社会科学文摘》1960 年第 12 期。

主义是"任何认为个人而不是个人组成的集体具有中心价值和基本存在的理论和态度。它认为,个人能够与他所存在的物质环境、社会关系和历史传统分离开来的理解。个人主义的概念在不同的历史阶段和文化中有不同的含义,分别相应于利己主义(即对个人利益的追求)、无政府、自以为是和自由。"①自由和平等是个人主义的核心概念。

从形而上学的视角看,古代原子主义和逻辑原子主义在如下的意义上是个人主义的,即他们认为世界是由原子所构成的,虽然它们的内容是不同的。在认识论上,古典的经验主义是个人主义的,因为它相信,个人的私人经验是知识的终极源泉。在社会科学哲学里,方法论的个人主义持有这样的观点:对社会的研究应当以对个人描述为基础。在心智哲学中,个人主义提出,心的语义学意义是为心理反映的内在性质所决定的,而并不依赖于他们的历史和社会环境。伦理个人主义主张,唯有个人才是道德谓项的主语、价值的主体以及道德考虑的中心点。在政治哲学里,作为政治自由主义的一个本质特征,个人主义宣称,个人被看做是权利的负荷者,一个政府只有在个人同意的基础上形成才具有合法性,而政治代表是个人利益的代表。社会是这样的一种逻辑结构,它的目的在于能够使社会中的个人不受干涉地各自追求他们自己的利益。②

2. 方法论的个人主义

"个人主义"是一种学说、一种观点,同时也是一种方法论。方法论个人主义(methodological individualism)在西方思想史上有着悠久传统,迄今仍为西方社会解释理论中的显学。它是一种还原论,隐含着把社会科学(更广义地说,包括群体心理学、经济行为理论以及类似的理论)的法则和专门的概念,还原为个人心理学、生物学、化学和物理学的理论。它"相信社会整体或社会结构仅仅来自它的个体成分或部分的逻辑构造,因此关于社会整体的陈述能够依据对个人特性的陈述来解释。只有完全依据个人事实的解释才是正确的解释。那诉诸于社会结构、制度因素及诸如此类的任何解释都不具有合理性。"③

简而言之,方法论个人主义认为,人文社会研究的基本分析单位是个人,他

---

① 尼古拉斯·布宁、余纪元:《西方哲学英汉对照辞典》,人民出版社 2001 年版,第 492 页。

② 参见李宗荣、D. A. 西尼、周萍萍、熊近、孙树霞:《社会信息科学视野:宏观、中观与微观》,《医学信息》2009 年第 7 期。

③ 欧阳康:《人文社会科学哲学》,武汉大学出版社 2004 年版,第 6 页。

要求把一切人文社会现象还原到个体层面。对于历史和社会进步的解释的基本要素，是人类的个体。个人的信念、气质和处境是理解社会现象的实质所在。个体及其行为是社会运动和社会结构的基础，因此对社会现象的说明和解释只能立足于个体。即根据个人的动机、态度和行为来解释社会现象，而不应当根据社会集合体的性质来解释。这种观点可以追溯至霍布斯。他宣称，在我们能够适当地理解一个组合物之前，必须了解一个组合物得以构成的结构性部分。这个方法论得到孔德、密尔、韦伯和波普的进一步肯定。

韦伯主张，理解社会学认为个人及其行动是它的基本分析单位，因为个人是有意义行为的唯一承担者，而国家、团体、社会制度等整体概念都是表明人们互动的某些范畴，他们都可以还原为各个参与者的行动。波普可以看做是方法论个人主义的主要代表。他批评了整体主义，认为"社会理论的任务是要仔细地用描述性的或唯名论的词语建立和分析社会学模式。这就是说，依据每个人以及他们的态度、期望、关系等情况来建立和分析社会学模式——这个设定可以称为'方法论个人主义'。"①波普对于方法论个人主义的界说，强调了每个人的内部和外部状况对于分析和建立社会学模式的作用和意义。

波普的学生沃特金斯主张："也许可以根据一种大规模社会现象（如充分就业）对另一种大规模社会现象（如通货膨胀）作出不彻底的或半途而止的解释；但我们不可能对这类大规模社会现象作出彻底的解释，除非我们能够从个人的意向、信仰、资源，以及他们的相互关系中推演出这种解释。"针对曼德尔鲍姆（Mandelbaum）在《社会事实》一书中关于"社会事实不可还原"的论证，J.沃特金斯指出，大多数个人主义者所关心的问题在于是否存在着不可能还原的社会规律。他认为："一个个人主义者也许愿意承认……某些大规模的社会事实太过于复杂，简直无法把他们彻底还原化，然而，却又认为对他们作出个体论的解释在原则上是可能的。"②

（二）个人主义方法论的两种基本形式及其世界观特征

1. 个人主义方法论的两种基本形式

英国社会学家艾斯特（Elster）认为，方法论个人主义是"这样的主张，所有

① 卡尔·波普：《历史决定论的贫困》，华夏出版社1987年版，第108页。
② J.沃特金斯：《历史的解释》，转引自欧阳康：《人文社会科学哲学》，武汉大学出版社2004年版，第140页。

社会现象——它们的结构和变化——原则上是可以用仅仅包含个人的方法来说明,即按照他们的性质、目标、信念和行动来说明"。① 英国另一位社会学家巴尔伽瓦(R. Bhargava)则认为,对方法论个人主义的这种说明,只是强调了方法论个人主义作为一种说明性的理论,而忽略了它的其他形式,如本体论的个人主义和语义学的个人主义。② 在巴尔伽瓦看来,方法论个人主义是不能与本体论的个人主义和语义学的个人主义相分离的。于是,可以说,方法论个人主义的说明联系着它的两种基本的形式:本体论个人主义和语义学的个人主义。

巴尔伽瓦说:"当方法论个人主义同关于本体论个人主义的特殊阐释相分离时,某种形式的本体论个人主义一定是方法论个人主义更一般的阐释的组成部分。"他认为,一方面,方法论绝不仅仅是形式逻辑的代名词,它必然包含着超越形式逻辑的某些前提和预设。就这些前提和预设总是直接或间接地关涉世界而言,他们必然具有本体论的意蕴。因此,方法论个人主义不可能孤立存在,必然有其本体论的基础,这就是本体论的个人主义。

另一方面,巴尔伽瓦指出,所谓语义学的个人主义则是说:"指称社会实体或包含着社会谓词的语句的词的意义,可以还原为仅仅指称个体实践或仅仅包含着个体谓词的语句的词的意义。"语义学的个人主义不过是方法论个人主义解释策略的一种语言学表述而已。

一般地说,方法论是关于认识世界和改造世界的方法的学说和理论。有哲学方法论、一般科学方法论和具体学科方法论之分。哲学方法论是关于认识世界、改造世界的最一般的方法理论。方法论和世界观是统一的,在考察问题时它是观点,在处理问题时它是方法。通常,有什么样的世界观就有什么样的哲学方法论。各门具体科学的方法论归根到底也受一定的哲学世界观的制约。

2. 个人主义方法论的世界观特征

加拿大学者邦格主张,个体主义(个人主义)是一种世界观,属于探索世界的构成性特征的世界观。我们称这种世界观为构成性世界观。它追问:世界的特征是个体的还是整体的? 邦格说,存在着三种不同的世界观:个体主义世界

① 转引自欧阳康:《人文社会科学哲学》,武汉大学出版社 2004 年版,第46—47 页。
② 转引自欧阳康:《人文社会科学哲学》,武汉大学出版社 2004 年版,第46—47 页。

观、整体主义世界观和系统主义世界观。他认为,个体主义世界观和整体主义世界观各自都有自己的理由,但是也都有自己的片面性,系统科学的涌现论的世界观才是更全面、更完善的世界观。①

在哲学史上通常说,世界观是人们对整个世界(自然、社会和人的思维)的总的根本的看法。它是关于世界的本原或存在性的探索,即追问"世界的本质是什么",我们称这种世界观为存在性世界观。在史前时代,先人们认为自己面对着可以感知的实物世界和虚无缥缈的灵魂世界。古希腊时代,上述两个世界的观念演变成为物质(Matter)的世界和观念(Idea)的世界。到了中世纪,上帝所在的世界成了主宰,世俗世界成了附属品。在工业时代,情况颠倒过来,物质世界是第一性的世界,而精神的世界是它的附属品。到了信息时代,在世界的物质统一性的基础上,人们开始承认世界的信息统一性。于是,有的学者主张世界既是物质的,又是信息的,即主张事物的物质—信息"二重性"理论,甚至提出物质与信息的对立统一的理论模型,来说明两者是如何相互关联和相互作用的。在一定意义上说,二重性理论实际上属于科学文化和人文文化之后的第三种文化。②

如果我们把存在性世界观和构成性世界观融合在一起,就可以得到一种新的世界观。构成性属于事物(世界)的空间特性,即事物的位置或逻辑上的关联;而存在性属于事物(世界)的时间特性,即演变中的同一性与不变性。换言之,构成性是共时性的,而存在性是历时性的。如果我们认定,空间和时间是事物存在和运动的方式,那么对任何对象的研究,都可以从物质、信息、空间、时间四个基本的视角进行考察,而不会出现矛盾和遗漏。

(三)方法论个人主义的三种诠释及其合理性

1. 作为经济学分析模式的方法论个人主义

马克·布劳格指出:"早在1908年熊彼特就发明了'方法论个人主义'的表达,他还是第一个把方法论个人主义和'政治的个人主义'区分开来的人。"方法论个人主义"描述的是经济分析的模式,这种分析总是从个人的行为开始;而政

---

① 参见 Mario Bunge, *Emergence and Convergence—Qualitative Novelty and the Unity of Knoledge*(《涌现与汇聚——新质创生:与知识统一》), University of Toronto Press, 2003, 第一编第三章。

② 参见李宗荣:《论信息科学的世界观》,《医学信息》2008年第8期。

治上的个人主义表达的是政治的纲领,在这种纲领中对个人自由的保留成为检验政府活动的试金石。"①熊波特在《经济分析史》中,通过政治上的个人主义、社会学上的个人主义和方法论个人主义的对比分析,阐明方法论个人主义是一种经济学的分析模式。

所谓"政治上的个人主义"是指经济政策问题上的自由放任态度。无论哪个经济学家,只要他根据有关单个家庭和企业行为的假设来建立其理论结构,就会被认为在颂扬他所描述的个人私利相互自由作用的结果。由于熊波特对方法论个人主义和政治上的个人主义的区分,马克卢普认为:"经济学理论可以运用坚固的个体主义的或'原子主义'的方法,而不需要使自己承担自由放任这样的政治纲领的负担。"②

熊波特所说的方法论个人主义分析模式是现代西方主流经济学形成时所使用的方法。当时,边际主义者用这种方法构造了比较完整的微观经济理论。它认为,经济分析最重要的前提是追求个人利益的动机,必须从这样的一般前提出发进行演绎推理,从而说明价格是如何形成的。熊波特通过分析新古典经济学的内容进一步说明该方法的如下特点:

第一,对个体的描述是分析的出发点:"经济学家所研究的是过正常商业生活的人",他的行动会满足利润最大化;人们不同的需求给货物(goods)这个概念下了定义,并可以按一个确定的(主观)重要性的秩序予以排列;"随着我们所获得的每种货物的数量不断增加,我们对增加'一'单位的欲望的强度则不断下降,直到达到零点"。③

第二,从上述描述推出下述定理:"为了从任何一种能满足不同欲望的货物(包括劳动或金钱)中获得最大的满足,一个人(或家庭)必须这样分配该货物,即使其在每一用途上的边际效用相等。"进而推出经济学家的基本理论:"交换价值只不过是一个变换系数的特殊形式,经济现象的全部逻辑即从这个系数导出。"成本、生产、分配理论是"将边际效用原理的应用范围延伸到生产与分配的

① 马克·布劳格:《经济学方法论》,北京大学出版社1990年版,第55—56页。
② Fretz Machlup, *Methodology of Economics and Other Social Sciences*, New York: Acdemic Press, 1978, pp. 471 - 472.
③ Fretz Machlup, *Methodology of Economics and Other Social Sciences*, New York: Acdemic Press, 1978, pp. 471 - 472.

整个领域"。①

当代微观经济学的分析，与上述表达相比，更加简洁、易懂：以偏好公理和效用概念表达个体的偏好性质和程度，使它具有逻辑一般性的地位；然后在确定的约束条件下推出他的最佳需求，并把这些个体需求的总和视为市场的需求；最后，需求和供给的相互作用，达到了供给量与需求量的均衡点，形成市场价格。当然，这与上述分析具有共同的特征：从个体的单子性质出发，逻辑地推出微观经济学的整个理论。

熊波特和主流经济学家们认为方法论个人主义的合理性体现在两个方面。第一，它已经被证明是最有用的经济分析模式；第二，他运用了自然科学的抽象分析和演绎方法。尽管它"不否认对个体的行为存在着强烈的社会影响，不否认社会组织成员之间的紧密联系，也不否认社会实体对于社会分析可能有的重要性"，但是由于可以使用抽象分析获得了合理的立足点，所以可以不必考虑上述因素。也正因为如此，它认定方法论整体主义"没有可以感知的优点"，"在经济分析中是多余的"。②

2. 作为社会科学分析模式的方法论个人主义

由于方法论个人主义在经济学分析模式中获得成功，它很快地跨越了经济学与社会学的界线，与社会学中的个人主义传统相互呼应，推动方法论个人主义从经济学的分析模式转变为社会学的分析模式。

在正统经济学中占统治地位的方法论个人主义，由于立足于对人的特性的一般概括，因而本身存在着作为一般方法论扩展的基础。经济学的膨胀，如沙文（Shaun Hargteaves Heap）所说，源自经济学家的一种学科性的"帝国主义式的野心"，他们总是希望自己的分析模式扩展到其他研究领域。新古典经济学到20世纪30年代时，基本任务已经变成对稀缺资源的有效配置的技术性研究。这个定义，使得经济学可以涉及更为广泛的人类生活范畴、应当被应用于所有的人类行为，因为这些行为都涉及货币价格或影子价格，重复性的或不经常的决定。芝加哥经济学家盖里·贝克说："时间、能量和感情都是具有选择性用途的稀缺资

①　Fretz Machlup,*Methodology of Economics and Other Social Sciences*, New York：Acdemic Press，1978，pp. 471 - 472.

②　转引自段培君：《方法论个人主义的三种诠释及其合理性》，《自然辩证法研究》2002 年第9 期。

源。我们按照重要性程度的不同,对他们进行投资以获得最好成绩的回报。如果我们所有的选择都具有一种广泛的投资效益结构,那么所有人类行为都可能让它的秘密服从于'经济的'分析。"①

从 1930 年到 1955 年间,先是理性个体选择的形式公理理论,接着是博弈论,然后是公共选择理论,方法论个人主义作为分析理论实际上走出了经济学的疆域。人们开始在社会学领域中定义方法论个人主义。这种扩展也产生了新的特征。方法论个人主义的分析模式从纯粹演绎性的分析扩展到演绎和因果分析并举,方法论个人主义的工具库有所扩充,其逻辑的性质也有一定的变化。

那么,这种扩展在多大程度上以及在何种条件下具有合理性呢?

方法论个人主义的推广,与下面的一元论预设相联系:社会科学领域存在着普适的、唯一的方法论。根据这一预设,可以认定:方法论个人主义就是普适的、唯一的科学方法论,它应该也能够面对和说明社会领域的所有现象。微观社会学的建立和成功应用,就是最好的合理性论证。

微观社会学是表征社会学研究角度的一个范畴,它又称为小型社会学。与宏观社会学或巨型社会学相对而言,它主要研究社会互动、社会角色、人的社会化、基本群体等社会现象,侧重于研究互动和人际关系。这类研究通常被称为社会的微观分析或微观角度分析,有些社会学家把微观分析比喻为"细胞分析"。

与宏观社会学研究社会的结构不同,微观社会学研究社会的行为。社会的微观现象主要表现为社会的行为。根据主体的范围,微观社会学涉及的社会行为可以区分为四种:个体行为、群体行为、组织行为、民族或国家行为。由于社会中的群体、组织、民族或国家都是由社会个体组成的,离开了社会个体,他们就无法生存,因此可以说,社会行为总是由社会个体实施的行为。所以,社会行为有两种情形:一是自主发生的,属于个体层次;二是必须与一定范围的他人协作,属于团体层次(包括群体、组织和民族)。

与宏观社会学研究抽象的、不可体验的、与实际生活距离较远的事物相比,微观社会学的研究对象都是具体的、可体验的、与个人的实际生活紧密相关的行为,它是普通人的经历。但微观行为的单位也可以是大范围的,比如战争行为、

---

① Shaun Hargreaves Heap, Martin Hollis, Bruce Lyons, Robert Sugden, and Albert Weale, *The Theory of Choice—A Critical Guide*, Oxford UK & Cambrige USA: Blackwell, pp. viii - iv.

种族歧视等。微观社会学主要采用现象学社会学中所讲的"生活世界"的视角，研究个人的动机、目的、手段、原因、过程和结果。宏观社会学采用顶层的（或局外的）视角，它超出生活的层面。

微观社会学认为，各个个体是有自由意志的，他们创造制度、规则，建构人际关系，创造社会组织，从中显示社会主题的广阔的活动空间和无限的未来。而宏观社会学研究抽象的社会个体，比如交通规则所针对的个体，不是具体的张三、李四，而是一般意义上的人。由于这种社会个体是抽象的，所以社会现象也就可以被看做是能够重复的了。微观社会学的研究成果往往采用理解性的、快速多变的形式。它的内容富有人情味，容易反映人性的特点和要求，但不容易被社会学同行所验证。

微观分析和宏观分析的关系问题是西方社会学理论中一个长期争论的问题。分歧集中在对社会的研究应以微观分析为主还是以宏观分析为主。一些学者强调应把微观分析放在首位，他们认为宏观的结构分析是微观的互动关系的固定化与模式化。一些学者则认为，宏观的社会结构是微观的人际互动关系的现实制约因素。另一些学者试图调和二者的冲突，找出一种连接微观分析和宏观分析的链条。现代结构理论正朝着这个方向发展。宏观结构主义从规模、分化、异质性、不平等方面研究了社会结构的特征及其对社会结构整合的作用；微观结构主义从人际互动的观点出发，努力寻找宏观结构的微观动力，如美国社会学家 R. 柯林斯提出的"互动仪式链"理论，英国社会学家尼尔斯提出第三种社会学等。①

3. 作为分析模式与价值辩护相结合的方法论个人主义

波普和哈耶克作为方法论个人主义者，其显著特点是确认方法论个人主义与价值辩护的联系，把对自由的辩护纳入论题的范围。他们的方法论个人主义既是社会科学的分析模式，又具有价值辩护的性质和功能，是分析模式与价值辩护相结合的一种方法论。他们的逻辑与熊波特和马克·布劳格的逻辑不属于同一类逻辑。他们有两个主要的论证：一个立足于方法论个体主义的特殊性，立足于它与方法论整体主义的对立；另一个立足于方法论个人主义的一般性，立足于

① 参见顾金土：《宏观社会学与微观社会学之关系探析》，《南京农业大学学报》（社会科学版）2004 年第 4 期。

科学与价值的一般关系。

第一个论证通过以下逻辑展开:方法论整体主义是专制主义的认识基础和理论来源,对方法论整体主义的批评和对方法论个人主义的辩护,也就是对自由的辩护;同时,方法论整体主义是一种类比生物学理论或有机体理论,在这种理论中个体自由为有机体所消解,因此反对这种有机体的方法论整体主义,维护方法论个人主义,也就是维护个体自由的存在。否则,个体就失去了他们的独立性、自主性和选择性。坚持个体是一种独立体和价值源,一种具有活的精神的"原子",从而保证了自由的本体性存在。

第二个论证认为,经济学乃至一般社会科学学科的出现,不是纯粹理性的产物。方法论个人主义作为它们的方法论,也是如此。哈耶克说:"经济分析从来就不是对于社会现象的原因的单纯智力好奇心的产物,而是一种强烈要求重建一个引起了人们深刻不满的世界的结果。"波普则引用康德的话,说明纯粹理性与价值选择的关系:"屈服于好奇心的每一种念头,让我们的探索热情除了自己能力的局限而外并不受任何事物的束缚,这一点就表现了一种与学术研究相称的心灵的渴望。但是在所呈现出来的无数问题之中,要选择出那些其解答对于人类是具有重要意义的,却只有智慧才能有此优点了。"①这里,智慧包含着价值判断。

上面的论证都是力图表明,方法论个人主义既是对个人自由属性的科学分析和抽象,又是对个人自由的确认和辩护。这虽然不是典型意义上的价值学说,但是它打破了分析模式与价值学说两立的局面,确认它们之间存在着内在的关联,从而表明方法论个人主义作为社会科学方法论在特定的意义上不是价值无涉的。这一扩展改变了实证主义对方法论个人主义的限定,反映了社会科学研究在当代的某种倾向。同时这些论证也是对方法论个人主义更加全面的辩护。它强调,方法论个人主义的合理性不仅是认识上的(分析线路),也是价值上的(维护自由),而且还是认识与价值联系之中的(科学与自由的内在关联)。

然而,新的辩护并不意味着方法论个人主义确立了它的绝对合理性。实际上,波普的论证本身不具有完备性。他所批评的方法论整体主义只是一种绝对

① 卡尔·波普:《历史主义贫困论》,中国社会科学出版社1988年版,第51页。

的、有机的整体主义。这种极端的方法论整体主义与自由的关系可能是对立的。但是,非极端的方法论整体主义却不一定与自由处于对立的状态。对这些方法论整体主义,不能排除它们也可以与自由具有一定的相容性或支持性的关联。换言之,在方法论领域方法论个人主义仍然面对方法论整体主义的挑战,它并没有得到充分的根据证明自己是社会科学领域唯一合理的方法论。所以,问题可以转变为两个方面:或者方法论个人主义还没有找到合适的论证,或者这一论断的前提就是可疑的,社会科学研究领域不一定存在唯一合理的方法论。马尔科姆·卢瑟福近期的研究试图表明,社会科学的方法论既不完全属于方法论个人主义,也不完全属于方法论整体主义,而是两者某些内容的结合或两者的互补。①

　　加拿大研究者邦格则直接指出:比个人主义和整体主义更完善的是系统主义的方法论。他说:"关于宇宙的结构和我们对它的了解,主要有三种世界观。一是个体主义,它认为任何事物都是一个个体或者是个体的集合。用否定的术语表达,则说:除了虚构的事物以外整体是不存在的。与个体论相对立的是整体主义,它认为宇宙是一个无明显特征的黏黏糊糊的一团物质,以至于它的每一部分都受其他部分的影响。用否定的术语表达,则说:除了虚构,没有任何个体。个体主义和整体主义的认识论伴随物分别是理性主义和直觉主义。""个体主义和整体主义的替代物是系统主义","用否定的术语表达:既没有孤立的个体,也没有不可分解的整体。"②

　　实际上,从科学与价值的二元联结中把握方法论个人主义, 不管论证者是否意识到, 这一看法已多少冲击了社会科学是绝对一元参照系的观点。社会科学方法的一元论本身是简单性科学的结果, 它的出现可能有助于社会科学的某些特征, 但它把与价值的联系,把科学方法的多样性抽象掉了, 因而使社会科学失去了一些基本的特征。方法论个人主义的上述扩展, 客观上是对简单性的扬弃, 包含着对自身的某种超越。方法论个人主义和方法论整体主义可能都需要从认识和价值两个方面重新审视自己的前提, 确定自己的地位以及与对方的

　　① 参见段培君:《方法论个人主义的三种诠释及其合理性》,《自然辩证法研究》2009 年第 9 期。

　　② Mario Bunge, *Emergence and Convergence—Qualitative Novelty and the Unity of Knoledge*(《涌现与汇聚——新质创生与知识统一》),University of Toronto Press,2003,pp. 95 - 96.

关系。①

二、符号互动理论给我们的启示

(一)符号互动理论的创立与发展

1. 什么是符号互动理论

符号互动理论(Symbolic Interaction)是社会互动理论(Social Interaction)的一个分支。社会互动理论是研究人与社会环境相互作用的规律、模式的理论观点的总称,它还包含社会交换理论、精神分析互动理论、日常生活互动理论等。一般地说,互动(Interaction)指社会中人与人的交互作用。由于这种人与人之间的互动而发生社会关系,进而产生人的社会行为。现代西方社会学把互动看成人的心理感应活动,并分为三个层次:(1)感官的互动,有感官受到的刺激信号影响大脑,而产生相应的行为;(2)情绪的互动,即由于别人的情感影响,而引起个人的反应的互动;(3)理智的互动,指通过认识和语言为媒介,而作出的概念、判断、推理。

根据《外国哲学大辞典》,符号互动理论主张社会团体成员(个人)之间的相互作用及社会制度是一种符号系统。理论信息学认为,信息载体有信号和符号两种,符号是信号的信号。在上述三个层次的互动行为中,感官互动是信号的作用,理智互动是符号的作用。情绪(和情感)是人对客观事物态度的体验,是人的需要是否获得满足的反映。情绪反映的是客观事物与人的主观需要之间的关系,它不同于作为对客观事物本身反映的认知过程。人以外的高等动物没有符号,却有语言、有情绪,通过他们的语言和情绪实现互动。人和动物的情绪的外显形式是表情。表情(如微笑、愤怒)和语言一样是信息交流的工具和媒介。②所以,可以认为情绪互动基本上是信号互动,只有人类社会中才有符号互动。

人类创造了符号,使用符号记录精神产品,在可以实现继承的基础上创新。在人以外,有的高等动物也很聪明,但是它们别出心裁的创造没有办法记录和传

---

① 参见段培君:《方法论个人主义的三种诠释及其合理性》,《自然辩证法研究》2002 年第 9 期。

② 参见叶弈乾、何村道、梁宁建:《普通心理学》,华东师范大学出版社 2004 年版,第 288—292 页。

承,下一代必须重新开始。从它们种群的角度看,个体创新就像"猴子掰包谷,掰一个丢一个"。在生物学意义上,人类个体与动物一样,是基因的携带者,是基因库不断进化的工具。但是,在文化学的意义上,人类个体是符号文化的携带者,是符号库不断进化的工具。生物基因库和文化符号库都有自己特定的发展规律,其运作分别服从物理学和信息学的法则。

人类个体以符号为中介,在内部与自为的"自我"互动,在外部与自为的"他我"互动。个人的意向活动、意识自由和思维创新,具有内在结构和外在结构,可以同时从心理学和社会学两个方面进行考察。符号互动可以发生在人类个体之间,也可以发生在家庭、集团、民族、国家的层次上,甚至可以发生在整个人类社会的级别上。社会整体内部的符号互动,是社会自身思维的方式,是社会自己的心理活动,它以全人类的符号库为基础进行思维和创造,构成"宏观社会心理学"。所以,我们可以在宏观、中观、微观的层次上分别考察符号互动的问题。本节在微观的级别上讨论符号互动的现象,可以称之为"微观社会心理学"。

2. 符号互动理论的建立和发展

一般地说,符号互动理论是一种社会学与心理学(人格心理学)的交叉研究,属于社会心理学的知识领域。与社会学关注团体不同,它更侧重研究个体;与人格心理学关注个体内部功能和个体间差异不同,它更关注互动的共同特征,即就总体而言,人们如何看待彼此,如何相互影响。符号互动理论的创始人,是美国社会心理学方面最有影响的理论家米德(George Mead,1863—1931)。他的思想体系主要受到了詹姆斯、库利和杜威三位思想家的影响。

詹姆斯提出了"自我"的概念,认为人类具有把自己当做客体看待的能力,并培养出对待自身的自我感情和态度。进而他又把自我区分为三种不同的类型:生物自我、社会自我和精神自我。虽然詹姆斯的这一自我分类方法并没有被后来的互动理论家所接受,但他关于"社会自我"的概念却成为了所有各种互动理论不可缺少的部分。詹姆斯的"社会自我"概念是指个体在与别人交往中所产生的自我感觉,这说明人们对自己的各种感情与感觉是在与别人的互动过程中产生的。他还指出:一个人有多少种社会自我,取决于认识他的其他个体的数目。但是詹姆斯并没有把这一研究深入开展下去。

库利从自我与社会之间的关系上理解自我概念,其研究有两个重大突破:第一,他完善了自我概念,指出自我是一个过程,在这一过程中个体将自己连同他人看做是社会环境中的的客体;第二,他意识到自我概念是在与他人的交往中产生的。他提出了"镜中自我"的概念,认为在交往中个体之间相互作用,相互了解对方的姿态,并根据别人的看法认识自己。库利还认识到,自我概念产生于群体环境的互动之中。他发展了"初级群体"的概念,认为这些私人的、亲密关系的群体对于塑造个体的自我感情与态度极为重要。由此,库利精练地限定了詹姆斯的自我概念,并使人们认识到,自我的概念是个体在群体的环境中与他人进行符号沟通时产生的。

杜威的实用主义强调人类适应环境的过程,在这一过程中,人类不断地试图掌握周围环境,人类的特性就是在这种与生存条件相适应的过程中逐渐形成的。对于思维,杜威认为这是人类最重要的特征。心智并不是一种结构,而是人努力去适应环境的一个过程,而且还是一种唯一能促使人类去适应周围环境的能力。

在米德所处的时代,结构功能主义理论占统治的、主流的地位。结构功能理论重视社会群体而非个人,重视客观事实而非主体自我。他的社会心理学开创了另一个传统,而他的学生布鲁默则捍卫了老师的传统。米德一生"述而不作",从没有写过一本著作。但他的学生们深知其思想的价值,便整理了他的讲课记录和相关资料,在他死后,出版了一系列著作。其中最著名的是《理性、自我与社会》(*Mind*, *Self and Society*, 1934),这本书被称为社会心理学的"圣经"。①

米德的学生布鲁默(Herbert Blumer)任加州大学伯克利分校教授。他的主要著作是《符号互动主义:观点和方法》。他说,符号互动理论依赖于三个前提:(1)人类行动所指向的事物是因为那些事物有意义;(2)这种意义来自人们与自己同类的社会互动;(3)意义可以通过解释过程加以修正。他甚至认为,客观对象除了向人们提供意义之外没有别的东西。根据理论信息学的一个工作定义,"信息是信号与符号的含义(意义)"。在一定的程度上,符号互动主义实际上是一种关于人类社会的"信息主义",即关于社会信息的传播、处理和利用的理论。

符号互动理论在发展中形成了两大学派:以布鲁默为首的芝加哥学派和以库恩为首的阿依华学派。他们的主要区别表现在方法论上:前者主张人文主义的研究方法,认为社会存在的内容是变异的,由活动着的人们不断地创造各种符号,通过符号互动而表现于世,提出"探测"与"检查"的研究模式;后者主张科学

---

① 参见黄晓京:《符号互动理论——库利、米德、布鲁默》,《国外社会科学》1984年第12期。

主义的研究方法,认为研究数据要客观,研究程序要理性,研究结论要受检验,研究成果要用于实践,从而精心设计出"研究自我"的 TST 方法(即测试"自我"的21 个问题)。

符号互动理论是一种主观色彩浓郁的微观理论,可谓是美国的本土理论,曾经发展成为具有强大声势的理论潮流,在美国社会学界的地位很高。它强调每个人区别于他人的特殊条件,善于寻找产生问题的个人或个别的原因。它通过阐释自我的解释域、符号的自然属性、人类互动的重要性,在个人社会化、人际关系、两性命名符号、校园互动、家庭互动、越轨行为等微观社会问题研究具有独到的优势。例如,对于暴力问题的分析研究,越轨行为中的性越轨现象研究,美国移民家庭中青少年的社会适应性研究,家庭中父母与子女的互动方式研究,等等。所以,符号互动理论能够逐渐地走入人类日常生活,成为人们考察社会现象的有效途径。①

(二)符号互动理论的基本思想

符号互动理论首先提出了两个基本的假设。第一,人类在生理上的脆弱性迫使他们在群体中互相合作,以求生存;第二,存在于有机体内部或有机体之间的、有利于合作而最终也有利于生存与适应的行为将被保存下来。② 由此,人的心理也好,自我也好,社会也好,都将在人与人之间的相互关系中才能产生,它们都具有社会的意义。符号互动理论主要包括三个部分:社会行为主义的立场与方法;心灵论;自我论,此外,还包括了社会论。下面简要介绍之。

1. 社会行为主义的立场与方法

符号互动理论批判和检讨了华生的行为主义,发展出有关心理问题的社会行为主义的研究取向和探索途径,它也是一种观念和方法论的体系。它的社会行为主义有两个层次的内容。首先,它是行为主义的,即通过行动来探讨经验。但是,它批评华生行为主义只是关注外显的可观察的动作,主张身体内部所发生的一切也是动作的组成部分。它认为,研究动作不仅要关注可观察的动作,还应当从动作的观点来看待意识本身。

其次,它是社会行为主义的。符号互动理论认为,思维和意识是在行动中产

---

① 参见唐月芬:《米德符号互动理论述评》,《哈尔滨学院学报》2003 年第 7 期。
② 参见 D. P. 约翰逊:《社会学理论》,国际文化出版公司 1988 年版,第 78 页。

生的,但是人们并不是作为单独的生物机体来行动的。相反,他们的行动是相互联系和相互依赖的。符号互动理论批评华生行为主义忽视了行为的社会方面。由此,它强调要从能动的、进行中的社会过程以及作为其组成部分的社会动作出发,也就是从社会的观点,至少从社会秩序所必需的交往的观点出发来论述经验。

2. 心灵论

社会行为主义心理学将社会动作置于研究的核心位置。符号互动理论在表述心灵(Mind)时,引入并强调一个概念——姿态(Gesture)。姿态是动物和人类的一种最简单、最基本的沟通形式。但是,人类并不只限于姿态形式的沟通,还能够把他人的观点自觉地反映到自己的行为上来。一种姿态,如果在表现这种姿态者身上和在这种姿态所针对者身上能够引起同样的反应,就是一种有意义的姿态。姿态的意义就是这种共同的反映,这种共有的意义的出现使得符号沟通成为可能。我们可以而且应当从社会过程中把姿态分解出来。在米德看来,人类象征符号沟通的最显著的特点在于,他们不只限于使用身体姿势(无声姿态),而且使用语词(有声姿态)——有共同的或标准化意义的语音符号;但有声姿态尤其重要,因为它作用于以同样方式作用于他人的人。由此,有声姿态就成了有意义的、表意的(有意识的)符号,是一种思想的表达。

人们的心灵和心智能力产生于婴儿期。婴儿逐渐地形成对姿态的一致的理解。当个体具有了运用姿态,并且用相同的意义来解释姿态的能力时,就标志着心智的发展。心灵的特征,即人类的反思或思维,是在内部使用符号,特别是使用语言符号的过程中产生的。思维就是看不见的符号操作过程,它使得人类能有目的地控制和组织自身的行动。思维与姿态的关系表现为:思维本质上就是外部的姿态会话在我们经验中的内化——这种内化了的姿态即为有意义的符号;思想的出现亦正产生于有意义的姿态,即符号的普遍化。

3. 自我论

符号互动理论将"自我"(self)进行了区分。它认为,自我作为有别于"非我"(客体和周围环境)的主体自己,可以分为 I("主格我",主我)和 me("宾格我",客我)两个部分。"主我"代表每个个体独一无二的自然属性。"客我"代表自我的社会属性,即社会的内在化的需要和个人对这种需要的理解。一个人的 I 首先发展,me 的发展则要长期进行,因为个人要学习社会的期望和规则。

它认为,自我的发展就是 I 与 me 的不断"对话",他称这个过程为"入理"(Minding)。换言之,自我代表内在化的过程,自我意识就是个人对"普遍的他人"或社会习惯的内在化。自我是自然的我和社会的我的复合物,即生物的我与文化的我的复合物。

一般地说,主我是主动的行动者,是有机体对他人态度的反应,具有自发性、冲动性和创造性,它在行动中改变社会结构;而客我却是自我的社会方面,是一套想象中的他人的态度。任何行为都是由主我的冲动所引起,而后受到客我的控制;前者是行动的动力,后者是行动的方向。

符号互动理论把"自我"的发展分为三个阶段。第一是模仿阶段。孩子们模仿父母的行为,扮演其他人的社会角色,如医生、警察等。这时候,孩子们还没有他们自己作为独立的社会存在的概念,没有概念的外部和内部的组织。第二是玩耍阶段。孩子们开始把自己看成社会主体,参加一个组织,将自己同群体联系在一起,并遵守游戏的规则和约定。第三是"泛化的他人"(Generalized Others)阶段。这时候儿童能够意识到自己对群体的重要性和群体对自己的重要性,意识到他人的角色。孩子们开始反映"普遍的他人",即有组织的群体和社区,他们不仅要了解"特殊的他人"(父母、朋友)的意识,还要了解整个有组织的社会,按照非人格的角色来控制他们的行为。

符号互动理论还认为,人们不仅要理解他人,也要有能力理解自身,人不仅与他人"互动",也要参与自身的"符号互动"。符号互动通过操纵语言来实现,语言是最主要的符号。符号不是既定事实,而是处在连续的过程之中。人们不仅要学习常规符号,还要操纵这些符号,这样才能充当"游戏"中其他行动者的角色。人们可以通过改变行动路线修正互动。米德认为社会心理学的对象就是社会环境中各种行动者的有组织的和模式化的互动。

4. 社会论

符号互动理论认为,社会是在人与人之间互动中产生的,它代表着个体之间有组织的、模式化的互动。社会依赖心智的存在,没有这种扮演角色和现象演习各种行动方案的心智能力,个体之间就不能协调他们的行动。同时社会也依赖自我表现的能力,特别是依赖于从泛化他人的观点来评价自身的过程。没有这种把自己当做客体并用群体的观念观察自己、评价自己的能力,那么社会控制就只能通过与具体的、直接在场的他人交往中所产生的自我评价来得以实施。

它的社会论可以概括为三个方面。第一,人类社会的个体基础——反思。与自然界中动物社会相对照,米德认为动物社会的个体基础是一种本能的冲动,而人类社会的个体基础体现出更为精致的发展,人类的大脑处于较高的水平,可以进行反思和交流,由此产生的语言特征等使得人类与动物之间形成了本质的区别。

第二,人类社会的组织基础——交往。对于人类社会组织而言,其基本原则是交往(或曰通信、传播,即 Communication)。在通信过程中,个体遐想或采纳他人的态度,扮演他人的角色,并以此来调节自身的行为。同时,也正是这种通过扮演他人角色而获得对自己反应加以控制的能力使得通信具有价值。

第三,人类社会的制度基础——理解。米德从有机体与环境的关系来考虑这个问题。有机体在某种意义上是用它的感受性来决定它与环境的关系。对于人类而言,则即是通过理解(个体对制度的理解),决定对环境的态度。他指出,制度体现的是共同体全体成员对一个特定情景的一种共同反应。同时,米德也强调制度环境对个体行为的影响。①

三、存在主义心理学与创新思维的条件

存在主义作为一种哲学流派,蕴涵着诸多心理学方法论主张,影响了西方心理学中精神分析学和人本主义心理学的发展,把它们引上了存在主义心理学的轨道。存在主义不仅把个体的自我看成是一个完整的心理实体,也把个人与他人、与社会、与自然的关系连接在一起,构成一种内在一致的人格整体,视自我为主客同一的本真存在,重视人的价值和尊严,关心人的潜能与发展,突出了人的特性对心理学方法论构建的重要性。

(一)存在主义与精神分析学

1. 什么是存在分析学

存在主义的精神分析学简称存在分析学,是存在主义哲学与精神分析学相结合的产物。德国的存在主义哲学家雅斯贝尔斯早年就是一位精神病医生,他曾将精神分析应用于临床实践,并著有《普通精神病理学》一书。德国的另一位

---

① 参见唐月芬:《米德符号互动理论述评》,《哈尔滨学院学报》2003 年第 7 期。

存在主义哲学家海德格尔,尽管在其著作中没有提到弗洛伊德,但却在其《存在与时间》中首创了"存在分析"(Daseinsanalytik)一词。该词后来被存在主义分析家宾斯汪格稍作修改,就变成了具有精神分析学意义上的"存在分析"(Daseinsanalyse)。同时,海德格尔还多次应精神病医生和精神分析学家的邀请赴瑞士讲述自己的哲学思想,并且默认把自己主张的哲学解释为精神治疗的方法论基础。

法国存在主义哲学家萨特对弗洛伊德的精神分析学进行存在主义的哲学改造最为直接。他早年在柏林大学留学期间,专门研究过弗洛伊德、阿德勒以及施泰格尔等人的精神分析学。他曾说过:只有一种学派是和我们出自同一原始自明性的,这就是弗洛伊德派别。萨特在其最重要的著作《存在与虚无》一书中,专列一节"存在主义的精神分析"。他认为,弗洛伊德的理论是能够了解他人内心世界的科学典范,并且将之称为"经验主义的精神分析"(Empirical Psychoanalysis),而把自己的精神分析称之为"存在主义的精神分析"(Existential Psychoanalysis)。

存在主义分析学家主要指对存在主义哲学进行精神分析心理学化改造的精神分析学家,存在主义的观点和方法的精神分析心理学化主要是精神分析学家的工作。众所周知,弗洛伊德所创立的古典精神分析学曾一度成为治疗神经症和精神病的最有效的方法。但随着社会历史条件的变化,他完全以性本能和潜意识理论来揭示精神病和神经症的病因并说明人的本质,这招致了各方面的批评,也导致了精神分析学派的内部分裂和非议。

2. 存在分析学的产生和发展

20 世纪 30 年代,欧洲大陆的一批精神分析学家,如瑞士的宾斯汪格、鲍斯和奥地利的弗兰克尔等人,发现当时心理疾病患者的病因不再是维多利亚时代的性问题,而是因战争创伤和经济危机所带来的许多社会问题。人们普遍感到内心空虚、精神沮丧、前途渺茫、人生意义感丧失,大部分患者抱怨的是孤独寂寞,人们迫切要求认识人的本质、人生的意义。这些关于人生目的和生活意义的问题正是存在主义哲学所探讨的问题,它对精神病学、心理学产生了启发作用。这样,他们就很自然地把弗洛伊德的精神分析学与当时流行的存在主义哲学结合起来,站在精神分析学的立场,对海德格尔等人的存在主义哲学进行了精神分析心理学化的改造,将其转变成了经验科学的方法,用以探讨人的心理生活和实施心理治疗。他们所创立的欧洲存在主义精神分析,或存在分析学说是弗洛伊德的古典精神分析学的重要发展。①

欧洲存在主义精神分析的先驱者宾斯汪格在阅读了海德格尔的《存在与时间》一书后,觉得他似乎已经为心理学找到了最后的根基,即找到了能够成为自己的哲学人类学和精神分析的基础的那种学说。他说:"海德格尔以对于作为'在世界中的存在'的基本结构的这个指示,给了精神病学家一把钥匙,由于摆脱了任何自然科学理论的偏见,能够在其完全内涵的内容上接受和描述他所研究的对象。"②由此可见,斯宾汪格接受了海德格尔的存在的本体论学说,并依据海德格尔的"存在解析"提出了"存在分析"的心理治疗方法,重视人在世界中的存在,阐述了正常人与精神病人的典型的存在方式。他试图借助海德格尔关于人类存在结构的研究,对精神病患者的内部经验世界进行重新建构。

和宾斯汪格一样,鲍斯对心理治疗采取了存在主义的态度,他放弃了"潜意识"概念。他认为,从人的存在现象观点看,绝对没有任何需要假设潜意识的心理。如:弗洛伊德把梦视为通往潜意识的捷径,只有通过梦的分析才能发现潜藏其后的潜意识本能。鲍斯反驳说,梦的内容实际上完整地表现着"人在世界上的存在"。此外,鲍斯还接受了存在主义的自由观,重视个人自由选择的意义。存在主义把自由当做每个人最基本的特性,提倡人能够自由选择,造就自己的本质,萨特甚至提出"他人就是地狱"。从这一立场出发,鲍斯认为,一个人一旦放弃了他的自由,在心理上就必然会出现障碍。因此他说:"所有一切心理疾病不决定于自然原因,而决定于个人的自由选择及其对存在的关系",即通过自由选择重新塑造一个新的存在。

号称"维也纳第三心理治疗学派"的弗兰克尔的意义治疗,也是存在主义的中心问题(即人存在的意义)在心理治疗中的复制。弗兰克尔从存在主义出发,认为我们生活的时代是一个生存挫折的时代,精神病患者就是在生活中迷失了方向,迷失了生存意义的人。人要摆脱心灵的困境就必须超越他的存在,趋向和追求存在的意义,意义治疗就是帮助病人找回他的特殊意义。同时,弗兰克尔把

---

① 参见雷美位、谢立平:《存在主义心理学方法论探析》,《长沙理工大学学报》(社会科学版)2007 年第 2 期。

② 参见雷美位、谢立平:《存在主义心理学方法论探析》,《长沙理工大学学报》(社会科学版)2007 年第 2 期。

存在主义的负责任的自由选择看做是人存在的根本实质。由此提出,医生不能强行规定生活的意义,必须由病人自己探讨生活的意义,通过自己的自由选择回答人生提出的问题。另外,由于弗兰克尔广泛地吸收了存在主义哲学的观点,因此,他提倡的对人生意义的追求不是对现实生活意义的追求,而是对超越现实的和自我精神意义的追求。所以,即使人失去了自由,依然能感受到人生的意义和价值。①

(二)存在主义与人本主义心理学

1. 什么是人本主义心理学

存在主义者并未结成统一的思想联盟,但在人学意义上却有着一些共同的思想倾向,主要是:第一,以个人的非理性存在特别是个人的存在体验为哲学的研究对象;以"我个人生存,或者说个人的存在究竟有何意义"作为自己的中心研究课题,强调人的存在与其他一切存在的区别;第二,反对科学主义,反对像自然科学那样去探求人的"本质",主张以非理性主义的哲学方法去反思人的存在;第三,以建立一种"新人道主义"的理论体系,拓展西方非理性主义思潮并弥补传统的"人学空间"为目标。当然,存在主义的主张并非完全一致,他们对人本主义的影响也不尽相同,其中以海德格尔、萨特、马丁·布伯等人的影响较大。

人本主义心理学与具有人文倾向的存在主义之间存在着千丝万缕的联系。人本主义心理学的创立者把存在主义视为人本主义心理学思想的重要来源。究其原因,首先,存在主义的人性观直接影响了人本主义心理学对人的本质的看法。存在主义认为,人是绝对自由的、积极向上的、追求超越的。而人本主义心理学家马斯洛认为人在本质上是自由的、积极向上的、追求自我实现的。其次,存在主义把理解人作为自己的研究主题,强调人的真实性或内在的自我,注重对人的潜能、价值的研究,把自我看做是个人的核心、看做"主体",反对把人看做僵死的机器和无选择的动物。最后,存在主义主张现象学的方法论,主张运用现象分析的方法具体地理解每一个病人的真实存在。罗杰斯把现象学视为其患者中心疗法的基础,他认为要想使治疗获得成功就必须用"无条件积极关注"来获得自我现象场。他以这种方式为基础,提出了他所谓的 Q 技术,旨在对那些从个体的内在框架中得出的现象资料进行客观分析。

---

① 参见吴芳:《存在主义与西方心理学的发展》,《湖州师范学院学报》2005 年第 1 期。

对于存在主义哲学在人本心理学方法论创建中的意义,彪勒指出,人本主义心理学和存在主义有两个共同点:一是批判了僵死的方法论和对某些预定领域或模式的闭锁性研究;二是集中注意人对他的存在的体验。马斯洛认为:"存在主义不仅能丰富心理学,而且它也是建立心理学的另一分支,即充分展开和可以依赖的自我及其存在方式心理学的附加推动力,存在主义者可以给心理学提供目前缺乏的哲学基础",①即填补由逻辑实证主义在心理学中的失败所带来的心理学之哲学方法论的真空。

2. 人本主义心理学:第三势力心理学

在《心理学能从存在主义那里学到写么》等文中,马斯洛更具体地阐明了存在主义与"第三势力"心理学,即人本主义心理学之间的关系。他看到,在存在主义与他所倡导的"第三势力心理学"之间有很大的一致。首先,存在主义和"第三势力心理学"均将同一性概念和同一性体验看做人性和关于人性的任何哲学和科学的绝对必要的东西。二者均为对价值观念的危机这一时代特征的反应,均关注对人的价值、自由等问题的探讨。其次,存在主义信赖现象,强调从经验知识出发,把个人的、主体的经验作为建立抽象知识的基础。最后,存在主义在一些具体问题上的认识也具有重要的意义。

罗洛·梅被公认为是与马斯洛、罗杰斯齐名的、美国人本主义心理学领袖。他是一个具有存在主义倾向的人本主义心理学家。从 20 世纪 50 年代起,他就自觉接受了蒂利希和马丁·布伯的存在主义观点。可以说,他的整个理论体系都是以存在主义哲学为基础的。由于受存在主义对人生意义进行探索的启发,罗洛·梅发现人存在的真谛,探索存在的意义,从而把建立一种基本的人的心理结构作为其终生奋斗的目标。随后,他提出的存在分析心理治疗,明显地以存在主义为哲学基础。他认为心理治疗的核心过程是帮助病人认识体验自觉的存在,强调帮助病人恢复自由选择能力,使得病人能够正确地认识和肯定自我,增强自我存在的意识。同时,为了使病人全面理解自身的存在,他吸收了马丁·布伯的"我—你关系"的学说,提出了人存在于世界的三种方式——人与环境、人与他人、人与自然的三维关系,而且把这三种方式视为有机联系的整体,从而构成一个相互影响的互动过程,要求病人在与外部世界、他人的关系中体验自己的

---

① 参见吴芳:《存在主义与西方心理学的发展》,《湖州师范学院学报》2005 年第 1 期。

存在,认识到自我存在的价值。另外,罗洛·梅显然认同了存在主义对人的自由选择的强调,他把自由列为人格的基本要素之一,认为自由是人格的基础,是人格存在的基本条件;认为个体能够自由地塑造自己的存在,并把自由选择能力作为心理健康的首要标志之一。他指出:“每个人都有能力利用他的遗传、环境塑造其独特性和自我模式,反对自由的存在恰好更有力地证明了自由的存在,因为事实上任何反对和质问本身都预先假定了自由的存在。”①

当然,人本主义心理学在吸收存在主义观点的同时,也有一些有别于存在主义的主张。首先,人本主义心理学一扫存在主义的悲观颓废色彩,体现出乐观、积极向上的倾向。如存在主义者总是在绝望、恐怖、沉痛中喋喋不休。而人本主义心理学强调人的自我实现,认为自我实现的人总是选择对他来说最美好的东西,这主要是因为他的真正的内核是美好的,值得信赖和有道德的,因此,马斯洛对人类本性持一种积极乐观的态度。其次,人本主义心理学反对萨特的“存在先于本质”的观点,反对把人看做是一种专断的没有价值标准的产物。如罗洛·梅指出,人创造自己的力量已经是人性的一种性质或本质了,它是先于存在的生物学内核或本质的。此外,在对待科学的态度上,人本主义心理学兼容了科学和理性,提倡折中融合、兼容并蓄的研究态度。而存在主义在强调非理性的同时完全排斥理性,科学在海德格尔对人生存在的分析中没有地位,甚至是有害的,因为科学使人们只看到了存在中的一切,而看不到存在的本身。②

(三)创新思维的条件:好奇、闲暇与自由

1. 古希腊哲学与科学的繁荣

古希腊是哲学与科学的一个繁荣时期。亚里士多德在《形而上学》中指出,科学与哲学诞生的三个条件是:惊异、闲暇与自由。这三个条件在当时的古希腊真正具备了。希腊奴隶制提供思想家以闲暇,希腊城邦民主制向他们提供自由。希腊人天生乐观、热爱生活,每四年举办一次奥林匹克竞技会。在享受欢乐生活之时,对自然界的惊异引发他们的求知欲望。希腊人崇尚智慧、崇尚理性。由于

---

① 参见雷美位、谢立平:《存在主义心理学方法论探析》,《长沙理工大学学报》(社会科学版)2007 年第 2 期。

② 参见雷美位、谢立平:《存在主义心理学方法论探析》,《长沙理工大学学报》(社会科学版)2007 年第 2 期。

自由,他们对真理和理性的追求很少带有功利主义的色彩。①

"好奇"是高等动物的本能。有的心理学研究资料说,连高等动物都具有某种好奇心,甚至有某种求知的欲望。作为万物之灵的人类,对于自然现象和社会现象更是满怀着惊奇和困惑。在知识水平十分低下的远古时期,人们在自然面前十分软弱无力,但是他们仍然渴望解释过去、认识现在、预测未来。思索是人类的一种本能,求知欲望是思索的动力。人类最早的思想家是智者、巫师和哲学家。人类最早的精神产品是神话传说和宗教。公元前 800 年至公元 200 年的希腊,产生了许多哲学家,形成了相互区别甚至观点对立的学术派别。在经历一千多年的中世纪之后,人们不再满足于宗教神话对世界的解释,开始寻求关于自然和人类自身的观念。科学的兴起使人们的求知欲望得到较大的满足,生活方式随之发生了巨大改变。20 世纪中叶,信息科学与技术的发展,人们开始探求自然和社会的信息现象,逐步地认识生物 DNA 和社会文化的演变规律。

"闲暇"是指人们可以自己支配的时间和空间。作为知识阶层,他们不用为了生计而整天奔波、忙碌。闲暇不仅指思索、交流的时间、空间等条件,而且包含了闲暇时间的价值、闲暇活动的性质(自主、自决、自由)、闲暇活动的内容(求知、交往等)。当人们不再把闲暇当做自己休息或放松的时间,而是自我发展的时间,人们希望能在闲暇中有意义地和完整地度过时间,这时,闲暇就成了自我表现和发现自我的第一手段。只有人们按照自我设计去发展,个人的生活保持平衡,各方面需要得到满足,才能使人的个性在人的存在的所有方面得到平衡的发展,从而使人成为一个完整的人、全面发展的人。这样,才能达到人类自由的确立。

"自由"首先是指思考的自由、发表意见的自由。古希腊人在历史上是很独特的,他们追求自由,追求心灵的满足,渴望像神一样的生活。希腊人推崇静观、理智。希腊文化的显著特征是:精神至上,自由探索。由于生产的发达和奴隶制度为知识阶层提供了闲暇的时间,而城邦民主制度提供了思想的自由,更由于各邦独立自主,相互竞争,外邦人可以自由进入,使得整个希腊呈现出一派百花齐放、百家争鸣的局面。从文化传统上看,古希腊神话中没有至高无上的宇宙主宰,没有一神论的宗教崇拜,没有形成统一的宗教意识,大多数学者(哲学家和

---

① 参见黄建新、黄建勇:《理性、自由与科学繁荣》,《福建广播电视大学学报》2005 年第 5 期。

科学家)可以不信神,从而使得学术思想能够在宽松的文化氛围中获得自由的发展。但是,进入到中世纪,人们没有了思考的自由,世间的一切,包括人们的知识都是上帝的设定。到了文艺复兴、宗教改革和科学革命,人类思想的自由才重新回到人间。西欧大学产生后的几百年间,成为自由思想言论的最重要的舞台。①

2. 思想自由和学术自由

中世纪大学,作为现代大学的源头和基础,作为一种社会制度(Social Institution),是西欧本土的产物。古代文明中有过高等教育,但是没有产生过类似于中世纪大学这样具有特权的师生组成的行会、管理体系、固定的课程以及学位制度。在大学发展的早期,并没有根据专门的法令创办的大学。12 世纪初,具有代表性且影响较大者是意大利北部的博洛尼亚(Bologna)大学,萨莱诺(Salerno)大学和巴黎(Paris)大学。巴黎大学后来发展为西欧大学的"典范",被誉为"世界大学之母"。

大学理念的演变大致分为三个阶段:首先,大学应该是一个教育机构;其次,大学不仅仅是一个教育机构,大学更应该是一个研究中心,知识创造的源泉;再次,大学还应该是一个服务机构,应该通过知识创新、通过研究成果为社会提供服务。今天,任何一所具有相当规模、水平很高的大学,都把大学的这三个功能集聚于一身。相应地,它由三部分组成。其中最核心的部分是 Literal Arts College,中文可以译为文理学院、本科生院或博雅学院,负责培养本科生。第二部分是 Graduate Schools(研究生院),集中了开创性的研究人才。第三部分被称为 Professional Schools(专业学院),涉及工商管理学、医学、工程学、法学、建筑学、行政学等等,负责培养某个行业高素质的从业人员。

第二次世界大战以前,上大学只是少数人的权利。第二次世界大战以后,精英才可以享受的受教育机会,逐步地变成了大众的东西。在全世界 3 万多所高等院校里,能够很好地把三种大学理念集于一身的只是少数,这些大学被称之为 Research Universities(研究型大学)。他们以研究作为自己最突出的特点和出发点。研究型大学可以有许多评价标准,但其中最重要的、最基本的一条应当是:它的研究成果是一流的,教授是一流的。换言之,就是看它有多少教授和毕业的

———————

① 参见陈明莉:《论欧洲中世纪教育的复兴》,《贵州大学学报》(社会科学版)2004 年第 2 期。

学生对社会,甚至对整个人类观念的创新、制度的创新起到领导的作用。

回顾过去的一千年,可以看出,哪里有第一流的大学兴起,不用多长时间,这所大学所在的国家就会变成世界上领先的国家,意大利、英国、德国、美国都是如此。所以,美国《独立宣言》的起草人杰弗逊拒绝在自己的墓碑上刻上美国总统的头衔,而刻上了弗吉尼亚大学的倡议者。大学的兴起带来大国的兴起,是个世界现象。一个伟大的国家必须有伟大的大学,因为它必须在知识创造的主要方面在世界范围内起到领导的作用。①

"学术自由"是世界一流大学的最重要的特征,它不仅是一种学术价值观,更是现代大学的基本组织制度。《简明大英百科全书》认为,学术自由是指教师和学生不受法律、学校各种规定的限制或公众压力的不合理的干扰,而进行讲课、学习、探求知识及研究的自由。《国际高等教育百科全书》对学术自由的解释是,教师在其学科领域内的自由,它保证高等学校的教师和学生不受政治的、基督教会的和其他行政当局的规定或指令的限制而从事其工作;并且不需要考虑他们个人的哲学观点、行为习惯或生活方式;它赋予这些个人的一种自由,以保证他们有机会为了发展知识,通过对知识的研究来检验和质疑各种公众的见解,从而达到有益于整个社会的目的。而《国际社会科学百科全书》则认为学术自由是指大学(或其他高等学府)的教师有发表、讨论学术意见而免于被解除职务的自由。② 如果一个学者缺乏或失去这种自由,那他是一个依葫芦画瓢的匠人;如果一所大学缺乏或失去这种自由,那它就是一个制造赝品的工厂。

3. 中国人的"诺奖之梦"

每年一度的诺贝尔奖举世瞩目,其科学奖更是被认为代表了科学技术发展的顶尖水平。然而,尽管诺贝尔奖的颁发已逾百年,获奖者中也不乏华人的身影,有杨振宁、李政道、丁肇中、朱棣文、崔琦、李远哲,但中国本土的科学家却一直榜上无名,成为国人的心中之痛。在近300年的近代科技史上,中国学者几乎少有世界意义的重大理论发明和技术创新,实在是令人惭愧和不可思议。

尽管有的学者声称,获诺贝尔××奖的成果里有数位中国学者的贡献;有的认为中国离这个奖只有一步之遥;一位华裔诺贝尔得主甚至认为,中国在20年

---

① 参见丁学良:《什么是世界一流大学》,《高等教育研究》2001年第5期。
② 参见任平:《学术自由:一流大学的利器》,《黑龙江高教研究》2006年第8期。

内一定能得奖。但是,多数中国科学家还是坦率地承认,中国自然科学研究领域缺少原创,整体科技实力与世界先进水平还有相当大的距离。其实,不但是世界先进水平的诺贝尔奖没有中国本土科学家的身影,就是中国自己的国家科技大奖——国家自然科学奖、国家技术发明奖——的一等奖也已经连续几年没有得主了。这两项大奖的评选标准基本与国际接轨,获一等奖的项目必须在国际上居领先水平。依此标准,我国近年来的科技成果还难以达到。

虽然科学研究的目的是为了发现自然规律,创造出现实尚不存在的新事物,并不是为了获奖,然而获得世界顶尖级水准科技大奖的奖项是一个国家鼓励原创、在科学发现中处于领先地位的标志。瑞士洛桑管理学院发表的《国际竞争力报告》中有两项指标:"1950 年以来获诺贝尔奖人数"和"1950 年以来人均获诺贝尔奖人数"。诺贝尔奖等世界顶尖级水准科技大奖没有中国得主反映出来的不仅是科技实力的差距,更是教育水准、科研环境、管理体制等深层次问题的集中体现。

近些年来,每当十月份公布诺贝尔奖获奖名单,对中国人都是一种刺激,在媒体上大都掀起一股诺贝尔奖热,有人称之为中国人的"诺贝尔奖情结"。那么,中国人的诺奖之梦为何难圆? 在不时出现的讨论中,可谓仁者见仁,智者见智。归纳起来,大致有这样一些方面:自然观、方法论、社会环境、创新意识、竞争意识、选题、科学管理机构和基金分配方式、教育目标、语言因素、文化氛围,学术与政治缺乏独立性,大学管理的行政化倾向,缺乏学术思想自由,科学"疯子"和"傻子"缺乏生存空间,等等。[①] 我们认为,可以分别从宏观与微观的社会信息创新两个层次,以及它们之间的联系和作用来加以研究。

从宏观上看,整个社会系统在"思维着"。自从人类发明了文字等记录和保存社会信息产品的工具,每一个家庭、集团、民族、国家的信息生产就像物质产品那样,可以在继承的基础上创新。正如国际联盟教育专家到中国考察之后所写出的报告所说的那样:"中国普通一般人以为欧美社会的文明系统是科学造成的,所以中国只要有了科学就可以一跃而达于欧美的文明了,但实际上只有欧美

---

① 参见陈洪、刘次全、李雨民、孙宝国、许平:《中国至今无缘诺贝尔奖原因探讨》,《北京工商大学学报》(自然科学版)2007 年第 6 期。

的社会才能造成今日的科学。"①每一个学者的知识水平、世界观和方法论都受到他所处时代和国度文明程度的制约。所以,先是社会在创造科学家,而由科学家们生产出科学来。

从微观上看,任何哲学与科学创新都是由个别哲学家和科学家,在一定的文化氛围中完成的。我们看到,随着互联网日益普及,国家日益开放,中西文化日益交融,中国学者们的研究与国际日益接轨,全球文化的进步也正在实现一体化。在这种条件下,研究创新学者的知识结构、性格特征、工作过程、创新机理,具有特别重要的意义。中国人的智慧举世公认,中国的人口基数又很大,在中国本土像陈景润那样的科学家并不少见。可惜,这些科学"傻子"甚至"疯子"不服水土,并不具有合适的生存空间,难有出头之日。这是我们在通往诺奖之路上必须解决的问题。

张其瑶在《诺奖之梦为何难圆?》中明确提出"给'疯子'、'傻子'生存的空间"。2002 年诺贝尔物理学奖得主之一是日本科学家小柴昌俊,此人曾在大学物理考试中得过倒数第一。化学奖得主田中耕一,既非教授,也非博士,仅仅是学士,发表论文也很少。被称为"爱因斯坦之后最杰出的科学思想家"的霍金,早在上大学时就因患"肌肉萎缩性脊髓侧索硬化症"导致半身不遂,后来又失去了语言能力。获得诺贝尔经济学奖的数学家纳什,30 岁时住进了疯人院,在普林斯顿大学一直没有正式的教职。张其瑶问道:"如果上述四人在中国会怎样?用人单位会聘用一个考试倒数第一的学生吗?没有职称和头衔的小人物能申请到研究经费和项目吗?生活不能自理的残疾人能进大学吗?荣誉和嘉奖会给予一个精神病患者吗?"

曾担任清华大学校长的教育家梅贻琦有一句名言:"所谓大学者,非谓有大楼之谓也,乃谓有大师之谓也。"产生大师需要有合适的土壤。创新的主体是人,人才对科技进步起着至关重要的作用。而为人才脱颖而出创造一个宽松的环境是一个良好社会必备的特征。良好的学术传统,应当是有学术自由的气氛,对创造的鼓励,对"离经叛道"的宽容。但在中国,情况并不能让人乐观。资金的投入、设施的建设比较容易做到,而建立新型的人才价值观、尊重个性、宽容异己,为有创造力的人创造自由探索的空间,则是摆在我们面前非常艰巨的任务。②

---

① 转引自智效民:《科学之花在中国为什么水土不服》,《民主与科学》2007 年第 2 期。
② 参见张其瑶:《诺奖之梦为何难圆?》,《中国人才》2002 年第 12 期。

第五编　社会信息技术与工程

第十二章 信息技术与社会信息工程

　　本章主要讨论社会信息科学领域中的技术和工程问题。在一定的意义上说,社会信息科学与技术是理论信息学的原理和工具信息学的技术在社会问题研究中的应用,它是信息科技在人文社会领域中"本土化"的产物。国家信息化的工程包含着两个方面的内容,除了计算机网络技术的应用之外,更为重要的是用信息科学的基本原理来研究国家信息化过程中的规律,我们分别称之为"工具信息化"和"观念信息化"。过去的几百年间,为了支持物质产品的生产,依靠传统能源的开发提供动力;现在为了信息产品的生产,需要关于"信息能"的研究和智力能源的开发;智能是人类文明进步的主要动力。最后,本章讨论了中国传统文化的新时期转型问题。

一、国家信息化工程:工具信息化与观念信息化

　　当前,信息和信息化可能是社会生活中使用频率最高的两个词汇。国家信息化、行业信息化、单位信息化、学科信息化、观念信息化等等,已经与每一个社会成员的工作、学习和生活信息相关。但是,正如"中国信息界学术大会组委会"[2005]6号文件所说:"信息化"不等于"信息科学",它是新的科学领域,是

现代信息科学与各个领域的应用实践紧密结合、不断发展的过程。目前,对"信息化"与"国家信息化"的研究还不很深入,信息化研究队伍也相对松散,缺乏较好的交流平台。

我们认为,国家信息化应当包括"工具信息化"与"观念信息化"两个方面的基本内容;在全民计算机文化普及教育的同时,要大力开展"信息观念"的教育;要把普及信息知识、增强信息能力、提高信息素质结合起来。如果我们重视观念信息化的问题,那么信息化人才的培养将会取得更好的成绩,企业信息化、行业信息化、国家信息化可以收到事半功倍的效果。

在一定程度上可以说,信息化就是将生产、工作和生活过程数字化、计算机化、自动化、智能化。为了讨论问题的方便,不妨称这种形式的信息化为过程的"工具信息化"。曾有学者说,与动物相比,人是会制造和使用工具的动物。工具信息化的水平当然地反映着我们认识和改造世界的能力。但同时,我们认为,还有另外一种信息化过程,就是人们在认识和改造世界中观念和方法的信息化,可以称之为"观念信息化"。从国家对信息化工作的组织和领导的历程可以看出,关于信息化的认识正在加深,信息化正在成为党的决策、民族意志和国家行为。

1984年邓小平同志为《经济参考》创刊题词"开发信息资源,服务四化建设",体现了他对信息化建设的深思熟虑。同年,江泽民同志发表署名文章《振兴电子工业,促进四化建设》,提出应用电子科学技术,改进传统工业。1991年,江泽民同志进一步明确指出:"四个现代化,哪一化也离不开信息化。"1995年9月中国共产党第十四届五中全会发出"加快国民经济信息化进程"的号召。2000年10月,党的十五届五中全会提出,"大力推进国民经济和社会信息化,是覆盖现代化建设全局的战略举措。"从历届《政府工作报告》看,李鹏、朱镕基、温家宝,对信息化的认识和阐述不断完善。从国家信息化领导机构的设置,朱镕基、温家宝先后兼任国家信息化领导小组组长,可以看出对信息化推进的重视。这些首先是党、国家和政府的观念信息化过程。这里,我们要说明,观念信息化是工具信息化的先导和保证。

(一)理论信息学视野中的"国家"

1. "国家是统治阶级的机器"

按照《现代汉语词典》的解释,国家是"阶级统治的工具,是统治阶级对被统治阶级实行专政的暴力组织,主要由军队、警察、法庭、监狱等组成。国家是阶级矛盾不可调和的产物和表现,它随着阶级的产生而产生,也将随着阶级的消灭而自行消亡。"这是国内长期占主流地位的关于国家概念的定义。它是国内许多权威专家及其所著教材中的观点。他们认为,"马克思列宁主义经典作家对国家下了明确的定义"。恩格斯曾指出:"国家无非是一个阶级镇压另一个阶级的机器。"列宁说过:"国家是维护一个阶级对另一个阶级统治的机器。"这些经典论述揭示了国家的阶级本质,正确地回答了国家同经济基础之间的关系,对国家定义理论作出了重要贡献。

肖立国在《论政治学中"国家"的科学定义问题》中明确指出:马克思列宁主义经典作家对国家阶级本质的揭示,仅仅指出了国家一个方面的含义,并不是在给国家下严密的定义。如果把国家简单理解为仅仅是"统治阶级的机器",很明显这种定义是片面的、不科学的。如同列宁说过"政治就是各阶级之间的斗争",但并不意味着列宁这是在给政治下定义一样(对此政治学界早有共识)。总之,他认为马克思主义经典作家也没有给国家作出明确的定义。因此,给国家下定义不能照搬"统治阶级的机器"说。

从逻辑学的角度看,国家定义的关键是要揭示国家所独有的特性和本质,定义要能够把国家和许多非国家实体区别开来。肖立国认为,国家的本质属性包括三个方面的内容:(1)国家的经济基础和阶级本质;(2)国家的基本构成要素,即人口、领土、主权和政府;(3)国度和国体,即政治地理意义和阶级本质意义。所以,他认为:国家"应当是指拥有一定人口数量、一定领土范围,并由经济上占统治地位、政治上拥有独立主权的特定阶级通过政府机关进行政治统治和社会管理的这样一种人类社会共同体。"[①]

2. 西方学术界中的国家概念

在西方,国家概念一直是人们长期争论的问题。有人统计过,对国家已经下过的定义有150种之多。有的学者甚至主张,废弃国家这一概念,以"政治体系"代替它。但是,大多数人认为,国家是一个十分复杂的对象,就像一个"多面体",人们可以从不同的角度去观察它,主张使用不同的定义从不同的侧面揭示国家的本质特征。

[①]　肖立国:《论政治学中"国家"的科学定义问题》,《广西师范大学学报》1998 年第 1 期。

　　早期的人类社会主要是围绕家庭和氏族组织起来的。那时,没有国家,但是存在权力和权威。宗教、经济和教育的功能紧密地联系在一起,所有的社会机构和大部分活动都由一个人来规范。他既是家庭或氏族的首脑,又是宗教和文化首领,还是重要的教导者。国家是在人类社会进步中逐渐生长起来的,是为了满足社会发展的需要而被人创造出来的。国家起源的动力来自社会冲突,特别是武装对立,面对冲突各种社会角色采取的对策就是建立国家。随着经济的发展,社会阶层的多元化形成利益集团的相互冲突,国家成了各个阶级之间利益冲突的裁判者。国家通过它的政府对社会生产和生活发挥着重要的控制作用。学者们在考察社会中国家权力和政治权力分配时,有三种观点:多元论,精英论和阶级冲突论。

　　关于国家的定义,即对国家本质特征的揭示,大致有 5 种学说。一是"国家目的"说,它由古希腊亚里士多德提出,黑格尔和康德作了进一步阐释,认为国家的伦理道德上的目的是:一群人结合在一起共同实现某种好的生活。二是"国家三要素"说,它认为国家是由人口、领土、主权三个要素构成的结合体。三是"国家有机体"说,它认为国家同人一样也是一种有机体,其本身结构同人体结构有相似之处。四是"普遍福利国家"说,它认为人们在共同的生活和劳动中,需要一个为公共利益服务的机构,这就是国家。五是"多元主义国家"说,它认为国家实际上是执行许多利益集团意志的一个共同体,国家权力是多元化的。其中,影响最大的是"国家三要素"说。

　　人类学、社会学、政治学、经济学、法学等学科对国家的认识采取了不同的视角,同一个学科中的不同学者又会采取不同的理论范式,从而形成不同学科中的不同学派。这些学派存在的理由常常是由于它们各自抓住并刻画了国家的某种重要特征。我们认为,从信息和信息化的视角来看国家,可能得到符合信息时代特征的认识,揭示国家的信息学本质,这就是理论信息学视野中的国家概念。

　　3. 理论信息学视野中的"国家"

　　人是社会性动物。社会上人与人之间的关系有三种:其一,传统社会的关系,即古老的自然状态中的关系,如家庭的、氏族的关系,朋友关系,等等。维系传统社会关系的主要手段是感情、伦理和宗教。其二,市民社会的关系,即以订立"契约"为基础的自治社会中人与人之间的关系,如经济交易关系、正式的婚姻关系等。维系市民社会的主要手段是风俗、常规和公众议论。其三,政治社会的关系,即在集权国家机构的统治和管理之下的人与人之间的关系,如上下级关系、法人与法人之间地位和资格的关系等。维系政治社会的主要手段是规章制度、法律、对于越轨的言论和行为的社会控制等。

人还是文化性动物。人的社会性是以文化性的方式表现出来的。D. 波普诺指出:"把人类和其自然界的近亲——猩猩区别开来的、质的东西是文化。"这就是说,文化是人类社会区别于猩猩、蚂蚁、蜜蜂等动物社会的本质特征。"文化是人类群体或社会的共享成果,这些共有产物不仅仅包括价值观、语言、知识,而且包括物质对象",它"折射了非物质文化的意义"。[①] "文化的存在取决于人类创造和使用符号的能力。符号(symbol)是指一群人所认可的任何能有意义地表达其自身以外的事物的东西。""通过符号,我们能够理解现实,能够交换和保存复杂信息。"在动物之间,通过一系列刺激反应来进行"互动"。但是,在上述自然的、市民的、政治的三种社会关系中,人们相互联系的中介本质上不是信号,而是符号。在社会学中,"符号互动论"(Symbolic Interactionism)的奠基人米德强调,人类互动是基于有意义的符号之上的一种行动过程。人们的亲属、朋友、邻居、同学、同事、校友之间的符号互动,构成一个又一个信息交错的社会网络。整个人类社会就是一个非常复杂的符号存储、传输、处理、创新的信息网络系统。

美国著名社会学家华勒斯坦指出:"社会学、经济学和政治学构成了以国家为中心的三一体,从而巩固了它们作为核心社会科学(以研究普遍规律为主旨)的地位。"[②]社会生产、市场流通等经济活动是社会赖以生存的物质基础。有了独立的市场经济力量和市场经济机制,就会产生独立的"市民社会"(Civil Society)及相应的社会组织和社会团体。由于市场的发育和社会结构的复杂化,必然产生现代社会管理、法制以及行政意义上的国家(State)。

在每一个群体或组织中都存在权力和权威。在现代社会中,国家是拥有至上的权力并且合法地使用暴力、拥有垄断权的机构。国家通过它的"首脑"所领导的政府控制社会。政府是国家信息网络系统的核心,是社会神经的中枢,是政治系统的"大脑"。与个人一样,国家有机体具有两重生命:物质生命和信息生命。就像单个细胞和多细胞生物通过自杀,以信息生命结束物质生命的存在,一

---

① D. 波普诺:《社会学》,中国人民大学出版社2002年版,第63—64页。
② 转引自朱红文:《社会科学方法》,科学出版社2002年版,第12—13页。

个国家的政府所拥有的信息和智慧决定着国家的生死存亡和盛衰荣辱。发达国家的物质繁荣来自于它的信息繁荣。苏联和东欧国家的解体与"亡国",其国土、人口和主权的丧失来自于政府信息生命的丧失。我们认为,国家和政府的信息化首先要从这个高度来认识。

（二）国家信息化的内涵:工具信息化与观念信息化

1. 关于"国家信息化"的定义

国家信息产业部副部长吕新奎主编的《中国信息化》中指出:"根据 1997 年4 月召开的全国信息化工作会议的精神,国家信息化的定义是:在国家统一规划和组织下,在农业、工业、科学技术、国防及社会生活各个方面应用信息技术,深入开发、广泛利用信息资源,加速实现国家现代化的过程。"该书还说明了"信息化"的基本内涵:"信息化是人类社会发展的一个高级进程。它的核心是要通过全体社会成员的共同努力,在经济和社会各个领域充分应用基于现代信息技术的先进社会生产工具,创造信息时代的社会生产力,推动社会生产关系和上层建筑的改革,使国家的综合实力、社会的文明素质和人民的生活质量达到现代化水平。"[①]

2002 年 10 月国家信息化领导小组批准颁布的《国民经济和社会发展第十个五年计划信息化重点专项规划》中指出:"信息化是以信息技术应用为主导,信息资源为核心,信息网络为基础,信息产业为支撑,信息化人才为依托,法规、政策、标准为保障的综合体系。"

上述两个基本定义告诉我们,国家信息化是由国家组织领导的、全体社会成员(包括政府、企业、事业、团体和个人)为主体的,以加速国家现代化为目的的信息技术推广应用活动。它是一个包括信息技术应用、信息资源、信息网络、信息技术和产业、信息化人才、信息化政策法规和标准规范等六要素的综合体系。有的专家对国家信息化作出进一步的诠释:国家信息化的时域是一个长期的转变和进化过程;其空域是政治、经济、文化、科技、军事和社会的一切领域;其手段是现代信息技术的先进生产工具;其途径是开发利用信息资源、提升信息时代的社会生产力,推动生产关系和上层建筑的革新;其目标是提高国家的综合实力、全民的文明素质和生活质量。

---

① 姜奇平:《面向国家合力的信息化》,《互联网周刊》2003 年第 5 期。

2. 人类进步的新方式——工具的进化

考古学家和生物学家的研究成果表明:在大约 20 万年前出现的智人,在身体结构上包括大脑和双手在内,与现代人没有什么明显的区别。这说明肉体的进化即生物方式的进化,已不是人类进化的主要内容。人们为了跨越江河湖海,制造了马车、汽车、火车和飞机;人们为了扩大自己的活动范围,建造了宇宙飞船;人们为了提高自己劳动能力,制造了各种机器。

人类正是依靠这些人造的器官——工具、机器,极大地增强了改造和支配自然的能力。这种能力主要表现为改造第一自然,创造第二自然。劳动工具的发展史是人类劳动力发展的测量器,而且是借以进行的社会关系的指示器。各种经济时代的划分,不在于生产什么,而在于怎样生产,用什么劳动工具生产。马克思指出:所有发达的机器都由三个本质上不同的部分组成:发动机、传动机构、工具机或工作机。从手工工具发展为机器,机器的发展又经历一个从不发达到比较发达的过程。同时,机器这三个组成部分又不是并列的,其中起决定作用的是工具机或工作机。劳动资料由手工工具向机器的转变,首先是转变为工具机或工作机。

我们从机器发展的内部逻辑,人类改造世界的客观需要以及当代人—机矛盾的有效解决这三个方面进行全面的考察,都可以看到机器进化的方向是人工智能。两百年来,由于机器和机器体系的发展和完善,特别是电子计算机的出现和使用,使机器的构成从三个环节系统(包括工作机、动力机和传动机构)发展到四个环节系统,又增添了一个控制机环节。这样,机器从物质与能量系统进化到以物质和能量为基础、以电子计算机为中心的信息与智能控制系统。这样的机器系统已经开始部分地代替了人的某些控制和管理的职能,进而延伸和扩展了人的某些智能活动,①如图"机器进化的方向、动力和生长点"(见下页)所示。

由该图可见,人和中间体的界面是不灭的,随着界面的变化,新机器生长点线 L 也不断延伸,在生长点上出现的新机器及其构成的系统无限向人的功能逼近。同时,在界面 J_1、J_2、J_3、J_4、J_5、……上生长出新的工具。另一方面,机器也按着自己的种系进化,如 G_1、G_2、G_3、G_4、G_5、W_1、W_2、W_3、W_4、D_1、D_2、D_3,……。综上所述,我们不难看出,机器进化的动力是主体与客体之间的矛盾,机器的生长

---

① 参见张守刚、刘海波:《人工智能的认识论问题》,人民出版社 1984 年版。

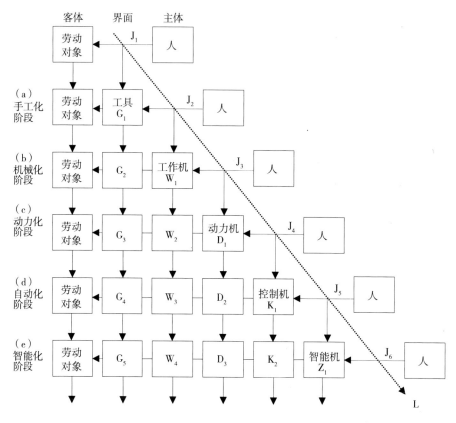

机器进化的方向、动力和生长点

点是主体和中间体之间的界面,机器进化的方向是人工智能。人类从自然界中解放自己的道路是从体力解放到智力解放,社会进步的主要动力则从物理学的能源工程转变到信息学的能源工程。

3. 人类进步的核心:知识和智能的进化

自维纳提出信息不是物质和能量以来,信息作为构成宇宙的第三要素,开发和利用物质、能量、信息三大资源的观点,逐渐地被学术界和全社会广泛接受。开发和利用信息资源已经成为人们的日常工作任务。有的学者对宇宙构成要素"三元论"进行解说:世间万物皆由物质构成其形体,能量提供运动的动力,信息实现对运动的控制。这其中隐含着一个错误的假设:物理学的能量不仅推动物质的运动,而且推动信息的运动。但是,推动信息过程的能量果真是物理能吗?

从表面上看,好像是的。如果切断计算机的电源,它就什么也做不了。但是,仅仅给计算机供电,它就能完成信息处理任务了吗? 信息和推动信息运动的能量显然不能混为一谈。比如计算机中的数据是信息载体,推动数据运动的是程序,是数据搜索与处理"引擎"。程序是某种算法的实现步骤,而算法是人类思维能力的形式化与外化。离开了程序,只给计算机通电,它什么也不能做,数据只能处于静止的存储状态。

例如要将给定的 100 个数据由大到小排出顺序来,必须编写一个排序的程序才能完成任务。正因为如此,计算机软件工程师把他们的产品叫做数据处理"引擎"。计算机中的数据之所以能"运动"起来,完全是软件作为引擎在起作用。物理能量只是保证信息引擎工作的基本条件。这样,就需要一个新的基本概念:"信息能"(Informational Energy)。它刻画信息处理(或者计算)的能力。"能量"(Energy)总概念应当包含物质能(Material Energy)与信息能两个大的类别。对于人类来说,信息就是知识(Knowledge),包括感性知识和理性知识;信息能就是智能(Intelligence),主要是符号处理的能力。机器的信息处理能力是人工智能。正如物质不是能量,知识并不等于智能,尽管它们之间有着联系。一个人满腹经纶,却可能不会应用,智能很低,无所作为。一般地说,信息并不等于信息能。信息能是构成宇宙的第四要素。物质和能量是整个物质科学的中心概念,信息和信息能(即知识和智能)是整个信息科学的中心概念。"宇宙构成要素四元论"是人们的生活常识所能理解和接受的。

就像物质是物理学能量的载体,知识是智能的载体。在人类文化科学技术知识增长的背后是不断增长着的智能在起作用。以智能为代表的信息能是一种增长式能源。在信息世界里,没有知识枯竭、智能耗尽的发展极限,这里的情况是知识的爆炸式生长和智能的没有极限的提升。我们提出了与物理世界截然相反的信息学三个基本定律,对抗热力学的三个基本定律,揭示世界演变的方向不是退化而是进化的机理。[①]

4. 工具信息化、观念信息化及其相互关系

正如姜奇平所说,国家信息化中最大的问题是战略设计,而战略设计的基础在于世界观、方法论和科学范式的转变。世界观、方法论不转变,科学范式还固守在物质世界的领域中,所谓的战略设计必然是工业时代的旧模式,那么,即使

---

① 参见李宗荣:《理论信息学:概念、原理与方法》,《医学信息》2004 年第 12 期。

不是南辕北辙,也只是追赶时髦、扎花架子,仍然是少慢差费,达不到多快好省。①

我们认为,一个单位、一个企业、一个行业,甚至一个国家,实现信息化的过程包含着两个方面的基本内容:工具信息化和观念信息化。在最一般的意义上说,"工具"是进行生产劳动时所使用的器具。工具发展与进步的方向是机械化、电气化、自动化、智能化。所谓"工具信息化"就是将传统的手工或半自动化的处理信息的过程,转变为计算机化的、网络化的、自动化的、智能化的信息处理过程,其中侧重于利用计算机和网络等"信息工具"。"观念"就是人们的思想意识。观念形态就是意识形态,就是在工具系统中所折射出来的人类的非物质形态的文化与科学。所谓"观念信息化"就是将传统的物质世界观和物理学方法论转变为信息世界观和信息学方法论,即将过去所习惯的着眼于物质技术、物质方法、物质产品设计与生产的视角,转变为着眼于信息技术、信息方法、信息产品设计与生产的视角,其中侧重于利用信息世界观、信息方法论、信息技术科学等"信息观念"。

在信息化的字面意义基础上,我们曾经提出了它的引申意义。从生产工具的变革和社会经济进步的角度来看,"信息化就是计算机化"抓住了本质。它既是一种对信息化的通俗解释,又蕴涵着观念信息化的意义,只不过绝大多数人通常把"计算机"仅仅理解成实物的计算机。在计算机科学领域,有两种计算机:图灵和冯·诺伊曼的理论计算机和我们在工作、学习和生活中使用的实际计算机。对于图灵机和冯·诺伊曼机进行研究的意义先于、难于对各种实际的计算机的研究。图灵机和冯·诺伊曼机就是观念形态的计算机,它是一种"信息化观念",而以实物形式出现的计算机系统则是信息化工具。

在一定意义上,采用现代信息工具是比较容易做到的,但是采用现代信息观念比较困难。因为信息工具的推广靠的是经济学的力量,是市场机制的作用,是厂家和用户的选择:它好用、赚钱;而信息观念的推广则要靠信息学的力量,靠方法论和世界观的力量,靠学术界中科学共同体和管理部门行政官员的选择:它有理、有用。这第二种选择就难多了。信息科学范式、信息学方法论和信息哲学,与传统的物质科学范式、物理学方法论和物理哲学是相抵触的。这里需要科学

---

① 参见姜奇平:《实事求是理解信息化》,《互联网周刊》2005 年第 58 期。

范式的转变,需要世界观和方法论的转变。

从宏观上或者总体上看,工具信息化与观念信息化的关系就是整个信息化过程中的硬件信息化与软件信息化的关系,是信息化行动与信息化设计的关系,是信息化实践与信息化理论的关系,是应用信息学知识同理论信息学知识的关系。它们两者相辅相成,其中后者是核心和关键。

(三)哲学革命、思想解放、经济腾飞与社会进步

1. 由工业社会向信息社会转变的三个阶段

在一定意义上说,由工业社会向信息社会的转型大致分为三个基本的阶段:经济转型、科学转型和哲学转型。信息技术是信息社会前进的"火车头"。以信息产品为主导的信息经济取代以物质产品(工业、农业、畜牧业的产品)为主导的物质经济,造成社会的生产、生活方式发生转变,它是信息社会到来的"笛声"。经济基础的转变必然带动上层建筑的转变。各个领域中信息技术的汇集与综合就是相关领域中的信息学。它们构成一个庞大的信息学学科群。信息技术在改造和武装工农业生产过程的同时,也在改造和武装科学知识的生产过程,全部的科学学科都在经历着一个"学科信息化"的洗礼,连物理学、化学这样成熟的、经典的物质科学学科也不例外。哲学是理论化的世界观和方法论。在经济和科学转型的基础上,人们观察世界的理论模式、认识和解决问题的思维方式必然发生转变,哲学的主要内容将由物质为中心转变到以信息为中心,由追问世界的物质性到进一步追问世界的信息性,由"世界统一于物质"的传统观念过渡到"世界统一于物质和信息"的新的认识。[①]

在日常工作、学习和生活中,我们容易体会到:感觉到了的东西并不能立刻理解它,只有理解了的东西才能够更深刻地感觉它。计算机文化成为当代人类文明的基础,信息产品和信息服务成为我们须臾不可离开的东西,计算机课程成为每一个学生的必修课,计算机语言、程序设计、算法研究成为科学研究的工具和基本内容,当代人无论何时何地大都是言必称信息。如何进一步理解自然和社会,我们需要关于宇宙间各类信息现象的统一理论;如何自觉地适应由工业社会向信息社会的逐步转型,我们需要理论信息学。理论信息学是各门应用信息学的基础,是信息科学方法的核心,是信息哲学的科学基础,是全民信息素质教

---

① 参见李宗荣:《理论信息学:概念、原理与方法》,《医学信息》2004 年第 12 期。

育的重要科目。

2. 中华巨龙腾飞要靠哲学革命和思想解放

比较国内外的研究,尽管我国的信息技术和产品不如西方发达国家,但是在对应用信息学的抽象概括和理论提炼方面,现在已经获得了一批原创性的成果。我们系统地提出了理论信息学的基本概念、主要原理和它的方法论,建立了理论信息学知识体系的框架。与国外学者相比较,用来作为更高层次综合的基本材料是相同的,而我们以方法创新带动了科学创新。近 20 年来,我们的研究主要是沿着进化链条大跨度地综合物质和信息的进化事实,同时在应用信息学方法、理论信息学方法、信息哲学方法三个层次间实现跨层次的综合。长时期的科学研究的积累,使我们能够在观念信息化和理论信息学研究上走在国际学术界的前列。

恩格斯曾经说过,经济上落后的国家在哲学上仍然能够演奏第一提琴。在英国忙于产业革命,法国忙于政治革命的时候,德国开始了哲学革命,出现了康德、谢林、黑格尔、费尔巴哈、马克思、恩格斯等思想家,为德国科学革命开辟了道路,奠定了思想基础。1830 年,德国出现了科学革命的高潮,涌现出一大批世界著名的科学家。1875 年,世界科技中心由英国转到德国。1895 年,世界的经济中心由英国转移到德国。德国用了 40 多年的时间,完成了英国 100 多年的事业,实现了工业化。①

今天,在理论信息学成果的基础上,我们已经明确地提出和论证了信息科学的世界观。② 如果我们以信息哲学、信息方法论和信息科学范式为中心的思想解放运动和哲学革命取得成功,那么就可以用较短的时间走完发达国家所走过的国家信息化过程。所以,强调"观念信息化",把握哲学革命、思想解放、经济腾飞和社会进步的逻辑链条,可能对中华民族的再度辉煌产生不可估量的影响。

近几年来,我们完成了一些信息系统设计与开发,在医院信息化、教育信息化等单位信息化与行业信息化方面做了一些实际工作;在信息科学基础理论研究方面举行了系列报告会,编印了内部研究刊物《交叉信息科学论坛》,组织召开了地区性的和全国范围的研究讨论会;在"工具信息化"和"观念信息化"的教

①　参见李宗荣、金新政、田爱景等:《理论信息学导论》,中国教育文化出版社 2006 年版。

②　参见李宗荣:《论信息科学的世界观》,《医学信息》2008 年第 8 期。

育与培训方面都做了一些工作,并且编写、出版了相关的教材和教学参考书;在国家信息化的理论问题上开展了一些研究。我们今后的计划是把信息化问题的研究进一步做深,把信息化教育与培训规模进一步做大,把信息化系统的开发与应用进一步做活。

"观念信息化"是指导、制约和影响"工具信息化"的重要因素。我们希望,在国家信息化的过程中观念信息话问题能够得到有关领导、管理部门和专家学者的重视。

二、开发智能:社会文化产业的动力工程

自维纳以来的半个多世纪,"信息"概念逐渐地上升到与物质和能量同等地位的高度,受到学术界和全社会的认同和关注。这是具有重大意义的进步,为人们探索与物质现象具有本质性区别的信息现象开辟了道路。许多学者着力研究信息本身的结构和它的载体的性质,这是基础性的工作,是十分必要的。我们认为,当前一项紧迫而又十分重要的研究任务是:回答信息演变的动力学问题。

宇宙间由没有 DNA 到产生 DNA,DNA 在不断进化;社会中由没有符号到发明符号,人类符号知识在不断增长。这显然没有遵守物理学的"守恒定律"。用物理学的定律来解释信息进化现象的努力,至今没有什么进展。那么,为什么不可以试着用非物理学的方式进行解释呢? 我们认为,理论信息学的解释就能较好地说明:信息进化的动力是什么? 它靠的是一个新的概念——"信息能"。有的专家,甚至是重量级的"大家",一听到信息学研究中讲"能量",立即作出反应:"能量"? 那是物理学的概念;把信息和能量放在一起,肯定不合适!

我们说,万物都是物质与信息的对立统一,它们按照不同的规律运转,在物理学先行研究事物演变的物理学能量之后,信息学接着研究信息学能量,试图从物质与信息两种能量转换规律共同说明问题,甚至认为信息能具有增长的特征,这是一个很有意义的思路。其实,信息能概念的提出,主要是为了探索人类智能、动物信息处理能力、机器信息功能之间可以实现转换的途径。在人类社会中,信息能就是我们通常所说的智能。关于个体智能与社会智能在个人发展、社会进步中的关键作用方面的研究成果,在学术界已经不少了,只是还没有产生合力,没有形成气候,还处在信息学基础研究的边缘地带。

正如有专家说,关于物理学能量的研究告诉人们:世界不仅统一于物质,而且统一于能量。关于能量转换的理论,比如生物能、化学能和物理能的统一性等,把物理学的众多学科统一为一个整体。现在,我们照样可以说:宇宙万物不仅具有信息的统一性,而且具有信息能的统一性。各种信息能力的转换过程的研究,将揭示出:从无机物的相互作用力开始,逐步地形成生命分子的信息复制能力、细胞的自组织能力、生物个体信息遗传能力、人类符号文化互动的能力。

1987 年,韩震、袁贵仁合作发表一篇题为《智能是社会进步的强大动力》的研究论文。1992 年,童天湘著《智能革命论》出版;1996 年,童天湘发表《从信息革命到智能革命》。现在看起来,这些著作仍然很有意义,是对理论信息学的"信息能"概念、对信息能的性质和作用的分析和说明。这里我们分别介绍他们的研究成果。

(一)智能是人类社会进步的强大动力

韩震、袁贵仁的论文认为:"具有意识能力的智能活动一经出现,它就不是消极被动的,而是积极能动的,它是人类社会进步的强大动力。"[1]作者从四个方面阐明了自己的论点。

1. 智能活动在人的活动中的主导地位

按照恩格斯的说法,"我们对自然界的全部支配力量"之所以"比其他一切生物强",就在于我们"能够认识和正确运用自然规律"。[2] 我们知道,生产力是社会生产中最活跃、最革命的因素,它在社会生产发展过程中起着决定性的作用。但是,生产力是由多种因素构成的,其中劳动者是生产力的首要的能动因素。而劳动者的劳动力是由人的体力因素和智力因素所构成的。在这两个因素中,人并不以体力而见长,而以智力见长。如果比体力,他显然大大逊色于一条牛或一匹马;在视、听、嗅这些感觉能力方面,人比许多动物低得多。然而,人类却是"万物的灵长,宇宙的精华";他因自己智慧而从动物界提升出来,君临万物,到处展示他的才华。美国学者 I. 阿西摩夫(I. Asimov)说得好,"单纯作为有机体来说,人类比不上在地球的任何特定小环境中生存的生物。人类之所以成

---

① 参见韩震、袁贵仁:《智能是社会进步的强大动力》,《现代哲学》1987 年第 1 期。
② 恩格斯:《自然辩证法》,人民出版社 1987 年版,第 305 页。

为地球上的统治者,仅仅因为受惠于一种更重要的特殊器官——人的头脑。"①
正是由于智力的重要性,有远见的人都注重招贤纳才。《三国演义》中三顾茅庐
的故事,就表现了刘备的明智。希腊神话中参加特洛伊战争的奥德修与埃阿斯
争功时,后者夸耀自己的膂力,但前者则雄辩地指出:体力是微不足道的,智谋才
是真正的力量。因此,在困难的时候,一个有思想的人是比仅有体力而智力迟钝
的人更有用处的。

如果说古代人已经意识到智力的重要作用的话,那么在现代科学技术的条
件下,智力因素在生产和其他活动中所起的作用就越来越大了。美国的成功,在
很大程度上是在于以优厚的条件网罗了一大批最优秀的科学家。当 1945 年德
国法西斯即将覆灭之际,美国突击抢夺德国的科学家,而其他国家则缺乏这一远
见。策划抢夺海森堡的格罗夫斯将军说:"海森堡是世界著名的物理学家之一,
对我们来说,得到他比俘获 10 个师的德军有价值得多。"这句话是十分明智的,
因为人的体力所提供的能量是非常有限的,但智力则可以使自然释放出人力所
望尘莫及的能量来。

目前,以微电脑技术为代表的新的科技革命席卷而来,方兴未艾。随着现代
化生产的发展,特别是生产自动化水平的提高,对劳动者的科学技术知识和劳动
技能的要求越来越高;人们越来越认识到,知识和智力的开发已成为决定生产力
发展速度的关键因素。如果说过去手工业劳动主要靠体力和个人的技艺、经验,
文盲也可以担任;初期的工场,有初级的机器设备,初等文化水平的人就能操作;
那么电气化的工业生产就要求具有中等文化的劳动者了;而要进行现代信息化
生产,劳动者没有中等以上的文化,不具备一定的科学技术知识就很难胜任了。
因此,必须对劳动者加强科学技术知识的教育和技术的训练,通过智力的开发,
提高劳动者的劳动能力,以推动社会生产力的发展,振兴我们的经济。

2. 人的智力发展有着无限的趋势

智能活动之所以是社会进步的强大动力,还在于人的体力的发展有生理界
限,而人们的智力则有无限发展的趋势。千百年来,人们的体力并未发生显著的
变化,但人们的智力即认识能力却有了巨大提高。由此可见,在人类进化过程
中,智力比体力处于更优越的地位。"根据化石的材料看来,在大约 20 万年前

① I. 阿西摩夫:《人体和思维》,科学出版社 1978 年版,第 136 页。

出现的智人,在身体结构上包括大脑和双手在内,与现代人没有什么明显的区别。这说明肉体的进化即生物方式的进化已不是人类进化的主要内容了。"①而人类的进化主要表现为智能的进化、文化的进化。

为什么人的智能具有无限发展的趋势?因为人的理智及其产物——知识结构,按其性质,是同自然界相异的一种秩序。人的肉体是要全部地回归到一般自然形态上去的,而人的精神却不一定都返回自然。精神通过知识的形式和技术的形式可以无限累积,从而形成一个持续增长的知识结构。知识结构的累积便形成了一个最重要的推进器,知识越多,人同知识之间的相互作用越多,人演化的能力就越强,人进化的速度就越快。这就是说,由于知识结构是累进的,它对获得知识的人的推动力量就持续增长,从而不仅造就出知识越来越丰富的个人,而且对个人和社会造成越来越大的压力,推动他们不但努力掌握已有的知识,并且通过投身研究和发展工作获得新知。②

生产工具也是人类智能无限发展的支撑物和推进器。然而,同知识一样,工具也是人类智能活动的结晶,或像马克思所说的,工具是"物化的智力"。③ 尽管智能与工具之间有一种相互作用、互为因果的关系,但更为根本的还是人类的智能活动,因为没有人的智能活动,人恐怕连一件石器也制造不出来,就更不用说今天能制造模拟人工智能的电脑了。

3. 智能是唯一使生产力产生质变的动因

如果仅有智力而没有体力的参与,也不会创造任何实在的东西,但这绝不是否认智能具有决定意义的理由。从生产工具的制造看,智能是唯一具有使生产力的性质产生质的进步的动因。动物有体力,但无法制造工具,工具的制造伴随着人类的意识活动。只有在人的有意识的智能活动出现后,才能在智力的支配下制造工具。工具是人类智慧的物化。当然,工具反过来也促进智能的发展,即为每一代人建立起比前一代更高的起点,成为知识发展的推进器。知识的不断积累,就构筑了人类社会生产力发展的阶梯,是人类征服自然界的内在动力。

生产力的发展,不是自然界的恩赐,也不是生物进化的结果,而是劳动者运

① 方宗熙、江乃萼:《生命发展的辩证法》,人民出版社1976年版,第203—204页。
② 参见J.A.沃杰西乔斯基:《智能和人类文化的进化》,《国外社会科学》1985年第12期。
③ 马克思:《政治经济学批判大纲》(第3分册),人民出版社1987年版,第358页。

用生产资料进行创造性劳动的结果。创造性劳动的实现,必然是创造性的智能活动参与的结果,或者说,体力劳动只是把智能的创造性设想以物化的形态加以实现。体力支出无论再大,数量再多,也只是在原有生产力水平上的活动,是同一水平的生产力在量上的扩张。与体力劳动不同,智能活动除了支配着人的纯粹重复性劳动外,其创造性还能使生产力发生质的飞跃。历史上生产力的几次飞跃,都是以生产工具的变革为标志,而生产工具的变革都是智能活动的"物化"。特别是近代自然科学产生后,大大加快了这个过程。纺织机、蒸汽机的应用,是经典物理学的物化;内燃机、电力的应用,是热力学、经典电磁理论的物化;原子能的利用及电子计算机技术和空间科学技术的出现,则更是一系列现代科学知识的物化的结果。目前世界面临的新的技术革命,仍是从现代科学技术的发展和微电脑的应用开始的,它将使人类社会的生产力获得新的飞跃。

4. 智能活动是人类文明的摇篮

人类文明有一个从低级到高级的无限发展的过程。文明的全部要素,诸如生产技术、文学艺术、科学、语言和哲学等等,都是从人类心灵与外界大自然两者之间所进行的缓慢而艰苦的斗争中产生出来的。智能的创造性活动,必然引起生产力的发展,而生产力的发展必然导致社会制度的进步;同时,文明本身就包含着人们的知识、教养等方面的精神因素在内。特别是在科学进步的时代,科学认识活动使人们能以探索自然的奥秘,揭示人与自然的关系,破除迷信,从而提高社会的文明程度。著名英国物理学家 J. D. 贝尔纳(J. D. Bernal)指出:"科学主要是一种改革力量而不是一种保守力量,……科学通过它所促成的技术改革,不自觉地和间接地对社会产生作用,它还通过它的思想的力量,直接地和自觉地对社会产生作用。人们接受了科学思想就等于是对人类现状的一种含蓄的批判,而且还会开辟无止境地改善现状的可能性。"[①]

人类历史是一部人类从必然王国逐步走向自由王国的发展史。然而,"自由就在于根据对自然界的必然性的认识来支配我们自己和外部自然;因此它必然是历史发展的产物。最初的、从动物界分离出来的人,在一切本质方面是和动物本身一样不自由的;但是文化上的每一个进步,都是迈向自由的一步"。[②] 可

---

① J. D. 贝尔纳:《科学的社会功能》,商务印书馆 1982 年版,第 513—514 页。

② 《马克思恩格斯选集》第 3 卷,人民出版社 1995 年版,第 456 页。

见,人的智能的认识活动推动着社会物质文明和精神文明的发展。

(二)智力是社会发展的关键

人们都在谈论信息革命,其中童天湘《智能革命论》不仅是一部站在哲学高度评说人类文明史、前瞻未来社会发展趋势的学术专著,又具有为民族振兴筹谋划策的"思想库"功能。钱学森曾高度评价关于"智能革命"的思想,他在致该书作者的信中称"您所说的智能革命……是又一次'文艺复兴'!"①

20 世纪 70 年代以来,西方工业化社会似乎已经走到尽头。一些社会学家和未来学家纷纷抛出"治世良方"。贝尔的《后工业社会的来临》及其《信息社会的结构》,托夫勒的《第三次浪潮》及其《权力的转移》,奈斯比特的《大趋势》及其《2000 年的大趋势》,就是对现实社会的变化和未来社会的发展所作出的反应。但"后工业社会"也好,"第三次浪潮社会"也好,都没有回答工业社会之后究竟是什么社会。童天湘正是在学者们的众说纷纭之中,紧紧抓住计算机的发展及其人工智能对社会的影响这个关键所在,提出 21 世纪的智能革命将导致智能社会,中国应当为迎接 21 世纪智能革命的到来做好充分准备。

1. 关于划分人类文明史的依据

童天湘一反流行的"浪潮派"观点,认为不能以几次"浪潮",而应以两种革命——能量革命和智能革命——来划分人类文明史。人类已经历了摩擦取火、制造蒸汽机、电力使用和核能利用这四次能量革命。能量革命用机器放大了人的体能,创造出巨大的物质财富,开创了人类的前文明史。但它却以地球资源的巨大消耗、生态环境的恶化、贫富两极分化和金钱的价值崇拜为代价。动物式的生存竞争非但没有停止,而且愈演愈烈,给社会打下精神文明落后于物质文明的"前文明"烙印。智能革命则将把人和机器的潜能释放出来,导致社会智能化,创造出以智能社会为始的"后文明"时期,人类将最终脱离动物界,以求发展的智力竞争取代生存竞争。

历史上,从语言产生、文字创造、印刷术发明、电信使用到现在的计算机通讯,这五次信息革命都对人类社会产生了深远的影响,但却没有因此而出现一个新的社会形态,即便第五次信息革命也不例外。计算机通讯方式可大大推动生

---

① 参见张保生:《高智力是社会发展的关键——评童天湘著〈智能革命论〉》,《自然辩证法研究》1996 年第 7 期。

产力的发展,但通讯本身不过是生产力的中介,不会因此而形成以通讯为生命线的独立的、新的社会形态。而且,现在的计算机毕竟不是智能机,它仍然属于现代机器系统。所以,信息时代基本上还是机器时代,"信息社会"实质上是工业社会发展的高级阶段。我们正处于由信息时代向智能时代发展的入口处——这是童天湘对当今时代所做的精辟概括。

王锐生评述了童天湘两种文明史的观念。他说,马克思曾经把全部人类历史划分为"前史"与"后史"。在马克思看来,迄今为止的人类社会的历史都只停留在"前史"阶段。因为只要人类社会仍然存在着私有制、阶级、旧式分工和商品经济,人们就无法摆脱自我异化的命运。在这个意义上,真正的人类历史还未开始,人类的真正文明状况还未到来。所以他把包括资本主义在内的迄今为止的人类历史看做"史前时期"。而真正合乎人的生存条件的历史应当从共产主义社会开始。马克思宣布,这一人类社会的前史是"以(资本主义)这种社会形态而告终的。"①恩格斯在《反杜林论》中表达了同样的思想。他认为,人类之所以迄今仍未获得真正解放,是因为资本主义的生存竞争使人未能在社会方面完全超越类似动物界的生存条件。只有在消灭了资本主义私有制,废除了商品生产,建立起一个"有计划地从事生产和分配的自觉的社会生产组织"之后,人类才"从动物的生存条件进入真正的人的生存条件","这是人类从必然王国进入自由王国的飞跃。"②这实质上是以社会经济关系的根本改变(从动物的生存条件向真正人的生存条件转变)为坐标,来区分"前史"与"后史"。

但是,可不可以从技术经济的角度来划分呢? 张保生认为是可以的。因为有些时候,一种技术经济因素的出现,会给人类社会的文明状况带来重大影响。例如,在原始社会的蒙昧时代,有过人吃人的现象。这是因为食物的极端短缺所致。摩尔根在《古代社会》中指出,后来印第安人兴起了园艺,"由于有了谷物和其他作物,人类才第一次感觉到有可能获得丰富的食物。随着淀粉食物的出现,吃人现象便消失了。"③从标志野蛮的食人之风盛行到此风消失(文明进步),关键在于有了足够的食物,而保证这一点的是园艺的兴起。可见,某种重大技术经

---

① 《马克思恩格斯选集》第 2 卷,人民出版社 1995 年版,第 33 页。
② 《马克思恩格斯选集》第 3 卷,人民出版社 1995 年版,第 633—634 页。
③ 《马克思恩格斯全集》第 45 卷,人民出版社 1995 年版,第 334 页。

济因素出现可以成为文明跃迁的一个契机。据此,他认为,从技术经济(智能革命)的角度对全部人类社会发展做类似的前史与后史的划分,是可以的。童天湘就是这样做的,其划分的坐标是人与自然的关系的根本变更,即随同工业社会向智能社会的过渡,人与自然的关系从对抗走向和谐。上述划分"前史"与"后史"两种坐标毋庸置疑,问题在于要进一步研究这两种划分之间存在着的相互制约关系。①

2. 什么是决定未来社会发展的关键性因素

"浪潮派"等未来学派均强调信息和知识的作用,主张知识驱动经济,驱动社会。童天湘却认为,信息和知识固然重要,但必须认识到"知识就是力量"仍然是传统观念。实际上,知识本身不是力量。知识的获取、处理、使用和创新才是真正强大的力量。这正是人类智能的体现,所以"智能就是力量"。因此,决定社会发展的关键性因素是新知识和高智力,而不是一般的信息和知识。

工业社会经过"信息社会"过渡到智能社会有两条途径:一是经过计算机和高度信息化,当计算机发展为智能机时,高度信息化就进入智能化;二是经过机器人和高度自动化,当工业机器人发展为智能机器人时,高度自动化就进入智能化。这两条途径共同导致智能革命,通向智能社会,智能革命由两股洪流汇合而成:一是计算机革命,二是机器人革命。

计算机革命由信息处理进入知识处理,发展为智能机。作者用"N"(N = 1, 2,3,4,5,…)表示计算机"世代"的更迭,并统称为第 N 代计算机:数字计算机、知识智能机(日本研制"第五代计算机"向这个目标走出了第一步)、神经智能机、生物智能机、辩证自为机。这主要不是根据硬件,而是根据原理上的创新以及结构和功能的统一。前四代计算机都是逻辑自动机,人工智能的进一步发展就是要突破形式逻辑的局限,模拟辩证思维,由"自动"进入"自为"。电子仿生学和化学仿生学相结合,并采用生物学元件和其他新型器件,这样其硬件就变成软件,具有自组织能力。在软件方面,机器自编程序和人的口授相结合,也有不用程序的随机处理。当 N = K 时,第 K 代计算机也许真的不能称为计算机,而是某类 X 型思维机。

---

① 参见王锐生:《对"智能革命"的唯物史观评述——读童天湘的〈点亮心灯——智能社会的形态描述〉》,《哲学研究》1997 年第 7 期。

当数字计算机发展到智能计算机,实现计算机革命时,工业机器人也发展为智能机器人,实现机器人革命,使机器人从柔性自动化向智能化发展。有无智能是划分机器人"世代"的依据。可以用 M(M = 1,2,3,4,5,…) 代机器人来描述机器人发展的潜力:工业机器人、智能机器人、自适机器人、生物机器人、思维机器人。他预测,随着人工智能、机器人学、认知科学、思维科学和脑科学的发展与相互渗透,思维机器人也许将出现在 1950 年图灵提出机器能思维后的百年之际。这种机器人的智能向人的智能逼近,也可能超过人的智能。当 M = j(j > 5)时,第 j 代机器人也许真的不能称之为机器人,而是介于机器人与人之间的 y 型仿人体。

当机器人按照"M 规律"发展时,计算机也按照"N 规律"发展。与第 j 代机器人相对应,也有第 K 代计算机逼近人脑,至超过人脑的功能,并与 y 型机器人相对应称之为 X 型思维机器。人机智能系统将成为新一代生产力的主要形式,故新一代生产力有两个基本因素:高智力和智能机。因此,是智能(人的智能和机器智能)驱动经济和社会,不是托夫勒所说的"知识驱动"。鉴于目前出现的"信息高速公路"热,童天湘最近又提出网络革命,即高速信息网络必然要向高速智能网络发展,实现"信息高速公路"智能化,从而使之发展为智能高速公路,最终还是通向智能社会。

3. 树立智能价值观

随着物质型经济向智能型经济的转移,最终将导致"世界财富的一次大转移",即从物质资源拥有者手中转移到智力资源拥有者手中,特别是转移到高思维和新知识掌握者手中。商品的价值也从主要由体力劳动所创造的价值,转向主要由智力劳动所创造的价值;高智力能使高产品有高附加值,从而获得经济上的高效益。社会活动的中心人物也由经济人向智能人转移。经济人是工业社会活动的中心人物,这种人讲究经济效益,追求物质财富,视金钱为价值尺度,难免产生动物式的生存竞争。智能人则讲究思维效率,追求智力财富,视智能为价值尺度,追求发展的智力竞争,从而脱离动物式的生存竞争。智能人的特点是具有智能价值观。智能价值观与知识价值观不同。它不以劳动时间作为度量尺度,它的价值尺度是重质不重量。智能价值的核心是创新求异,凡创新性研究、创新性创作、创新性设计、创新性产品……,而非千篇一律的东西,就有很高或较高的智能价值,这是多元社会多样性的价值反映。

4. 智能时代的经济、政治、军事智力战

作为高智力物化的高技术必然加速世界经济的发展,改变世界经济的格局,形成大大小小的经济圈。高技术发展推动市场的全球化和生产的国际化,出现所谓"全球村经济"现象,全球性信息网络使世界市场一体化,形成环球经济圈。智能时代以高技术竞争为重要特征。发展高技术需要有面向智能时代的新战略,即智能战略。这个战略不是确保生存的战略,而是以发展求生存的战略。

智能社会经济的发展主要不取决于财力,而取决于智力,高智力是综合国力的核心。目前,中国还是一个半工业化国家,是困难与机会并存的社会,更是面临工业化与面向智能化的社会。因此,中国更应当有强烈的紧迫感,应当选择适合国情又能快速发展的智能战略。在这方面,童天湘提出了以下几条建议:第一,中国目前存在的对人才重视不够、使用不当、待遇不变,以及人才外流、智力引进不足等情况,有可能成为高科技发展的"瓶颈"。因此,必须加快制定符合智能时代需要的人才政策。第二,智能技术与生物技术相结合,实现智力的人工进化和脑机共生体,将成为 21 世纪高技术的核心。中国应下决心采取超前决策,从研制生物智能机起步,迎接 21 世纪的高技术革命和智力战。第三,中国不能走先工业化后信息化的老路,也不能跳越工业化而信息化,只能走工业化与信息化互补共进的新路,同时要面向现代化的新潮流,实现智能化。第四,中国也不能照搬新兴工业化国家和地区先劳动密集后技术密集的发展模式,而应选择"技术复合型"的发展模式,使低级技术与高级技术、劳动密集与智力密集相结合,为未来经济的发展注入动因。

5. 大智能观和新历史观

当能量驱动物质型经济发展时,社会需要新的物质观。当智能驱动知识型经济发展时,社会需要新的智能观。童天湘就此提出了广义智能定义:"智能是一个系统具有获取信息/知识、判别信息/知识、处理信息/知识、选择行为的功能。"[①]传统的智能观只局限于地球以及地球上的动物,童天湘认为,智能空间既包括自然智能(人的智能、动物智能等),也包括人工智能(计算机智能、机器人智能等),还包括外星人智能。这是按照自然的演化而不是上帝的创造来描述

---

① 转引自王锐生:《对"智能革命"的唯物史观评述——读童天湘的〈点亮心灯——智能社会的形态描述〉》,《哲学研究》1997 年第 7 期。

智能的分布,是完全摆脱了"人类中心论"的一种彻底的、广义的智能观。

童天湘提出广义认识主体概念,这个概念经钱学森教授修订后表述为:一种有自我意识的开放而有序的巨系统,不仅能意识到自我和客体的存在,使自己与他物区别开来;而且能在自己的意识中反映外界,运用概念进行抽象的思维活动,并通过实践反作用于外界,同时,它们彼此之间能交流认识,并能利用记录下来的认识,从而发展自己的意识。

关于智能革命、智能社会的观点,是基于一种新史观——智能历史观,即:自从劳动创造人以来,人类历史也是社会智力进化的历史。人的智力的发展,使人类由借助物质手段认识、控制和改造客观世界,进而也借助物质手段认识、控制和改造主观世界。智能革命是社会智力进化过程中质变的凸现。在智能时代,由于高技术是高智力的物化,使高智力成为生产力并且是第一生产力。社会要发展,首先要发展社会智力,使生产者由体力劳动型转变为智力劳动型,由从事工业生产逐步转移到从事科学研究、技术开发、智能设计、智力开发、文艺创作、医疗服务和美化环境等方面,为消灭脑体和城乡差别创造条件。于是,人类第一次从维持自身生存的物质生产中解脱出来,以发展竞争代替生存竞争,从而最终脱离动物界。①

三、转变中国文化传统的信息工程

(一)关于"发展研究"的新观念——文化

1. 文化是一个解释性概念

20 世纪 80 年代以后,与文化人类学并不相干的"发展研究",居然也进入到关注人类文化的轨道。关于国家和社会发展的研究,最初关注的是单纯经济增长型的发展、技术和现代化的发展,后来转变为关注涉及文化问题的发展,因为文化是一种解释性的概念,它产生了一整套解释和理解人类行为的原则。

发展概念的历史和思想的根源在于与工业革命或库马尔所说的"大转变"相联系的社会大变革时期,那时欧洲的产业和社会变革即为社会进步的同义语。

---

① 参见张保生:《高智力是社会发展的关键——评童天湘著〈智能革命论〉》,《自然辩证法研究》1996 年第 7 期。

在随后的一整个世纪中,大多数人开始认为"发展"是某种朝着诸如工业化国家的技术上更为"现代的"、经济上更为"先进的"社会形态方向前进的分阶段运动。

到了20世纪中期,社会变革的主要表现是现代化,即因袭欧洲早期走过的路线,将所谓的传统社会结构转变为一种更加现代类型的社会结构的过程。《比较现代化》的作者布莱克即持相似的观点,而且这种观点在社会科学界产生了巨大的影响:现代化是传统社会向现代社会过渡的一种全方位、多方面的急剧变动过程。①

20世纪50年代和60年代初期,不同学科的学者对现代化的浓厚兴趣带来了不同的具体政策建议,但是他们普遍地相信:西方的技术、经济和管理实践对于解决发展问题是有效的。即使是最能理解不同文化传统优越性的人类学家,也或明或暗地接受了西化的现代化模式。"单纯增长"的现代化模式的动摇,是在20世纪60年代中期开始的。因为各种发展政策在环境方面付出了高昂的代价,而贫富差距,无论是穷国与富国之间,还是穷国内部不同阶层之间的收入之间,差距都在明显地拉大。因此,到了20世纪60年代后期和70年代初期,发展研究领域开始同时并存各种相互冲突的理论学说和政策建议,例如依附理论和不发达理论。20世纪70年代的发展专家开始意识到:面对与收入和资源分配不当结合在一起的经济实绩不佳,技术转移和组织结构以及经济增长战略已经不足以解决根本问题。

到20世纪80年代以后,已不存在任何真正一致的意见与解决实际发展问题的办法。学者中间盛行一种怀疑论,即怀疑通过移植现代技术和价值观念就可以实现经济的起飞。这种怀疑论因全球性的生态和军事威胁以及世界性经济衰退而趋于强烈。相反地,发展研究终于开始认识到承担价值义务和进行价值选择问题的存在,即发展研究不再由经济、技术和管理方面的东西所垄断,还应认真考虑伦理、政治和文化方面的因素。这无疑是关于发展研究的新观念,是发展问题研究自身的重大发展。

亨廷顿在《发展的目标》中提出:文化是解释政治经济发展的不同模式的关

---

① 参见李磊:《发展研究视野中的文化——兼论中国传统文化的转型问题》,《安徽工业大学学报》(社会科学版)2002年第4期。

键性独立变项。文化是一种解释性的概念,因为它产生了一整套解释和理解人类行为的原则。第一,文化对于特殊的制度何以会出现、在何时以及何地出现,具有潜在的解释能力。第二,文化包含着说明行为和制度的原则,这并不是要去解释为什么一种制度在某时某地出现,而是要去了解它的意义。

维多利亚时期的人类学家认为,在彻底思考它们所面临的问题方面,某些社会比其他社会做得更好,因而已达到了较高的文化水准;同时还认为,西方文明处于全部文明发展的最高峰。他们设想世界的文化可以按照单一的等级进行排列,西方文明处于这一尺度的进步的一端。

现代的文化概念大约出现于 20 世纪开始的时候,主要反对上面的维多利亚时期的观点:民族间的不同并不反映智力水平的差异。文化优越性的概念本身与现代化的文化概念不相吻合,现代文明概念包含着一定的文化相对论。此时的观点是:对优劣的评价依赖于一定的文化观点,应当十分谨慎地试图用西方的观点作为判断其他文化的基础的做法。

至此,将西方文明视为参照标本的带有民族中心主义或文化中心主义色彩的发展研究,开始转向关注各种文化独立性与可取之处的发展研究。在发展研究中,关注文化是因为文化既可以作为影响发展的一个变项,又可以作为发展的一个目标。

2. 作为影响发展的一个变项的文化

亨廷顿在《发展的目标》一文中说:就解释政治经济发展的不同模式而言,关键性的独立变项是文化。他提出,比较、分析文化对发展的影响最重要的单位是民族和民族国家,在民族之上还有通常包括几个民族(这些民族在种族、语言、宗教和历史等方面往往有许多共同点)的范围更广阔的文化族群,并且区分了中国文化[以儒教为主要宗教,包括中国(含台湾省)、朝鲜、新加坡、越南]、日本文化(以儒教/佛教/神道教为主要宗教)等 9 个文化族群。这些文化族群文化特征的差别,是解释各社会所走过的不同发展道路的一个因素。[①] 他分析了具有不同文化背景的国家中经济与文化的关系。

第一,文化与经济发展。从根本上来说,经济发展本身就是一个文化过程。

① 参见塞缪尔·亨廷顿等:《现代化:理论与历史经验的再探讨》,上海译文出版社 1993 年版,第 190 页。

就像不同的自然资源会形成不同的市场一样,不同的文化资源也会形成不同的市场。例如,在西非、日本、美国或海外华人圈,资本的积累方式完全不同,原因在于它们的文化差异很大。尽管一些政策在某个社会成功地促进了经济增长和繁荣,却不一定完全适用于其他文化背景的社会,比如自由贸易和私有财产权政策。文化必须是那种总的来说支持商业和企业家精神的文化,但激励企业家精神的方式会因文化背景的不同而有所不同。西方培养孩子的方法是培养他们的自立精神。这可能有助于激发他们成年以后敢作敢为的企业家精神。非洲部落的血缘关系提供了一张关系网,商人可以通过它获得培训和启动资金。儒家哲学认为长远规划比眼前结果更重要,这可能是一些亚洲社会储蓄率高的部分原因。不同的社会都会发扬它们独特的文化优势,从而强调市场的不同方面。

第二,文化与发展道路。文化在经济中的作用对于了解不同文化走向经济繁荣的道路至关重要。如果只需根据市场的普遍特性就可以评估改革能否成功的话,那么取消苏联模式经济实体中的低效率就应该自动地激发创业活动,经济实体中的低效率就应该被一扫而光。但事实并非如此。有些经济实体的私有化程度并不高,经济却取得很大的改善。而在许多东欧国家,结构性改革相当彻底,按理说能获得很大的成果,却没有取得多大改善。不考虑文化的因素,我们就不能解释为什么改革没有取得明显的市场成果和经济的迅速繁荣。我们只有注意到在苏联模式时期发生的文化转变,才能理解上述现象。在苏联型经济中,富裕普遍被认为是享受政治优势的象征,因此财富并不能带来信任。人们可以通过合法商业活动获得财富,也可以利用政治关系或黑社会手段获得财富。如果要让成功的商业者在苏联公民的眼中取得合法地位,首先必须改变观念。

第三,文化与企业活动。文化也是决定企业活动所采取的形式的重要因素之一。有利于经济增长的文化模式,可能会在吸取不同方面的文化因素中形成。从日本人和海外华人企业家的例子中,企业家在市场的创新和协调中都发挥着重要的作用。但是,"典型的"日本企业家和华人企业家却有着完全不同的素质。标准的日本企业文化强调团队认同感,个人要适应已经存在的权威结构。在公司内部,公司利益高于一切,个人利益必须服从公司利益。就忠诚和重要地位而言,公司甚至可以取代家庭。尽管终生雇佣的理想模式在过去十年中已被打碎,但忠于公司仍是日本公司文化的主要特征。其中起作用的主要文化因素可能是儒家道德观念或神道教。在中国文化中,典型的企业家拥有超凡的个人奋斗精神。对这种东亚个人主义独特形式的一种可能的解释是,佛教和民间宗教或萨满教的影响。这些宗教,特别是民间宗教,是非常务实的,主张在现实世界中寻找解决办法。①

3. 作为发展的一个目标的文化

具有其连续性的、包含固有传统的文化,无论是作为目标或者作为手段,不少的早期发展构想都没有给它以中心地位。20 世纪 90 年代一股强劲的思潮认为,旧的文化传统的顽固存在,阻碍现代化的充分实现,因为传统的价值观和典章制度与现代化是不相容的。冈纳·米达尔在他的《亚洲的戏剧》一书中尖锐地指出:传统社会唯有改变其传统的典章制度、信念和价值观,顺应发展的需要,才能实现现代化。这样,抛弃传统制度就被看做是发展的先决条件。然而,按照这样的一些发展观点,单维度的经济人被辛辛苦苦地培养出来,到头来却可能发现自己精神空虚,异化于周围的环境。文化具有美学的、心理上的创造性与整合的作用,人类大多数的环境和目标取决于文化对它如何规定、做何评价。要合理地考虑人类的发展,必须把文化列为追求的目标之一。

对包含传统的文化,无论出于何种原因,都不可忽视甚至粗暴对待。否则,引起的反作用在短期内难以消除。文化与外界发生接触和冲突时的反应可以有四种方式。第一,排外主义的反应,重在抵制外来的特色、习惯和价值;第二,复兴主义的反应,重在恢复旧的价值和社会形态;第三,重新解释的反应,从旧的参照框架中看出新特色,或从新的参照框架中看出旧特色,借以为这些特色辩护;第四,注入活力的反应,主张有意识地引进外来事物以强化传统文化。对文化过于粗暴的反应,可能带来暴力和动乱,突出的一个表现是扎根于民族性的原教旨主义的各种运动的兴起。这些运动含有强劲的文化成分,在许多情况下伴随着愤怒不满甚至是恐怖活动。它们扰乱了发展过程,可能使很多辛苦得来的发展成果丧失殆尽。

由此看来,无论是发展还是工业化或者现代化,都必须在一个国家的文化传统上扎根。如派伊、韦尔巴在《政治文化与政治发展》中说:"经济增长和发展的政策必须学会与它们(传统和文化)相处"。正确的观点是:"发展问题较少意味

---

① 参见宁骚、李玉、晏智杰:《现代化与政府科学决策》,经济科学出版社 2000 年版,第 11—12 页。

着大量排除陈旧的模式和价值观,而是较多意味着发展传统如何能够促成而不是阻碍当前……目标的实现。"①

(二)中国:传统文化与现代化

1. 对儒家思想和文化传统的再估计和再定位

按照亨廷顿在《关于发展的文化问题》中的提法,中国是以同名称命名的文化族群的中心国家,它的主要宗教是儒教。韦伯通过新教伦理和儒教伦理的对比研究,得出的结论是:亚洲(尤其是中国)的文化及宗教传统与现代化格格不入,这是东方落后于西方的文化根源。自韦伯以后,西方学术界对中国文化的消极与落后方面展开了研究。在中国内部,则自五四新文化运动以来,启蒙大师们的矛头一直指向批判传统文化。虽然传统文化处于极大的危机之中,但在中国以及其他东亚儒教文化圈影响所及之处,作为东方传统精神的儒家文化从来没有死亡过。现代工业社会中的"高才生"日本以及"四小龙"的经济成就,更引起海外学术界重新认识与审视儒家文化以及其中可能有利于经济发展的文化因素。

较早从正面来解释儒家伦理对东亚经济奇迹的贡献的是"大过滤理论"的创立人赫尔曼·康恩。他将东亚社会所共有的儒家伦理总结如下:工作勤奋,敬业乐群,和睦人际关系,尊敬长辈,强调配合协调与合作而不是突出个人利益,等等。这些"现代儒教伦理"不同于早期新教伦理之处是,它提倡个人对组织的忠诚、奉献、责任,这对现代社会和现代企业组织都大有裨益。

美国波士顿大学彼得·伯格认为,东亚的文化因素的作用与国际贸易中的"比较利益"相似,也可能为宏观经济发展提供一种"比较优势",成为经济起飞的"契机"。他运用韦伯的方式提出:中国士大夫儒学思想是有害于现代化的,但存在于老百姓中的文化并不与古籍等历史的典籍完全相符,没有读过儒家经典的老百姓在日常生活中的工作伦理,如对现实世界的积极进取态度、实用主义、守纪律与自我修养、勤俭、稳定的家庭生活等等源于儒家思想的价值,是一种世俗的儒教,或称"后儒家伦理"(Post-confucian Ethics),可用来解释东亚的经济活力之所在。

---

① 转引自李磊:《发展研究视野中的文化——兼论中国传统文化的转型问题》,《安徽工业大学学报》(社会科学版)2002年第4期。

在 20 世纪 80 年代,西方现代化理论的著名学者艾森斯塔特也重新修正了他早期关于中国文化的观点,认为中国文明同基督教文明一样,具有高度的理性化倾向,这在唐宋以后新儒学中尤为突出。中国文明发展了比其他任何社会都更为密切的文化与政治的关系,但是这种高度结合也很容易发展成为集权主义政策。

近年来,运用西方社会学和行为科学的方法所做的研究,几乎都肯定了儒家伦理中蕴涵有强烈的成就动机,儒家思想中蕴涵许多"实践理性"的东西。① 几十年来中国倡导新儒学的学人不断地进行探索,试图寻找这一深厚文化传统与现代化的结合点。

2. 现代化与文化转型

文化的转型与重建,涉及对传统文化的继承或批判问题。传统文化在某种意义上是无数个点组成的集合,比如中国的 300 多种传统地方戏曲可以说是中国传统文化点集的一个构成部分。在这样一个如此快节奏的社会中,戏曲会不会被忽略而渐渐消散于历史的尘埃中? 有学者撰文讨论"中国戏曲现代化的艰难历程",认为要现代化就必须抛弃传统中的某些障碍因素,比如脸谱。脸谱阻碍个性的张扬,已经构成戏曲现代化的障碍,因此戏曲现代化的过程离不开脸谱等障碍因素的消解的过程。当然也有人认为,由于没有现代性、无可改造,中国土生土长、形成于封建时代的传统戏曲应当摒弃,这就从根本上否定了戏曲存在的意义与发展的可能。

前面说过,历史证明现代化必须在一个国家的文化传统上扎根。关于如何把握对传统文化的继承与批判的尺度,首先应该解决好下面的几个问题。第一,古今问题。原则上"以今为主","厚今薄古",要求用现在和未来的取向来确定传统文化中优秀或糟粕的成分。第二,连续性与非连续性问题。传统文化与现代文化之间有不同的成分,是非连续的,甚至是断裂的,也有一以贯之的相同成分,是连续的。采取扬弃的态度是解决好这个问题的基本要求。第三,文化的基本精神与文化的要素的关系问题。传统文化与现代文化的基本区别在于文化的

---

① 参见中国社会科学杂志社:《社会转型:多文化多民族社会》,社会科学文献出版社 2000 年版,第 45 页。

基本精神,而非要素,简单地摒弃某些要素点无益于传统文化向现代文化的转型。①

关于发展的研究对文化因素,尤其是东亚发展的文化因素的关注,是发展研究自身发展的一个里程碑。它涉及对三个根本性大问题的重新估价。首先,对传统与现代化关系的重新估价,即在现代化过程中如何正确地对待传统;其次,对儒教文化中有利于现代发展或适应于现代生活的合理性因素的重新估价;最后,对现代西方文明中现代性(modernity)的重新估价。对现代性的重新思考也导致对单纯式的人类进步观的重新审视,东方文明中所包含的理性与价值也应得到同样的重视。

中国的文化转型应该是注入活力式的,"脱亚入欧"的设想早已过时。理性主义、人道主义、适合时宜性,以及改善今世而非来世的人类生活条件,都构成了现代化文化观的标志。怎样使中国传统文化转变为更精确、公允的"现代文化",则还需学者与实际工作者的共同努力与探索。

亨廷顿把文化和文化认同作为他的《文明的冲突与世界秩序的重建》一书的主题。他在中文版序言中说:"随着冷战的结束,意识形态不再重要,各国开始发展新的对抗和协调模式。为此,人们需要一个新的框架来理解世界政治,而'文明的冲突'模式似乎满足了这一需要。这一模式强调文化在塑造全球政治中的主要作用,它唤起了人们对文化因素的注意,而它们长期以来曾一直为西方的国际关系学者所忽视;同时在全世界,人们正在根据文化来重新界定自己的认同。"他关于文化的本质、文化与文明的关系、文化与政治和经济的关系、中华文化的价值和意义、大中华及其共荣圈、文明的共性的讨论②,对于我们具有某种程度的启发性。

---

① 参见罗荣渠:《现代化新论》,北京大学出版社1993年版,第78页。
② 参见塞缪尔·亨廷顿:《文明的冲突与世界秩序的重建》,新华出版社2002年版,第1—3页。

第十三章　社会信息科学与技术展望

　　本章是全书内容的归纳与展望。在归纳时,我们回顾了人们考察社会现象的不同视角,以及社会学科所属的演变。起初,它叫社会物理学,借用若干物理—数学方法,却不属于物理学;后来,它叫社会生物学,研究社会的生物学因素和特征,却不是一门生物学;现在,人们看到:它在本质上应当属于信息学。在信息科学体系中它是与自然信息学相平行的一个分支。在展望中,我们说明社会信息科学的发展处于非常初级的阶段,讨论它的发展和趋于成熟的目标,最后指出几个亟待深入研究的基本问题。

一、从社会物理学、社会生物学到社会信息学

(一)社会物理学

1. 社会物理学的定义

中国科学院牛文元研究员于 2000 年撰文指出:"社会物理学(Social Physics)的定义可以表述为:应用自然科学(以物理学为核心)的思路、概念、原理和方法,经过有效拓展、合理融汇和理性修正,用来揭示、模拟、移植、解释和寻求社会行为规律和经济运行规律的充分交叉性学科。"①

_____

① 牛文元:《社会物理学与中国社会稳定预警系统》,《中国科学院院刊》2000 年第 1 期。

牛文元认为,社会物理学派对于现实问题的探索,通常遵从一定的模式进行思考,并具有较严格的逻辑推演,在寻求机制的过程中形成了一个基本认知框架。第一,承认无论自然系统还是人文系统,无一例外地随时(时间)随地(空间)都呈现出"差异"的绝对性;第二,只要存在各种"差异"或"差异集合",就必然产生广义的"梯度";第三,只要存在广义的"梯度",就必然产生广义的"力";第四,只要存在广义的"力",就必然产生广义的"流";第五,所以社会物理学可以着重探索广义"流"的存在形式、演化方向、行进速率、表现强度、相互关系、响应程度、反馈特征,以及它的敏感性、稳定性,从而刻画"自然—社会—经济"复杂巨系统的时空行为和运行轨迹,寻求其内在机制和调控要点,在计算机及网络工具的支持下,有效地服务于政治、经济、军事、社会等重大问题的决策与管理。

2. 社会物理学的起源

"社会物理学"术语由著名的法国学者孔德在 19 世纪提出。他也是社会学和实证哲学的创始人,毕生致力于建立一个能为现代工业社会中的政治组织提供基础的思想和知识体系。孔德的"三个阶段定律"(the law of three stages)认为,在历史上人类的智力发展经历了神学、形而上学和现代实证三个阶段。在神学阶段,世界和人类的归宿是通过神和精神来解释的;形而上学阶段是一个过渡阶段,此阶段里归宿是通过本质、终极原因和其他抽象概念等来解释的;在最后的现代实证阶段,最主要的特征是认识到了人类知识的有限性,因此人类最好放弃绝对的解释,应当追求的是发现各种定律,即各类现象之间的规律性联系。孔德把所有的实证知识在其"科学的分层结构"(the hierarchy of the sciences)作了分类,给出了每类的方法,并特别强调新的统一科学社会学。在其主要著作 *System of Positive Polity* 中,他阐述了"社会静力学"(social statics) 和"社会动力学"(social dynamics)的思想及其对社会结构和变化历史的研究。

同时代但较晚一些的马克思,是另一位对社会物理学作出重大贡献的学者。正如近代法国著名的社会学家 Simone Weil 所指出的:我们必须感谢马克思的"天才手笔"(the stroke of genius)为我们展示了社会物理学的前景,"马克思是第一个,除非我错了,唯一的一个——因为他的研究并没有被跟踪下去——具有把社会作为基本的人类事实和以物理学家探讨物质、力之间的关系的方式研究社会的孪生想法的人。"就科学成就而言,Weil 认为,马克思的最大成就是他不但指出了社会科学的必要性,而且通过呼吁注意"社会物质"(Social Matters)的存在,指出了社会科学的可能性。根据马克思"社会物质"的思想,Weil 本人进一步提出了"心理物质"(psychology matter)的概念。应指出的是,在马克思的葬礼上,恩格斯断言马克思为人类作出了两项重大发现:人类历史发展定律和资本主义社会运动定律。这一说法也是以物理学家的方式对马克思社会科学贡献的评价。①

19 世纪的比利时数学家、天文学家和社会学家 Adolphe Quetelet 用统计方法和概率论将社会物理学研究从定性分析向定量分析推进了一大步。同时,他所提出的"平均人"(hommemoyen,即 averageman)的概念,以及人口中具体年龄组的"相对嗜好"(relative penchant)的想法(在一定程度上,Popper 的"倾向"概念是这一想法的后续),试图以此通过统计学来发现社会行为的原因,这在当时的社会学家之中引发了极大的争议。Quetelet 的工作催生了现代社会物理学方法,特别是法国社会学派的形成。②

还有许多其他重要的学者及其工作是以物理学的思想来研究社会和哲学问题的,从 17 世纪 William Petty 的"政治算术"(political arithmetic)到 John Graunt 的"社会数字"(socialnumbers),从哲学家康德到数学家拉普拉斯和科学家麦克斯韦尔,他们尽管都没有真正深入地使用物理学的方法,特别是数学物理方法,也很少涉及量化分析,但他们的工作形成了后来的社会物理学的思想基础,是现代社会物理学的起源。

3. 社会物理学的主要贡献

牛文元曾经把社会物理学研究的主要成果归纳为 10 个方面③,现援引如下:第一,把牛顿万有引力定律成功地运用到人口迁移模型、城市引力模型和区域综合能力模型。如 1880 年瑞伦斯坦(Rarenstein)的人口迁移模型,1970 年威尔森的城市引力模型,1975 年克拉克(Clark)区域综合实力模型等。第二,推广了数学家提出的空间充填原理:在一个欧氏二维平面中,什么样的正多边形可以完全充满,满足于既不互相重叠又不出现空缺? 它的解为——仅有正三角形、正方形和正六边形可以成立。但从经济学原理和社会行为原理分析,只有六边形

① 参见王飞跃:《关于社会物理学的意义及其方法讨论》,《复杂系统与复杂性科学》2005 年第 3 期。

② 参见王飞跃:《关于复杂系统研究的计算理论与方法》,《中国基础科学》2004 年第 6 期。

③ 参见牛文元:《社会物理学与中国社会稳定预警系统》,《中国科学院院刊》2000 年第 1 期。

既满足"完全充填",又"最具效率"的双重优势。人类活动和人类行为无论是自觉的还是不自觉的,都逃避不了该定理的制约。因此,它被经济规划、城市规划和行政区划分为以结构去体现功能的最佳范式,得到了广泛的认同。第三,应用"力的合成"解释干旱地区绿洲系统的调控机理。第四,国家生存理论:应用自然变量与社会变量的结合,西门提出了度量国家生存与发展能力的著名模式。第五,技术发明的空间扩散方程:应用生命周期过程和放射元素半衰期理论,解释技术发明的扩散过程,并表达为通用的罗吉斯谛函数。第六,资源开发与生产的熵理论解析。第七,经济过程的质能守衡原理。第八,发展质量的"物理矩"原理。第九,ZIPF 定则在社会经济领域中的普适性,描述多种行为的基本规律。它的普遍性表现在:物种—面积关系、人口—等级关系、河流—等级关系、科学文献分布关系、资源分布关系等。第十,蒙特卡洛法则在谣言传布和传染病扩散中的应用。

(二)社会生物学

1. 什么是社会生物学

"社会生物学是对所有各种社会行为的生物基础的系统研究。"这是美国昆虫学权威、社会生物学奠基人威尔逊给这门科学所下定义。按照这个定义,社会生物学是研究包括人在内的一切生物物种社会行为的综合科学,人类学和社会学只是这门综合科学的不同分支,一切社会科学和人文科学都要按照社会生物学的原理经过改建,而被纳入这个综合领域。[1]

他提出这一设想的基本前提是,假定人的社会行为都有一定的遗传基础,即生物基础。第一,物种(包括人)不可能有超出自身生物本性的行为目的。虽然不能把人看做一部生物机器,它的一切行为都由生物本性驱动的,但人身上有一种生物机制,这种生物机制不容许人违背他的生物本性,去追求什么目的和采取什么社会行动。第二,遗传因素虽然不规定社会行为的所有细节,但规定了文化演变的特定方向。或者说,遗传规定了人类历史的可以预见的轨迹,尽管文化可以修改遗传特性的表现形式,但不能改变人类行为的基本规律,不能更改"历史的可预见轨迹"的主导方向。第三,人的本性的特点不过是其他物类的自然属性的一个组成部分,人的大部分行为方式是其他生物本来就有的。因此,只有深

---

[1] 参见周绍珩:《社会生物学》,《国外社会科学》1988 年第 1 期。

刻研究所有生物的社会行为进化过程,才能断定人的行为的先天特征中,哪些特征是有价值的,哪些是有害的。

威尔逊的社会生物学奠基作是《社会生物学:新的综合》。这里所说的"综合"有两层含义:一是指生物科学最新发展的综合,即群体进化论、现代遗传学和动物生态学的综合;二是指生物科学和社会科学的综合,形成一门研究人的社会行为的综合科学。因此,社会生物学的任务之一是改建社会科学和人文科学的基础,促使社会科学和人文科学把研究人的社会行为的生物基础作为基本取向,把生物因素和遗传因素作为研究人类社会生活的主要依据,以便把社会科学纳入他们所说的"新的综合"。

威尔逊所说的社会生物学包括两个研究领域,一是人以外的动物的社会行为研究,即动物社会行为类型及其遗传因素和环境因素的研究;二是人的社会生物学。近年来,社会生物学家已经把人类社会的政治、经济、美学、伦理等方面,纳入他们的研究范围。

大多数社会生物学家在探讨人类社会现象方面都有不同程度的生物决定论的倾向。但他们在肯定生物因素和遗传因素对历史文化发展的定向作用时,并不断然否定社会文化对人的社会行为发展的影响,只是把生物遗传因素放在第一位,把社会文化因素放在第二位。因此,这是一种比社会达尔文主义更加严密,更加精巧的生物决定论。

从理论信息学的角度看,如果把人类行为分为两类,肢体行为和意识行为的话,它们是对立统一的。在我们解释肢体行为的时候,社会生物学(可以还原为社会物理学)起着主导的作用,但在解释意识行为的时候,社会信息学就起主导的作用了。如果说,社会现象的本质是信息的,那么整个人文社会科学就应当属于信息学,而不是生物学,更不是物理学。

2. 社会生物学的形成

社会生物学作为一个独立的科学流派,是在 20 世纪 70 年代中期形成的。应该说,早在五六十年代,一批很有影响的西方学者,已经提出了社会生物学的某些主张,其中有英国遗传学家 V. C. 温·爱德华兹、J. 梅纳德·史密斯、W. D. 汉密尔顿、荷兰动物生态学家 N. 廷伯根、奥地利动物生态学家 K. 洛伦兹和 K. 弗里施,以及美国的 R. 特里弗斯、法国的 E. 莫兰、E. 梅尔、T. 罗布藏斯基等。但最先把这些主张综合成一个完整的理论体系,并对社会生物学的宗旨、范围和研究方法作出全面设计的,是美国哈佛大学教授威尔逊。

威尔逊的《社会生物学:新的综合》一书,标志着社会生物学的诞生。全书共27章,绝大部分讨论各种生物科学研究动物社会行为取得的成果(计25章),专门谈论人的社会生物学的是第1章和第27章(第27章的标题是:"人:从社会生物学到社会学")。此后,威尔逊把研究重点转向人的社会生物学,先后发表了《论人的本性》,与C.拉姆斯登合著《基因、心智与文化:共同进化过程》、《普罗米修斯之火:关于心智起源的思考》。

社会生物学是达尔文进化论和现代生物科学相结合的产物。自19世纪末以来,许多西方学者试图用达尔文的进化论来解释人类的社会文化现象。在一百多年的时间内,西方的这一思潮经历了三个发展阶段。

第一,19世纪中期到20世纪初的"社会达尔文主义"。社会达尔文主义的主张,最初是由英国哲学家兼社会学家斯宾塞提出的。他在《社会静力学》和《生物学原理》等书中,用"适者生存"这一生物进化规律来说明人类社会的进化。此后,英国的W.白哲特、美国的W.G.萨姆纳、德国的F.A.朗格等人,进一步发挥社会达尔文主义的观点。

第二,20世纪30年代以后的新达尔文主义。几乎是在同一时间内,英国遗传学家R.A.费希尔的《自然选择的遗传学原理》,美国遗传学家S.赖特的《孟德尔种群进化》和英国遗传学家兼生物统计学家J.B.S.霍尔丹的《进化的原因》先后发表,形成了新达尔文主义开拓初期的一个高潮。这三位学者都是种群遗传学的奠基人,他们的贡献是用种群进化论和严谨的数学计算,论述动物群体中的利他行为与遗传基因的关系。尽管当时新达尔文主义的社会文化观念没有达到系统化,但它所体现的进化论和种群遗传学的结合,为以后社会生物学的形成准备了基础。

第三,从20世纪60年代开始,进入了后达尔文主义阶段,即生物科学的进一步发展,使进化论不仅与种群遗传学结合,而且与动物生态学结合,因此也叫进化论的"现代综合"阶段。在这段时间内,西方学术界关于人类进化中社会文化因素和生物因素相互关系的讨论极为活跃。一方面是英国遗传学家C.D.达林顿、A.R.詹森、奥地利动物生态学家K.洛伦兹、美国动物生态学家D.莫里斯等,先后发表了一系列试图证明生物遗传基础对人的社会行为的决定性作用的著作。另一方面是以美国遗传学家J.莱德伯格为代表的一批比较明智的学者,也发表了许多批判生物决定论的著作。这方面的讨论反映出，许多学者已经看到在现代生物科学基础上建立一种新的综合性的人的科学的必要性。1969年，一个以探讨这种综合为目的的学术刊物《生物社会科学杂志》开始在美国发行。1972年，一个以"人的统一"为中心议题的学术讨论会在法国的鲁瓦约蒙特举行。社会生物学便顺应这一需要而产生了。

3. 社会生物学的若干基本原理

概括地说，社会生物学是运用群体进化论、种群遗传学和动物生态学的原理，来论证包括人在内的一切物种的社会行为的生物基础。如果说，动物生态学家发现动物社会生活中的协作分工、利己—利他行为和婚配结构等行为机制，那么，群体进化论和种群遗传学便为论证这些行为机制提供了依据。[①]

比方说，膜翅目昆虫的社会协作是传统进化论难以解释的。为什么蜜蜂会结成分工严密的社会？为什么工蜂不生育后代是一种有利进化的行为方式？为什么种群遇到敌害时许多蜜蜂宁可牺牲自己来保卫群体？这类现象看来对个体的适应、生存和繁殖是不利的。但社会生物学家提出了一种说明模式。

社会生物学家在论述这类现象时，经常引用群体进化论和种群遗传学的下述三个观念。第一，在进化过程中，自然选择不是个体之间的选择，而是群体之间的选择，对社会行为进化具有特别重要意义的，是以有亲缘关系的群体为单位的选择，即亲属间选择(kins election)。第二，有利于群体进化的，不是个体的适应性，而是总体适应性(inclusive fitness)。第三，遗传不是个体的再生，而是基因的再生，个体只是基因再生的工具。遗传学的适应性主要不是个体对环境的适应能力，而是基因类型传向下一代的可能性。这便是社会生物学家所主张的"基因中心论"。确立这三个观念后，传统进化论难以说明的动物社会行为都变得容易说明了。

某些动物生态学家(如J.梅纳德·史密斯)，采用对策论的方法来论证利他行为的进化含义。这种方法也在社会生物学中得到应用。比方说，鸟群散布在地面，空中出现了猛禽。这时鸟群在地面上是不利的，但每只小鸟处在群体中是有利的；如果哪只小鸟先发现险情并单身升入空中，这时离群对它是不利的；假如它及时发出警报，随同整个群体升空，这时任何一只小鸟都不再是猛禽的唯一

①　参见艾莉森·沃尔夫:《社会生物学以及对它的责难》,《国外社会科学文摘》1982年第7期。

攻击目标。因此,遇险发出警报有可能成为动物群体一种普通的行为方式。显然,不是小鸟会自觉地选择某种行为,而是自然进化会保留这种最佳决策。这就是梅纳德·史密斯所说的"进化稳定策略"(evolutionary stable-strategy)。

有机体和环境的相互关系是动物生态学家关心的一个重要方面,社会生物学家吸收了这方面的研究成果。根据他们的观察,动物社会行为受环境影响是多方面的。第一,调节种群密度。V. C. 温·爱德华兹注意到,如果种群密度不断增加,超出了环境所能提供的食物资源,某些动物会自动停止交配以减少繁殖。第二,影响动物的攻击性行为和领地自卫行为。在资源不足的情况下,这类行为会增强;在食物充足的情况下,不同种群间也会和睦相处。第三,动物的配偶方式(单配偶制或多配偶制)在很大程度上受环境的影响。如果资源有限,可以通过对有限生活资源的监督来控制伴侣,有可能形成一雌一雄的单配偶制;如果条件允许,也不要求共同哺育后代,有可能形成多配偶制。

4. 人的社会生物学

社会生物学家试图把全部社会科学和人文学科纳入它的框架。这是不是完全抹杀了人和其他动物的区别呢? 社会生物学家不愿承认这一点。他们在运用社会生物学原理来说明人类社会文化现象时,并不否认人不同于其他动物的生理特点和社会特点,但认为人与灵长目动物在进化上"同源",人类社会的许多特征是可以用动物的进化规律和遗传规律来说明的。为了说明人类社会行为的生物基础,同时又不至简单地把人和动物等同起来,社会生物学家提出了一系列推论和假设。[①]

第一,人类的利他行为多数是"相互利他行为"(reciprocal altruism),并不只局限于有血缘关系的亲属之间。比方说,有人落水,救援者可能与他素不相识。从进化论的角度看,单方面的利他行为不能增加利他者本人的进化适应性;但人类的利他行为是相互的,所以能增加双方的适应性,使利他基因能在人类中世代繁衍。人类之所以能有这种相互利他行为,是因为人的智能、记忆力和符号表达能力高于其他动物,有可能使这种利他行为的作用超出时间的局限。这种相互利他行为可能始于交换(barter)。一种交换是狩猎—采集社会中男人用猎获的肉食换取女人采集的谷物和果实。另一种是原始社会中部落间联姻(交换女

---

① 参见周绍珩:《社会生物学》,《国外社会科学》1988 年第 1 期。

人),这两种来源都是由遗传和进化的要求决定的。

第二,以家庭为基本单位的社会结构是人类社会的特点。家庭的形成是人的生物特征决定的。智人的生育行为已经经过进化,与其他动物有很大的差别,这些差别要求人建立一种稳定的家庭。在家庭基础上发展起来的亲属关系给人类社会进化带来许多好处。其一,加强部落之间的联系,为非同族婚配提供渠道。其二,有利于建立更广的交换系统。其三,有利于相互帮助,渡过困难时期。

第三,阶级和等级的区分是人类社会的普遍现象。社会生物学家普遍认为劳动分工的形成中有遗传因素的作用,但对阶级的生物基础没有一致的看法。较多的社会生物学家及其支持者采用了更加委婉的说法,如威尔逊和C.拉姆斯登合著的《基因、心智和文化:共同进化过程》一书,论证了一种"后成法则"(epigenetic rules)在人类智能和意识形成过程中的作用。所谓"后成法则",即人的先天遗传因素在后天学习及认识过程中的作用机制。"后成法则"对感觉和知觉起到过滤作用,把偏离人的生物基础的可能性缩小到最低限度。因此,人的智能、意识、感情和愿望,尽管是由一定社会环境塑造定型,但不致偏离到与他的生物基础相违背的程度。按照这种提法,遗传因素是通过"后成法则"的作用,影响种族差别和阶级意识的形成。

第四,文化深入人类社会生活各个领域,这是任何其他动物都不具备的特征。社会生物学家认为,生物进化和文化进化是两种平行的进化过程,然而生物进化先于文化的产生,因此,文化不是写在一张白纸上,而是写在已经勾画出某些轮廓的纸上。人类文化的发展已经由过去的生物进化奠定基础,并非随心所欲,凭空而来。遗传虽然不能规定文化表现的一切细节,但预先规定了文化发展的方向。文化表现也受"后成法则"的制约,它使人们对道德准则、宗教观念、美学爱好、生活方式等,能够作出符合进化要求的选择。按照威尔逊和拉姆斯登的说法,是能够选择某些"文化基因",淘汰某些"文化基因"。因此,文化无非是人类对于社会环境和自然环境的一种适应装置,相当于动物对自然环境的适应机制。

第五,伦理道德的自觉性是人类的特点,但伦理道德的目的是由人类的生物进化规定的。乱伦禁忌是一个典型例子。R.特里弗斯和J.梅纳德·史密斯都曾论证近亲婚配的危害,如后者对果蝇繁殖的研究证明,同族交配产生的后代只有25%的存活可能,因此,在有可能进行选择的情况下,雌性果蝇宁可选择非同族雄性为配偶。人类近亲婚配的严重遗传后果也是有目共睹的。生物进化的自然选择本身就会淘汰近亲婚配和乱伦行为。伦理问题从另一个侧面证明,文化教育的影响只有适合遗传进化的要求才能发挥作用。

第六,攻击性是人和其他动物共有的,但发展成大规模同类相残的战争却是人类的特点。社会生物学家继承了廷伯根、洛伦兹和莫里斯等人的观点,认为攻击性是人的自然本性之一。因为它与来自动物和人共有的领地自卫本能相关,与区分"自己"和"异己"的本能有关,并在人类猎杀动物和生存斗争中得到了发展。因此,攻击行为是进化过程中经过自然选择所确立的一种反应模式。按照洛伦兹的观点,攻击性是一种生命力,在社会因素的影响下,既可能发展为战争,也可能成为促进社会、礼仪、道德、文化、科学和艺术发展的动力。

第七,交际是人和动物都有的社会行为,但人的交际手段比动物复杂得多。尽管如此,人的交际工具(语言)的运转和习得,仍然离不开生物基础和遗传因素的作用。社会生物学吸收了乔姆斯基关于语言深层结构的见解,认为儿童具有学习语言的先天能力是进化的结果是遗传决定的。儿童可以掌握语言的深层结构,创造出数量无限的句子,其他动物都没有这种先天的能力。

由此可见,社会生物学对于人类社会的研究,已经广泛触及社会结构、交际手段、文化传统、宗教习俗、道德规范、美学艺术等课题。其研究范围大体可以概括为三个方面。第一,人类社会行为方式的类型,它与动物社会行为的异同,与生物基础和遗传因素的直接联系和间接联系。第二,人类社会进化与自然环境的关系,环境压力对人类社会行为方式的制约和影响。第三,人类生物进化与文化进化的平行发展和相互影响,及其对于人类社会行为方式形成的影响。①

(三)社会信息学

1. 什么是社会信息学

"社会信息科学"(Social Information Science),简称为"社会信息学"(Social Informatics),是一门新兴的边缘交叉学科。目前,世界上只在四个国家(俄罗斯、日本、美国、中国)形成了明确的概念,组织了研究团队,发表了系列研究成果,在大学里设立了相关的院系,开设了高等教育的课程,构成了学科体系的框架,召开了全国性的学术交流会议。但是,至今没有召开过一次专门的国际学术

---

① 参见周绍珩:《社会生物学》,《国外社会科学》1988 年第 1 期。

会议,没有就社会信息科学(社会信息学)的概念、原理与方法达成一致的认识。①

回顾历史,俄罗斯学者于1971年提出"社会信息学"概念,1988年受苏共中央政治局和苏联最高苏维埃会议的要求,社会信息学的研究迅速发展成为一种国家行为。俄罗斯学者后来又进一步提出了"人文信息学"的概念,在国际上处于领先地位。日本东京大学1992年成立社会信息研究所,随后讨论建立社会信息学的问题。美国于1996年正式出现"社会信息学"术语,并在若干大学形成研究潮流。中国学者于1995年开始关于人类社会信息的研究,为了区别于动物社会的信息学而取名"人类信息学",后来改名为"社会信息科学";提出了"1 + 3"的信息科学结构理论。华中科技大学社会信息科学研究中心于2006年成立,2007年召开首次全国社会信息科学研讨会。关于俄、日、美、中社会信息学的发展,本书在第二编"国外社会信息问题研究的历史与现状"已经分别予以介绍了,在本章下面一节,"俄罗斯、日美、中国:三种社会信息科学途径"将对它们进行比较研究,所以本节只是比较地讨论若干共性的问题。

在中国学术期刊网上,可以查到俄、日、美关于社会信息学的成果以及我国学者关于社会信息科学研究的论著。从数量上看,由于英语是大语种,美国科技处于领先地位,关于美国情况的介绍占据了多数,而且绝大多数学者甚至在完全不了解俄、日、中情况的条件下进行论述,把1997年作为社会信息学诞生的"元年"②,把美国学者关于社会信息学的定义作为标准定义,提出"积极引进国外社会信息学的研究成果","在国内高校、科研机构设立社会信息学教学点,建立正规的社会信息学学术组织",等等。

什么是"社会信息学"? 目前,各国学者的回答是不同的。在俄罗斯,先后提出了三个社会信息学的概念和知识体系,分别称之为"社会信息学 I","社会信息学 II","社会信息学 III",三个概念各不相同。在日本,社会信息学作为新闻传播学的一个分支。在美国,把社会信息学作为计算机化(信息化)的社会方面加以研究。在中国,把社会信息学作为在整个信息科学知识体系当中与"自

---

①　参见张凌、左路、张新民、田爱景:《从社会物理学、社会生物学,到社会信息学》,《医学信息》2009年第7期。

②　参见沈嵘:《社会信息学引论》,《情报科学》2005年第7期。

然信息科学"相平行的一个大的分支。

2. 社会信息学产生的背景

(1)现代信息技术对社会广泛而深刻的影响

社会信息学的出现源自于现代信息技术对社会的广泛影响,它构成社会信息学产生的社会历史背景。面对信息技术产生的影响,一开始人们认为这只是技术手段的现代化,如今已经认识到现代组织、社会及其管理也将发生深刻变化。我们经常遇到这样的问题,即"计算机会对社会产生怎样的影响,互联网(Web)将会对人们利用信息产生怎样的影响?"等等。因此,我们面临的不是简单地分析传统社会组织及其管理方式的信息技术运用问题,而是信息技术与社会组织及其管理的动态作用,需要关注的是信息技术的社会作用和未来以信息为基础组织与管理的理论与方法。因而,社会信息学首先是关于信息技术的社会方面的研究,其次是形成一套以信息为基础的组织与管理的基本理论与方法。

信息产品迅速普及,不断更新换代,价格不断降低,功能不断增强,让社会成员自然地产生"日新月异"之感。他们享受到信息服务的便捷与高效,产生了对信息科学理论的热爱与崇拜。法国著名的《观点》杂志1987年在法国做了一项民意调查,调查要求法国人在最有魅力的职业、最有前途的职业和最希望自己子女所从事的职业中各列出前十名。结果,信息学理论在"最有前途的职业"和"最希望自己子女所从事的职业"中都被推为榜首,在"最有魅力的职业中"名列第二,其他使人趋之若鹜的职业分别是医生、律师、教授、行政官员、研究员、商人、工程师、中小学教师和手工艺者。法国人那时对信息学所表现出来的热情和尊敬,代表了信息学研究自香农和维纳时代以来在全世界受人瞩目的程度。法国人所喜欢的信息学理论当然指的是信息科学理论。①

对于一个正常人,他需要信息,还需要高效的信息处理与应用的能力,这是他得到物质利益与满足的基础和前提条件。信息和智能"本体论"地位的高深哲学难题,已经被人们的社会生活实践所证明、所解决。专业的哲学家们"升华"出他们在信息时代的相关理论,只是个时间问题了。"世界上除了物质和物质的运动之外,什么都没有了"的第一哲学假设,在信息技术和产品的社会实践活动中,不可逆转地被送进了过时的旧思想的"坟场"。"宇宙万物是物质与信

---

① 参见闫学杉:《人类信息学的基本问题》,《国外社会科学》1997年第6期。

息的对立统一"，这样的观念被谁首先说出来，并不重要。在人们接受计算机硬件与软件理论的时候，在人们改变手机(或小灵通)的系统设置、实现汉字(或英文)输入的时候，它已经悄然地深入人心，融化到了每一个人的潜意识之中。人是信息的人，社会是信息的社会。信息社会的公民们都在心灵深处本能地呼唤着社会信息学！

（2）信息观念对传统自然和人文社会科学的影响

自从1948年维纳提出"信息就是信息，不是物质，也不是能量"的命题以来，信息的观念日益深入人心。过去几百年的科学传统是：按照物理学的观念和方法研究自然、研究社会、探究人。信息观念的提出，为人们考察自然、社会和人提供了一个新的视角。人们逐渐发现，任何系统都是由物质子系统和信息子系统构成的，它们是对立的统一。一个系统的信息侧面有它自己的、不同于物质的特点和规律。关于信息子系统的知识，必然在各个学科的体系中占据自己的位置。

于是，在传统的自然科学中生长出来物理信息学、化学信息学、生物信息学、医学信息学等新兴学科。关于自然信息的科学和技术迅速发展，其产品(如"基因数据库"等)得到了社会市场的"准入证"，受到学术界和公众的热烈欢迎。研究信息科学基础理论的学者们同样欣欣鼓舞，决心在坚实强大的应用信息学基础上建立关于信息的统一理论(或称"一般信息学")。2004年，中国学者公布"理论信息学"研究成果，为信息科学知识体系奠定了理论基础。① 2008年，关于"信息世界观"的研究成果发表，维纳的信息概念由技术与科学的层次真正地深入到了观念与哲学的层次。②

而在人文社会科学学科中，当人们用信息的观念重新观察语言、传播、心理、文学、历史、哲学现象时，发现可以得到新的认识，甚至有的学者主张建立和发展语言信息学、传播信息学、心理信息学、文学信息学、历史信息学、哲学信息学等。从总体上看，这些正是"社会信息学"的分支学科，是理论信息学向着具体信息学的延展，是信息世界观、方法论的渗透，它们构成了社会信息学产生的学术背景。

（3）个人发展、单位建设与国家强盛的需要

① 参见李宗荣：《理论信息学：概念、原理与方法》，《医学信息》2004年第12期。
② 参见李宗荣：《论信息科学的世界观》，《医学信息》2008年第8期。

社会信息化、国家创新体系建设、单位和企业的自主创新,都需要一门专门研究社会信息现象的科学知识体系。日本东京大学新闻研究所的学者1992年把新闻学提升到社会信息学的高度,试图研究社会信息运行的规律。美国有关信息技术社会方面问题的学者,在信息系统、信息科学、计算机科学、社会学、政治学以及通信科学等不同的学科领域使用不同的名称,比如"计算机的社会分析"、"计算机应用的社会影响"、"信息系统研究"、"行为信息系统研究"等,相关成果运用不同的学术术语发表在不同的学术刊物上。1996年学者们一致认识到:需要统一的学科名称来促进该领域的发展。经过一番交流和商议,于1997年就"社会信息学"达成共识。

在中国,北京大学的学者在1997年把信息科学的学科群分为六类:电讯信息学,计算机信息学,光信息学,生物信息学(细胞信息学),动物信息学,人类信息学。所谓的人类信息指的是社会生活中由我们人类自己产生,并只在人类社会成员或组织中流动、交流或传播的信息。① 后来,由于"人类信息学"与"文化人类学"等术语相混淆,遂更名为"社会信息学"。2005年在北京召开信息科学研究交叉研讨会,随后形成关于信息科学体系结构的认识。2006年在华中科技大学成立了社会信息科学研究中心,2007年召开了首届全国社会信息科学研讨会。

在俄罗斯,1971年列宁格勒文化学院的学者撰文提出,信息学不仅要研究科技信息,而且还要研究所有社会信息和所有交流信息,它将发展成为反应整个社会信息的交流的综合性学科,并将其定名为"社会信息学"。1988年受苏共中央政治局和苏联最高苏维埃会议的要求,社会信息学研究迅速发展,成为一种国家行为。一旦社会信息学研究与个人的发展、单位的建设、国家的强盛联系到一起,就获得了飞速前进的原始动力。

3. 社会信息学的研究对象和研究方法

社会信息学不仅把社会信息的信息内容作为对象,而且把信息的生产、流通、处理、积蓄、使用的过程,及主体(个人、组织、社会等)都作为研究对象,当然这里也包括作为信息使用环境的制度上的各种条件的相关研究。因为涉及社会信息的问题不是个别的、片断的,而是必须将其与现代社会的全体信息现象连接

---

① 参见闫学杉:《人类信息学的基本问题》,《国外社会科学》1997年第6期。

起来进行研究。社会信息学研究对象的综合性,决定了其研究方法必然是综合的、跨学科的。具体地说,社会信息学大致包括三种带有取向性的研究:标准取向性研究、分析取向性研究和评论取向性研究。

标准取向性研究的目的,是为设计、实施、使用和开发信息通信技术政策的专家推荐方法。这种取向性研究具有明确的目的,它通过详细论述在大范围的组织和社会环境下,人们使用信息通信技术进行工作时所发生的各种各样的结果,通过提供以往的经验从而影响新的实践活动。

分析取向性研究是为了完善组织和文化环境下信息通信技术的理论,并有利于这种理论付诸于实践的研究。这种研究寻求的是对信息通信技术应用的更深层次的理解。

评论取向性研究则根据非自动接受委托、设计或实施特定信息通信技术的小组的目标和利益的观点来考察信息通信技术。

评论取向性研究可能是非同一般的。它鼓励信息专家和研究人员通过不同观点来研究信息通信技术(例如,在不同环境下使用信息技术的不同人群,以及设计、实施和管理信息技术的人群的观点),鼓励他们研究那些也许是"错误的模式"或失败的服务,鼓励他们研究信息通信技术在日常使用中的理想化模式。[①]

4. 建立和发展社会信息学的意义

(1)推动人文社会科学的学科信息化

建立和发展社会信息学,最直接的效益是推动人文学科和社会科学的学科信息化。尽管计算机化(信息化)正强有力地影响每一个社会成员的日常生活和心灵,正在改变有的学科结构,比如认知心理学等。但是,现行的人文社会科学都需要"信息化"的观点,却是许多学者不同意也不愿意接受的。他们认为,当前处于主流地位的人文社会科学研究思路是实证的,正在千方百计争取做到数学化,符合马克思关于一门学科只有用数学武装才能成为科学的教导,因而绝对是科学的。他们说,精神是物质进化到高级阶段之后才出现的一种运动形式,信息是物质的一种属性。除了信息之外,物质的其他种种属性精彩纷呈,活泼生动。有的心理学学科没有信息概念一样在搞研究。还有的专家借鉴历史,20世

---

① 参见黄雪婷:《社会信息学研究综述》,《情报检索》2008 年第 8 期。

纪80年代信息论向社会科学的渗透曾经热闹一时,但只是开花,不见果实;现在的社会信息学又要热闹起来,同样难成气候。

心理分析中的"利益驱动"永远是铁的法则。对于年轻学者,需要提职加薪、购房买车,需要核心刊物和一级杂志的认同。对于办杂志的编辑们,政治原则、意识形态是他们的生命线,受到学术界和读者的欢迎是赢利的前提,社会的可接受性是成败的尺度。而在学术界名声显赫的"大家"们又如何呢?他们大多是现行的学术观念、行政体制、学科设置、研究团队、科学基金、专业杂志等方面的既得利益者。在社会信息学还没有成为潮流,不被杂志编辑、行政官员、基金评审专家认同的时候,大家们常常是很"小气"的。只是那为数不多的具有远见卓识、淡泊名利的学者,才可能舍得投入时间、精力和心情在处女地上耕耘。创新科学的建立与发展莫不如此,社会信息科学也不会例外。宏观地说,它所面对的是传统文化系统的阻挠。但是,我们相信,一旦社会信息科学真的能热闹起来,而且经久不衰,成果迭出,令人刮目相看,那就是人文社会科学的学科信息化开始向面上渗透、百花齐放之时了。所以,虽然道路是曲折的,但前景必然是光明的。

（2）完善整个信息科学的知识体系

正如达尔文以来人们几乎都承认的那样,世界中存在着一个发展进化的链条。物理学对于这个链条的物质特性进行了详尽的考察,信息学的考察则刚刚开始不久。人类社会是信息进化链条的最高点,但社会信息学不仅仅只是人类的信息学,至少还应当包含动物社会的信息学。植物、细菌、病毒、生物分子级别上也有社会性,有信息的通信、传播与控制。生物学家的实验说,当培养皿的细菌繁殖到一定的程度时,它们会自动停止。那么,是谁在下达"停止繁殖"的命令呢?这个命令的执行过程又是怎样的呢?有语言、有通信、有控制,必然有社会信息。就像中文和英语,它们截然不同,但是可以相互转换,实现意义上的理解。从功能的角度,社会生物学家已经在人和动物之间进行了许多比较研究。

把动物的智慧活动贬低,一言以蔽之曰"动物的本能",是人类中心主义者的天才发明。在细胞学说宣布人与动物没有界限之后,DNA学说又宣布包含人在内的整个生物界遵循一个共同的法则。物理学的理论几百年前就已经宣布,整个宇宙的运行机制是客观的,不以人的意志为转移。那么,也就更不会以动物意志为转移了。大自然物质本身的性质是始终如一的，不会对低级的动物特别优惠，而对高级的人类特别苛刻。人们用钢筋混凝土制造出桥梁和房屋，正在建筑过程中的垮塌事故时有发生。可是，蚂蚁用泥土建造的宫殿却坚硬如钢。其高度和空间跨度与它们个体尺寸的比例，与人工建筑与人体身长的比例，有过之而无不及。难道我们靠的是"科学"，它们仅靠"本能"就足够了？我们改造世界之前需要认识世界，它们天生地就能够改造世界吗？科学中有智慧，本能中就没有智慧吗？

我们的建筑工地上有总指挥和总工程师，有精通建筑学、力学、材料学、结构学的专家，他们获得了学士、硕士、博士学位，甚至从事过博士后研究工作。如果说动物全部是靠本能，那么它们就不是学而知之，而是生而知之了，它们的 DNA 和它们的社会文化都是它们与生俱来的了！如果我们人类哪一天做到不仅拷贝 DNA，而且拷贝文化，妈妈生下来的小宝贝，只要有足够的食物养大到成人，就能够靠"本能"当然地考过 TOFEL，免试拿到博士学位，那该是多么美妙啊！如果人类把动物的本能学到手，自行拷贝我们的社会文化，庞大的教育经费拿来开支其他社会福利，岂不美哉！

如果有专家坚持说，社会文化的生而知之是永远不可能实现的梦想，那么，我们恐怕不能不承认：动物里有教育，有学位制度，有文化的传承，有文明的弘扬。至于它们是如何做到的，其中有哪些值得我们人类学习和借鉴，则是另外一个问题。就像我们人类文明与发达的事实、为何发达的理由以及发达起来的过程，是三个不同的问题一样。科学技术是我们引为自豪的。但是，同切叶蚁的生产、生活方式相比，地球上的不发达的、没有文字的、处于原始状态的人类群体中，有靠狩猎为生的，有靠捕鱼为生的，也有人吃人的现象，面对这些人为"低级"的"动物本能"，我们难道不感到羞愧吗？

智慧的人类有什么资格傲视其他物种呢？在海啸到来之时，靠本能为生的动物们应对自如，而靠科学当家的智慧人类却仓皇失措。在海啸过后，横陈荒野的是高度发达的、理性的人类头脑，而不是愚不可及的、低等的动物之脑。如果我们能够跨越物种的界限，研究切叶蚁的生产方式，研究黑猩猩的道德观念，取他人之长补己之短，我们人类文明进步岂不是可以得到新的思想和理论的资源吗？

在如上的意义上说，社会信息科学能够带动整个信息科学的发展和成熟。

而且,如果我们认可物质与信息相互关联与相互作用的理论模型,那么从物质科学与信息科学的结合上说明事物本来的法则,就为期不远了;实现理科、工科、农科、医科、文科的综合,就有了一条可行的通道;统一自然科学和社会科学的美好愿望,就成为一个切实可行的目标了。当然,如果闭目塞听,拒绝信息科学世界观与方法论,那么面前就将可能永远是一片黑暗。

(3)加速社会信息化与国家信息化的进程

社会信息化与国家信息化,实际上是以社会信息学理论为基础,实现社会信息技术的工程化运用。人的头脑中有两种思维方式:理论思维和工程思维。理论思维是从前提逻辑地推出结论,用以建构理论;工程思维是将各种理论非逻辑地加以整合,用以设计工程。这样一种两分法是人们所熟悉的。在综合大学中,将理科和工科相分,也就是将以理论为重心的自然科学和以工程为重心的技术科学相区分。在所谓的软科学,也就是关于战略、规划、管理、政策的研究中,我们也能体会到两种思维方式的不同和相互之间的转换。①

徐长福依据自己的博士学位论文《理论思维与工程思维》出版了一本书②,探寻人类乌托邦悲剧的思维根源。他认为,在人文社会学科中,理论思维误用于工程设计、工程思维误用于理论生产是问题的症结之所在。这种误用便是他所说的"思维方式的僭越"。他认为,解决问题的唯一办法就是思维方式的划界。理论思维的任务在于建构理论,工程思维的任务在于设计工程。理论表现为前提与结论之间的必然联系,所以理论思维的特点就是一以贯之的逻辑推导。工程是各种实体及其属性的复合物,这些实体和属性之间不必然存在逻辑联系,所以工程思维就是一种非逻辑的复合性思维。用理论思维设计工程,工程不可实施;用工程思维建构理论,理论没有效力。

徐长福认为,他可以很有根据地说:"人文社会领域的各种乌托邦就是理论思维和工程思维相互僭越、恶性循环的结果。在理论思维和工程思维之间严格划界,让二者各得其所、分工协作,对于人文社会研究来说既重要又迫切。如是,就要求那些旨在创建人文社会学说的学者,在研究开始之前必须弄清楚这样一

---

① 参见马万东:《另一种模样的思想空间——读徐长福博士的〈理论思维与工程思维〉》,《自然辩证法研究》2004 年第 12 期。

② 参见徐长福:《理论思维与工程思维——两种思维方式的僭越与划界》,上海人民出版社2002 年版。

个问题:自己究竟是要探寻客观真理,还是要绘制生活蓝图?"①

在一定的意义上说,社会信息科学研究是探索真理,而实现社会信息化和国家信息化则是绘制生活蓝图。如徐长福所说,有了思维方式的划界,理论活动和工程活动就有望严格地区别开来:理论活动生产理论,但不强制工程活动消费自己的理论,更不强制工程活动只消费自家理论而拒斥他家理论;工程活动生产图纸,所消费的理论由它自主采购,但不强制理论活动生产什么和怎样生产,更不亲自生产理论。如是,双方都既安分守己,又互相制衡,既分工,又合作。当然,这不排除有的人可以一身二任——既搞理论又搞工程。但是,那样的话,他必须在搞理论时自觉接受理论规范的约束,在搞工程时自觉接受工程规范的约束。只有这样才能避免从理论活动进入工程活动后的独断专行,和从工程活动进入理论活动后的随心所欲。②

二、社会信息科学与技术展望

社会信息科学作为一项科学事业,基本目标是探求真理,即试图发现贯穿古往今来社会信息现象中的规律性,形成特定的概念、原理和方法论体系。社会信息技术和工程是信息技术和信息工程在社会领域的实现,但其中一定着包含着与自然领域不同的特殊内容,需要我们去实践。目前,社会信息科学和技术的发展都还处于初级阶段,要实现它的目标需要付出艰巨的努力,当前要特别注意研究它的哲学理念与科学基础,探讨人类与动物的社会信息现象的联系和区别,处理好它与现行的人文社会科学学科的关系。

(一)社会信息科学与技术发展的初级阶段

1. 社会信息学研究的目的和对象尚未明确

尽管国内外学者围绕社会信息科学与技术研究做了不少工作,但是从总体上看仍然比较肤浅,没有得到要领,学科的建设处于发展的初级阶段。在一定的意义上说,目前连社会信息学研究的目的与对象的认识都没有得到明确的、一致的认识。

---

① 徐长福:《思维方式:僭越与划界——人文社会学科中理论思维与工程思维之批判》,《学海》2001 年第 1 期。

② 参见徐长福:《思维方式:僭越与划界——人文社会学科中理论思维与工程思维之批判》,《学海》2001 年第 1 期。

基于前面对俄、日、美、中四国社会信息学发展的思路和途径的评述,我们容易看到,研究社会信息学的主要驱动力可能来自政府、企业或个人。换言之,俄罗斯学者更加注重服从和服务于国家建设的目标,日本与美国学者更注重计算机化在企业中的经济效益,中国学者更重视学科理论建设的目标。从整体和宏观上看,这三种目标都是很好的,三种动力都是必要的。我们认为,各国发展的道路可以独具特色,但是把三者有机地结合起来,实现互补,是更好的方式。

由于目标的不同,或者说由于兴奋点的差别,研究的主要对象就大不一样了。日本、美国主要关注计算机化(信息化)过程中对社会组织的影响以及社会机构对信息技术的反作用,而对社会信息学的理论建设不大重视。由于强大的实用主义和(自然)科学主义的影响,他们关于信息哲学的研究不能属于基础哲学,而是应用哲学的一个分支,就像数学哲学那样。香农的信息观念把美国学者引上了"观察"、"度量"、"量化"的研究途径,与真正的信息科学思路相去甚远。

俄罗斯受国家指令的驱动,政府所需要的发展目标和政策设计是研究的重点,他们在哲学理论和科学基础的研究方面着力不多,受他们官方哲学和意识形态传统氛围的约束,他们的社会信息学在根本上带有社会信息技术和工程的性质,哲学与科学上的突破困难更大。

在华中科技大学社会信息科学研究中心成立之前,中国的信息科学基础和社会信息科学研究纯粹是学者们的个人行为。尽管在北京、武汉、西安等地也有跨学科、跨单位的交流,尽管我们在若干基础研究方面已经走到国际学术界的前列,但是几经努力,不能得到国家基金和政府相关部门的认同,甚至连单位上的支持都不容易得到,就更没有来自企业的资助。2006年12月以后,在华中科技大学"科技发展与人文精神"国家创新基地的支持下,学者们获得首批研究经费。但是,如何扩大研究队伍,把研究引向深入,形成标志性成果,吸引学界的广泛注意,可谓任重而道远。

2. 社会信息学的研究方法有待于摸索

对于自然科学而言,研究它的方法通常是观察的方法、实验的方法、假说与验证的方法等。但是一旦学科理论建立起来之后,理论就变成了方法。对于理论信息学而言,它的方法论就是来自对各类信息现象一般规律性的认识。在获得这些规律性认识之前,我们不可能把它作为方法论来使用。我们在使用一栋建筑物之前,必须构造该建筑的"脚手架"。我们的体会是,主要靠纵向的信息现象演变的链条搜索和横向信息现象图谱的比较,在与物质过程的对照中,发现信息的"共性"特征。

如果说,社会信息科学理论是一个知识系统,社会信息科学自身的方法就来自于它的理论的应用,那么,我们研究社会信息学的方法,或者搭建社会信息科学理论大厦的"脚手架"又是什么呢? 对此,学者们目前还不大清楚。在社会信息科学的领域中,要建立人们乐于称道的学科概念、原理与方法的知识体系,将遇到的困难比我们目前想象的可能要多。

3. 社会信息学研究的国内外交流渠道需要建立

目前,俄、日、美、中都已建立关于社会信息学研究的组织和团队,建立了专门的信息网站,获得了相关方面的经济支持,提出了若干阶段性的研究成果,开始了相关的教育和培训,在学术界和社会上产生了一定的影响。为了社会信息学研究的较大发展,面对诸多的困难和障碍,目前我们迫切需要的是:完善国内外信息交流的渠道,搭建国际合作研究的平台。这样一来,各国的研究能够及时地相互通报,实现资源共享,在学术辩论中撞出新思想的火花,以成果互补的方式编制比较完整的社会信息科学知识体系。

据我们所掌握的材料看,俄、日、美尚未召开专门的"社会信息学"全国研讨会,中国首次社会信息学研讨会于 2007 年在武汉召开。自 2007 年 12 月起,华中科技大学社会信息科学研究中心编印了《社会信息科学通讯》3 期、《社会信息科学简讯》25 期。目前,俄、日、美、中都有了专门的社会信息科学研究机构的官方网站。但是,这些交流渠道的影响力十分有限。为了推动社会信息科学研究实现大发展的目标,必须构建更为畅通的国内外交流的渠道。第一届国际社会信息学研讨会(SOCINFO'2009)计划于 2009 年 10 月在华中科技大学举行。我们希望它在开辟国际社会信息学的交流渠道方面有所建树。

(二)社会信息科学的发展目标

1. 社会信息科学面对的挑战和机遇

通常,一种新的思想、学科,在其产生的过程中总会借用已有的思想资源,会受到占优势(主导)地位的文化和学科的影响,这种影响可能是多方面的,既可能是积极的,也可能是消极的。同时,新的学科、新的思维方式或研究方法的确立,必然会经受已有思维范式的审视和考验,必须在公认的思维范式面前说明自己的合理性。

　　社会信息科学由于接受信息哲学和理论信息学的观念,其研究方法必然与传统的人文社会科学不同,所得到的结论也必然与过去已有的结论相去甚远,有时甚至截然不同。它在拒绝主流科学追求实证的路线的同时,肯定难于得到它们的认同。这样,它自身的合理性证明就必然要经过艰苦的努力。

　　一般地说,关于社会信息科学的研究面临三个突出的矛盾。一是传统的物质科学思想资源,包括具体学科理论、一般科学方法和哲学认识论,只能参考,不能照搬;二是理论信息学关于信息现象的一般概念、原理和方法在自然科学及其工程中应用的成功经验,原则上是有效的,但是要考虑社会现象的特殊性;三是面对已经具有院系设置、学科体系的传统的人文社会科学学科,社会信息科学不容易被理解,甚至受到排挤和打击。

　　面对科学范式的对立和竞争,很难有妥协与调和的余地。发展是硬道理。社会信息科学的唯一出路在于,像所有的新兴学科与新生事物一样,靠自己的顽强的生命力求得发展,靠自己的努力自立于学科之林。

　　2. 社会信息科学建立和发展成熟的标准

　　目前,社会信息科学还很弱小、很幼稚,但它是一个很有前途的研究领域。就像工具信息科学和自然信息科学那样,它会发展成为一门科学学科,构成一个专业。学科的英文词是 Discipline,既有知识类别的含义,又有制度、建制、规训的含义。所以,一个学科就是指一种制度、一种建制、一种规训的方式。它应当包含学科制度与学科建制两层内涵。

　　学科的制度化主要是指学科训练制度化和研究制度化。就训练制度化而言,具体步骤是:在大学里设立一些首席讲座,然后再建立一些系来开设相关的课程,学生在完成学业后可以取得某一学科的学位,从而完成训练制度化。研究制度化的实现过程大致包括创办学科的专业期刊,按学科建立种种学会(先是全国性的,然后是国际性的),建立按学科分类的图书收藏制度等。简而言之,学科制度即学科的内在制度,主要指学科的规范理论体系的建立;而学科建制即学科外在制度,主要指大学内部机构层面的东西。一个学科的根本特征是有别于其他学科的独立性。这种独立性反映在它的研究对象、语言系统和研究范式上。①

---

　　① 参见李光:《交叉科学导论》,湖北人民出版社 1989 年版。

一门学科的社会建制大体上应包含五个部分:"一是学会,这是群众性组织,不仅包括专业人员,还包括支持这门学科的人员;二是专业研究机构,它应在这门学科中起带头、协调、交流的作用;三是各大学的系,这是培养这门学科人才的场所,为了实现教学与研究的结合,不仅在大学要建立专业和系,而且要设立与之相联系的研究机构;四是图书资料中心,为教学和研究工作服务,收集、储藏、流通学科的研究成果、有关书籍、报刊及其他资料;五是学科的专门出版机构,包括专业刊物、丛书、教材和通俗读物。"①

一般地说,一个研究领域能不能成为一个学科,大致取决于以下标准:(1)特有的学科定义和研究对象;(2)学科的代表人物;(3)学科的经典著作;(4)大学里相应的建制;(5)学科专业出版物;(6)研究基金;(7)专业研究者;(8)培养研究生的相关课程组合;(9)成熟的学科理论体系。② 社会信息科学学科成熟的过程会有自己的特殊性,但是衡量的标准与一般的学科形成的标准应当是共同的。从关于信息的大量知识中提炼、升华出社会信息科学,关键在于知识的理论化、系统化,在于构造一个严密的逻辑体系。

(三)有待深入研究的几个基本问题

1. 社会信息科学需要社会信息本体论

某个人的本体论观念是由他视为存在的一些对象构成的,就是说,他把它们看做是组成世界的内容。各种理论正是根据它们认为存在于世界上的对象而千差万别的。所谓社会信息科学要求哲学本体论承诺,就是要求哲学承认:社会信息现象是一种真实的存在,也就是说,社会信息在哲学上具有本体论地位。如果说,社会信息是一种真实的存在,就不能说:它只不过是一种表面现象,归根到底它是物质的一种属性;也不能因此就说:只要把物质的结构和功能研究透了,社会信息的问题也就自然地解决了;更不能说:关于物质的定量描述的知识才是科学,而关于社会信息的围绕算法和程序展开的讨论只是哲学思辨,或者算成一种思维艺术(如果不说它是伪科学的话)。

殷正坤指出:"每一个科学理论都包含一个本体论核心,它代表着科学家的自然观。""科学上的重大进展总是涉及本体论的根本改变,总是由一种比以前

① 费效通:《略谈中国的社会学》,《高等教育研究》1993年第4期。
② 参见王建华:《高等教育作为一门学科》,《高等教育研究》2004年第1期。

更为深刻或全新的本体论来代替旧的本体论。"①一个科学家的本体论对他作出科学发现的研究策略起调节作用。而且,由于本体论限制他的认知域,他的思维是定向的,即看不到在认知域以外的东西。一般地说,一个科学家改变他的本体论是很不容易的。库恩指出,有些科学家顽固坚持旧范式到死,确实有这种情况。但也有许多例子表明,在令人信服的观察或实验证据的基础上,科学家从旧范式转向了新范式。比如,T.摩尔根就由反对孟德尔学说,转向支持和发展它。我们相信,关于社会信息的哲学本体论地位的确定,会推动信息科学范式更快地替代物质科学范式的主导作用。

2."理论社会信息学"研究的基础理论性质

在计算、通信、控制等人工信息现象中包含着全部信息现象中最基本的过程,其中的原理必然具有普遍适用的意义。理论信息学主要是工具信息学和自然信息科学的归纳,包括了对生命信息学(生物信息学与人类信息学)的概括与提升,它的基本概念、原理和方法,对社会信息学的研究具有世界观和方法论的指导意义。但是,对生物社会信息和人类社会信息知识的提炼,要靠理论社会信息科学来做。

按照我们的理解,社会信息哲学和理论社会信息学以及社会信息科学的具体学科处在社会信息的知识体系的不同层次上,它们是相互依赖、相互支持、相互促进和相互补充的。不可能等到哪一个层次上的研究工作全部完成,才做高层次上的归纳,或者应用到下一个层次上去。

理论信息学是工具信息学、自然信息学和社会信息学的归纳。为了找到最一般的规律性,它必须屏蔽人类社会中最为丰富的目的追求、情感因素、价值判断与知识创造的现象。在社会信息科学研究中,我们必须进行应用社会信息学和理论社会信息学的区分,理论信息学屏蔽的现象正是在理论社会信息学中需要着力探讨的内容。从原则上讲,它可能就是动物社会信息学与人类社会信息学的公共部分。

3. 动物社会信息学与人类社会信息学

20世纪80年代,在西方的学术界,出现了一种叫做信息传播学(Communication and Information Sciences 或 Information and Communication Sciences)的社

---

① 殷正坤、邱仁宗:《科学哲学引论》,华中理工大学出版社1996年版,第128—129页。

会科学分支。信息传播学把它研究的信息类型仅局限在人类信息的范围之内，这一点已达成了信息传播学研究者们的默认和共识。这里所研究的人类信息指的是在社会生活中由我们人类自己产生，并只在人类社会成员或组织中流动、交流或传播的信息。科技信息、经济信息、商业信息、政治信息、军事信息、生活信息等均是人类信息。对人类信息进行的研究的科学就叫人类信息学。

按照国外学者的理解，信息传播学由三个部分组成，它们是：人类信息学、人类传播学和人类信息行为分析。这三个部分有时也被简称为信息学、传播学和信息行为分析。在信息传播学出现之前，传播学的研究中存在着大量的信息研究，而信息学中也有少量的传播研究出现，对这两个问题的共同兴趣是这两个学科走向合作的直接动力。人类信息学所要研究的问题，包括对象的信息化、信息的对象化、指标信息集和信息推理四大问题。①

从理论信息学的视角来看，信息可以分为非生命信息与生命信息两个类型。在生命信息中，按照智能程度的高低，可以把人类信息同其他的一切生物信息（比如遗传信息、细胞信息、动物信息等）区分开来。在这个意义上，可以有"人类信息"的概念，可以努力建立人类信息学的学科。但是，如果我们承认，任何个人的信息都是社会信息的载体和取样，那么必须在社会信息中讨论个人信息。这样，必须有人类的"社会信息科学"。而且，即使动物那里也有社会信息学，由于我们的信息是符号的，他们的信息是信号的，所以两者是两类性质不同的社会信息学。

但是，如果我们承认人类信息过程中可以找到与动物信息过程相同的部分，那么就应当破除人种沙文主义，承认"社会信息科学"包含着人类社会信息学与动物（或生物）社会信息学两个大的分支。换一个说法，我们可以在狭义和广义两种情况下使用社会信息学。广义的社会信息学包含人类与生物两个分支的社会信息学，而狭义的社会信息学就单指人类社会信息学。人类社会信息学简称为社会信息学。

就我们所知，不仅黑猩猩等高等脊椎动物中有社会信息现象，蚂蚁、蜜蜂等社会性昆虫中有社会信息现象，在细菌社会中也有信息的传递和控制，生物大分

---

① 参见闫学杉：《人类信息学的基本问题》，《国外社会科学》1997 年第 6 期。

子和 DNA 的层次上也很难说只有个体现象,没有社会信息。这样一来,生物社会信息学将是一个十分广阔的领域,足够社会生物学家们去观察、去实验、去探索、去发现。可以预计,在整个社会信息科学的建立和完善的过程中,生物学家们将扮演十分重要的角色。

4. 社会信息科学与现行人文社会科学的关系

在社会信息化的今天,所有的社会成员都在接受计算机网络技术的服务,他们的思想观念和思维方式都在被"信息化"。当前,工作和研究在每一个科学知识领域中的学者,都会自觉或不自觉地接受信息观念、信息方法,人文社会科学领域中的学者也不会例外。事实上,语言信息学、信息传播学、认知信息学,信息经济学等学科的专家们,把信息概念很好地应用到了自己的学术研究之中。可以假设,即使没有提出社会信息科学的研究思路,不去一般地研究整个社会信息过程的规律性,各个人文社会科学学科中的专家们也会实际地进行他们所在学科的"学科信息化"。

社会信息科学研究者不能把自己看成是救世主,不能以为只有自己才是正宗的信息化专家。否则,他们一定会遭到人文社会科学学者的拒绝。他们应当成为互相支持、互相帮助的朋友。这里,提出社会信息科学与现行人文社会科学学科的信息化责任和分工的问题。一般地说,人文社会科学的专家主要负责本学科的信息化研究,而社会信息科学研究者负责跨学科的信息化研究,负责整个文科信息化的基础理论研究工作。当然,一些学者可以身兼二职:既是本学科的信息化研究者,同时又关注和致力于跨学科的信息化问题和信息化基础理论问题。在没有社会信息科学专门机构和编制的情况下,社会信息科学的研究只能依靠这种"双肩挑"或者"兼职"的学者。

各个人文社会科学的学科信息化能够化出有益的成果,必然会得到学术界和社会公众的认同和欢迎。这种成果是属于原来各个学科的,不为社会信息科学所独有。但是,社会信息科学哲学、理论社会信息学是它拥有所有权的。我们把社会信息科学的科学层次上的知识体系分为三个部分:宏观社会信息科学、中观社会信息科学与微观社会信息科学。这些,是人文社会科学学科领域中的跨学科的家产与综合研究成果,是可以建立社会信息学系,招收学生、授予学位、承接项目的理由。

推荐文献与简要导读

引论　社会信息问题的提出

1. C. P. 斯诺:《两种文化》(The Two Cultures),上海科学技术出版社 2003 年版,原载《新政治家》1956 年 10 月 6 日。1959 年 5 月 7 日,在剑桥大学一年一度的"里德讲演"中,斯诺再讲两种文化。四年以后,他对一些争论作出反应,写了《再看两种文化》。1998 年,剑桥大学出版社重新出版时,由斯蒂芬·科里尼写了导言,勾画出关于两种文化争论的来龙去脉、意义及后续影响。《两种文化》记述了 C. P. 斯诺在 1959 年作"里德讲演"时鲜明提出的两种文化的分裂问题:一边是艺术和人文社会学,另一边是自然科学。由此开始了现今在媒体上仍然热烈进行的公开讨论。

2. 朱红文:《社会科学方法》,科学出版社 2002 年版。本书从哲学和社会学的层面对社会科学进行总体思考,讨论了社会科学在目前人类知识和文化体系中的地位和作用,以与自然科学对照的方式讨论了人文社会科学所特有的研究对象和研究方法。作者把人文社会科学的方法分为三个类别:说明性的方法、理解性的方法和批判性的方法,它们分别与自然科学、人文精神和哲学方法有着密切的联系。

3. 欧阳康:《人文社会科学哲学》,武汉大学出版社 1991 年版。本书是文科学者对整个人文社会科学诸学科的归纳与综合,是作者关于社会认识论的第三期研究工作的成果。在肯定自然科学研究对象的客观性、确定性、普遍性和可量化性的同时,明确地提出社会现象的主观性、非确定性、个别性和非量化性。人文社会现象在本质上是个意义的世界、价值的世界。严格地说,它并不是一个纯粹客观的物质运动的过程,而是人们自觉活动的过程。所以,不能用物理—数学方法探讨人文社会问题,而必须用心理的、移情的、理解的、说明的、批评的方法来研究。

4. J. A. 拉宾格尔、H. 柯林斯主编:《一种文化?——关于科学的对话》,上海科技教育出版社 2006 年版。本书指出,来自 C. P. 斯诺所称的"两种文化"(科学与人文)两大阵营的斗士们展开了激烈的论战,但是他们当中很少有人试图进行建设性的对话。拉宾格尔和柯林斯邀请世界著名的科学家和科学(知识)社会学家交换意见、交流思想,而不是相互指责和谩骂。本书各章的作者惊喜地发现,在关于科学、关于科学作为认识世界的一种手段的合法性和权威性,以及关于"科学论"(或"科学研究"、"科学元勘",即 Science Studies,主要包括20 世纪 70 年代以来的科学社会学、科学史和科学哲学等以科学为研究对象的研究领域或学科)是否贬损了科学家、科学实践和科学发现等方面,他们展开了真正意义上的对话,并达成了广泛的共识。

5. J. 布罗克曼:《第三种文化——洞察世界的新途径》,海南出版社 2003 年版。1963 年斯诺发表《两种文化:一次回眸》(The two cultures:a second look)的短文,乐观地提出一种新的文化——第三种文化,试图弥合人文知识分子和科学家之间的鸿沟。当前,一些科学家和思想家给公众指出一种洞察世界的新途径。美国计算机科学家 W. D. 希利斯说,第三种文化的科学家并不是传统意义上的科学家,而是那些涉猎领域更广泛的学者,他们既是科学家,又是自然哲学家。他们正在研究的问题并不符合本专业的课题结构,其中一些思想根本不能在科学共同体内发表,因为他们向人们揭示了"人生的意义"、"我们是谁"、"我们是什么"这类深邃的问题。

6. 卢卡奇:《马克思的基本本体论原则》,伦敦,1882 年。在《1844 年经济学哲学手稿》中,马克思指出:劳动是占有自然物质的有目的的活动。由此,卢卡奇认为,实践构成了人类社会的本体论基础:"正是劳动把目的性和因果性之间的、以二元论为基础的、统一的相互关系引入存在之中,而在劳动之前,自然界只有因果过程。所以,这一由两个方面构成的复合体,仅仅存在于劳动及其社会结果中,存在于社会实践中。于是,改造现实的目的性设定的活动就成了一切人类社会实在的本体论基础"。

第一章　从信息论到社会信息论

1. C. E. 香农:《通信的数学理论》,1948 年。本文研究的对象是通信系统的信息度量和传递规律,后人把它加以泛化,称之为"香农信息论",简称为"信息论"。其中,作者明确指出:"通信系统的基本问题是:在统计噪声背景下,在信息接收端近似地或精确地复制发送端发出的信号波形;信号波形的语义与通信工程无关,因而可以忽略。"所以,严格地说,所谓的"信息论"面向通信工程,只是关于通信过程的信息理论,是只研究信息载体而不研究信息内容的信息理论。

2. 钟义信:《信息科学原理》,北京邮电大学出版社 2002 年版。按照作者自己的说法,本书在创建全信息理论、知识论、信息科学方法论的基础上系统地阐明了信息科学的概念、原理和方法,在国内外独树一帜。它阐明了信息科学基本原理,把相互分立的识别论、通信论、认知论、决策论、智能论、控制论、系统论有机综合成为一门统一的科学,完成了信息科学的理论建构。有作者指出,该书按照香农的数学—物理方法论,建立的只是广义的信息论,并没有达到信息科学的高度。

3. 李宗荣:《理论信息学:概念、原理与方法》,《医学信息》2004 年第 12 期、2005 年第 1—4 期。本文是作者在华中科技大学完成的理学博士学位论文的全文连载。它认为:信息科学分为应用信息科学和理论信息科学两个部分;尽管国内外有学者提出建立"统一信息理论"的设想,但是没有人提出一般信息学的理论;按照香农的思路只能通向广义信息学和社会信息论,无法达到信息科学和社会信息学。

4. 李建会:《走向计算主义》,中国书籍出版社 2004 年版。人工生命研究已经成为当今科学研究的前沿,对传统的哲学观念,尤其是传统的生命观以至世界观,提出了严峻的挑战。本书对于当代世界人工生命的研究进行了系统的论述,并对这些问题提出了独到的见解。它一般地讨论了信息、算法和计算,计算的本质,认知与计算,生命与计算,宇宙与计算,走向计算主义。

5. R. 塔纳斯:《西方思想史——对形成西方世界观的各种观念的理解》,上海社会科学院出版社 2007 年版。本书认为,从总体上说,人类社会出现过三种世界观(古希腊世界观、基督教世界观、近代世界观),正在向新的世界观过渡。近代世界观就是物理学世界观,即所谓的"科学世界观"。

6. K. K. 科林:《信息革命和基础信息学》,《国外社会科学》2002 年第 2 期。本文指出:"研究现代文明全球性危机发展过程的许多学者十分清楚,现代文明的世界观危机其实就是全球性危机。""人类迫切需要新的世界观和新的社会意识,这种世界观和社会意识应当成为新文明的基础。""许多学者正在促其形成的新科学范式应当成为这种世界观的核心。"

第二章　从理论信息学到社会信息学

1. 李宗荣、田爱景:《信息能:构成宇宙的第四要素》,《中国医药卫生信息》2002 年第 1 期。该文提出,物质是信息的载体,当我们研究信息进化机理的时候,发现物理学的能量只能说明信息的物质载体运动和变化的原因;为了说明信息演变的动力学机制,在物质、物理学能量、信息之外,需要有一个"信息能量"之类的概念。于是,信息能成为构成宇宙的第四要素。

2. 陈建国:《信息的新财富观与组织学习的信息能循环机理》,《湖南师范大学社会科学学报》2003 年第 7 期。本文认为,财富价值的本原是能量;信息能是人类社会在生产过程中不断培育、积累的具有最高能级的智慧能;信息能是社会系统财富增值链的终点;社会系统的可持续发展必须以积累和运用信息能为最高目标。

3. K. K. 科林:《信息革命和基础信息学》,《国外社会科学》2002 年第 2 期。本文指出:"现在已经显现出信息的一般理论的轮廓;信息的一般理论是关于信息的一般属性和信息过程的最重要规律的新基础科学。""研究信息最一般属性和信息相互作用过程在自然界和社会中的规律的科学"可以称之为"理论信息学"。"信息学的哲学原理和信息的一般原理是理论信息学的基本组成部分。"

4. 曹润生、张树军:《论三种"科学世界观"概念》,《哲学研究》2005 年第 10 期。本文提出科学世界观 I、科学世界观 II 和科学世界观 III 的概念。它们分别是:为科学奠基的世界观、以科学为基础的世界观和以科学为楷模的世界观。在心理学中,也有对世界观的考察:世界观是信念的体系,即一个人对整个世界的根本看法。

5. 李宗荣:《论信息科学的世界观》,《医学信息》2008 年第 8—11 期。本文是作者在加拿大皇家学会会员、麦吉尔大学哲学系马里奥·邦格教授指导下,完成的博士后研究工作报告的全文连载。它提出了物质与信息的关系模型,据此提出了信息科学的科学范式,在与物质科学世界观相比较的过程中,提出了信息科学的世界观。作者认为,社会信息学就是理论信息学世界观和方法论在人文社会科学中的应用。

第三章 从社会认识论到社会信息科学

1. 欧阳康:《社会认识论导论》,中国社会科学出版社 1990 年版。本书是国内最早的社会认识论专著。作者从 1986 年起,在国内哲学界倡导并实际开展社会认识论研究,努力将社会认识论建设成为一个相对独立的分支学科。当时的研究工作主要围绕论题确立、学科界说、体系建构、特点探析和对社会认识活动的分类与分层概括,为社会认识论研究扫清了外围,奠定了基础,揭露出深层的问题,使研究得以深入展开。

2. 欧阳康:《社会认识方法论》,武汉大学出版社 1998 年版。本书的主要任务是将社会认识论研究由理论层面向方法论层面延展,突出社会认识方法论,在"如何科学地认识社会"这个高度上寻求突破,使社会认识论的理论成果转化为可供实践和操作借鉴的方法论和方法论原则。它发掘和阐发了马克思的社会认识论思想,从社会认识活动的观测、发现、预测、理解、评价、决策等方面深入讨论了方法学问题。

3. 刘远传:《社会本体论》,武汉大学出版社 2000 年版。本书站在辩证唯物主义的立场上,在本体论的层次上讨论社会。对世界本体的探索是哲学研究领域中的前提性、基础性和根本性的问题。近代哲学虽经认识论研究的转向而使本体论研究曾一度被淡化,但在当代哲学中,由于哲学和科学研究领域的拓展和层次的深入,许多问题的解决都有赖于本体问题的合理解决,本体论研究又成为最引人注目的主题之一,以至于有人称为本体论的"复兴"。作者讨论了本体论研究历史发展的逻辑、社会本体论的研究方法、社会是"人的共同体"等。

4. 潘斌:《当代西方社会认识论研究的拓展与深化》,《华中科技大学学报》(社会科学版)2008 年第 1 期。本文是作者在华中科技大学"社会认识论研究论坛"第 1 期(2005 年)上的论文《当代社会认识论述评》的节选。该文讨论了社会认识论的理论缘起,社会认识论的概念界说,社会认识论研究的主要进路与基本形态,当代社会认识论研究的开拓与扩展等。

5. 欧阳康:《社会信息科学的学科定位与研究思路——在华中科技大学社会信息科学研究中心成立暨学术研讨会上的发言》,《华中科技大学学报》(社会科学版)2007 年第 1 期。本文在国内最早论述社会信息科学体系结构。关于社会认识论与社会信息科学之间的关系,"从某种意义上可以说,社会认识就是对社会信息的采集、识别、处理和传播的过程,社会认识论研究的任务就是揭示社会信息的复杂性并帮助人们更好地处置社会信息。社会认识论与社会信息学研究的具体对象和侧重点有所不同,但其目标是一致的,二者的研究甚至可以说是一个问题的两个不同侧面"。

6. 荣宗礼:《华中科技大学社会信息科学研究中心成立暨学术研讨会议综述》,《华中科技大学学报》(社会科学版)2007 年第 1 期。本文归纳了会议就社会信息科学研究达成的若干理论共识。通过首次社会信息科学学术会议,学者们增进了对理论信息学的了解和理解。理论信息学的世界观、方法论,是我们从事人文社会科学学科信息化的主要认识论工具和具体操作途径。只有了解它的概念、原理和方法的普遍指导意义,哲学社会科学才能像自然科学和工程学科一样,取得显著的信息化工作成绩。

7. 李宗荣、田爱景:《从"我思故我在"到"社会思故社会在"——兼谈社会认识论与社会信息科学的逻辑出发点》,《医学信息》2009 年第 7 期。欧阳康在《社会认识论导论》中说,大致存在着三种意义上的社会认识论:第一种指"社会的认识"或者"社会性认识";第二种是指区别于以个体为认识主体的认识,而专指社会为主体的认识;第三种指以社会为对象的认识。本文提出,工业时代研究个体思维的"我",信息时代应当研究社会思维的"人类",即研究社会作为认识主体来认识自然和自身的特征,研究社会信息处理的"操作系统",研究由细胞群体的社会思维过渡到人类群体的社会思维的本质和意义。

第四章　社会信息科学的学科体系

1. 闫学杉:《信息科学的历史、现状和未来》,载马蔼乃等编:《信息科学交叉研究》,浙江教育出版社 2007 年版。本文提出了"1＋3"的信息科学知识体系,即整个信息科学由一门一般信息学(或理论信息学)与三组信息学科群组成。这三组学科群可以称之为:工程信息学(又称工具信息学)、自然信息学、社会信息学。作者认为,社会信息学(或社会信息科学)又可以分为语言学、传播学、心理学等。

2. 欧阳康:《社会信息科学的学科定位与研究思路——在华中科技大学社会信息科学研究中心成立暨学术研讨会上的发言》,《华中科技大学学报》(社会科学版)2007 年第 1 期。本文在国内最早论述社会信息科学体系结构。从总体上看,要使社会信息科学成为一门相对独立的学科,至少需要四个层面的研究:社会信息科学的哲学层面,社会信息科学的科学理论层面,社会信息科学的具体学科层面,社会信息技术与工程的层面。

3. 欧阳康:《在第二期社会信息科学培训班上的讲话》,原载华中科技大学社会信息科学研究中心主编:《社会信息科学简讯》2008 年第 16 期,转载于《科技与人文》第四辑,社会科学文献出版社 2009 年版。本文讨论了社会信息科学的研究对象、研究社会信息的基本方法,以及社会信息科学研究的功能。

4. 李宗荣、D. A. 西尼等:《社会信息科学的视野:宏观、中观与微观》,《医学信息》2009 年第 7 期。本文把社会信息科学的具体学科分为三个领域,它们分别采取宏观、中观和微观的视角。如果把社会看成是一个整体,个人在社会中的地位类似于细胞在人体中的地位。社会文化系统有它自己成长进步的规律,与单个人的生死没有关系,就像个人的思想体系与个别的细胞无关一样。如果着眼于社会的微观组成元素,则个体符号系统之间的互动的集合效应构成社会信息现象。从中观上看,各种社会组织是联结个人与社会的纽带和桥梁,由各个社会组织的文化构成社会整体的文化,组织的竞争实质上是它们的文化之间的生存斗争。

5. 曹芝兰、高珊、田爱景:《社会信息科学发展分期与它的学科层次》,《医学信息》2009 年第 7 期。本文提出,社会信息问题的认识分为两个阶段:以香农信息论为基础的"社会信息论"和以理论信息学为基础的"社会信息学"。香农关于通信的数学理论讨论通信模型,是物质世界观可以接受的;而理论信息学对计算机科学的提升,突出了图灵与冯·诺依曼的计算模型,体现着信息时代新的科学范式,贯穿着逻辑与程序的观念,具有信息世界观与方法论的品格。局限在通信模型的思维框架中,按照数学—物理方法的途径,最多只能发展"广义信息论",不能抵达信息科学的层次,也无法建立社会信息科学。

6. 马里奥·邦格:《争议中的社会科学——一种哲学的视野》,加拿大多伦多大学出版社 1989 年版。(Mario Bunge, *Social Science under Debate — A Philosophical perspective*, University of Toronto Press, 1998.)本书已经由华中科技大学社会信息科学研究中心组织译出,即将由人民出版社出版。作者把关于社会现象的知识分为科学与技术两个部分。他认为,社会科学的目标是认识社会,社会技术的目标是改变社会。社会科学研究社会产生和演变的规律性,而社会技术指导社会工程设计和完善社会系统。在实质上,本书是一本社会认识论和社会信息学著作。

第五章　俄罗斯的社会信息学研究

1. 应寿初:《乌尔苏尔的社会信息学:起因、论点、动向》,《国外社会科学》1992 年第 2 期。А. Д. 乌尔苏尔系哲学博士、国际航天科学院通讯院士、摩尔多瓦共和国科学院院士,历任 К. Э. 奇奥尔科夫斯基航天学院院长、前苏共中央社会科学院社会信息学研究所所长等职。早在 1971 年,列宁格勒文化学院的 А. В. 索科洛夫和 А. Н. 曼克维奇在《信息学展望》一文中就提出,信息学不仅要研究科技信息,而且还要研究其他所有社会信息和所有交流信息。文章预言,它将发展成为反映整个社会信息交流的综合性新学科,并将其定名为"社会信息学"。1990 年,苏共中央社会科学院出版社出版乌尔苏尔的一部专著《社会信息化:社会信息学引论》。后来,乌尔苏尔在《社会信息学:发展中形成的两个概念》一文中专门谈了两种"社会信息学"概念的本质区别。文章指出,文化学院的同事们的"社会信息学"只是一种理论假设,它在米哈伊洛夫的《科学情报学》的影响下产生,并在米氏理论的框架中发展。而他的"社会信息学"是与米氏理论有本质区别的理论—方法论创举。

2. 乌尔苏尔:《论社会信息学的发展》,《国外社会科学》1991 年第 5 期。本文分析了社会信息学的两种观点:列宁格勒克普普斯卡娅国立文化学院的作者集体所发展的观点和本文作者提出的观点。作者认为,自己提出的"社会信息学"是以社会信息过程的一般规律为对象的社会交流类总括性科学。他讨论了该社会信息学的基本方法论原理、思想及其与科学信息学的关系。他在分析"社会信息学"这一概念的新观点时指出,这个概念的内涵包括社会与信息学(首先是信息化过程人道化)相互作用的规律、信息社会形成的规律。文章还论述了社会信息学两种观点的基本区别,并指出它们在理论方法论层次上进一步发展的可能性。

3. K. K. 科林:《信息革命与基础信息学》,《国外社会科学》2002 年第 2 期。本文指出,文明发展的一个崭新阶段正在到来,这个阶段的实质是(在社会的一切活动领域)掌握和广泛运用信息及其最高形式——科学知识。近年来,随着这一新文明过程的发展,世界一些先进国家正在竭力尝试对这个过程进行哲学思考,建立可以揭示这一过程基本规律并以此为依据预测和指导该过程继续发展的科学理论基础。已经出版了一些西方学者关于建立知识社会构想的著作,以及俄罗斯学者在后工业信息社会的科学基础——社会信息学方面的著作。在未来几十年内,可以期待具有普遍科学意义的新的重大成果出现,而这些成果很可能允许形成新的完整的世界科学图景、新的科学世界观以及科学研究的新方法。

4. K. K. 科林:《社会信息全球化和人文革命》,华中科技大学社会信息科学研究中心主编:《社会信息科学简讯》2008 年第 19 期。本文指出,21 世纪最重要的特征是社会全球化。社会全球化首先是以信息圈全球化(世界信息空间)为条件。世界信息空间在最近几年迅速变革。激进变革产生于人文范畴。激进变革对文明发展的进一步命运产生强烈的影响。其主要推动力是人类本身、人的世界观、价值系统、智力、受教育程度、道德宗旨和品行,这些在社会全球化的条件下会发生根本的变化。因此,世界社会正处于跨入新人文革命的时期。

5. 陈欢云:《社会信息学在俄罗斯》,华中科技大学社会信息科学研究中心主编:《社会信息科学简讯》2008 年第 9 期。本文指出,在俄罗斯存在三种社会信息学:总括性的社会信息学Ⅰ,部分属于社会哲学的社会信息学Ⅱ,方法论的社会信息学Ⅲ。现在俄罗斯普遍将社会信息学看成一门跨信息学、社会学、心理学、哲学、经济学等的交叉科学。在俄罗斯(苏联)学者中,发展这个方向贡献最大的是 A. B. 索科洛夫、A. Д. 乌尔苏尔、K. K. 科林等。俄罗斯科学院信息问题研究所 K. K. 科林院士目前活跃在社会信息学领域,他被公认为社会信息学Ⅲ的领军人物。

第六章 美国和日本的社会信息学研究

1. 黄雪婷:《社会信息学研究综述》,《情报检索》2008 年第 8 期。本文指出,社会信息学是研究计算机化对社会的影响,信息技术在社会和机构的变化中的作用,以及社会力量和社会实践活动对信息技术相关机构产生影响的方式。其研究的范围包括:计算机的社会影响、计算机的社会分析、以计算机为基础的多媒体通信研究、信息政策、计算机与社会、机构信息学、解释信息学等等。在美国,社会信息学于 1996 年出现,但是有关社会信息学方面的研究却在该术语出现前的 20 多年中就已存在,它们分散在不同学科领域。

2. 沈嵘:《社会信息学引论》,《情报科学》2005 年第 7 期。本文指出,1997 年可以说是社会信息学的创立"元年"。在这一年里,美国国家科学基金会在印第安纳大学主持召开了"社会信息学和组织信息学的进展"的研讨会;在挪威召开的第 20 届信息检索与信息系统会议把社会信息学确定为会议主题;美国信息系统协会也把跟踪社会信息学方面的进步作为 1997 年年会的一部分。

3. 梁俊兰:《社会信息学是什么?》,《国外社会科学》2002 年第 3 期。本文指出,社会信息学是一门系统性跨学科理论。它研究信息技术(IT)的设计、应用及其重要地位,研究信息技术与组织和文化环境之间的相互作用。它是对计算机技术、电子通信技术和相关技术的社会方面的研究。它所研究的问题包括信息技术与组织机构和社会之间的相互关系、社会力量对信息技术的应用和设计所产生的影响等。例如,社会信息学的研究人员感兴趣的问题是信息技术未来的发展趋势。

4. 滨田纯一:《"社会信息学"综述》,《国外社会科学》1999 年第 1 期。本文作者曾任东京大学社会信息研究所所长,"社会信息研究所"这个名称是 1992 年对 1949 年成立的新闻研究所进行改组时才诞生的。作者认为,新的名称所显示的关于"社会信息"研究这一学术上的方法论,在社会信息化取得巨大发展的情况下,从包括报纸、广播这些传统媒体的问题在内的"信息"这一角度出发,开展现代社会各种重要课题研究,是极其有效的工具。

5. 闫学杉:《从新闻学到社会信息学——日本新闻与传播教育的变迁》,《国际新闻界》1997 年第 4 期。本文认为,东京大学于 1992 年率先将日本新闻学历史最悠久的东京大学的新闻研究所改名为社会信息研究所,在日本新闻机构传播学界引起了强烈的反应。它标志着日本新闻传播学从 20 世纪 50 年代的新闻学起步,跨越大众传播学和传播学后,开始进入了 90 年代的社会信息学时期。

6. 李宗荣、韩高军、刘根辉、张凌:《美、日、俄、中社会信息科学比较研究》,《医学信息》2009 年第 7 期。本文指出,对于前进中的社会列车,行政、经济和学术三种力量之间分工明确:行政的方向盘决定进退和转向,经济提供机车引擎的燃料和动力,而学术的力量则在思想上不断地为人们铺设新的便利快捷的行进轨道,三种力量都可以优先发挥作用。从总体上分析,似乎可以认为,俄罗斯的社会信息学途径是政府主导的,美国和日本的社会信息学途径是经济主导的,而中国的社会信息学途径则是学术主导的。

第七章　社会系统的信息特征

1. 李宗荣:《理论信息学:概念、原理与方法》,《医学信息》2004 年第 12 期、2005 年第 1—4 期。理论信息学认为,考察社会信息,首先要把社会看成一个系统,然后研究该系统的信息现象。运用理论信息学的信息定义、"信息二重性"和"信息能"的概念,可以把宇宙万物的关系分为两个大的类别:物质子系统通过物理学的物质和能量而相互接触与推动;信息子系统通过信息学的知识和智能而相互关联与作用。进而,可以讨论两类空间:实体的物质空间与抽象的信息空间。

2. 国外的社会系统信息特征研究,可以说自维纳提出"控制论"就已开始了。维纳 1950 年所著《人有人的用处——控制论和社会》便是一部精彩的社会信息与控制的先驱著作,他对信息、语言与文化的深刻阐述至今仍频频被学者们援引。1978 年马丁(J. Martin)的《在线社会》获普利策奖提名,1987 年利维(S. Levy)的《电脑黑客》描绘了充满叛逆精神的另类群体,1990 年波斯特(M. Poster)的《信息方式》论述了沟通模式对社会结构的深层影响。真正大规模学术研究的兴起则是在 1990 年以来万维网出现之后。本尼迪克特(M. Benedict)《网络空间入门》(1991)展示了一个虚拟的线上世界;兰道(G. Landow)《超文本》(1992)分析了数字化时代的创作与批评形态;海姆(M. Heim)《虚拟现实的形而上学》(1993)揭示了电脑界面与网络空间的文化意蕴;特克尔(S. Turkle)的《屏幕生活》(1995)对电脑使用者的身份认同进行了深入的心理探索;尼葛洛庞蒂(N. Negro Ponte)的《数字化生存》(1995)讨论电脑与人类生活的和谐融合;卡斯特尔(M. Castell)《网络社会的崛起》(1996)展现了一幅联结而流动的时空结构;霍尔茨曼(S. Holtzman)《数字马赛克》(1997)描述了网络文化的后现代美学风格;珀维斯(A. C. Purves)《文本之网与上帝之网》(1998)对"第三次信息革命"进行了文化阐释;乔丹(T. Jordan)《网络权力》(1999)强调科技的政治后果与网络空间中的文化权力;乔伊斯(M. Joyce)《另类心态》(2000)用文学理论解读涌现中的网络文化;富兰克林(M. Franklin)《互联网与后殖民主义政治表征》(2001)反思了网络空间中的文化冲突;肯德尔(L. Kendall)《栖身虚拟客栈》(2002)对网络交往中的性别角色进行了深入剖析。

3. 简·芳汀:《构建虚拟政府——信息技术与制度创新》,中国人民大学出版社 2004 年版。本书认为,信息技术在组织的运行方面造成了根本性的变化,"作为在复杂组织里管理信息以及进行信息处理的手段,劳动的职责区别和分工明确,正让位于通过计算机信息系统而进行的信息建构。如果消除亚单位和人之间的人为界限,组织结构更多的任务可由信息系统承担。大量程序化的信息处理,先前是在复杂组织的中层机构进行,现在可由计算机完成。另外,数字文件允许信息在全球的'任何地方、任何时候'被提取,如果信息系统是那样设计的"。

4. 罗德里克·M. 克雷默、汤姆·R. 泰勒:《组织中的信任》,中国城市出版社 2003 年版。本书认为,社会的网络结构是一种立体的结构,它在每一个层面上都会表现出网络关系的特征,或者说,网络关系是多种关系构成的网络整体,是一种复合性的关系模式。对于这种网络关系来说,"关系网络中的他人能够在另一种关系中发挥直接作用。如果信任构成网络联系的基础,那么成员就会发挥作用维持他们和其他成员的关系。当事人会选择去惩罚那些不值得信任的行为"。

5. A. R. 斯通:《真实的人还能愉快地生活吗?——虚拟文化边界上的故事》,MIT 出版社 1991 年版。本书指出,"互联网社会"实际上指的是整个网络空间(cyberspace)中的所有存在形式。"互联网社会"是互联网空间的社会性表述。这一概念表明:互联网空间实质上是一种与现实社会空间相类似的社会空间,而不仅仅是一种虚拟空间或者技术空间。"五花八门的电子网络正在形成一种人际互动的模式,它与人们熟知的集会、通信组和罗斯福式的壁炉谈话等类似,是社会空间的一种新形式。我们不妨称之为虚拟空间———一种由共识形成的想象中的交往处所。"

6. 尼葛洛庞帝:《数字化生存》,海南出版社 1991 年版。本书是专门为"外行"写的一本关于数字化时代,关于计算机、网络、信息、数字化的非技术性的书。该书中描绘了数字新世界的各种面貌,由"比特的时代"、"人性化界面"、"数字化生活"三大部分组成。作者将信息时代称为"数字化时代",把以前的农业时代、工业时代统称为"原子时代"。在信息时代,人类的信息交流是通过全球计算机网络中的比特(bit)实现的,比特没有颜色、尺寸或重量,能以光速传播。和以往构成物质实体的原子不同,比特仅仅是一种逻辑值,表示事物的一种状态:开或关、真或假、入或出等。比特与原子具有不同的性质,遵循着不同的法则。比特没有重量,易于复制,可以以极快的速度传播,在它传播时,时空障碍完全消失。原子是物质的,只能由有限的人使用,使用的人越多,其价值越低。比特是信息的,可以由无限的人使用,使用的人越多,其价值越高。

第八章　社会信息的自为性与复杂性

1. 高珊、曹芝兰、李宗荣:《目的论解释的提出、误用、沉寂与复兴———兼谈社会信息科学的目的论诉求》,《医学信息》2009 年第 7 期。本文认为,生命现象的自为性、目的性(或意向性)是造成各类生命系统复杂性的根本原因。任何生命体的行为,都是它(他)为了某种目的而自行设计与运行生命程序的结果。关于驾驭社会信息复杂性,现代决策理论给了我们有益的启示。从认知心理学的角度看,超越人们的思维定势和情感定势,在直觉与灵感中实现非程序化的决策,是把握复杂性、实现创新思维的有效途径。

2. S. E. 斯通普夫、J. 菲泽:《西方哲学史》,中华书局 2006 年版。亚里士多德说,认识事物要从原因上来进行,而事物的原因归结起来不外有四种:质料因、形式因、动力因和目的因(或终极因)。不过亚里士多德也有侧重,他特别看重形式因和目的因,把它们看做是理解事物的最重要的东西。亚里士多德假定,必须把宇宙中发生的一切事物现象理解为努力追求激发其幸福,或有助其生存的某种趋于目的的东西。他认为植物和动物也有"目的",相信它们的行为是为它们的需要服务的,并维持了自身的生命。由于自然界是规整有序的,所以他主张,自然本身必定有一内在的终点或目的。

3. 韩秋红、薛文华:《论康德人是最高目的的目的论体系》,《东北师大学报》(哲学社会科学版)1998 年第 2 期。康德认为,人类社会演变的过程是合目的性和合规律性的统一。所谓合目的性,一方面是指人作为一个被造物的全部自然禀赋注定终究是要充分而且合目的地发展出来的,人类的历史大体上可以看做是大自然的一项内在计划的实现,是合乎自然目的论的。同时这一目的又是合乎理性的,历史是根据一个合理的而又为人理解的计划展开的,是朝着一个为理性所载的目标前进的,人类并不是由本能所引导着的,或是由天性的知识所哺育、教诲的,人类倒不如说是由自己本身来创造一切的。

4. 郭华庆:《目的论的过去与现在》,《生物通报》1996 年第 5 期。本文认为,自 20 世纪初以来,一系列探索复杂性的学科发展了起来,如现代达尔文主义、控制论和耗散结构论、协同学、超循环论等。这些学科的共同成果之一,是使一个科学的目的论框架日趋成熟。其基本观点有三方面:目的性是客观存在的;目的的导向和选择作用;目的的来源不是外加的,也不是预先产生的,而是事物在内外条件具备时自然出现的。

5. 朱华桂:《论市场经济的自为性和为他性》,《南京大学学报》(哲学·人文科学·社会科学)2001 年第 6 期。本文指出,市场经济,即商品经济,所从事的生产不是为了供自己使用,而是以市场为媒介、以交换为目的的产品生产,这种生产又称之为商品生产。商品生产与产品生产有着质的不同,商品生产是为了满足他人和社会需要而进行的生产,商品生产这种特有的规定性决定了它首先是一种为他性的生产。"要生产商品,他不仅要生产使用价值,而且要为别人生产使用价值,即社会的使用价值。"商品生产者之所以要进行这种为他性的生产,最终目的是为了自身的需要和利益,为了实现商品的交换价值,获得他们所追求的利润。也就是说,商品生产同时又是一种自为性生产。所以,商品生产是通过生产使用价值的为他性作为手段来达到自为性的最终目的,这就决定了任何商品生产都具有为他性与自为性两重属性,是为他性与自为性的统一。

6. 欧阳康:《复杂性与人文社会科学创新》,《哲学研究》2003 年第 7 期。本文认为,从总体上看,社会信息是与人的生命存在、社会生产、精神生活、社会交往、文化传承、变革创新活动等相关联的那些信息,它们以生命的、社会的、历史的、文化的、民族的、国家的以至人类的极为纷繁复杂的方式,存在于我们的生活与交往之中,并使人的存在与发展成为可能。研究社会信息,直接地应当以自然信息为参照,自觉地运用复杂性的思维方式与方法,在多视角的比较中把握其复杂性特点。

7. 西蒙:《管理行为》,北京经济学院出版社 1988 年版。人们的"认识"不是照镜子式的反映,而是人们带着已有的立场、观点和方法去观察,在现成的(有时是根深蒂固的)思维定势和情感定势中进行思维。记忆中已有的东西都是先于当下经验的。决策分为程序化决策和非程序化决策。程序化决策技术的心理基础是人的思维定势,即一种内化了的习惯。非程序化决策技术的心理基础是人的直觉思维。定势在程序化决策中也有很大的消极作用。如果先入为主,就会对事实避而不见,拒绝接受真理。决策的成败在一定程度上取决于决策者心理上的思维定势和情感定势。主观上的情绪性的倾向和固定的思路成分越多,则决策失误的概率就越大。

第九章　宏观社会信息学

1. 宋燕:《黑猩猩有文化》,《大自然探索》2000 年第 4 期。本文指出,不同群体的黑猩猩不仅行为模式不同,而且整个生活习性都有不同,这与人类文化十分相似。不同的人类社会,其文化也多种多样,如科技、礼节、饮食习惯等。生物学的文化定义是指有通过社会学习和基因传递行为的能力。因此,有专家说,黑猩猩是地球上唯一与人类一样有文化的生物,是智慧生物。已有充分证据证明,黑猩猩拥有创造新的习俗和技术的杰出能力;并且,它们依靠社会活动而不是遗传来传授这些知识。

2. 王默存:《黑猩猩:人类,别以为你高高在上》,《大科技》2005 年第 5 期。本文指出,我们应该重新审视一下自己在大自然中的位置,没有一种生物可以傲视群雄。在物竞天择之中,尽管我们进化成为生物金字塔顶端的物种,但在某些方面我们确实连黑猩猩也不如。德瓦拉教授说:"我们对黑猩猩研究得越多,越是意识到它们与人类并无本质的区别,有的只是量的差异。"在我们研究人类的社会信息学的时候,可能需要首先审视一下与我们十分亲近的动物的社会信息学。

3. E. 霍依特:《蚂蚁帝国》,海南出版社 2002 年版。早在 20 世纪 20 年代的哈佛学府里,当时最著名的社会学家和生物学家威廉·莫顿·惠勒教授作出了蚂蚁社会模式与人类社会的生动而意味深长的比较。后来,威尔逊和布朗等几代蚁学家关于蚂蚁的研究工作取得了巨大进展,推动着进化理论、社会行为学、生态学以及化学信息传递的跨学科研究。本书作者曾在哈佛大学做旁听生,选修课程之一就是首屈一指的世界级蚁学家威尔逊开设的进化生物学。20 世纪 70 年代,蚂蚁研究取得的进展导致威尔逊创立了社会生物学理论,它作为社会行为学的生物学基础,已经扩展到包括人类行为学在内的研究领域。

4. H. 李凯尔特:《文化科学与自然科学》,商务印书馆 1986 年版。本文作者的历史哲学,核心是对逻辑意义上的历史学方法论的思考,他试图通过自然科学方法和历史科学方法的对比,阐明历史学本身的规定性特征。其思考的出发点是科学的分类。在他看来,就对象而言,有自然和文化的对立;就方法而言,有自然科学和历史的文化科学的对立。自然科学的概念和方法能否适用于历史的文化科学? H. 李凯尔特在一系列的论述中给出了否定的答案。

5. 郭志超:《20 世纪文化人类学理论的两大流向》,《厦门大学学报》(哲学社会科学版)2000 年第 2 期。20 世纪文化人类学,各种理论彼此激发,相渗互补,推动了文化研究的深化和泛化。20 世纪文化人类学众多学派的理论(传播论、历史具体论、新进化论与整体论、功能论、结构论、解释论),以研究文化的演变历程和内在状态为不同取向,汇成两大理论之流,一是探讨人类文化史的演变,二是探讨文化的整体、功能、结构和解释。

第十章　中观社会信息学

1. 李宗荣、D. A. 西尼等:《社会信息科学视野:宏观、中观与微观》,《医学信息》2009 年第 7 期。本文指出,社会信息的宏观是以人种为载体的符号文化,微观是个人的思想系统。中观社会信息的承载者则是人类的各种组织,包括靠血缘与感情维系的家庭,靠理性与功利维系的单位,靠法律与规范维系的国家等等。所有的人都同时生活在这些初级群体和社会组织当中,依照各种各样的角色需要进行程序设计。

2. 杨丽佳:《论中国初级群体文化对现阶段政府领导行为的负面影响》,《哈尔滨工业大学学报》(社会科学版)2006 年第 3 期。本文指出,中国传统社会的初级群体文化强调以血缘为基础,以家族主义为中心的伦理原则和特殊主义的信任模式。这种文化对政府和国民产生了深远的影响。在现代化进程中,各级政府官员和市民百姓都应不失时机地实现文化转型,抵制传统文化的负面作用。

3. 陈成文、李冰仙:《社会组织研究综述》,《甘肃社会科学》2004 年第 5 期。本文认为,"单位"是我国各种社会组织所普遍采取的一种特殊的组织形式,是我国政治、经济和社会体制的基础,是中国城市社会中的一种特殊的组织形式和社会调控形式,即基本的社会调控单位和资源分配单位,是社会调控体系中以实现社会整合和扩充社会资源总量为目的的制度化组织形式,是国家与个人之间的联络点。"单位"是一种德治性再分配体制内的制度化组织。其制度化的基础在于:国家是组织所需资源的唯一或主要提供者,组织领导者完全取决于等级体制中的上级的决定;结构科层化与功能科层化分离,以及单位成员的永久性就业。"单位现象"是由单位和单位制所引发出的一系列社会现象、组织或个人行为特征以及观念意识,它是具有泛指意义的概念。

4. 胡晓鹏:《国家创新体系的理论纷争与启示》,《财经问题研究》2007 年第 6 期。本文指出,国家创新体系(NIS, National Innovation System)的思想追溯到 18 世纪德国民族主义经济学家李斯特,但对创新问题的系统研究却是始于 20 世纪的熊彼特。并且,直到 20 世纪七八十年代,国家创新体系才被正式引入到学术界。国家创新体系是一个尚且年轻的学术命题。20 世纪 90 年代以后,许多国家的学者纷纷加入到这一领域的研究,由此,关于国家创新体系的争论和分歧也时常发生。尽管的概念已被学术界广泛接受,但关于 NIS 的理论内容却不完善。不同学者从各自的研究目的出发,得到的结论也存在较大的差异。

5. 马殿富:《在国家创新体系中高校的定位与面临的挑战》,《计算机教育》2007 年第 3 期。高校在国家创新体系中应该如何发挥作用? 1998 年 5 月 4 日,教育部决定重点支持部分高校创建世界一流大学和高水平大学,简称"985 工程"。为高校形成国家创新体系、凝练和汇聚高校科技优势力量、大力加强基础学科研究、重点开展交叉学科研究、支持前沿高技术研究发挥了重大作用。以培养拔尖创新人才和加强创新平台建设为重点,推进了高水平大学和重点学科的建设。从"985 工程"到国家中长期科学和技术发展规划纲要,都提出高校是国家创新体系的重要组成部分,高校应该发挥重要作用。

第十一章　微观社会信息学

1. 华尔(John W. Ward):《个人主义在今天》,《国外社会科学文摘》1960 年第 12 期。本文指出,托克维尔在《美国的民主》第二部中描述,个人主义是一种深思熟虑的行动准则,一种关于个人和社会的哲学,而不是仅仅发自个人的自私的本能。在他的分析里,个人主义是观念,平等是理想。他心目中的好社会是每一个社会成员都有一个明白划定的地位,合起来成为一个等级性的社会秩序。他觉得,一个有组织的社会迫切需要有一种保护个人的制度。在杰克逊时代的美国,把社会看做是许多原子化个人的总和。美国历史学家宝勒(Frederick Jackson Turner)发表题为《西方对美国民主的贡献》的论文,认为早期美国社会的流动性促进了"个人主义、经济平等,发展了自由和民主"。

2. 欧阳康:《人文社会科学哲学》,武汉大学出版社 2004 年版。"个人主义"是一种学说、一种观点,同时也是一种方法论。方法论个人主义(Methodological Individualism)在西方思想史上有着悠久传统,迄今仍为西方社会解释理论中的显学。它是一种还原论,隐含着把社会科学(更广义地说,包括群体心理学、经济行为理论以及类似的理论)的法则和专门的概念,还原为个人心理学、生物学、化学和物理学的理论。它"相信社会整体或社会结构仅仅来自它的个体成分或部分的逻辑构造,因此关于社会整体的陈述能够依据对个人特性的陈述来解释。只有完全依据个人事实的解释才是正确的解释。那诉诸于社会结构、制度因素及诸如此类的任何解释都不具有合理性。"

3. 马里奥·邦格:《涌现与汇聚——新质创生与知识统一》,多伦多大学出版社 2003 年版。(Mario Bunge, *Emergence and Convergence—Qualitative Novelty and the Unity of Knoledge*, University of Toronto Press, 2003)。本书已经由华中科技大学社会信息科学研究中心组织译出,即将由人民出版社出版。本书坚称:个体主义(个人主义)是一种世界观,属于探索世界的构成性特征的世界观。我们称这种世界观为构成性世界观。它追问:世界的特征是个体的还是整体的? 邦格说,存在着三种不同的世界观:个体主义世界观、整体主义世界观和系统主义世界观。他认为,个体主义世界观和整体主义世界观各自都有自己的理由,但是也都有自己的片面性,系统科学的涌现论的世界观才是更全面、更完善的世界观。

4. 唐月芬:《米德符号互动理论述评》,《哈尔滨学院学报》2003 年第 7 期。本文认为,符号互动理论首先提出了两个基本的假设。第一,人类在生理上的脆弱性迫使他们在群体中互相合作,以求生存;第二,存在于有机体内部或有机体之间的有利于合作因而最终也有利于生存与适应的行为将被保存下来。由此,人的心理也好,自我也好,社会也好,都将在人与人之间的相互关系中才能产生,它们都具有社会的意义。符号互动理论主要包括四个部分:社会行为主义的立场与方法、心灵论、自我论以及社会论。

5. 雷美位、谢立平:《存在主义心理学方法论探析》,《长沙理工大学学报》(社会科学版)2007 年第 2 期。本文指出,20 世纪 30 年代,欧洲大陆的一批精神分析学家,如瑞士的宾斯汪格、鲍斯和奥地利的弗兰克尔等人,发现当时心理疾病患者的病因不再是维多利亚时代的性问题,而是因战争创伤和经济危机所带来的许多社会问题。那时,人们普遍感到内心空虚、精神沮丧、前途渺茫、人生意义感丧失,大部分患者抱怨的是孤独寂寞,人们迫切要求认识人的本质、人生的意义。这些关于人生目的和生活意义的问题正是存在主义哲学所探讨的问题,它对精神病学、心理学产生了启发作用。于是,人们很自然地把弗洛伊德的精神分析学与当时流行的存在主义哲学结合起来,站在精神分析学的立场,对海德格尔等人的存在主义哲学进行了精神分析心理学化的改造,将其转变成了经验科学的方法,用以探讨人的心理生活和实施心理治疗。

6. 任平:《学术自由:一流大学的利器》,《黑龙江高教研究》2006 年第 8 期。本文指出,"学术自由"是世界一流大学的最重要的特征。它不仅是一种学术价值观,更是现代大学的基本组织制度。学术自由是指教师和学生不受法律、学校各种规定的限制或公众压力的不合理的干扰,而进行讲课、学习、探求知识及研究的自由。甚至在导师面前,学生也应当是自由的。这样,就可以保证高等学校的教师和学生不受政治的、教会的、学科的和其他行政当局的规定或指令的限制而自由地从事其工作;外界并不必要去干涉他们个人的哲学观点、行为习惯或生活方式。学术自由是赋予教师和学生的特殊权利,以保证他们有机会检验和质疑各种公众的见解,创新知识,从而达到有益于整个社会的目的。

7. 张其瑶：《诺奖之梦为何难圆?》,《中国人才》2002 年第 12 期。本文指出,任何哲学与科学创新都是由个别哲学家和科学家,在一定的文化氛围中完成的。我们看到,随着互联网日益普及,国家日益开放,中西文化日益交融,中国学者们的研究与国际日益接轨,全球文化的进步正在实现一体化。在这种条件下,研究创新学者的知识结构、性格特征、工作过程、创新机理,具有特别重要的意义。中国人的智慧举世公认,中国的人口基数又很大,在中国本土之上像陈景润那样的科学家并不少见。可惜,那些科学"傻子"甚至"疯子"不服水土,并不具有合适的生存空间,难有出头之日。这,倒是我们在通往诺奖之路上必须解决的问题。

第十二章　信息技术与社会信息工程

1. 肖立国：《论政治学中"国家"的科学定义问题》,《广西师范大学学报》1998 年第 1 期。本文指出,从逻辑学的角度看,国家定义的关键是要揭示"国家"所独有的特性和本质,能够把国家和许多非国家实体区别开来。国家的本质属性包括三个方面的内容:(1)国家的经济基础和阶级本质;(2)国家的基本构成要素,即人口、领土、主权和政府;(3)国度和国体,即政治地理意义和阶级本质意义。作者说:国家"应当是指拥有一定人口数量、一定领土范围,并由经济上占统治地位、政治上拥有独立主权的特定阶级通过政府机关进行政治统治和社会管理的这样一种人类社会共同体。"

2. 张守刚、刘海波：《人工智能的认识论问题》,人民出版社 1984 年版。本书指出,根据考古学家和生物学家的研究成果,在大约 20 万年前出现的智人,在身体结构上包括大脑和双手在内,与现代人没有什么明显的区别。这说明肉体的进化即生物方式的进化已不是人类进化的主要内容了。人们为了提高自己的劳动能力,制造了各种机器。所有发达的机器都由三个本质上不同的部分组成:发动机、传动机构、工具机或工作机。从机器发展的内部逻辑、人类改造世界的客观需要以及当代人—机矛盾的有效解决这三个方面进行全面地考察,都可以看到机器进化的方向是人工智能。

3. 李宗荣：《论信息科学的世界观》,《医学信息》2008 年第 8 期。本文指出,在一定意义上说,由工业社会向信息社会的转型大致分为三个基本的阶段:

经济转型、科学转型和哲学转型。恩格斯曾经说过："经济上落后的国家在哲学上仍然能够演奏第一提琴"。德国在哲学革命的基础上，仅用了40多年的时间，完成了英国100多年完成的事业，实现了工业化。今天，如果我们以信息哲学、信息方法论和信息科学范式为中心的思想解放运动和哲学革命取得成功，那么就可以用较短的时间走完发达国家所走过的信息化过程。所以，强调"观念信息化"，把握哲学革命、思想解放、经济腾飞和社会进步的逻辑链条，可能对中华民族的再度辉煌产生不可估量的影响。

4. 韩震、袁贵仁：《智能是社会进步的强大动力》，《现代哲学》1987年第1期。本文指出，人类之所以是"万物的灵长，宇宙的精华"，因他以智慧而君临万物，到处展示他的才华。美国学者阿西摩夫（I. Asimov）说："单纯作为有机体来说，人类比不上在地球的任何特定小环境中生存的生物。人类之所以成为地球上的统治者，仅仅因为受惠于一种更重要的特殊器官——人的头脑。"具有意识能力的智能活动一经出现，它就不是消极被动的，而是积极能动的，它是人类社会进步的强大动力。

5. J. A. 沃杰西乔斯基：《智能和人类文化的进化》，《国外社会科学》1985年第12期。本文指出，人的理智及其产物——知识结构，按其性质，具有同自然界相异的秩序。人的肉体（包括大脑）是要全部地回归到一般自然形态上去的。而纯粹的人类知识作为信息产品，不仅不化为自然，而且无限累积，从而形成一个持续增长的知识结构，形成社会发展的推进器。知识越多，人同知识之间的相互作用越多，人演化的能力就越强，社会进化的速度就越快。这种推动力量持续增长，不仅造就出知识越来越丰富的个人，而且反过来，又促进知识体系的加速增长。

6. 李磊：《发展研究视野中的文化——兼论中国传统文化的转型问题》，《安徽工业大学学报》（社会科学版）2002年第4期。本文指出，20世纪80年代以后，与文化人类学并不相干的"发展研究"，也进入到关注人类文化的轨道。亨廷顿在《发展的目标》中提出：文化是解释政治经济发展的不同模式的关键性独立变项。文化是一种解释性的概念，它产生了一整套解释和理解人类行为的原则。无论是发展，还是工业化或者现代化，都必须在一个国家的文化传统上扎根，如派伊、韦尔巴在《政治文化与政治发展》中说："经济的增长和发展的政策必须学会与它们（传统和文化）在一起过日子"。

第十三章　社会信息科学与技术展望

1. 牛文元:《社会物理学与中国社会稳定预警系统》,《中国科学院院刊》2000年第1期。本文指出:"社会物理学(Social Physics)的定义可以表述为:应用自然科学(以物理学为核心)的思路、概念、原理和方法,经过有效拓展、合理融汇和理性修正,用来揭示、模拟、移植、解释和寻求社会行为规律和经济运行规律的充分交叉性学科。"

2. 周绍珩:《社会生物学》,《国外社会科学》1988年第1期。本文指出,美国蚁学权威、社会生物学奠基人O. E. 威尔逊认为,"社会生物学是对所有各种社会行为的生物基础的系统研究"。按照这个定义,社会生物学是研究包括人在内的一切生物物种社会行为的综合科学,人类学和社会学只是这门综合科学的不同分支,一切社会科学和人文科学都要按照社会生物学的原理经过改建,从而被纳入这个综合领域。

3. 张凌、左路、张新民、田爱景:《从社会物理学、社会生物学,到社会信息学》,《医学信息》2009年第7期。什么是社会信息学? 本文指出,目前各国学者的回答是不同的。在俄罗斯,先后提出了三个社会信息学的概念和知识体系,分别称之为社会信息学Ⅰ、社会信息学Ⅱ与社会信息学Ⅲ,三个概念各不相同。在日本,社会信息学作为新闻传播学的一个分支。在美国,把社会信息学作为计算机化(信息化)的社会方面加以研究。在中国,把社会信息学作为在整个信息科学知识体系当中与"自然信息科学"相平行的一个大的分支。

4. 徐长福:《理论思维与工程思维——两种思维方式的僭越与划界》,上海人民出版社2002年版。本书是作者基于自己的博士学位论文出版的一本书,探寻人类乌托邦悲剧的思维根源。他认为,人文社会学科中,理论思维误用于工程设计、工程思维误用于理论生产是问题的症结所在。这种误用便是他所说的思维方式的僭越。他认为,解决问题的唯一办法就是思维方式的划界。理论思维的任务在于建构理论,工程思维的任务在于设计工程。理论表现为前提与结论之间的必然联系,所以理论思维的特点就是一以贯之地逻辑推导。工程是各种实体及其属性的复合物,这些实体和属性之间不必然存在逻辑联系,所以工程思维就是一种非逻辑的复合性思维。用理论思维设计工程,工程不可实施;用工程思维建构理论,理论没有效力。

5. 李光:《交叉科学导论》,湖北人民出版社 1989 年版。本文指出,一个学科就是指一种制度、一种建制、一种规训的方式。它应当包含学科制度与学科建制两层内涵。学科的制度化主要是指学科训练制度化和研究制度化。就训练制度化而言,具体步骤是:在大学里设立一些首席讲座,然后再建立一些系来开设相关的课程,学生在完成学业后可以取得某一学科的学位,从而完成训练制度化。研究制度化的实现过程大致包括,创办学科的专业期刊,按学科建立种种学会(先是全国性的,然后是国际性的),建立按学科分类的图书收藏制度等。简而言之,学科制度即学科的内在制度,主要指学科的规范理论体系的建立;而学科建制即学科外在制度,主要指大学内部机构层面的东西。一个学科的根本特征是有别于其他学科的独立性。这种独立性反映在它的研究对象、语言系统和研究范式上。

6. 殷正坤、邱仁宗:《科学哲学引论》,华中理工大学出版社 1996 年版。本书指出:"每一个科学理论都包含一个本体论核心,它代表着科学家的自然观。""科学上的重大进展总是涉及本体论的根本改变,总是由一种比以前更为深刻或全新的本体论来代替旧的本体论。"一个科学家的本体论对他作出科学发现的研究策略起调节作用。而且,由于本体论限制他的认知域,他的思维是定向的,即看不到在认知域以外的东西。一般地说,一个科学家改变他的本体论是很不容易的。库恩指出,有些科学家顽固坚持旧范式到死。确实有这种情况,但也有许多例子表明,在令人信服的观察或实验证据的基础上,科学家从旧范式转向新范式一边。比如,T. 摩尔根就由反对孟德尔学说,转向支持和发展它。

后　　记

　　本书是华中科技大学"科技发展与人文精神"国家哲学社会科学创新基地项目"关于社会信息科学的研究"的子课题"信息社会中的学科信息化"(课题序号:985hust—13008)的结题成果之一,是对发表在《医学信息》杂志 2009 年第 7 期上的"社会信息科学"专栏中 8 篇论文的体系化展开。在英文的语境下,Informatics(信息学)是 Information Science(信息科学)的缩略形式。本书把社会信息学与社会信息科学看成是同一个术语的两种表述,不加区别地换用,尽管在不同的上下文中语感上略有区别,前者更显通俗,后者则学术味更重。下面提供相关的若干背景情况,以利读者提出批评和改进意见。

1. 中国社会信息科学发展的两个基本阶段

　　从总体上说,我国社会信息科学的发展大致经历了两个阶段。其一是信息论阶段。它的特征是,人们使用香农关于概率信息的数学方法,把香农信息论向自然和人文社会科学领域推进。这种建立广义信息论努力的热潮由于方法论的不足,与美国的信息论潮流热闹一阵后迅速冷却一样,在中国的引进、翻译、介绍、讨论的活动持续了十几年之后,也未能得到深入发展,没有结出带标志性的积极成果。其间的区别仅仅是:在中国,类似过程的发生滞后了一个时间段;而且少数中国学者把广义信息论朝着信息科学的方向推进,因而使香农路线延伸得更远。

　　其二是信息学阶段。它的特征是,不仅把计算机系统作为处理信息的工具,而且把计算机逻辑模型用来观察社会信息现象。据此,我们把计算机化(或信息化)分为工具信息化与观念信息化两个方面。于是,计算机实体系统作为"工具"应用于社会,要求人们研究应用过程的社会方面,即计算机对社会的影响和社会对计算机的要求;计算机逻辑系统作为"观念"应用于社会,要求人们通过逻辑运算与程序设计的方法,普及一种新的思维方式,即包含着通信与控制过程在内的图灵与冯·诺伊曼计算模型。于是,人们的兴趣逐渐地集中到社会信息本身的特征和它的演变规律,与自然信息科学相平行的社会信息科学的诞生势在必然。

望文生义地看,信息论与信息学差别不大,好像是一回事。但是,它们的内涵和外延有着本质的差别。简要地说,信息论的核心是"通信",而信息学的核心是"计算"。通信关注于信息载体的物理转移,撇开载体"含义"的问题,使用物理—数学方法,研究其中的信源—信道—信宿,属于微电子学的应用,是计算机与网络硬件工程的一部分。而计算,则以通信和控制为基础,关注于信息内容的相互作用,它是整个信息科学的核心部分,属于计算机与网络的软件工程。通信和控制过程本身不能产生新的信息,只有计算(广义的计算,包含直觉与灵感)过程才能形成知识的创新。

2. 汇聚成社会信息科学的三股主要学术思潮

自20世纪80年代以来,中国的一大批学者从各自不同的学科背景出发,走向关于社会信息问题的研究领域。从总体上看,汇聚成中国社会信息科学的学术思潮大致有三个:广义信息论、一般信息学和社会认识论。

如上所述,许多学者沿着香农信息论的思路前进,试图建立广义的信息论,社会信息论是它的一个重要分支。从学科的特性看,该过程是由一般通信工程到社会通信工程,属于工程到工程。但是,自计算机科学技术迅速发展并趋于成熟以后,不少研究者把广义信息论改称为"信息科学",把社会信息论改称为"社会信息学",但是实际上他们的信息概念、模型和方法,并没有超出香农理论的范围。由于信息论与信息学的基本假设和前提不同,香农路线拒绝考虑信息内容,而图灵与冯·诺伊曼路线以载体的含义为计算的基础,所以,广义信息论只能是不顾及载体含义的通信工程的扩充,是一种不够完备的信息学形态,处在通向信息科学的初级阶段。

在20世纪90年代和21世纪之初,国内外的一批学者对信息科学的基础理论产生特别的兴趣,提出了建立"统一信息理论"、"一般信息学"、"理论信息学"的研究目标。无论叫什么名称,大家的思路都朝着一个共同的方向:研究具有不同"个性"的信息过程之中所包含着的"共性"特征,进而研究整个世界的"信息统一性",研究一般的信息与物质的联系与相互作用,最后确认关于信息的本体论地位。由于知识背景和个人兴趣的差别,不同的学者可能在共同的方向上只是专注某一个特定的区段。但是,个性与共性思维的最高阶段是哲学。建立共性理论的根本困难在于:实现信息科学和信息哲学的衔接。这正是理论信息学的优势所在,是它与人文社会科学哲学一拍即合的缘由。由理论信息学到社会信息学只是从共性到个性的推论。从学科的特性看,该过程是由一般科学到社会科学,属于科学到科学。

与国外情况相比,中国的社会认识论研究有自己独到的优势。首先,如欧阳康所说:"我国的社会认识论在其研究的初期,是在不了解国外的社会认识论研究的情况下自己提出和展开的。……自 1990 年以后,开始与美国、英国和苏联等国的社会认识论研究者交流与合作。"所以,从根基上它没有受到科学主义思潮的钳制,能够在认同科学主义适用范围的前提下弘扬人文主义的研究路线,与信息科学具有共同的文化基因。其次,它吸收了美国图书馆信息科学的精髓。如本书第三章所述,图书馆是社会知识保存和传递的中心地带,社会认识论最初起源于图书馆学领域。伊根和谢拉提出社会认识论的原因是为信息科学,特别是图书馆学提供认识论奠基。"作为信息科学的社会认识论"与社会信息科学之间,只需要一个"信息"概念的转换。最后,它已经形成了强大的研究团队和创新基地,所以自然主导了三股研究潮流的汇聚和中国社会信息科学研究传统的涌现。从学科的特性看,由社会认识论到社会信息科学的过程,属于哲学到科学。

3. 展开本书各个编章的基本思路

全书在引论之后,共有五编十三章。引论介绍"社会信息"概念和研究思路。第一编讨论社会信息科学的学科定位,实际上是说社会信息科学从哪里生长出来,在学科源流上具有什么样的因承关系。从中国的发展分析,它有三个基本的来源:其一是广义信息论;其二是理论信息学;其三是社会认识论。第一、二、三章正是按照三个来源的顺序展开的,第四章讨论社会信息科学的"学科体系"。

第二编介绍国外的社会信息学研究情况。其中,第五章介绍俄罗斯;第六章介绍美国与日本,随后比较研究了俄、美、日、中四国各具特色的社会信息学的发展途径。其他还没有形成社会信息学学科概念和知识体系的国家(如加拿大、英国、澳大利亚、法国、德国)中也有关于社会信息现象的研究,但限于篇幅,本书没有提及。

第三编讨论社会系统与社会信息。第七章讨论社会系统的信息特性;第八章讨论社会信息的复杂性。社会系统实际上是个复杂的信息网络,现在得到计算机网络技术的有力支撑,我们进入了一个数字化生存的时代。关于社会信息的复杂性,我们认为复杂的主要根源来自于"目的性",而程序性决策特别是非程序性决策是人们面对信息复杂性时为人处事的基本策略。

第四编介绍观察社会信息的不同视角、相关的研究成果,以及给我们的启发。我们认为:微观社会信息中的个人,是构成社会的基本单元,从量的方面看,他是数字"1";中观的社会信息是若干个个人的组合,即"1"的累加,它构成有限的大于等于2的正整数N;宏观的社会信息是人类的全体,有史以来的和继往开来的人的数量,是一个无穷大,数学上的"∞"。当然,这里也只是量化了载体,而不是社会信息本身。

第五编讨论社会信息技术与工程,以及对社会信息科学的展望。其中提到的社会信息的三个工程是:国家信息化工程、智能开发工程和文化转型工程。在展望之前,对全书内容做了总结,提出人类认识社会现象经历了由社会物理学、社会生物学,再到社会信息学的历史顺序,把关于社会信息科学的学科定位和发展趋势的观察视角提升到了最大的尺度。关于社会信息科学的未来,我们讨论了它的初级阶段的特征、通向成熟学科的发展目标和现阶段面临的几个基本任务。

4. 项目的结题和本书的成稿

2006年12月,华中科技大学社会信息科学研究中心成立。2007年6月召开中国首届社会信息科学研讨会议。2007年7月华中科技大学"科技进步与人文精神"国家哲学社会科学创新基地批准研究中心申请的课题"关于社会信息科学的研究"(其中包含我们的子课题"信息社会中的学科信息化"),在2006年6月全校建成12个文科院系的研究平台之后,建立了第13个研究平台。按照国家教育部通知,全部受985项目二期工程经费支持的项目必须在2008年年底前结题。这样,研究中心原来计划于2009年8月结题的成果必须提前交卷。在这种情况下,我们以课题研究的八篇论文为基础,充实并展开成为这本《社会信息学导论》。

另一个因素也迫使我们不能不提前成书。2009 年 10 月 16—19 日,由华中科技大学"科技发展与人文精神"国家哲学社会科学创新基地和总部设在美国的国际一般系统论研究会联合发起,将在武汉举行"第一届国际社会信息与系统科学研讨会"(SOCINFO 2009)。我们在对国外社会信息学发展的调研中了解到,俄、美、日三国也已经建立了若干社会信息学研究组织,开设了社会信息学课程,有的甚至出版了社会信息学专著。在本书第六章中,我们对比研究了俄、美、日、中的社会信息学发展途径,认为中国学者的成果具有理论上独到和首创的意义。所以,作为会议的东道主,我们应当向国际学术界的同行展示自己的研究成果,争取在国际学术界中的一席之地。

在没有看到国际同行的社会信息学著作的情况下,我们按照自己的思路,以近几年的研究成果为基础,综合引用目前所能够收集到的信息,日夜兼程,终于构成了一个新科学的理论框架,将本书按时完成,甚为欣慰。本课题研究得以展开,我们要特别地感谢华中科技大学"科技发展与人文精神"国家哲学社会科学创新基地对研究项目的支持,感谢学校党委副书记、创新基地主任、社会信息科学研究中心主任欧阳康教授的指导,感谢人民出版社领导的支持和钟金铃编辑的修改润色。我们要感谢全国热心于社会信息科学研究的学者们,感谢华中科技大学社会信息科学研究中心的同事们、朋友们的交流与合作。最后,要感谢我们的长子李凌斌和长媳文多,他们的支持促成我们与加拿大邦格教授和西尼教授合作研究,他们的资助使得我们最近几年的研究成果顺利出版发行。

5. 在跨学科、跨学派的研究中建立与发展社会信息学

近代以来,由于科学知识的加速积累和深度分化,很难再见到像亚里士多德那样的百科全书式的科学家了。在医疗领域内,某临床科室的专家,很难同时又是其他科室的专家。在科学研究中,也出现"隔行如隔山"的现象。到了现代,人们更难首先成为全部相关学科的专家,然后才开始多学科的综合。通常,从事跨学科研究的学者,在他自己熟悉和精通的领域中当然是专家,而在他所跨越进入的其他学科内,却很可能只是个"半吊子"或者浅薄的涉猎者(dilettante)。一般地说,跨学科的研究是在学科界面上进行的。换言之,涉猎者只是对相关学科的公共知识实行"拿来主义",用于构造跨学科的知识体系。

　　邦格教授在为《涌现与汇聚》中文版写的序言《从哲学到物理学，再到哲学》中说："我认为自己非常幸运，能够在两个领域工作：哲学和科学。……如果我只从事其中一项，也许我做不到现在这样的成就。现在这样，我可以结合专业人士（严肃与严谨）和业余爱好者（浅薄的涉猎）的优势——自由地选择研究的问题、阅读的资料、学术的搭档，甚至选择国家。依靠这种方式，我才能够搭建起一座桥梁，联系起两种众所周知的文化。这就是我被有些同事在私下称为科学家中的哲学家和哲学家中的科学家的原因。"

　　"跨学派研究"是我们在同邦格教授合作的过程中提出的一种研究方法（途径）。邦格教授的专业是理论物理学，我们的专业是理论信息学。在一定的意义上说，这两个专业的世界观和方法论几乎是对立的。前者是物质科学的提炼与升华，后者是信息科学的理论基础。物质与信息是宇宙万物的两个最基本的特性，对立而互补。起初，我们曾经怀疑过合作的前景，但是后来我们发现，对立学派之间的互补可以把交叉学科研究中的"杂交优势"推向极致。在承认一分为二的基础上实现合二为一，就可以实现和谐而科学地发展。

　　社会主义和资本主义是关于人类社会的"发展研究"的两个基本思路，其中都包含着人类文明的精华；实践证明，中国解决"姓社"与"姓资"问题的思想和方法是正确的、成功的。那么，可以用类似的思想和方法来解决"唯物"和"唯心"的问题吗？我们认为，探索物质运动的规律是物理学的任务，而研究信息演变的规律是信息学的责任。在信息过程中，物质只是信息的"载体"，物理能量只是各种智能的"载能"。信息是非物质的，智能是非物理的。人类对"物"的研究和对"心"的研究是在两个不同方向上的追求。如果他们摒弃前嫌，抛开几千年来习惯了的门户之见，能够相互接纳，取长补短，实现合作与双赢，将会迎来"统一科学"发展的春天。这也许是在跨学科研究基础之上，实现跨学派研究的最高目标。

　　由于跨学派研究的特殊性，它在继承传统与尊重权威的同时，必然在一定的程度上需要挑战传统与批评权威，因为它的思想与方法与居于主流的传统、居于主导的权威可能有重要的原则性区别。我们认为，建立和发展社会信息学可以有两个不同的基本思路。其一是，20世纪80年代后，以香农的信息论和维纳的控制论为基础，用通信过程模型（信源—信道—信宿）和控制过程模型（输出—反馈—输入）说明"社会信息论"；其二是，20世纪初叶，在理论信息学世界观和方法论的基础上,用图灵与冯·诺伊曼的计算模型(存储程序—自动计算)发现社会信息进化的过程与规律,阐述"社会信息学"。把信息论和控制论应用于人文社会科学领域的研究,国内外学者都有收获,但是进展不大。因为通信和控制并不产生新的信息,只有计算(符号计算和信号计算)才能揭示社会信息的创新机理。

6. 发展社会信息科学:任重而道远

我们在第十三章中说,尽管国内外学者围绕社会信息科学与技术研究做了不少工作,但是从总体上看仍然比较肤浅,学科建设尚处于发展的初级阶段。在一定的意义上说,目前连社会信息学研究的目的与对象的认识都没有得到明确的、一致的认识。社会信息科学自己特有的研究方法有待于摸索,社会信息科学研究的国内外交流渠道需要建立。发展社会信息科学,任重而道远。所以,我们特别认真地准备 2009 年 10 月的首届国际社会信息学研讨会,希望它能够在开辟国际社会信息学的交流渠道方面有所建树。

美国数学家维纳以计算机为模型,说明它消耗了物质和能量,但是并没有给出任何物质和能量的产品,它的价值在于生产出来我们所需要的信息。他站在科学与哲学的交叉点上指出:"信息就是信息,不是物质也不是能量。不承认这一点的唯物论,在今天就不能存在下去。"有学者说,从此开始了关于信息的研究。这样说有一定的道理,但是也不尽然。因为作为非物质的存在并不是从维纳才开始的,信息现象同物质现象是同一个过程的两个方面。2000 多年前,柏拉图讨论物质的存在(实物)和非物质的存在(理念),对非物质的存在区别于物质的特征和作用,进行了详尽的讨论,以至于有人说整个西方哲学不过是对柏拉图哲学的注解。

过去没有人提出"社会信息论"、"社会信息学"、"社会信息科学",并不等于在此之前没有关于社会信息问题的讨论和对于社会信息现象的研究。相反,在对相关文献的分析和梳理中,我们看到,关于社会信息现象研究工作源远流长,只是那时使用了和我们现在不同的术语。比如,具有生命活力的社会信息子系统,它的自为性与目的性是社会信息高度复杂性的根源,而关于目的的讨论可以追溯到亚里士多德。宏观社会信息学中的文化概念借自文化人类学,至少可以追寻到 1865 年泰勒的著作《人类早期史研究》。微观社会信息学借用的符号互动理论乃是乔治·米德(1863—1931)的成果,而他的思想体系主要受到了詹姆斯,库利和杜威三位思想家的影响。中国学者童天湘、韩震、袁贵仁等关于智能价值和智能开发的论述,与我们关于信息能概念的描述完全合拍。……如何消化古今中外的巨量的思想资源,吸收人类文明的优秀成果,建立和发展当代社会信息科学的知识体系,是一项长期而艰巨的任务。

所以,在此我们要感谢那些在社会信息问题上与我们的视角不同,甚至没有使用"社会信息"术语,却对社会信息现象进行了深入研究的学者们,他们的学术成果是我们开展研究的重要理论来源。这些成果在引入社会信息科学知识体系的时候,有的我们作了比较完整的引用,比如,K.K.科林论述基础信息学和人文革命,苗东升解说创新型国家的三个定性特征,潘斌综述当代西方社会认识论等。有的我们引用时适当改写,或略加说明。比如,尼葛洛庞帝在《数字化生存》中指出:"比特与原子具有不同的性质,遵循着不同的法则。比特没有重量,易于复制,可以以极快的速度传播",比特是"信息的 DNA"。他说得很有道理。但是我们认为:信息有信号和符号两种;把全部信息归结为 1 和 0 构成的数字串,表现出完全的还原主义倾向;如果没有涌现主义的配合,它未必完整,未必可取。在计算机网络的第一层(物理层)上,完全不考虑"哪几个比特代表什么意思",而微电子学可以操作的对象只是信息的载体,不是本身;在第五层(应用层)上,用户"进行语义上有意义的信息交换"才是理论信息学意义上的信息。这样,我们的理解、引用和评述可能问题不少。如果读者发现我们引用不当或理解错位,敬请批评指正。

我们相信,随着社会信息科学研究者队伍日益壮大,国内外学者的共同努力必然结出丰硕成果。这些成果的不断积累之后,量的增长将带来质的飞跃。由于思想的自由和学术的自由,在百花齐放与百家争鸣的过程中,一定可以迎来社会信息科学的进步与繁荣。我们觉得,本书所试图解决的问题,同容易提出的和实际存在的问题相比,实在太少。我们真诚地希望听到不同的意见和批评的声音,以利于今后研究工作的继续和深入。

李宗荣　田爱景

2009 年 6 月 8 日于武昌喻家山下